北京理工大学"双一流"建设精品出版工程

Personal Safety and Crisis Response

个人安全与危机应对

张纪海 等 编著

北京理工大学出版社
BEIJING INSTITUTE OF TECHNOLOGY PRESS

内 容 简 介

本教材立足高校实际，强化问题导向和系统思维，聚焦学校人才培养、改革发展稳定等问题，以个人人身安全与危机、个人心理健康安全与危机、个人权益安全与危机、个人网络与信息安全危机、个人人身环境安全与危机五个维度为切入点，就突发疾病与伤害的急救与处置、卫生安全危机的预防与处置、突发交通事故的成因及应对、突发意外事件的成因及预防、心理疾病危机的诱发因素与风险感知、情感危机的原因分析与干预处置、财产安全危机的预防与处置、知识产权安全危机应对、名誉受损危机的干预与处置、网络信息安全危机的威胁因素与干预措施、电信网络诈骗的识别和预防、网络舆情危机的演化与应对、社会环境危机成因与应对、生态危机事件的成因与应对、突发自然灾害的干预与应对、突发重大危险源事故的预防与处置等十六个方面，分别阐述处理这些容易发生在大学生身上和潜在的安全和危机事件的思路与措施，并辅以相关的具体案例进行说明。

版权专有　侵权必究

图书在版编目（CIP）数据

个人安全与危机应对 / 张纪海等编著． －－ 北京：
北京理工大学出版社，2025．1．
ISBN 978-7-5763-4977-1

Ⅰ．G645.5

中国国家版本馆 CIP 数据核字第 20252RL561 号

责任编辑：芈 岚	文案编辑：芈 岚
责任校对：刘亚男	责任印制：李志强

出版发行 /	北京理工大学出版社有限责任公司
社　　址 /	北京市丰台区四合庄路6号
邮　　编 /	100070
电　　话 /	(010) 68944439（学术售后服务热线）
网　　址 /	http://www.bitpress.com.cn
版 印 次 /	2025年1月第1版第1次印刷
印　　刷 /	保定市中画美凯印刷有限公司
开　　本 /	787 mm × 1092 mm　1/16
印　　张 /	21
字　　数 /	452千字
定　　价 /	78.00元

图书出现印装质量问题，请拨打售后服务热线，负责调换

创作团队

主创：张纪海　罗泽民　马敬佩
　　　季月月
成员：李　想　李芳芳　梁凯昕
　　　杨聪聪　刘馨远　段　斐
　　　王钰婷　王卓婷　鲍　敏
　　　米婧薇

前 言

习近平总书记在党的二十大报告中指出:"我们要坚持以人民安全为宗旨。"安全问题是从古至今的一个话题,历朝历代安全都是国家尤为重要的问题,是民生大计。因此,国家领导人总会千方百计地维护人民安全,出台各式各样的举措来维护自身的国运。安全事关大家小家、大国小国、强者弱者、强国弱国。在人类社会中,为了安全我们制定了各种各样的规则与律令。比如,人人都要遵守交通规则、遵守时间,要按规律做事,注意公共安全卫生,时刻牢记爱护祖国。安全事关你我,无论大小,无论如何,都是我们做人和行为的底线。我们遵守安全规则是为了维护社会的正常运作,是为了保护我们的基本权利。世界上没有不相连的蜘蛛网,也没有单打独斗的英雄。我们在这之中就要遵守这一切。

随着社会的发展,个人的生活空间和交流领域也在不断地拓宽。我们每个人不仅要待在家庭或者工作的环境中,而且还会走出去参加众多的社会活动,危及人身安全的危险因素也随之不断增多。诸如交通的无序、社会治安的隐患、市场上变质的食品、水电安全等问题,都时刻危及着人们的人身安全,稍有不慎就可能造成不幸,给家庭造成痛苦,给社会造成负担。从人类的社会发展来看,安全是人类最基本、最本能的诉求之一。中国人一向以安心、安全为基本人生观,推崇居安思危。因此,安全对个人的全面发展具有十分重要的基础保证意义,没有安全做保障,其他一切都无从谈起。

研究表明,在生产安全事故中,绝大多数是由于人为因素造成的,而通过安全教育,可以有效避免80%以上的意外伤害事故。党的二十大报告提出"教育是国之大计、党之大计"。本书有机融入党的二十大精神,秉承知识教育与思想教育同向同行的理念,有针对性地对每章不同的危机提出具体的应对措施。安全教育要求我们要提高防范意识,从最基础做起,了解基本常识,维护自身安全,比如不去河边游泳、不进违禁区域、不乱打乱玩、不轻信他人怂恿、不盲从迷信、不相信传销,保持我们与危险事物的距离。也要求我们学会野外生存的方法,增强自身的技能,提升自己的能力,适应各种压力和竞争,增强生命的活力,为生命铸就安全防线,为自己创造美好未来,活出理想灿烂的人生。我们每个人的生命只有一次,学习安全教育就是在珍惜我们的生命,珍惜我们的当下和所拥有的一切。

《个人安全与危机应对》一书，坚持以习近平新时代中国特色社会主义思想为指导，立足个人面对安全危机的实际情况，强化问题导向和系统思维，聚焦危机预防与应对等问题，以个人人身安全与危机、个人心理健康安全与危机、个人权益安全与危机、个人网络与信息安全危机、个人人身环境安全与危机五个维度为切入点，就突发疾病与伤害的急救与处置、卫生安全危机的预防与处置、突发交通事故的成因及应对、突发意外事件的原因与处置、心理疾病危机的诱发因素与风险感知、情感危机的原因与处置、财产安全危机的预防与处置、知识产权安全的类型与处置、名誉受损危机的类型与处置、网络信息安全危机的威胁与处置、电信网络诈骗的识别，干预与预防、网络舆情危机的演化与应对、社会环境危机的成因与应对、生态危机事件的成因与应对、突发自然灾害的干预与应对、突发重大危险源事故的预防与处置等方面，分别阐述这些发生在每个人身边的危机事件的干预与处置办法，并辅以已经发生的相关具体案例进行说明。

全面加强个人安全与危机应对，是一个不断认识、不断实践、不断深化、不断完善的过程。本书是编委会成员结合实际工作经验和感受，经过深入思考共同形成的工作成果，希望能够引起读者共鸣，同时也希望能够引起每个人对相关危机事件的重视，并为之提供理论参考和实践指导，促使受教育者主动识别身边的危机，变"危"为"机"。

目 录
CONTENTS

绪论 ··· 001
    第一节　安全的内涵 ·· 001
    第二节　个人安全的范围 ··· 001
    第三节　建立安全意识 ·· 002

第一章　突发疾病与伤害的急救与处置 ··· 004
    第一节　突发疾病与伤害的类型与原因 ·· 004
    第二节　部分常见突发疾病与伤害的症状及诱发因素 ·· 008
    第三节　急救知识普及与急救技能提升 ·· 013
    第四节　典型突发疾病与伤害的应急处理方法 ··· 016
    第五节　典型案例分析 ·· 018
    参考文献 ··· 020

第二章　卫生安全危机的预防与处置 ··· 021
    第一节　卫生安全危机事件的特点 ··· 021
    第二节　卫生安全危机的成因分析 ··· 027
    第三节　卫生安全危机事件的预防与预警 ··· 029
    第四节　卫生安全危机的应对与处置 ··· 031
    第五节　典型案例分析 ·· 035
    参考文献 ··· 038

第三章　突发道路交通事故的成因及应对 ··· 040
    第一节　道路交通安全状况 ·· 040
    第二节　道路交通事故的类型与成因分析 ··· 042
    第三节　道路交通事故的预防与预警 ··· 044

第四节　突发道路交通事故的应对处置与善后处理……………………… 048
　　第五节　典型案例分析……………………………………………………… 050
　　参考文献……………………………………………………………………… 053

第四章　突发意外事件的原因与处置 … 070
　　第一节　突发意外事件的原因……………………………………………… 070
　　第二节　急救知识的普及…………………………………………………… 074
　　第三节　突发意外事件的预警……………………………………………… 080
　　第四节　突发意外事件的处置……………………………………………… 086
　　第五节　典型案例分析……………………………………………………… 089
　　参考文献……………………………………………………………………… 092

第五章　心理疾病危机的诱发因素与风险感知 … 093
　　第一节　心理疾病的表现与分级…………………………………………… 094
　　第二节　心理疾病的诱发因素……………………………………………… 100
　　第三节　心理疾病的识别与危机预警……………………………………… 104
　　第四节　心理疾病的处置…………………………………………………… 108
　　第五节　典型案例分析……………………………………………………… 113
　　参考文献……………………………………………………………………… 118

第六章　情感危机的原因与处置 … 120
　　第一节　情感危机的类型…………………………………………………… 120
　　第二节　情感危机发生的原因……………………………………………… 131
　　第三节　情感危机的影响…………………………………………………… 134
　　第四节　情感危机的处置…………………………………………………… 135
　　第五节　典型案例分析……………………………………………………… 137
　　参考文献……………………………………………………………………… 141

第七章　财产安全危机的预防与处置 … 142
　　第一节　财产价值形态的历史生成与演进………………………………… 142
　　第二节　侵犯财产罪的类型………………………………………………… 144
　　第三节　公共场所财产安全常识…………………………………………… 149
　　第四节　财产安全危机的预防与处置……………………………………… 150
　　第五节　典型案例分析……………………………………………………… 154
　　参考文献……………………………………………………………………… 155

第八章　知识产权安全的类型与处置 … 157
　　第一节　知识产权的概念与类型…………………………………………… 157
　　第二节　知识产权侵权问题………………………………………………… 161

第三节　知识产权危机的干预 …………………………………………………… 166
  第四节　知识产权危机的处置 …………………………………………………… 169
  第五节　典型案例分析 …………………………………………………………… 171
 参考文献 ……………………………………………………………………………… 173

第九章　名誉受损危机的类型与处置 …………………………………………… 175
  第一节　名誉的概念与价值 ……………………………………………………… 175
  第二节　名誉受损的类型 ………………………………………………………… 177
  第三节　名誉受损的影响 ………………………………………………………… 180
  第四节　名誉受损危机的处置 …………………………………………………… 182
  第五节　典型案例分析 …………………………………………………………… 185
 参考文献 ……………………………………………………………………………… 187

第十章　网络信息安全危机的威胁与处置 ……………………………………… 188
  第一节　网络信息安全面临的威胁 ……………………………………………… 188
  第二节　影响网络信息安全的因素 ……………………………………………… 193
  第三节　网络信息安全危机的处置 ……………………………………………… 196
  第四节　网络信息安全危机干预机制的内涵与必要性 ………………………… 199
  第五节　典型案例分析 …………………………………………………………… 201
 参考文献 ……………………………………………………………………………… 202

第十一章　电信网络诈骗的识别、干预与预防 ………………………………… 204
  第一节　电信网络诈骗的类型及要素 …………………………………………… 204
  第二节　受骗人群分析 …………………………………………………………… 210
  第三节　电信网络诈骗高发的成因分析及识别 ………………………………… 213
  第四节　电信网络诈骗的干预与防范 …………………………………………… 216
  第五节　典型案例分析 …………………………………………………………… 219
 参考文献 ……………………………………………………………………………… 222

第十二章　网络舆情危机的演化与应对 ………………………………………… 231
  第一节　网络舆情发展形态分析 ………………………………………………… 231
  第二节　网络舆情的现状与特征 ………………………………………………… 237
  第三节　网络舆情危机事件的演化 ……………………………………………… 240
  第四节　网络舆情危机事件的干预与应对 ……………………………………… 243
  第五节　典型案例分析 …………………………………………………………… 248
 参考文献 ……………………………………………………………………………… 250

第十三章　社会环境危机的成因与应对 ………………………………………… 251
  第一节　社会环境危机的类型 …………………………………………………… 251

第二节　社会环境危机的成因分析……………………………………………………254
　　第三节　社会环境危机的影响……………………………………………………………256
　　第四节　社会环境危机的预警与处置措施………………………………………………258
　　第五节　典型案例分析……………………………………………………………………264
　　参考文献………………………………………………………………………………………267

第十四章　生态危机事件的成因与应对…………………………………………………269

　　第一节　生态危机的类型…………………………………………………………………269
　　第二节　生态危机的基本特征及成因分析………………………………………………274
　　第三节　生态危机的预防…………………………………………………………………277
　　第四节　生态危机的干预措施……………………………………………………………279
　　第五节　典型案例分析……………………………………………………………………282
　　参考文献………………………………………………………………………………………285

第十五章　突发自然灾害的干预与应对…………………………………………………286

　　第一节　自然灾害的类型及特征…………………………………………………………286
　　第二节　自然灾害的诱发因素分析………………………………………………………296
　　第三节　自然灾害的预防…………………………………………………………………299
　　第四节　自然灾害的干预与处置…………………………………………………………302
　　第五节　典型案例分析……………………………………………………………………305
　　参考文献………………………………………………………………………………………306

第十六章　突发重大危险源事故的预防与处置…………………………………………307

　　第一节　重大危险源的类型等级及事故类型原因与特征………………………………307
　　第二节　重大危险源事故的诱发因素分析………………………………………………313
　　第三节　重大危险源事故预防的原则与措施……………………………………………315
　　第四节　重大危险源事故的干预与处置…………………………………………………320
　　第五节　典型案例分析……………………………………………………………………323
　　参考文献………………………………………………………………………………………325

绪　　论

第一节　安全的内涵

安全是指没有受到威胁，人没有危险、危害、损失。人类的整体与生存环境资源和谐相处，互相不伤害，不存在危险、危害的隐患，是免除了使人不可接受的损害风险的状态。安全是人类在生产过程中，将系统的运行对人类的生命、财产、环境可能产生的损害控制在人类能接受的水平以下的状态。

国际民航组织对安全的定义：安全是一种状态，即通过持续的危险识别和风险管理过程，将人员伤害或财产损失的风险降低并保持在可接受的水平或在其以下。

人们之所以把英文中的"safe"翻译成中文的"安全"，同时把中文的"安全"翻译成英文的"safe"，是因为"安全"和"safe"具有共同的含义，具体来说就是它们都具有表示一种存在状态的共同含义，即"不存在危险"或"没有危险"的状态。这种共同含义，就是"安全"一词的基本含义。因此，没有危险是安全的特有属性，也是基本属性。

可以从以下五个方面来认识安全。

（1）安全是生命的保障：安全是每个人生存和发展的基本保障，没有安全，生命就无从谈起。因此，保障个人生命安全是至关重要的。

（2）安全是生活的基础：在日常生活中，无论是工作还是生活，安全都是最基本的需求。只有确保安全，我们才能享受生活，安心工作。

（3）安全是责任和义务：保护自己和他人的安全是我们的责任与义务。每个人都应该积极履行自己的安全职责，为创造一个安全的环境贡献力量。

（4）安全以预防为主：绝大部分的安全事故是由人员安全意识不足、疏忽大意导致的，因此我们要时刻保持警惕，预防安全事故的发生。要通过加强安全意识教育，学习和掌握安全知识，提高自我防范能力。

（5）安全是持续的过程：安全不是一时的事情，而是一个持续的过程。我们需要时刻保持对安全的关注，不断学习和更新安全知识，以适应不断变化的安全环境。

第二节　个人安全的范围

个人安全是指个体在生活、工作、学习等各个领域中采取保障和防范措施，以保护个人的身体、财产、信息等免受威胁和损害的状态。个人安全的概念涉及以下六个方面。

（1）人身安全：保证个人的生命安全是最重要的。生命只有一次，我们必须珍惜它。在日常生活中，要注意交通安全，遵守交通规则，不酒后驾车，不闯红灯，不乱穿马路等。此外，在户外活动中，要特别注意安全，不随意攀爬高楼，不在危险的地方玩耍，不在水深的地方游泳等。总之，应该时刻保持警惕，注意自身安全，避免意外事故发生。

（2）心理安全：当前人们就业压力大、客观环境复杂、理想和现实存在一定的矛盾，使人们的心里承受着一定的负担。这就需要人们能够适应环境，具有完善的个性特征；且其认知、情绪反应、意志行为处于积极状态，并能保持正常的调控能力；在生活实践中，能够正确认识自我，自觉控制自己，正确对待外界影响，使心理保持平衡协调。

（3）财产权益安全：财产权益安全也是必须关注的问题。财产安全包括人们的房屋、车辆、钱财等的安全，权益安全包括知识产权、名誉等权益的安全。在日常生活中，应该注意防盗防骗，不随意透露个人信息，不轻易相信陌生人，不让陌生人进入家中等。总之，应该时刻保护自己的财产权益安全，避免财产权益受到侵犯。

（4）网络安全：网络安全是当今社会亟待解决的重要问题。随着互联网的普及和发展，网络安全问题日益突出。个人信息泄露、网络诈骗、网络攻击等问题时有发生。为了保护个人和组织的网络安全，应该加强网络安全意识，不随意点击可疑链接，不随意泄露个人信息，定期更新软件和系统等。同时，政府和相关部门也应加大网络安全法律法规的制定和执行力度，打击网络犯罪，保障网络安全。

（5）信息安全：保护个人敏感信息的安全，包括个人身份证明、银行账户信息、健康记录等，以防止个人信息泄露而被滥用。

（6）社会环境安全：要保持平稳健康的经济环境、国泰民安的社会环境、风清气正的政治环境，这样，人们的获得感、幸福感、安全感才能增强。

个人安全的概念是多元的，涉及个人在社会、心理和物质等各个方面的保障。综合考虑这些因素，个人可以采取恰当的预防措施，以确保自身的安全和福祉。

第三节　建立安全意识

从古至今，安全问题是历朝历代尤为关注的话题，是民生大计。因此，国家领导人总会千方百计地维护人民安全，出台各式各样的举措来维护自身的国运。安全事关大家小家、大国小国、强者弱者、强国弱国。在人类社会中，为了安全我们制定了各种各样的规则与律令。比如，人人遵守交通规则，人人遵守时间，人人按规律做事，人人注意公共安全卫生，人人牢记爱护祖国……安全事关你我，无论大小，无论如何，都是我们在这个社会做人、做事的底线。遵守安全规则是为了维护社会的正常运作，是为了维护正常人的基本权利。世界上没有不相连的蜘蛛网，没有单打独斗的英雄，在这之中就要遵守这一切。

然而，面对种种潜在的危险，大众的安全意识明显不足。唯有时刻提高警惕，心存自我防范意识，密切关注身边可疑的人或事，随时准备应对突发事件的降临，才能把伤害降到最

绪　论

低限度。对突发事件有预判、对可疑人员有警觉，这就是本节所要重点讲解的个人安全保护的基本意识——安全意识。

安全意识，就是人们在脑中建立起来的必须安全的观念，也就是人们在日常生活和工作中面对各种各样有可能对自己或他人造成伤害的外在环境条件的一种戒备和警觉的心理状态。强化安全意识和防范意识，规范自己的行为，养成良好的习惯是对自己最好的安全保障。

每个人或多或少都知道一些如何使用防身武器、如何报警等的安全知识，虽然这些安全知识并不一定科学、系统，但至少聊胜于无。然而，现在民众普遍缺失的是安全意识。在很多情况下，自我保护的安全意识仍旧停留在"吃一堑，长一智"的低端层次上。很多人认为歹徒和天灾人祸都是电影里的情节，不会发生在自己身上，所以就疏于防范，很少有人在心中树立规避危险的安全意识。这种想法是错误的，正如前文所述，我们身边暗藏着很多危险因素，为了个人的人身安全与家庭幸福，每个人都应当构建起个人安保体系，在构建个人安保体系时，安全意识是基础。

一方面，安全意识会让每个人时刻保持警惕，能够洞察陌生人与自己接触的动机，以规避危险，防止受到威胁和侵害。

另一方面，在面对已经暴露出本来面目和犯罪动机的歹徒时，自我安全意识会让我们更加从容和冷静，这种意识在肾上腺激素的配合下会产生如奇迹一般的巨大力量，大到足以让我们以最少的牺牲来换取生还和逃脱的机会。

第一章
突发疾病与伤害的急救与处置

习近平总书记强调,人民就是江山,江山就是人民,我国坚持人民至上、生命至上,不惜一切代价保护人民生命安全和身体健康。人的生命安全和身体健康是人类社会生存与发展进步的根基,是每个人幸福生活的基本前提和最大愿望。把保障人民健康放在优先发展的战略位置,全面贯彻党的二十大提出的健康中国建设要求,推进经济社会高质量发展;把增进人民健康福祉作为发展的根本目的之一,不断满足人民看病就医、追求健康幸福的基本需求;同时,人民群众拥有健康体魄,也为经济社会高质量发展提供强大生产力。从出生到年老,疾病与伤害风险伴随生命每一个阶段,预防疾病和伤害与个人健康、家庭幸福、经济社会健康发展息息相关。无论什么身份,处于什么阶段,每个人都是自己健康的第一责任人,对家庭和社会都负有健康责任,了解常见疾病的症状和急救处置方法,掌握相关知识和技能,不仅有助于提高个人健康生活质量,在面对突发疾病时,也能够对患者进行紧急科学的救治。本章针对大众群体,重点分析突发疾病与伤害的类型与原因,阐述部分常见疾病的症状及其诱发因素,并且介绍相关疾病的应急处置方法和注意事项。

第一节 突发疾病与伤害的类型与原因

人们在生活中不可避免地面临各种各样的疾病与伤害危机,因此了解突发疾病与伤害的类型是非常重要的,本节选取世界卫生组织及中国国家卫生健康委员会发布的数据中显示在前几位的疾病与伤害类型进行介绍。

一、突发疾病与伤害的类型

1. 心脑血管疾病

心脑血管疾病是心血管和脑血管疾病的统称,泛指由高脂血症、动脉硬化、高血压等所导致的心脏、大脑的缺血性或者出血性疾病。在《2023 中国卫生健康统计年鉴》中,心脑血管疾病的死亡率在前十位中,是 50 岁以上中老年人的常见病,具有高患病率、高致残率和高死亡率的特点。其常见症状为心律不齐、胸闷不适、站立不稳、意识障碍等。2005—2023 年中国心血管疾病死亡率如图 1-1 所示。

图 1-1　2005—2023 年中国心血管疾病死亡率（部分）

（来源：《2023 年中国心血管健康与疾病报告》）

2. 恶性肿瘤

常见的恶性肿瘤包括肺癌、胃癌、肝癌、结肠癌、乳腺癌等。其中吸烟是导致肺癌的一个重要原因。恶性肿瘤具有三个特征：不受控制地生长；可转移到其他器官；侵袭邻近器官并破坏身体机能。恶性肿瘤的局部症状包括身体出现肿块、肿胀、出血、急性疼痛。如果恶性肿瘤出现了转移，症状往往表现为淋巴结肿大、肝脏和脾脏肿大。如果扩散到全身则可能会出现多汗、食欲缺乏、疲倦、贫血或体重减轻。2014—2023 年我国癌症新增发病例数如图 1-2 所示。

1-1　视频
如何预防恶性肿瘤

图 1-2　2014—2023 年我国癌症新增发病例数

（数据来源：《2023 年中国液体活检市场分析报告——行业现状与发展趋势分析》）

3. 呼吸系统疾病

呼吸系统疾病是一种常见病、多发病，主要病变在气管、支气管、肺部及胸腔，病变轻者多咳嗽、胸痛、呼吸受影响，重者呼吸困难、缺氧，甚至呼吸衰竭而致死。据国家统计局公布的数据，在全国部分城市及农村前十位主要疾病死亡原因和统计数据中，呼吸系统疾病位列前茅。

总体来看，2014—2021 年中国城市居民呼吸系统疾病死亡率呈下降趋势，如图 1-3 所示，2019 年中国城市居民呼吸系统疾病死亡率为 65.02/（10 万），较 2018 年降低了 3/（10 万）。2016—2020 年中国农村居民呼吸系统疾病死亡率逐年下降，2018 年中国农村居民呼吸系统疾病死亡率为 77.67/（10 万），较 2017 年降低了 0.9/（10 万）；2019 年中国农村居民呼吸系统疾病死亡率为 74.61/（10 万），较 2018 年降低了 3.06/（10 万）。

图 1-3 2014—2021 年中国城乡居民呼吸系统疾病死亡率统计

（数据来源：国家统计局、智研咨询）

4. 消化系统疾病

消化道从口腔到肛门，包括食管、胃、小肠和大肠，主要生理功能是摄取、转运和消化食物，以及吸收营养和排泄废物。各种疾病（消化道内外），只要引起消化道结构异常（糜烂、溃疡、穿孔、狭窄、癌变）、出血、营养及电解质吸收分泌异常，均可以改变消化道正常功能而致病。常见症状有吞咽困难、胃痛、腹胀、腹泻、便秘、腹部一侧或双侧疼痛等。

2014—2016 年中国城市居民消化系统疾病死亡率逐年下降，如图 1-4 所示，2017 年开始增加，2018 年中国城市居民消化系统疾病死亡率为 14.54/（10 万），较 2017 年增加了 0.01/（10 万）；2019 年中国城市居民消化系统疾病死亡率为 14.86/（10 万），较 2018 年增加了 0.32/（10 万）。2015—2018 年中国农村居民消化系统疾病死亡率逐年增长，2019 年较 2018 年有所下降，2019 年中国农村居民消化系统疾病死亡率为 14.49/（10 万），较 2018 年减少了 0.08/（10 万）。

图 1-4 2014—2021 年中国城乡居民消化系统疾病死亡率变化趋势

（数据来源：国家统计局、智研咨询）

5. 神经系统疾病

神经系统疾病是指发生于中枢神经系统或周围神经系统的以感觉、意识、运动等障碍为主要表现的疾病。神经系统遗传病是单基因遗传病里种类最多的疾病，主要包括帕金森病、阿尔茨海默病、卒中、肌萎缩性侧索硬化症（渐冻症）、亨廷顿病、小脑萎缩、脊髓损伤、外伤性脑损伤等。2007—2020 年中国居民脑卒中死亡率变化趋势如图 1-5 所示。

6. 损伤性外伤

损伤性外伤主要是骨折、烧伤、被刀割伤等因主观或客观因素导致个人身体受到伤害，一般具有突然性和非预见性。

7. 其他急症

其他急症包括晕厥、中暑、癫痫、抽搐等。

1-2 视频
脑卒中科普

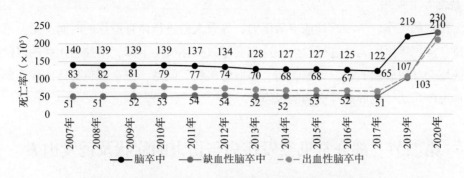

图1-5 2007—2020年中国居民脑卒中死亡率变化趋势

（数据来源：《2007—2020年中国脑卒中流行趋势及特征分析》）

上述类型疾病，大多是我国死亡率前十位的疾病。近年来，随着中国的城市化、机动化和老龄化进程加快，人们的生产、生活方式不断转变，不同地区、人群和伤害类型的发生情况有所增加，某些疾病与伤害相关危险因素如机动车，PM2.5等的频率、强度和时长也在不断增加，使得一些重点或弱势人群可能面临更多和更大的疾病与伤害风险。

二、突发疾病与伤害的主要原因

人类身体面临疾病与伤害的危机具有普遍性和潜在性，它不仅会给个人和家庭带来巨大的痛苦与负担，还会对整个社会产生深远的影响。由于每个人的身体素质、生活习惯、心理压力、精神状态等存在差异，其身体的免疫力在不同时期也是有高有低，因此，身体状况受各种因素的影响，也会增加突发疾病与伤害的概率。突发疾病与伤害的原因可以概括为以下4个方面。

1. **不良的生活习惯**

大量研究结果表明，不规律的作息、不合理的饮食、缺乏运动等都会导致身体免疫力下降，都有可能增加突发疾病或伤害的风险，特别是吸烟喝酒、熬夜通宵、沉迷网络、暴饮暴食等不健康行为，会打乱身体生理机能的正常发展，从而增加患疾病的风险。

2. **缺乏健康意识**

有些人缺乏对健康的重视，没有定期进行体检，或者没有及时采取措施来预防疾病，对预防措施的重要性认识不足；在发生伤害时未能及时采取正确的处理措施，忽视伤口处理，不及时就医等原因导致伤口感染或引发其他并发症。

3. **环境因素**

在这个快节奏的时代，日益增加的生活和工作压力也可能导致身体疲惫和心理压力增大，进而影响身体健康引发疾病。此外，废气排放、吸烟等造成的空气污染，工业废水、农业污水等造成的水源污染，电子产品、电力设备等产生的电离辐射，这些环境污染对人体的呼吸系统、消化系统、神经系统等都会造成损害。

4. 缺乏体育锻炼

因为忙碌的工作、学习或其他生活压力，导致人们进行体育锻炼的时间不足，或者因为身体不适、疼痛等原因无法进行锻炼，这都会导致身体机能下降，增加患疾病的风险。长时间缺乏锻炼会导致肌肉萎缩、骨骼脆弱、心血管疾病等问题，也会影响身体的代谢和激素水平，增加患糖尿病、肥胖症等疾病的风险。

第二节 部分常见突发疾病与伤害的症状及诱发因素

现实中出现突发疾病与伤害时，由于时间紧迫、情况紧急或危重，如处理不及时或不当，会导致不可挽回的后果。本节针对生活中部分常见突发疾病与伤害的症状分别进行介绍，主要包括心搏骤停、心肌梗死、脑梗死、恶性肿瘤、异物梗阻、急性肠胃炎。

一、心搏骤停

1-3 视频 心肺复苏操作的 正确步骤

1. 症状

心搏骤停是指心脏泵血功能机械活动突然停止，造成全身血液循环中断，机体重要器官（如大脑）严重缺血、缺氧，导致呼吸停止和意识丧失。在心搏骤停发生后，脑血流会突然中断，人会处于严重的缺血、缺氧状态，最初表现为头晕，在10秒左右机体就会出现意识丧失等状态，随后则会出现双侧瞳孔散大，对光反射消失，继续发展为呼吸停止，伴有大小便失禁等。抢救时间每延后1分钟，患者的生存率下降7%~10%。如果在4分钟以内未能及时进行救治，就有可能会导致脑细胞不可逆的损伤，随后发生脑死亡，最终威胁生命。

2. 诱发因素

心搏骤停的诱发因素有多种，总体上可分为心源性病因和非心源性病因。例如，在生活中，剧烈的运动及情绪的波动会增加心脏的负担，进而导致心肌缺血，严重时会发生心搏骤停。又如，平时使用的抗癫痫药物、抗生素药物、治疗精神疾病的药物等会损害心肌，这种影响积累到一定程度可能会诱发心搏骤停。再如，一些人或由于遗传等因素患有冠心病等，或长期有不健康的生活方式等原因，造成心肌血液灌注量不足、心肌供氧不足或耗氧增加等，可能会导致心搏骤停。

心搏骤停致死、致残率高，是严重威胁人民群众生命健康的重大公共卫生问题之一，所以我们要高度重视。根据《中国循环杂志》，在经紧急医疗服务（Emergency Medical Service，EMS）救治的院外心搏骤停（Out-of-Hospital Cardiac Arrest，OHCA）患者中，2012—2019年中国4个城市（北京、郑州、深圳、珠海）的发病人群中，60.26%是男性，如图1-6所示；76.85%在家中发病，如图1-7所示。

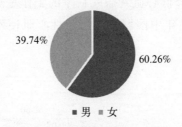

图 1-6　2012—2019 年中国 4 个城市经 EMS 救治 OHCA 患者性别构成比

（数据来源：《中国循环杂志》）

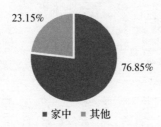

图 1-7　2012—2019 年中国 4 个城市经 EMS 救治 OHCA 发病地点构成比

（数据来源：《中国循环杂志》）

二、心肌梗死

1. 症状

心肌梗死，又称急性心肌梗死（Acute Myocardial Infarction，AMI），是一种多发于老年人群的急症，会导致患者突发、持久剧烈的心前区压榨性疼痛或憋闷感，具有较高的致残率、致死率，大部分 AMI 患者主要表现为胸骨后持久剧烈疼痛继而导致烦躁不安、恐惧、濒死感，通过休息或硝酸酯类药物缓解效果有限。部分患者疼痛部位为上腹部，应与胃穿孔、急性胰腺炎等进行鉴别诊断。此外，AMI 也可伴随心律失常、呕吐、上腹胀痛、白细胞增多、发热、红细胞沉降率增快等症状，还有极少数的急性心力衰竭和休克症状。

2. 诱发因素

AMI 是因冠状动脉持续性、急性缺氧缺血引发的心肌坏死症状，发病率逐年上升，AMI 的发生与冠脉狭窄相关，具体诱因包括以下五点。

（1）连续紧张劳累、负重登楼、过量的体育运动等均会加重心脏负担，增加心肌耗氧量。

（2）暴饮暴食会导致血脂浓度增加，提高血小板的聚集性，容易导致冠脉狭窄、血栓，造成 AMI。

（3）激动、愤怒、紧张等过激的情绪也会导致 AMI。

（4）过量饮酒、吸烟等可能诱发冠脉痉挛，增加心肌耗氧量，引发 AMI。

（5）炎症因子在 AMI 病程进展中具有不可忽视的作用，如白介素-6（IL-6）、金属蛋白酶 MMP-1、MMP-3 等会在动脉粥样硬化斑块中明显升高。

关注急性心肌梗死一直是降低心血管病死亡率的工作重点，根据《2022年中国心血管健康与疾病报告》，2002—2021年中国城乡居民急性心肌梗死死亡率变化趋势，如图1-8所示。

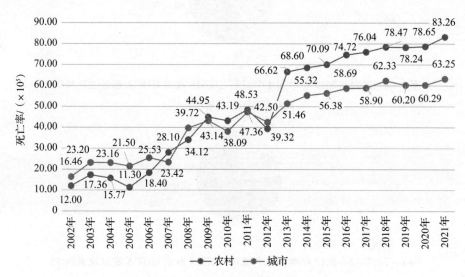

图1-8 2002—2021年中国城乡居民急性心肌梗死死亡率变化趋势

（图源：《中国心血管健康与疾病报告》）

三、脑梗死

1. 症状

脑梗死又称脑梗塞，是指由于血管堵塞导致血液无法流向大脑，使大脑缺氧而引起的脑组织坏死。脑梗死的高发人群包括中老年人及其他高血压、糖尿病、高血脂等患者。该病症状因发病部位和病情严重程度而异，常见的症状有：突然出现单侧肢体麻木或无力，尤其是上肢；突然出现单侧面部麻木或口角歪斜；突然出现言语不清或无法理解他人的言语；突然出现的视力模糊或单侧视力丧失；突然出现的眩晕、平衡失调、步态不稳；突然出现的意识障碍、昏迷。

1-4 视频 脑梗死诱发因素

2. 诱发因素

脑梗死通常包括以下四大诱发因素。

（1）血管壁病变：主要由高血压、糖尿病等疾病导致动脉粥样硬化，从而出现血管壁改变，还有动脉炎、毒物都可以造成血管壁改变，造成血流动力学的改变，使病人出现脑梗塞。

（2）心源性因素：有非瓣膜性病变、瓣膜性病变，以及部分房室传导阻滞等，其中以房颤病人最为多见。

（3）血液成分改变：由于某些原因造成的血液凝固性增加，以及口服抗血小板、抗血栓药物，部分病人蛋白C、蛋白S的缺乏都可以造成急性脑梗塞。

（4）不明原因：其他未知的原因亦可能造成急性脑梗塞。

四、恶性肿瘤

1. 症状

恶性肿瘤的一般表现在临床上分为局部表现和全身性症状两个方面。

(1) 局部表现。癌症会以肿块的形式,出现在体表或身体的其他部位,可以用手触摸到比较明显的肿块或浅表淋巴结肿大,一般深部的肿块无法用手直接触摸到,可能会在影像学看到相应肿块。肿瘤的持续生长会导致局部疼痛,这种疼痛一般是侵犯到周围组织、脏器或神经疼痛比较明显,其他的肿瘤,包括胃癌、结直肠癌、食管癌可能会侵犯到局部的血管,而产生出血的情况,患者可能会出现血便或呕血的症状。如果是肠道的肿块,其持续生长可能会造成局部梗阻,患者可能会出现肠梗阻的情况。如果是颅内肿瘤,可能会引起颅内水肿,引发呕吐、头痛。

(2) 全身性症状。这种情况没有什么特异性,包括消瘦、食欲缺乏、乏力、贫血等。

2. 诱发因素

恶性肿瘤的诱发因素包括两方面的原因。第一方面是外源性因素:包括生活习惯(如抽烟)、环境污染(如空气、饮水、食物污染等)、天然及生物因素(如紫外线会引起皮肤癌)、医源性因素(如电离辐射)。第二方面是内源性因素:包括遗传因素、免疫因素(先天性或后天性免疫缺陷容易发生恶性肿瘤)、内分泌因素(体内激素水平异常可能会诱发肿瘤)。

根据2021年CA期刊发布的全球全新癌症系统数据,2020年全球癌症新发病例1 929万例,死亡病例996万例。中国2020年癌症新发病例457万例,占全球新发病例的23.7%,癌症死亡病例300万例,占全球死亡病例的30.0%,中国癌症发病率及死亡率均居全球首位。中国人口约占全球人口的1/5,但是总体发病率超过20%,其中食管癌、鼻咽癌、胃癌、肝癌等比例较高,中国癌症占全球的比例见表1-1。

表1-1 中国癌症占全球的比例

癌种	发病率/%	死亡率/%
食管癌	53.7	55.3
鼻咽癌	46.8	43.5
肝癌	45.3	47.1
胃癌	43.9	48.6
甲状腺癌	37.7	21.2
肺癌	37	40
结直肠癌	28.8	30.6
胰腺癌	25.3	26.1
乳腺癌	18.4	17.1

续表

癌种	发病率%	死亡率%
宫颈癌	18.2	17.3
白血病	18	19.8
肾癌	17.1	24.1
非何杰金氏淋巴癌	17.1	24.1
膀胱癌	14.9	18.5
前列腺癌	8.2	13.6
合计	23.7	30.0

五、异物梗阻

1. 症状

异物梗阻是指某些外源性异物或分泌物堵塞在呼吸道内，导致空气无法进入肺部进行换气通气，因而影响到正常呼吸，严重者短时间内即可导致窒息甚至死亡。发生异物梗阻时表现通常为突然的剧烈呛咳、反射性呕吐、声音嘶哑、呼吸困难、发绀。依据轻重程度可分为不完全性气道异物梗阻与完全性气道异物梗阻。其中，不完全性气道异物梗阻（轻度）患者表现为气道未完全堵塞，仍有一些空气可以进出，也可以咳嗽、喘气或咳嗽微弱无力、呼吸困难，张口吸气时，可以听到异物冲击性的高啼声，同时伴随面色青紫、皮肤、口腔黏膜发绀；完全性气道异物梗阻（重度）患者表现为气道被完全堵塞，伴随面色灰暗、发绀，不能说话、不能咳嗽、不能呼吸，严重者昏迷倒地、窒息，直至呼吸停止。

2. 诱发因素

异物梗阻有多种诱发因素，例如，在聚餐时嬉笑交谈，特别是口中含物时说笑、打闹，进而发生气道异物梗阻；也可能是因时间仓促快速进食，大块食物未完全咀嚼，使食物意外落入气道发生异物梗阻。如果异物堵塞一侧支气管，可引起咳嗽、呼吸困难、气喘等症状，导致单侧肺气肿或者肺不张；而如果异物停留时间过长，易出现感染症状，同时长期压迫会损害支气管弹性结构，使得支气管扩张，严重时会发生窒息，最后导致死亡。

六、急性肠胃炎

1. 症状

急性肠胃炎是指由各种原因引起的胃肠黏膜的急性炎症，临床表现主要为恶心、呕吐、腹痛、腹泻、发热等。根据病因不同，急性肠胃炎可分为感染性急性肠胃炎和非感染性急性肠胃炎。临床上以感染性急性肠胃炎较为多见；根据病原菌的不同，急性肠胃炎又可分为病毒性、细菌性、寄生虫性等。进食生冷刺激食物、服用对胃肠道刺激性的药物、酗酒、海鲜过敏等都可引起非感染性急性肠胃炎。

2. 诱发因素

急性肠胃炎的诱发因素多是由于平日生活中饮食不当、暴饮暴食，或食入生冷腐馊、受污染的不洁食品，其中导致急性肠胃炎的病原体包括细菌、病毒、寄生虫等。常见的有沙门菌属和嗜盐菌（副溶血性弧菌）、金黄色葡萄球菌等感染，也可见病毒感染。该疾病多发生于夏秋季节，常通过粪—口途径传播，常有集体发病或家庭多发的情况。例如，吃了被污染的家禽和家畜的肉、鱼，或吃了嗜盐菌生长的蟹螺等海产品，以及吃了被金黄色葡萄球菌污染了的剩菜、剩饭等而诱发急性肠胃炎。进食生冷食物或某些药物，如水杨酸盐类、磺胺、某些抗生素等，或误服强酸、强碱及农药等均可引起急性肠胃炎。

第三节　急救知识普及与急救技能提升

一、应急救护的含义

应急救护是院前急救的重要组成部分，是指在急症或灾害事故的现场，在专业人员到达前，为伤病员提供初步、及时、有效的救护措施。在现场及时、有效地采取紧急救护不仅能挽救伤病者的生命，而且能防止伤病继续发展和产生继发损伤，能减轻伤病和残疾，有利于伤病的后期治疗及伤病员的康复。

二、急救知识普及工作的现状与问题

1. 急救知识普及现状

随着人们生活水平的提高，参加的社会活动逐渐增多，避免不了突发疾病和事故的发生，因此对急救知识和技能的掌握尤为重要。并且随着社会进步和经济发展，以及人们思想认识的提高，我国已经意识到相关急救知识普及与急救技能提升的重要性和必要性。但相关数据显示，国外发达国家普遍更重视急救知识的普及与技能培训，公众自救互救素养普遍较高。澳大利亚有77%的人曾参加过急救培训，28%的人拥有急救证书；瑞典有30%~45%的人曾参加过心肺复苏（Cardiopulmonary Resuscitation，CPR）培训。截至2011年的数据，有95%的挪威人曾进行过急救培训，并且从1960年起挪威已将CPR等相关急救知识编入学校必修教材中。欧美发达国家参加过急救知识培训的人占总人口的10%~30%，在日本甚至达到92%，而在我国比例仅为1%。120北京急救中心主任赵永春曾在采访中也表示，在急救知识普及方面，新加坡比例为8∶1，悉尼为20∶1，而北京仅为150∶1。由此可见，我国公众自救、互救意识依然较为薄弱。并且考虑到在我国人口基数大、幅员辽阔的国情下，我国人民急救能力的培养仍然面临着较大的挑战，在不同区域和不同群体中进行急救知识的普及，存在着许多不同的特性。因此，我国急救知识普及工作的任务任重而道远。

1-5　文章
应急科普

2. 急救知识普及工作面临的主要问题

急救知识普及的过程是环环相扣、紧密相连的，任何一个环节的缺位都无法做到有计划、系统和连续地开展急救知识的普及。当前我国公众急救知识的普及有以下五个方面问题。

（1）公众对急救知识重要性认识不够，急救意识有待提高。

在急救培训中，部分培训对象认为救护伤员是医护人员的职责，与自身无关。还有些社区居民认为一些急救技术难度较大，即使掌握了急救技术也不能保证被救者存活，而且还有可能要承担实施操作的责任，因此没有必要学习。部分公众急救意识较差，对快速且有效的现场救护能挽救患者生命、减轻患者伤残的重要意义认识不够，对自己能否正确运用急救知识缺乏自信，害怕承担后果，缺乏救死扶伤的精神和责任感，急救意识的淡漠让很多生命贻误了宝贵的抢救时机。

（2）缺乏完善的急救普及培训体系。

在国外和我国香港特区，急救知识普及工作都是由经过专业训练，且具有教师资格的急救培训导师承担，这些导师必须随时了解国际急救知识、急救技能的最新标准和信息，经过一定时间必须接受有关部门的再培训、资质认证后再重新上岗。而目前我国公众急救知识的普及缺乏固定的培训机构、统一的培训模式和完善的管理机制。一般来说，只要具有合法身份及专业医护知识的组织机构都可以进行培训，例如，急救中心、红十字会、医院都可以对公众进行急救培训。但是培训机构不统一，各地各部门培训师资、培训教材、培训方式和培训资格认证等存在差异，培训质量效果、培训考评也不统一，最终导致公众对急救知识、技能的掌握程度和所学急救方法差异化，这样势必影响公众对急救的认识和参加培训的主动性，还有可能偏离急救培训的宗旨路线。因此，必须共同建立一套规范统一的急救培训流程和模式。

（3）培训内容及方式有待更新。

公众急救培训的主要内容为心肺复苏和创伤的急救，较少涉及其他如中毒、中暑及常见急症发作时的家庭急救等方面知识，培训内容比较单一片面。作为普及培训，在追求培训人员数量多的同时，培训内容必须系统、全面才能达到普及目标。而且，我国众多急救培训部门在普及培训方式上，很少考虑到非专业人员的学习能力，对公众培训照搬对医学院校学生和专业急救人员的培训方式，对毫无医学基础的学员来说学习难度较大。有研究显示，胸外按压时，只要简单地将手放置在胸部中间即可，但要达到理想的按压效果，必须保证按压的深度和速度。而且，心肺复苏最初6分钟，并非一定需要正压通气。所以，应该对公众急救培训内容做出适当更新以适应普及培训工作的需求。

（4）培训策略有待调整。

大多数急救培训部门普遍将目光聚集在特殊工种如公安、交通、建筑、电力、旅游等部门的工作人员，以及特殊人群如警察、消防队员、保安、机动车驾驶员、民航机场人员、导游、宾馆服务人员、社区的卫生保健人员等，希望让他们率先接受培训，再采用"滚雪球"的方法逐渐向全社会推广。这种选择性的培训策略在某一群体虽能达到较好效果，但对于全民普及的目标而言效率太低。民众对于系统的急救知识的获得途径相对缺乏，我国急救知识与技能培训普及刻不容缓。

（5）国内卫生应急法律法规不完善。

我国卫生应急相关政策中多处提及要对公众开展急救科普与培训，但在法律法规制度方面相对欠缺。首先，我国当前的法律条文未明确规定大众接受急救知识和技能培训的义务与责任，对接受过急救培训并取得培训证书人员的急救行为的相关法律责任也无明确界定。其次，培训证书的有效性和适用范围无统一规范。故施救者缺乏相应的法律政策和资质作为其施救行为的支撑保障，这会影响公众的急救行动力，错失急救的"白金十分钟"。

三、急救知识普及与急救技能提升的重要性

1. 有助于抓住急救的重要窗口期

现代医学证明，如果在心搏骤停4分钟内进行正确施救，成功率为50%，如果突发事故及危重疾病能够在10分钟内实施正确急救，也能明显地降低伤残率和死亡率。而现实生活中，许多突发急危重症或意外伤害事故往往发生在行车途中、工作场所、居家环境等。如果现场的"第一目击者"能够立即实施正确、基本的紧急救护，可争取到最初宝贵的抢救时间，极大地降低院前死亡率和伤残率。

2. 有助于培养全民的生命安全理念

普及急救知识和提升急救技能是对大众开展生命教育与安全教育的现实需要。结合《"健康中国2030"规划纲要》，积极构建新时代、现代化、高质量的急救知识体系并予以普及，从而培养全民健康的意识、观念和生活方式，使全民树立关爱生命的理念，掌握专业急救技能，有助于其以后在生活、工作中传播急救知识和技能，有利于急救知识的全民普及。

3. 提高社会应急能力

掌握应急救护技能关系每个人的生命安全，群众性应急救护能力建设是健康中国建设的重要内容。《健康中国行动（2019—2030年）》提出，鼓励开展群众性应急救护培训，到2030年将取得急救培训证书人员的比例提高到3%及以上。这个目标的实现需要全社会各方面共同努力。人人学急救、提高应急救护能力，才能让社会多一分安全，也才能更好地保障人民群众身体健康和生命安全。

四、急救技能的提升途径

1. 阅读相关急救书籍与资料

优秀的急救指南和手册通常包含详细的急救步骤、图示和案例分析等，阅读这些资料可以更深入地了解各种急救情况和处理方法。

2. 培养观察和判断能力

在日常生活中，要学会观察周围环境，判断可能存在的危险。例如，预先了解可能发生事故的地点和情况并提前做好应对准备。

3. 学习和练习急救技能

通过学习心肺复苏、止血、包扎、固定等基础急救技能，能够在紧急情

1-6 视频
海姆立克急救法

况下迅速采取正确的措施。可以参加专业培训课程或自学相关书籍和视频教程。

4. 了解常见急症的处理方法

学习常见急症如心脏病发作、中风、骨折等的处理方法，以便在紧急情况下能够迅速采取正确的措施。

5. 参加相关急救培训课程

参加由医疗机构、红十字会或急救组织提供的急救培训课程，包括 CPR、创伤处理和急救原则等。同时，定期参加急救培训的更新课程也能保持知识和技能的新鲜度。

第四节　典型突发疾病与伤害的应急处理方法

一、心肌梗死

在对心肌梗死患者进行急救时，切记不要去随意移动患者，心肌梗死患者在发病期间心脏是处于一个持续泵血的状态，移动患者会增加心脏负担从而加重病情，所以施救者只需要让患者保持最舒服的姿势——躺或者卧就可以。然后施救者要尽快拨打急救电话 120，如果有条件的话要快速取来急救箱和自动体外除颤器（Automated External Defibrillator，AED）。

心肌梗死的应急处理方法如下。

第一步：施救者要询问患者是否对阿司匹林过敏，以及近期是否有严重出血和脑卒中的情况，如果没有的话，可以给患者服用 30 毫克阿司匹林。

第二步：用双手轻拍患者双肩并在其两耳旁大声呼唤，观察患者这时有无做出说话、眨眼、呻吟或挪动身体等动作。

第三步：检查患者呼吸情况。首先，施救者的头部尽量贴近患者的头部，观察患者的胸腹部起伏情况；其次，观察患者胸腹部 5~10 秒。

第四步：如果患者胸腹部并未起伏，应立刻实施心肺复苏。心肺复苏由胸外心脏按压和人工呼吸组成。胸外按压应遵循以下要点，①按压的位置：胸骨中下 1/3 处，从测量角度来说，可以用一只手的中指沿着肋弓向上滑行，到两侧肋弓的交汇点，即胸骨中下 1/3 处。②按压频率：按压 100~120 次/分钟。③按压深度：成人按压深度为 5~6 厘米，儿童按压深度为 5 厘米左右，婴儿按压深度为 4 厘米左右。每按压 30 次开放气道吹气 2 次，每次吹气大约 1 秒，10 秒内进行两次吹气。

第五步：使用 AED 除颤。心肺复苏配合使用 AED 可大幅提升患者生存概率。首先，取出 AED，打开开关；其次，按照语音提示贴放电极片；再次，当 AED 发出请勿触碰患者的提示时，远离患者；最后，按照语音提示进行除颤。

二、突发性脑溢血

突发性脑溢血的应急处理方法如下。

第一步：立即拨打 120 急救电话，讲清患者的年龄和性别、事发地点、联系人姓名和电话，并将患者病情——是否头痛、呕吐、昏迷、有没有摔伤等准确地报告给 120 医师。

第二步：将患者平托在木板床上，垫上枕头，使患者头部抬高 15°~30°，头后仰，并偏向右侧。最好有专人负责保护患者头部，避免其头部活动加重出血。

1-7 案例
脑溢血急救

第三步：解开患者的衣领、纽扣和裤带等，并用纱布将患者舌头包住拉出，使气道通畅，这样也有利于呕吐物从口腔流出；切勿在患者耳边大声哭喊；更不要拍打、推拉患者头部。

第四步：对患者施行头部物理降温（冷敷），把碎冰块装在塑料袋中，扎紧后敷于患者颈部、枕部、头顶及前额（两者之间用薄布相隔），冰块融化后要及时更新；亦可用冰袋或冷湿毛巾置于患者的前额，还可用冰箱中的冷冻食品及雪糕、冰棒替代。这样做的目的是快速止血和降低颅内压，降低脑出血对患者大脑的伤害，对挽救患者生命，减少患者后遗症的发生是有重要作用的。

第五步：当医院救护车到达后，必须在随车医师指导下搬运患者，要力求平稳、动作轻柔，可由 3~4 个急救者同时抱起患者，移动患者头部要轻、慢、稳，将患者平放于车床上；运送途中患者头部朝向车头，并注意防震。

第六步：路途中护理人员应密切观察患者的神志、呼吸和脉搏等变化，以最快的速度（急救的黄金时间在 2 小时内）直接送达医院治疗，以挽救生命。

三、急性阑尾炎

对于急性阑尾炎患者，在院前急救的同时，还需要配合适当的镇痛护理措施，有效缓解患者疼痛，将患者平稳地送入医院治疗。

急性阑尾炎的应急处理方法如下。

第一步：初步判断患者病情后，对患者进行镇痛处理，同时对患者采取吸氧、心电监护等措施。

第二步：根据患者的具体情况选择体位，包括俯屈位、屈髋屈膝位等，恰当的体位可以有效缓解患者的疼痛。

第三步：镇痛过程中应严密监测患者的生命体征，如出现呼吸频率减慢、缺氧、二氧化碳潴留等情况，应立即对症处置。

第四步：如患者情况允许，则应该尽快将其转送到医院急诊科内，做下一步诊疗。

四、急性肠胃炎

当出现急性肠胃炎时，我们需要根据症状轻重来选择不同的应对措施。

1. 注意饮食和休息

在急性期呕吐严重时，建议先限制饮食，让胃肠道休息。待呕吐症状有所缓解后可以吃一些流质食物，如稀饭、米汤、蛋汤等。但要避免吃生冷、过硬、过热等刺激性强的食物。

应避免食用以下五种食物。

（1）牛奶：一些患者食用牛奶容易导致胃酸分泌增多，加重腹部不适、腹泻等症状。

（2）咖啡：咖啡因可能会加剧腹泻。

（3）酒精：刺激胃黏膜，影响肝脏代谢，同时也会加重脱水症状。

（4）坚果：不能完全消化，会促进肠胃蠕动，加重腹泻。

（5）果汁：水果经过榨汁后，水果纤维有一定的促进肠道蠕动的作用，会加重腹泻。

2. 对症服药

如果发生急性肠胃炎，要及时去医院就诊。家中可以常备以下两种常见药物。

（1）口服补液盐Ⅲ：腹泻严重的患者及时补充口服补液盐Ⅲ，可以避免脱水的发生，改善脱水和电解质紊乱的症状，同时能减少粪便量，具有补液作用。

（2）蒙脱石：蒙脱石是一种药物成分，一般市场上卖的药物有蒙脱石散或者蒙脱石分散片。其既可以吸收水分，同时还能吸附病菌和毒素，具有止泻的作用。

第五节　典型案例分析

一、事件回顾

2022年10月22日下午5时左右，北京某学院的足球场上，一名正在参加新生足球赛的男生在无对抗的情况下突然倒地，随即出现呼吸衰弱、心搏骤停等症状，情况十分危急。关键时刻，现场观赛的两位大四学生迅速上前进行急救。两人作为北京冬奥会的志愿者，曾参加过红十字急救培训并取得证书。在判断倒地男生失去意识、呼吸逐渐衰弱后，这两位同学配合进行了心肺复苏。他们按30∶2的比例，一个做胸外心脏按压，一个做人工呼吸，竭力挽救倒地同学的生命。与此同时，另一名观赛的大二学生迅速跑到紧邻足球场的体育馆，从一楼大厅的红十字应急救护一体机中取出AED，并立即返回球场对倒地同学进行除颤。在一次电除颤外加一组胸外心脏按压后，倒地的男生终于恢复了意识，不久后120救护车赶到现场将其送医。获救男生到医院接受观察，身体状况良好。

二、案例分析

本案例是在校园中发生的心搏骤停情况，值得借鉴的是，周围同学迅速拨打了120急救电话；现场学生一直坚持对患者做胸外心脏按压，并且进行了人工呼吸，及时获取AED对患者除颤，急救措施科学、准确。该案例说明如果个人具备一定的急救知识、掌握正确的急救技能，心肺复苏在危急时刻可以为突发心搏骤停患者赢得宝贵的抢救时间。对该同学使用AED，极大提高了心肺复苏成功率，在紧急时刻挽救了生命。

1. 处置与应对

第一步：确保现场环境安全，做好自我防护，立即识别是否为心搏骤停。

第二步：立即拨打120急救电话，告知患者发病的地点、患者状态、现场情况等详细信息。

第三步：寻求现场其他人员的帮助，就近尽快协助取得AED，立即开始胸外心脏按压和人工呼吸，并请现场其他有急救技能者进行协助。

第四步：如已取得AED，则立即为患者除颤，观察患者是否恢复意识和呼吸，在AED除颤间隙（大约2分钟），持续进行胸外心脏按压与人工呼吸。

第五步：在胸外心脏按压的过程中，如患者恢复自主呼吸和意识，或专业急救人员已经到达现场，施救人员可停止胸外心脏按压，交由专业人员处理。

第六步：专业人员到达现场后对患者进行高级生命支持与维护。

2. 经验教训

意外随时都有可能发生，每个人都可以挽救生命，学习健康科普急救知识，一起筑牢安全底线。

3. 使用AED急救的步骤

（1）开盖子。

掀开AED的盖子，打开电源开关。

（2）贴电极。

根据语音提示，解开患者上衣，撕开"电极片"，按照图示贴在患者胸前。

（3）插导线。

把"电极片"的导线插入AED主机，主机会进入自动分析。

（4）自动分析。

主机分析过程不要触碰患者，如果分析到了可以电击的情况，机器会自动充电。

（5）电击。

充电完成后，语音会提示按"电击"按钮，完成电击。电击过程中同样不要触碰患者。

（6）心肺复苏。

第一次电击完成后，立刻开始心肺复苏施救，无须取下电极片。

（7）再分析。

每2分钟AED主机会再次自动分析，如有必要会再次建议电击。

注意在抢救患者过程中，不要频繁中断按压，AED连接后如果没有语音提示"停止按压"，则一定要保持按压，直到专业救护人员到场。

不必担心判断失误而"电"错人，AED会自动分析。如果没有恶性心律失常，主机不会充电，语音也不会让你"电击"。

不必担心陌生人没有救回来会承担法律责任，《中华人民共和国民法典》（简称《民法典》）第一百八十四条规定"因自愿实施紧急救助行为造成受助人损害的，救助人不承担民事责任"。

参考文献

[1] 陆晓晓. 五年制高职学生应急救护能力的现状调查与分析 [J]. 科学咨询（科技·管理），2023（9）：147-149.

[2] 卿婷玉，周波. 公众自救互救知识与技能普及现状及对策建议 [J]. 科技视界，2022（7）：107-111.

[3] 覃目圆，李东洋，吴滨延，等. 医学院校在校学生对急救知识和技能的认知与需求分析：以广西医科大学为例 [J]. 全科护理，2021，19（21）：3001-3004.

[4] 张嘉楠. 急性肠胃炎≠肠胃型感冒 [J]. 人人健康，2022（9）：34-35.

[5] 李江龙，周春艳，王存德. 浅谈晚期恶性肿瘤危急重症患者的急症处置 [J]. 医学信息（中旬刊），2011，24（9）：4733-4734.

[6] 陈瑛. 急性阑尾炎患者院前镇痛护理的效果观察 [J]. 中西医结合心血管病电子杂志，2019，7（35）：107-108.

[7] 杨万春. 突发脑溢血患者的急诊内科急救治疗观察 [J]. 临床医药文献电子杂志，2019，6（31）：70.

[8] 田啸，刘怡喆. 常见日常急症处置系列：心梗的处置与预防 [J]. 现代职业安全，2022（10）：101.

第二章
卫生安全危机的预防与处置

习近平总书记指出:"健康是促进人的全面发展的必然要求,是经济社会发展的基础条件,是民族昌盛和国家富强的重要标志,也是广大人民群众的共同追求。"疫病防控是我国卫生健康事业成效最为显著、影响最为广泛的工作之一。中华人民共和国成立以来,积极探索适合国情的卫生健康发展道路,始终把全民健康覆盖,人人享有基本医疗卫生服务作为奋斗目标,不断推进疫病预防控制和卫生安全事业建设,有力保障了人民健康,为促进经济社会发展做出了重要贡献,同时也为全球卫生治理贡献了中国经验和中国力量。

2-1 视频
公共卫生安全
知识普及

人类进入风险社会后,卫生安全事件风险因素对人民群众生命健康的影响也在攀升。习近平总书记指出,各地要始终把广大人民群众健康安全摆在首要位置,切实做好传染病防控和卫生事件应对工作,并将突发急性传染病防治上升到国家安全战略高度。本章针对大众群体,阐述卫生安全危机的类型与特点,重点分析卫生安全危机的成因与预防,并且介绍卫生安全危机的应对与处置。

第一节 卫生安全危机事件的特点

一、我国居民健康素养水平

2022 年我国居民健康素养水平达到 27.78%,比 2021 年提高了 2.38 个百分点,继续呈现稳步提升态势。监测结果显示,2022 年全国城市居民健康素养水平为 31.94%,农村居民为 23.78%,较 2021 年分别增长 1.24 个和 1.76 个百分点。东、中、西部地区居民健康素养水平分别为 31.88%、26.70% 和 22.56%,较 2021 年分别增长 1.48 个、2.87 个和 3.14 个百分点。城乡居民基本知识和理念素养水平为 41.26%,健康生活方式与行为素养水平为 30.63%,基本技能素养水平为 26.00%,较 2021 年分别提升了 3.60 个、2.58 个、1.72 个百分点。六类健康问题素养水平由高到低依次为:安全与急救素养 58.51%、科学健康观素养 53.55%、健康信息素养 39.81%、慢性病防治素养 28.85%、传染病防治素养 28.16% 和基本医疗素养 27.68%。各类健康问题素养水平均有不同程度提升,其中,健康信息素养水平增幅最大,较 2021 年提升了 3.88 个百分点。本次监测覆盖 31 个省(自治区、直辖市)

的 336 个县（区）1 008 个乡镇（街道），对象为 15~69 岁常住人口，共得到有效调查问卷 71 842 份。2019—2022 年全国居民健康素养水平如图 2-1 所示。

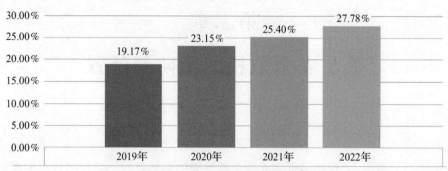

图 2-1　2019—2022 年全国居民健康素养水平

（数据来源：国家卫生健康委网站）

二、卫生安全危机事件的类型

1. 重大传染病疫情

在漫长的人类历史长河中，传染病给人类带来了巨大的灾难，不仅对公众健康造成了巨大影响，还给国家安全和社会经济发展带来了严重威胁。随着社会的发展、科学的进步，传染病得到了较好的控制。但是，随着社会和经济发展、气候变化、人口和货物流动加速等因素的变化，各类新发传染病，如严重急性呼吸道综合征、艾滋病、禽流感、甲型 H1N1 流感、新型冠状病毒感染（Corona Virus Disease 2019，COVID-19）等不断出现，以平均每年出现 1 种的频率，严重威胁人类健康。新发传染病具有快速传播乃至全球性大流行的风险，并且在未来还将不断发生。同时，一些过去已基本控制的传染病如血吸虫病、结核病等又死灰复燃，人类正面临新老传染病双重威胁的局面，卫生安全面临新的挑战。

传染病流行与生态环境息息相关，对于一种传染病而言，影响其传播的环境因素主要包括理化因素、生物因素和社会因素。影响流感传播的温度、湿度等气象因素和 PM 等空气质量因素属于理化因素，气象因素和空气质量因素存在协同作用；影响流行性乙型脑炎、登革热、疟疾等传播的蚊虫是媒介，属于生物因素，此类因素影响在热带亚热带地区更为显著；而对于布鲁氏菌病，与人类有关的传染源主要是羊、牛和猪等，主要流行于西北、东北、内蒙古等牧区。由于人们对畜肉需求的不断上升和区域间流动的快速增加，近年来我国布鲁氏菌病有逐渐增长的趋势。

2. 食品安全

"民以食为天"，食品安全是人类生存的基本需求，也是衡量一个民族文明程度的标志之一。随着改革开放的不断深入及经济的迅猛发展，人民生活水平有了明显提升，与此同时，人们对于食品安全的要求越来越高。高校食堂作为学生集中就餐的地方，其安全性尤为重要。

2-2 文章 食品及个人卫生安全知识及注意事项

从我国当前的食品安全卫生现状展开分析可以知道，现已知的"毒奶粉""地沟油"及"上海福喜"等多起食品安全卫生事件都将我国当前食品安全卫生现状进行了揭露,引起社会的广泛关注。我国食品安全卫生问题主要体现在以下四个方面:其一,在食品生产过程中,生产方在食品中人为地添加了对人体具有危害的化学试剂;其二,生产厂家所选用的生产材料为变质、过期等质量不过关的材料;其三,生产厂家所利用的生产技术缺乏科学性与合理性;其四,食品在储存过程中发生变质,但依旧将其投入市场进行销售。也正是由于上述食品安全卫生问题的存在,才暴露了我国食品安全卫生监管工作依旧存在诸多问题,如监管制度的有效性缺失、监管人员责任感不足,以及社会监督体制构建不完善等方面的问题始终存在。相关部门应当立足当前监管工作中存在的不足,不断完善、优化管理模式。

根据各省(自治区、直辖市)及新疆生产建设兵团报告,截至2022年末,全国设置食品安全风险监测点2 802个,对27大类10.1万份样品开展污染物有害因素监测;在47 715个医疗卫生机构和3 600个疾控机构开展食源性疾病监测,全国共报告食源性疾病暴发事件4 902起,发病24 282人,死亡90人。

2-3 案例 2023年"3·15"晚会曝光内容

2018—2022年全国消毒产品被监督单位和食品安全风险监测点的数量,如图2-2所示。

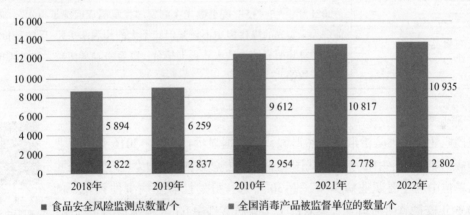

图2-2　2018—2022年全国消毒产品被监督单位和食品安全风险监测点的数量

(数据来源:2018—2022年我国卫生健康事业发展统计公报)

食品安全类型及相关案例见表2-1。

表2-1　食品安全类型及相关案例

食品安全类型	相关案例
食品卫生安全	1. 2022年,"3·15"晚会曝光老坛酸菜包,老坛酸菜包里的酸菜是在"土坑"里腌制的,并非坛子发酵,制作过程中卫生状况堪忧:腌制酸菜时工人直接用脚踩、将烟头扔菜里、大量使用防腐剂等; 2. 2023年,江西某职业技术学院学生在饭菜中吃出老鼠头

续表

食品安全类型	相关案例
食品农药残留	木垒盛旺蔬菜水果店经营农药残留超过食品安全标准限量的食品
食品细菌和病毒污染	1996 年，O-157 大肠杆菌造成的食物污染肆虐日本各地学校，导致近万人中毒
假冒伪劣食品	1998 年，山西假酒事件，不法之徒兑制工业酒精甲醛到商品酒，造成 27 人直接死亡
食品中毒	1. 2015 年 1 月 14 日，云南某糖厂发生甘蔗糖浆池中毒事件，致 4 人死亡，8 人中毒； 2. 2015 年 2 月 25 日，甘肃某县村支书嫁女宴致使上百人食物中毒
食品添加剂超标	1. 2005 年，雀巢金牌成长 3+奶粉在浙江被抽检出碘含量超标； 2. 2008 年，三鹿集团生产的奶粉中三聚氰胺超标，30 万孩子受害
食品过期	1. 2018 年，内蒙古阿左旗在某农村小饭店查处过期调料 156 袋； 2. 2019 年，浙江余杭区查处溪口村某小商店销售过期方便面 271 袋（桶）
食品变质	2021 年，"3·15"晚会曝光大润发"发臭隔夜肉洗了再卖"。店员将前一天未卖完的隔夜肉中不新鲜但味不大的作为 9.9 元/斤的特价肉卖；将其中臭味明显的冲洗去味再上柜台；甚至将发臭变质无法处理的，仍然用于饺馅儿或灌香肠

3. 职业中毒

我国职业病危害防治形势依然严峻，有数据显示：2008—2016 年，职业性尘肺病和职业化学中毒事件占我国职业病报告总数的 90% 以上，依然是我国用人单位中的主要职业病类型。近 30 年来，群发性职业病事件频发。例如，2005 年安徽省西河口乡金矿农民工尘肺病事件中 65 人被确诊为尘肺病；2009 年辽宁抚顺新宏明化工厂在向内蒙古赤峰制药集团输送液氨过程中的 246 人液氨中毒事件；2014 年宁夏捷美丰友化工有限公司 41 人氨中毒事件等，这些群发性职业健康损害事件造成了巨大的经济损失和不良社会影响。

2-4 视频 职业中毒的预防与控制

职业中毒类型及相关案例见表 2-2。

表 2-2 职业中毒类型及相关案例

职业中毒类型	举例说明	典型案例
职业性尘肺病及其他呼吸系统疾病	如砂肺、煤工尘肺、石墨尘肺等。其他呼吸系统疾病，如过敏性肺炎、棉尘病、哮喘等	1. 2008 年，安徽省无为县昆山乡小煤窑尘肺病事件，186 人被确诊尘肺病； 2. 2009 年，甘肃武威市古浪县金矿打工农民工尘肺病事件中 124 人被确诊为尘肺病

续表

职业中毒类型	举例说明	典型案例
职业性放射性疾病	如外照射急性放射病、外照射亚急性放射病等	张某于1964年8月被分配到国营743矿工作，2014年10月27日经广东省职业病防治院诊断为"职业性放射性肿瘤"
职业性化学中毒	如铅及其化合物中毒、汞及其化合物中毒、锰及其化合物中毒、镉及其化合物中毒等	1. 2009年，辽宁抚顺新宏明化工厂在向内蒙古赤峰制药集团输送液氨过程中的246人液氨中毒事件； 2. 2014年，宁夏捷美丰友化工有限公司41人氨中毒事件
物理因素所致职业病	如中暑、冻伤等	工人长时间暴露在噪声中导致听力受损；某快递公司的快递员，由于长时间高强度工作，导致肌肉溶解综合征
职业性传染病	如炭疽、森林脑炎、艾滋病（限于医疗卫生人员及人民警察）、莱姆病等	1. 某局警察在执行任务过程中接触罪犯和涉案物品，没有采取有效防护措施，最终感染布鲁氏菌病； 2. 医护人员接触结核病患者，没有采取有效防护措施，最终感染结核病
职业性皮肤病	如接触性皮炎、光接触性皮炎、痤疮等	电镀厂员工频繁接触重铬酸盐，容易引起铬皮炎、湿疹；医护人员因接触消毒液而引起刺激性皮炎
职业性耳鼻喉口腔疾病	如噪声聋、铬鼻病、爆震聋等	1. 某香水厂员工，由于长时间接触刺激性化学物质，导致嗅觉失灵； 2. 某餐饮业员工，由于长时间接触酸性物质，导致牙齿腐蚀
职业性肿瘤	如石棉所致肺癌、间皮癌，联苯胺所致膀胱癌等	2010—2017年，深圳市华生机电厂共发生5例白血病。最终判定结果均为"职业性肿瘤（苯所致白血病）"
其他职业病	如金属烟热、滑囊炎（限于井下工人）、股静脉血栓综合征、股动脉闭塞症或淋巴管闭塞等	1. 某建筑工地工人，由于长时间重复抬举重物，导致肩部和肘部的滑囊炎； 2. 某金属加工厂的工人，由于长时间暴露在金属烟雾中，导致金属烟热

三、卫生安全危机事件的主要特性

1. 突发性和紧急性

卫生安全危机事件的发生具有不可预见性，往往在人毫无防范的情况下发生，甚至有时是骤然而至，使人措手不及。此时，政府处于时间紧迫、压力极大、信息掌握不完全的情况，但在这种情况下必须快速形成突发事件的应急处置。而且，卫生安全危机事件发生之前的征兆不明显，难以做出准确的预测，也难以在短时间内形成应对方案。

2. 危害性

卫生安全危机事件根据性质的严重程度，极有可能威胁到当事人的生命，老百姓的人身安全得不到保障，将会造成秩序混乱、社会动荡，给国家和个人造成重大的损失。危机的特点是具有广泛的影响力和波及范围，危机一旦发生，将产生极大的破坏力，人们无法预测其灾难性的后果，远远超出公众的各种承受能力，物质资源、社会财富和精神财富将遭到巨大损失，对政府、经济、社会、文化、人类造成严重损害，甚至可能导致政府的失败、瓦解和社会组织的崩溃。在非典期间，各大医院、药店，甚至药厂的抗病毒类药物，特别是板蓝根制品接近脱销，人们极度恐慌，当时恰遇"五一黄金周"，运输、酒店、景点及其他娱乐场所极度萧条，严重威胁了社会的健康、稳定。亚洲开发银行对SARS对亚洲经济的影响做了调查，结果是亚洲GDP损失180亿美元，占亚洲GDP总量的0.6%。其中，中国大陆地区所遭受的损失最大，GDP损失61%，占中国总GDP的2%；中国香港地区GDP的损失占到中国香港GDP总量的2.9%。

3. 社会性

疾病的传播与战争的危害有所不同，战争具有地域之分，而传染病通过人与人、人与动物、寄生虫接触等途径传播，流动性大，可发生频率高，只要社会是动态的，病毒就有可能散布在世界各地，跨越疆域，不分民族和种族，跨越不同的文化，不仅在原发地暴发，甚至在全球广泛传播，造成世界性的灾难。所以，疾病传播的特点决定了卫生突发事件需要全人类共同应对，它的超国家属性决定了危机是全人类的，对其进行有效控制关系到全人类共同的安全和利益，有效应对公共卫生突发事件需要国家之间的合作和国际组织的参与。例如，2003年，SARS病毒波及全球30多个国家，其中我国是受SARS影响最严重的地区，据统计，我国的发病例占全球病例总数的92%（截至2003年6月23日，中国内地、香港地区和台湾地区共7 773例，世界8 459例）。

4. 不确定性

随着环境污染日渐严重，人类滥用药物、滥食罕食，导致病毒不断变异，新型传染病超出人类已知领域，形成抗药性和怪异性。禽流感病毒由最开始的HSNI，演变成近年来出现的H5N1、H9N2、H7N7、H7N9等新型禽流感病毒。在2010年流行的甲流病毒为H1N1，而在2012年甲流再次流行期间，又发现了甲流H3N2病毒。据2010年8月11日英国出版的《柳叶刀·传染病》期刊介绍，有一种新出现的不明原因的病症正在一些国家流行，一些西方医学家把这种病叫作"新德里金属-β-内酰胺酶1"，或者简称NDM-1。这种超级病菌可让致病菌变得无比强大，抵御几乎所有抗生素，且10年内将无药可用，极可能全球流行。一种病症的疫苗研制期一般为6~7个月，甚至更长时间，在人类对自然界的认知不完全的情况下，卫生安全危机事件存在更多的不确定性。在不确定的情况下，人们能否正确预见事物的未来，完全依赖于洞察力、敏感性、专业知识及运气，在瞬息万变之中，这种不确定性尤为明显。

5. 信息有限性

在卫生安全危机事件发生的早期，对于信息的掌握是匮乏和有限的，而且其中还夹杂着造谣、造势的信息，真假难辨；由于事态发展的急剧变化，信息从现场传达、反馈到高层决策者那里，要经过一级一级地上报，或是间隔好几个组织，信息的传送时间跟不上事态发展的变化，信息具有滞后性；在信息的传送过程中，信息极易失真，其正确性和有效性难以保证。

第二节　卫生安全危机的成因分析

一、我国的卫生资源现状

2022年年末，全国医疗卫生机构总数为1 032 918个，比2021年增加1 983个，其中，基层医疗卫生机构979 768个。与2021年相比，医院增加406个，基层医疗卫生机构增加1 978个。全国共设置13个类别的国家医学中心和儿童类别的国家区域医疗中心。在基层医疗卫生机构中，社区卫生服务中心（站）36 448个（其中：社区卫生服务中心10 353个，社区卫生服务站26 095个），乡镇卫生院33 917个，诊所和医务室282 386个，村卫生室587 749个。2017—2022年全国各类医疗机构具体数值如图2-3所示。

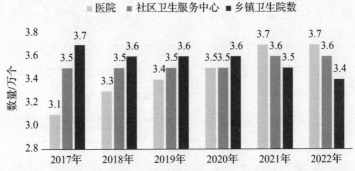

图2-3　2017—2022年全国医院、社区卫生服务中心、乡镇卫生院数

（数据来源：卫生健康事业发展统计公报）

2023年全年，全国医疗卫生机构的总诊疗人次为95.6亿人次，如图2-4所示，这一数据与2022年相比增加了11.6亿人次。据此推算，2023年全国医疗卫生机构的总诊疗人次较2022年增长了13.5%，平均每人到医疗卫生机构就诊6.8次。2022年，全国医疗卫生机构总就诊人次为84.2亿，较2021年有极小幅度下滑，基本与2021年持平，居民平均就诊6.0次。其中，与2021年相比，医院诊疗人次数减少0.6亿，而基层医疗卫生机构增加0.2亿人次。这再次说明医疗资源下沉，医疗服务体系转型升级，逐渐转向以基层医疗服务为基础的医疗体系；同时，随着基层医疗机构服务能力的提升，人们对其信任度也不断提高。

图 2-4　2011—2023 年我国医疗卫生机构诊疗人次数及增长率

（数据来源：《中国卫生健康统计年鉴》《2022 年我国卫生健康使用发展统计公报》）

2023 年 11 月 1 日，国新办举行"推动卫生健康事业高质量发展　护佑人民健康"有关情况新闻发布会。据介绍，2000 年前后，我国居民个人卫生支出占卫生总费用的比重曾高达 60% 左右。2015 年后，该项占比稳定在 30% 以内。最近 5 年，我国个人卫生支出占全国卫生总费用的比例呈逐年小幅下降的趋势。2022 年，全国卫生总费用初步推算为 84 846.7 亿元，其中，个人卫生支出 22 914.5 亿元，占 27.0%，人均卫生总费用 6 010.0 元，卫生总费用占 GDP 的比重为 7.0%。2018—2022 年个人卫生支出占比如图 2-5 所示。

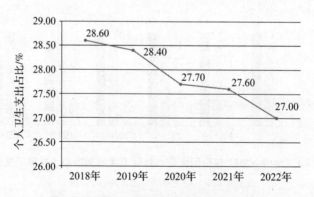

图 2-5　2018—2022 年个人卫生支出占比

（数据来源：南都大数据研究所）

二、卫生安全危机的成因

1. 思想认识层面

个人对卫生安全危机事件的危害性认识不深，"四方责任"中的个人责任落实不到位。有的人认为突发性公共卫生事件与己无关，怀着事不关己的心态；有的人认为自己身体素质好，怀着不会被轻易传染的大意心态；也有的人认为危险性不大，怀有一旦中招就能及时就医治疗的洒脱心态。突出表现为防控新冠病毒感染期间，个别人不按照要求进行定期核酸检测，不遵守相关防疫规定等。部分人的卫生常识和医学知识相对缺乏，面对卫生安全危机事件时应对和处置能力十分有限。

2. 制度建设层面

应急机制不够健全。回顾 2003 年非典疫情全国暴发后，集中暴露出我国突发性公共卫生事件应急机制的不完善。此次疫情也引起党中央的高度重视，提出三年内完善公共卫生体系建设，直到 2006 年 1 月国务院颁布《国家突发公共事件总体应急预案》，标志着我国应急预案框架体系初步形成。从 2020 年以来开展的新冠疫情防控来看，应急机制还不够完善，例如，监测预警机制、信息报告和共享机制、应急处置协调联动机制、信息发布和舆论引导机制、定期演练机制等多个方面依然需要进一步完善。

3. 社会环境层面

社会范围的突发卫生安全危机事件具有扩散性。进入 21 世纪后，我国已经经历了两次重大传染病疫情的考验，食物中毒事件也偶有发生。仅从两次疫情来看，暴发于 2003 年的非典型性肺炎，由于当时我国缺乏应对大规模疫情的经验，发现病例初期未能进行科学有效地防控，导致疫情快速扩散。北京某大学自 2003 年 4 月 17 日出现第一例"非典"疑似病例后，仅三天时间有发热症状师生便增加至 65 人，导致后来 400 余人被相继隔离，由于暴发了聚集性疫情，学校随后宣布进入"战时"状态。2019 年年底暴发的新冠疫情，是中华人民共和国成立以来我国遭遇的传播速度最快、感染范围最广、防控难度最大的突发性卫生安全危机事件，虽然我国各地采取常态化疫情防控举措，但"狡猾"的病毒防不胜防，在社会上快速扩散。

第三节 卫生安全危机事件的预防与预警

一、卫生安全危机事件的预防措施

1. 加强组织领导，强化公共卫生危机管理理念

加强卫生应急专业队伍建设。进一步完善和扩充现有的卫生应急专业队伍，分级分类组建由应急管理、各类专业技术等人员构成的紧急医学救援、突发急性传染病防控、突发中毒事件处置、核与辐射突发事件卫生应急、安全生产应急救援等五类卫生应急队伍，健全工作制度，强化培训演练，完善队伍装备，提高处置能力，实现卫生应急队伍的常态化和规范化管理。各医疗单位要完成卫生应急队伍装备建设；要建立健全适应突发公共卫生事件应急工作需要的卫生应急培训体系；要进一步加大卫生应急处置业务培训力度，提高各级各类医疗卫生单位和人员处置突发公共卫生事件的能力。

2. 加强常见突发卫生安全危机事件的药品、物品储备

只有保证充足齐全的应急物资，才能满足应急救治工作的需要。综合性医院应有针对性地储备一定数量的药品、器械，以满足应急需要。同时，要加强应急救治器材的研究，要研究一些拆卸简单、存取方便、易于运输，能够满足应急救护保障特殊需要的卫生装备。

3. 提升防范意识,建立传染病预防工作体系

重大突发公共卫生事件不仅是对一国政府能力的严峻挑战,也是对民众和社会整体能力的综合考验,民众健康意识和危机应对技能对公共卫生突发事件的应急起到决定性的作用。全社会积极参与倡导文明生活方式、规范卫生习惯是战胜各类疾病、提高人民健康水平、推动经济社会持续快速发展的必然选择,是应对突发公共卫生事件最有力的盾牌。提高公众应对突发事件的综合素质,减少盲目从众心理,预防和克服恐慌。政府及社会各界力量要采取有力措施,惩治不文明行为,改变不良生活方式,疫情就会从根本上得到有效控制和科学防治。公共部门还应大力宣传公共应急防范的迫切性,开展警示教育,让公众有心理准备,从而使民众能以平和的心态来对待突发性疫情。

4. 强化宣传教育,提高个人自我防护能力

加强对民众的健康知识宣传,提升卫生安全危机事件的全民应对能力。应急管理不能只靠政府自身的力量,还需要借助非政府组织、社会公众的积极支持与配合。实现卫生安全危机事件应急管理的公共权力并非处于社会之上,它也是社会的一部分,社会与社会各界组织之间的关系,构成应急管理的网络体系。卫生安全危机事件突发应急管理需要以政府部门为主体的公共部门动员全社会的参与,整合全社会的资源来积极应对。

二、卫生安全危机的预警

加强卫生安全危机事件预警意识观念的培育。在政府层面,主要涉及卫健委、市场管理部门(质监局、食品安全部门)、海关机构、应急管理部、各级政府及街道办事处等部门。要着眼政府行政机关工作人员的预警意识观念培育。作为国家公职人员,是预警预防工作的参与者和执行者,所具备的意识及能力应当在平均水平之上。通过法律和政策,明确各部门在突发公共卫生事件预警机制中的工作权责,通过制度提高基层人员的重视程度。建立相应的突发公共卫生事件预警工作的监督和考核评估体系,进行常规和非常规相结合的自查与抽检。

在事业单位层面,主要涉及疾病控制中心、传染病检测单位、各级医院、学校等。应对新冠疫情的实践表明,在卫生安全危机事件之中,事业单位中的大多数组织是传染病一手信息的把控者,是卫生安全危机事件预警信息的提供者。基于预警机制的推进,强化事业单位主体的预警意识,对医护人员进行网络直报系统的应用能力培训,对医疗机构监测预警相关文件进行教育落实,提高对不明病例与风险病例的上报率。

在社会层面,主要涉及社区组织、企业等社会主体。通过"三微一端"(微信、微博、微视频和客户端)等多种自媒体手段,与广播、电视、报纸、电台等传统媒体手段相结合,加强对公众的日常突发公共卫生事件预警防护教育。在突发公共卫生事件防控中,社会公众的自救能力与心理素质的提高是突发事件预警过程中的关键环节。因此,疫情防控的预警不仅在政府层面,更应着眼增强民众对疫情的病理知识及防护预警意识,提高实际预防能力。

第四节 卫生安全危机的应对与处置

一、职业中毒的干预与处置策略

（一）职业中毒的应对

1. 加大政府监管力度，促使用人单位落实职业病防治的主体责任

加大对接触职业病危害因素的各类企业，特别是中小企业的监管力度，加快淘汰落后产能和落后的生产工艺，提高用人单位主要负责人的职业健康防护意识，促使用人单位各项职业病防治措施的有效落实。

2-5 视频
职业危害预防
与控制

（1）在原辅材料的使用上，用人单位应该严格遵循"无毒代替有毒，低毒代替高毒"的基本要求，国家应逐步淘汰含有苯、镉等有害物质的生产和使用，避免劳动者的健康受到损害。

（2）在工作场所设置完善的通风设施，在高危粉尘和高毒化合物的发散源设置局部通风系统，或者在隧道、矿井等可能产生粉尘或有毒化学物质浓度较大的密闭工作场所，设置全面通风和送风系统，有效降低工作场所空气中有害物质的浓度水平。

（3）根据劳动者的有害物质接触水平，为劳动者配备个体防护用品，并对其正确佩戴进行指导和监督。

（4）对从事高危粉尘和高毒作业的劳动者做好上岗前、岗中和离岗前的职业健康检查，及时发现职业病病例并进行妥善处置。

（5）对劳动者进行具有针对性的职业病防治培训，明确从事高危粉尘和高毒作业的岗位操作规程，避免操作失误对劳动者造成健康损害。

2. 完善工伤保险制度，充分发挥工伤保险职业病预防作用

针对农民工等特殊劳动群体劳动关系多变、就业形式复杂等情况，进一步完善相关制度，提升农民工、劳务派遣工等特殊群体工伤保险覆盖率；职业卫生监管部门需协同人力与社会保障部门，探讨与劳动者大病保险、医疗保险、相关税费等相关联或第三方缴纳工伤保险缴纳政策，解决短时用工、轮换用工等群体的工伤保险难以覆盖的问题。同时，进一步扩大工伤保险使用范围，建立健全对企业采取综合防尘、防毒措施及企业设备改造升级进行经济补偿的机制，提升工伤保险职业病预防的效用。

3. 完善职业病防治体系

（1）在煤矿、非煤矿山、冶金、建材、化工等易发生群发性职业健康损害事件的重点行业加大职业卫生监管力度，夯实重点行业职业病防治的前期预防和职业病病例的及时处置等相关工作。

（2）职业卫生监管部门应尽快完善如《中华人民共和国尘肺病防治条例》（国发〔1987〕105号）等条例和部门规章，建立健全《高危粉尘作业、高毒作业职业卫生监管条例》《高毒作业管理规定》《高危粉尘作业管理规定》等制度。

(3) 完善职业病防治信息共享机制，充分发挥劳动关系、工伤保险信息、职业病危害因素检测信息与职业健康检查结果的应用效能，加强高风险人群监测、预警，提高职业病危害事件及早干预与应急处置的主动性。

(4) 建立职业病危害事件报告、应急处置与调查制度。明确相关部门责权，确立多部门联动协作机制。

(二) 职业中毒的处置流程

第一步：现场急救。

(1) 立即停止作业，封存造成中毒事故的材料、设备和工具，控制事故现场，防止事态扩大，把事故危害降到最低限度。

(2) 将中毒者立即移到安全处，并进行应急处理，报告医院抢救。

(3) 疏通应急撤离通道，撤离现场人员，组织泄险，现场急救人员必须佩戴必需的防护用品，避免不必要的牺牲。

第二步：组织措施。

(1) 接到报告后，详细记录事故发生的时间、地点、可疑中毒人数、主要症状、患者去向、可疑毒源等，根据所述事实，准备并携带相应的仪器设备和急救药品，立即奔赴现场。

(2) 根据事故发生的严重程度，分别报告安检、医疗、劳保、工会、公安、社管中心等相关部门，必要时24小时内报当地卫生监察、公安部门；若涉及水源、大气、土壤、食物等污染的急性中毒事故，必须同时通知环保、食品监察部门分别参与调查处理。落实现场应急救护人员的自我保护措施。

(3) 根据现场情况，会同医疗机构确定合理的现场抢救措施，并合理安排人员实施现场监测、毒源控制、人员急救；进行详细准确的现场笔录并将内容报社管中心、安检处、工会等部门。

(4) 根据监测结果，正确判断、提供事故发生的类型、级别、严重程度和影响范围等信息，协助制订防止事故扩大的应急方案，以便采取有效的拦截措施，控制、清除发生因素；协助上级事故调查处理机关调查事故发生的原因、经过、性质、经济损失，提出处理意见，做好善后事宜；协助事故单位总结经验教训，制定今后的防范措施。

(5) 撰写"急性职业中毒调查报告"和"急性职业中毒伤亡事故报告"，并上报所在地省级卫生行政部门及本级卫生行政主管部门。对失去作业能力不满一个工作日的轻度中毒患者，可不做急性中毒伤亡事故报告，但需记录在案。

第三步：技术措施。

职业中毒事故现场排险救护工作，必须在有个人防护和专人监护的条件下进行，对中毒病人的职业病诊断和管理应符合《职业病诊断与鉴定管理办法》的相关规定。

(1) 现场人员首先应采取自救、互救措施，将病人移至空气新鲜处，脱去受污染的衣服，清洗皮肤、眼等受污染部位，并使其尽快就医。

(2) 在中毒现场调查采取应急措施时，必须认真保护事故现场，如因抢救病人或为防止事故扩大必须移动、改变与事故有关的物体、状态、痕迹时，必须在移动前做好现场标识和记录，并进行现场拍照取证。

（3）对已出现中毒症状的患者，必须迅速送至医院诊治；对已出现神志不清、昏迷、抽搐等症状的危重病人，应就地抢救并尽快使用针对性解毒剂，一旦病情稳定，立即送往医院，途中必须进行严格的临床观察。

（4）尽快查明事故原因、危害程度、范围，采取相应的技术措施洗消毒物、控制毒源，防止毒物进一步扩散。对继续散发有毒物质的车辆、物品等，在取证、采样、做好现场标记后，尽快移至远离居民区和生活饮用水源的地带。

（5）根据事故现场的自然环境、气象条件、毒物的理化特性等划定危险区与安全区并进行标记。组织隔离区人员尽快脱离现场，淋浴更衣（不准热水浴）、减少活动。同时进行门诊观察、针对性地检查和预防治疗，医学监护时间不得少于该毒物侵入人体发病的最长潜伏期。

二、食品安全危机的应对与处置流程

（一）食品安全危机的应对

1. 加强自我卫生意识，保护自身安全

个人要养成良好的饮食卫生及生活习惯，定期学习一些卫生小常识，如卫生与健康、讲究卫生的重要性和有关的法律法规。学习一些食品的食用方法，提高辨别能力，选择商品时注意查看其商标、品名、产地、厂名、生产日期、批号、规格、配方、保质期限、食用方法等内容，尽量选择带有 QS 标志的食品。在选择食物时注意食物的颜色、气味和生产加工的场所，如果颜色光泽鲜艳、气味非凡，有可能是食品添加剂和色素超出食用标准。在外就餐时注意选择有"卫生许可证"的饮食摊点。就餐前，先观察就餐环境及经营者个人的卫生状况。吃瓜果前尽量先洗手后削皮，不吃过期变质的食品，应尽量去大型超市选购食品，避免发生食物中毒。

2. 加强周边商贩治理，保护人民群众的身体健康

目前，普遍存在大量食品经营者摆摊设点叫卖的现象，其多数卫生状况较差，制售伪劣食品，只图盈利，不顾他人健康，是隐患的源头，必须堵住。环境卫生治理涉及很多单位和部门，这些单位和部门应主动与有关执法部门联系，密切配合开展专项治理，坚决取缔无证非法经营的食品销售摊贩，杜绝以各种方式侵犯他人健康权益的行为，在突击检查的基础上建立长效机制，巩固治理成果，防止反弹。

3. 加强食品卫生管理，提高饮食质量

改善设备布局和工艺流程，从事食品经营人员应当持有效的健康证和卫生知识培训合格证，上班时间要穿工作服、戴帽、口罩、号码、胸卡等；保持内外环境整洁，采取消除苍蝇、老鼠、蟑螂和其他有害昆虫及其滋生条件的措施。食品经营场所应当满足相应的消毒、更衣、盥洗、采光、照明、通风、防腐要求。

（二）食物中毒的处置流程

1. 个人处置流程

第一步：催吐。对中毒不久而无明显呕吐症状者，可先用手指、筷子等刺激其舌根部的方法进行催吐，或让中毒者大量饮用温开水并反复自行催吐，以减少毒素的吸收。如果经大量温水催吐后，呕吐物已为较澄清液体时，可适量饮用牛奶以保护胃黏膜。如果在呕吐物中发现血性液体，则提示可能出现了消化道或咽部出血，应暂时停止催吐。

2-6 视频
食物中毒后
如何处理

第二步：导泻。如果病人吃下去的中毒食物时间较长（如超过2小时），而且精神较好，可采用服用泻药的方式，促使有毒食物排出体外。例如，用大黄、番泻叶煎服或用开水冲服，都能达到导泻的目的。

第三步：解毒。如果是因吃了变质的鱼、虾、蟹等引起的食物中毒，可取食醋100毫升，加水200毫升，稀释后一次服下。此外，还可采用紫苏30克、生甘草10克一次煎服。若是误食了变质的防腐剂或饮料，最好的急救方法是用鲜牛奶或其他含蛋白质的饮料灌服。

第四步：保留食物样本。确定中毒物质对治疗来说至关重要，因此，在发生食物中毒后，要保存导致中毒的食物样本，以提供给医院进行检测。如果身边没有食物样本，也可保留患者的呕吐物和排泄物，以方便医生确诊和救治。

2. 事故相关部门处置流程

事故相关单位处置流程如图2-6所示。

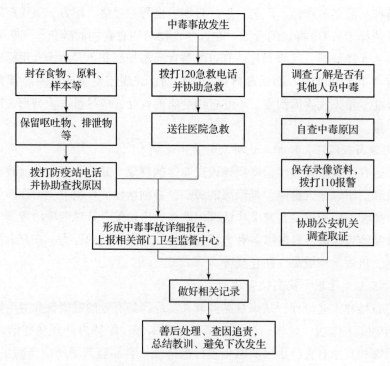

图2-6 事故相关单位处置流程

第五节 典型案例分析

一、案例一

在2024年的"3·15"消费者权益日,关于食品安全的案例引起了广泛关注。以下是对部分案例的简要分析。

1. 茶百道随意更换标签日期

茶百道这一行为侵犯了消费者的知情权,让消费者无法准确了解产品的真实情况。作为一家知名企业,茶百道在经营管理上存在明显漏洞,对食品安全法规的忽视也暴露无遗。这种行为不仅违反了诚信经营的原则,更是对消费者的健康和安全构成威胁。这起案例警示了所有食品企业,必须严格遵守食品安全法规,尊重消费者的权益,确保产品的质量和安全。

2. 梅菜扣肉使用劣质原料

安徽省阜阳市的一些梅菜扣肉预制菜企业被曝光使用劣质槽头肉作为原料。槽头肉质量较差,通常不适合人类食用,但这些企业却将其用于制作预制菜,完全不顾消费者的健康。这种行为严重违反了食品安全法规,对消费者的健康构成了严重威胁。此案例揭示了预制菜行业在原料选择和质量控制方面存在的问题,呼吁相关部门加强监管,确保预制菜的安全和质量。

3. "养生奇亚籽"骗局

任某、张某和王某通过推销所谓的"养生奇亚籽"实施诈骗。他们谎称奇亚籽具有治疗高血压、糖尿病等功效,以高价销售给消费者,甚至骗取老年人的金手镯作为货款。这种行为不仅侵犯了消费者的财产权益,还可能对消费者的健康造成潜在危害。此案例提醒消费者在购买食品或保健品时要保持警惕,不要轻信商家的夸大宣传,同时也要加强对老年人的关爱和保护,防止他们成为不法分子的目标。

这些案例都凸显了食品安全问题的严重性和紧迫性。食品安全直接关系到消费者的健康和生命安全,任何对食品安全的忽视和违法行为都应受到严厉打击。政府部门应加大对食品企业的监管力度,加大对违法行为的处罚力度,确保食品安全法规得到有效执行。同时,消费者也应增强自我保护意识,选择正规渠道购买食品,关注产品的原料、生产日期和保质期等信息,确保自己的权益得到保障。

此外,媒体和社会各界也应积极参与食品安全监督工作,及时曝光违法行为和典型案例,提高公众对食品安全问题的关注和认识。只有通过全社会的共同努力,才能营造一个安全、健康的食品消费环境。

二、案例二

2018年4月,成都高新区起航巴蜀印象火锅店负责人付某某,授意该火锅店的2名工作人员参与餐后废弃油脂提炼的工作。通过过滤、沉淀等方法,将顾客食用后的餐后废油回收加工制成"老油",再将"老油"添加到新的火锅锅底中,对外销售供顾客食用。

2020年11月23日,执法部门对该火锅店进行突击检查,现场抓获相关人员。经鉴定,2018年4月至2020年11月22日,该店生产、销售添加"老油"的火锅锅底金额达137万余元。随后,成都高新检察院提起了刑事附带民事公益诉讼,同时责令被告付某某在判决生效后十日内在成都市级媒体上公开赔礼道歉,并向附带民事公益诉讼起诉人成都高新区人民检察院支付赔偿金1 376.028万元。

对被告人付某某判处有期徒刑十年,并处罚金人民币260万元。

对被告人朱某某判处有期徒刑六年,并处罚金人民币10万元。

对被告人徐某某判处有期徒刑五年,并处罚金人民币6万元。

该案宣判后,付某某、徐某某不服一审判决,向成都市中级人民法院提出上诉,成都市中级人民法院于2022年3月15日裁定驳回上诉、维持原判。

近五年,全国各地发生多起地沟油事件,每次都以对不法分子的判罚画上句号。因为火锅店用的油多为配置调料后熬制而成,比普通地沟油的检测难度更大,所以此类事件常常在火锅界爆发。

但为了利益,敢在火中取栗的远不止火锅企业。2018年年底,广州警方查处一个生产销售"毒鸡脚"的黑作坊,查获700千克用地沟油煎炸出来的"毒鸡脚"。如果不是这个新闻,我们或许永远不会想到这些白胖可口的鸡脚也能和地沟油扯上关系。

但除此之外,我们平常吃的零食、就餐的餐馆,又会不会有地沟油通过非法渠道,再次流入我们的口中呢?我们谁都不知道。

在讨论如何"消灭"地沟油之前,我们首先得知道什么是地沟油。地沟油并不单指地沟里的油,它是一切劣质油的总称。狭义的地沟油,是指从下水道中的油腻漂浮物或者宾馆、酒楼里的泔水中加工提炼出的油脂。广义上,劣质猪肉、猪内脏、猪皮加工提炼出的油,用未经检验原料制成的油,被重复使用的炸食品的油,都是俗称的"地沟油"。老一辈的人为了省油,经常把炸过食物的油盛出,放到特定的碗里,等下次油炸时再重复使用,多次加热过的好油,也慢慢变成了俗称的"地沟油"。

三、食品安全问题频频出现的原因

(一)利益驱使同一产品两套标准

公司区别对待中外市场,同一产品却出现了两种"生产标准"的现象更是体现了企业道德缺失,只看重经济利益。出现这种问题,归根结底是由于利益的驱使,企业为了追求更高的利益,往往偷工减料,不顾质量问题。同时,我国在食品安全相关的法律法规方面的漏洞,也在某种程度上为一些问题食品的生产埋下了隐患,而那些缺失诚信、缺乏道德的商家为了获得利益最大化,就会做出违法行为,突破道德底线和职业的准则,使得食品安全事件频频出现。

(二)食品安全违法成本过低

某公司的生产负责人彭经理坦言的"国内顶多罚一千至两千元,然而国外罚款至少十万元"的观点，虽说不一定客观，但在一定程度上体现目前我国在食物安全行业相较于国外来说违法成本过低。根据《中华人民共和国食品安全法》第一百二十四条规定："违反本法规定，有下列情形之一，尚不构成犯罪的，由县级以上人民政府食品药品监督管理部门没收违法所得和违法生产经营的食品、食品添加剂，并可以没收用于违法生产经营的工具、设备、原料等物品；违法生产经营的食品、食品添加剂货值金额不足一万元的，并处五万元以上十万元以下罚款；货值金额一万元以上的，并处货值金额十倍以上二十倍以下罚款……"但在执法实践过程中，许多市场监管部门人员考虑到本地的经济情况及企业发展需求，非重大违法行为，往往采用较低的处罚标准，甚至在罚款力度额度上存在自由裁量、讲人情的现象。同时，执法过程中突出的问题是人手不够、缺乏组织协调。

（三）信用法治建设相对滞后

此外，虽然我国《中华人民共和国民法典》总则中明确诚信的法律原则，但是与其信用制度相关的法律法规并未出台。在信用法治建设相对比较滞后的现状下，意味着在企业做出失信行为时，通过现有的纳入失信名单、限制高消费等措施无法对其进行打压或者遏制。总体而言，食品行业领域内信用法治建设的相对滞后，加上失信成本较低，使得一些生产者为了获得更多的利益，就会生产不符合标准的产品，从而加大食品安全问题出现的可能性。

（四）消费者维权意识淡薄

前段时间，某顾客在某大型超市购买了某一食物，拿回家后发现食物已腐烂，立马致电超市，在与超市人员沟通中得知超市人员并不觉得这是食物安全问题，而是一件习以为常的事，要求他带着小票并证明食物的腐烂程度。第二天，他带着腐烂的食物前去超市再次沟通，超市只肯换新的食物，但之后的几天，超市未采取任何措施。沟通无果后，他向12315反映了相关情况，超市在接到12315的反馈后才找顾客沟通要求撤诉。在处理这起食品安全事件的过程中，顾客曾多次前往该家超市，特别的耗时，也就是维权的时间成本过高，且一旦涉诉还涉及金钱成本。在过后与其他朋友聊起时，很多人表示食物本身价格不高，可能就直接扔掉食物而不愿投诉，或者只会要求更换新的食物。这看似是一则个案，实则是一种普遍的现象。我国历来有通过调解解决纠纷的传统，遇事后，我们习惯性地抱着"息事宁人、多一事不如少一事"的态度，对食品安全问题的容忍态度，造成了宽容违法者的不良风气，导致食品安全问题日渐严重。

四、食品安全问题解决及对策建议

（一）提升处罚力度，提高违法成本

英国是较早重视食品安全并制定相关法律的国家之一，其体系较完善，法律责任严。在英国，责任主体违法，不仅要承担对受害者的民事赔偿责任，还要根据违法程度和具体情况承受相应的行政处罚乃至制裁。例如，根据英国的《食品安全法》，一般违法行为根据具体情节处以5 000英镑的罚款或3个月以内的监禁；销售不符合质量标准要求的食品或提供食品致人健康损害的，处以最高2万英镑的罚款或6个月监禁；违法情节和造成后果十分严重的，对违法者最高处以无上限罚款或两年监禁。[1]我国应进一步加大对食品安全违法行为的

处罚力度，提高罚款的数额。通过更为严厉的处罚措施和更高的处罚数额对食品安全违法违规行为起到震慑作用，让食品企业的管理者真正负起自己的主体责任，这样有助于促进食品行业合规经营，同时也践行了"法治是最好的营商环境"的重要论断。

（二）加大执法力度，做到"零容忍"

中共中央、国务院印发的《法治政府建设实施纲要（2021—2025年）》提出，加大重点领域执法力度，加大食品药品等关系群众切身利益的重点领域执法力度，分领域梳理群众反映强烈的突出问题，开展集中专项整治。对潜在风险大、可能造成严重不良后果的，加强日常监管和执法巡查，从源头上预防和化解违法风险。同时，保障食品安全，更需组织协调足够人手的执法队伍，从而避免在罚款额度上的自由裁量、人情酌减的不合理或不合法的执法行为。

（三）健全信用制度，提升企业诚信

食品工业关系国计民生，维护食品安全是食品生产企业的社会责任，遵守法律、履行承诺、承担社会责任是食品工业企业诚信的标志，建立食品工业企业诚信管理体系是保障食品质量安全、促进行业健康发展的治本之策。结合已有管理体系的实施，建立健全企业诚信管理体系，并通过组织实施、自查自纠来改进完善，持续提升企业诚信能力和管理水平。企业诚信管理体系运行机制，包括企业诚信教育机制、企业失信因素识别机制、企业内部诚信信息采集机制、自查自纠改进机制和失信惩戒公示机制等。诚信是企业发展的核心竞争力之一，如果企业只注重最大化的经济利益，并将其视为所恪守的核心价值观，而不看重消费者的利益，那么其根本不可能实现长远发展。只有重视诚信建设，树立诚信价值观，才会有更多的合作者和追随者，才能够被消费者所认可和接受，进而实现健康有序的发展。

（四）加强社会监督，增强维权意识

社会监督主要指的是社会大众和相关社会组织的监督，完善社会监督首先要做的是健全群众监督机制体系，保障群众的知情权和参与权，引导大众监督食品安全，保障食品安全。此外，也需要重视新闻媒体的监督作用，对于媒体来说，打造良好形象、提高自身公信力的主要措施就是报道食品安全事件，要着眼于社会大众的根本利益，客观详尽地报道事件，对社会舆论进行正确引导。社会大众的监督，既能增强消费者的自律意识和维权意识，又能切实加强对消费者权益的保护。

一直以来，食品安全问题都是社会关注的重点，食品安全关系到消费者的身体健康和生命安全，关系到社会经济的发展和稳定。食品生产应满足环境、设施设备、人员、流程、操作等方面的要求，任何一环都不能出现问题。唤醒经营者的"良知"觉悟，健全信用制度，同时强化监管，大幅提升处罚力度并严格执法，才能让经营者真正重视起来，从而降低食品安全问题出现的概率。

参考文献

[1] 陈勃昊，薛城，任俊，等. 以新冠疫情为例探索完善公共卫生事件中家庭服务的定性

研究 [J]. 复旦学报（医学版），2022，49（4）：537-541+547.

[2] 马春梅，潘存喜. 中小学食品卫生安全管理现状与完善措施分析 [J]. 食品界，2022，(4)：92-94.

[3] 郭红霞. 饮用水水质卫生安全与介水传染病流行现状 [J]. 食品安全导刊，2020，(30)：34-35.

[4] 韩丹丹. 饮用水水质卫生安全与介水传染病流行现状 [J]. 中国校医，2018，32（2）：158-161.

[5] 理查德·斯蒂尔. 个人卫生确保食品安全的基本前提 [J]. 食品安全导刊，2013，(3)：56-57.

[6] 赵金玉. 高校餐饮从业人员的卫生问题与控制措施 [J]. 产业与科技论坛，2011，10（15）：122-123.

[7] 陈琛. 浅析引起食品安全问题的成因及改进措施 [J]. 中国食品工业，2010，(11)：41-42.

[8] 邵全蓬. 节日期间食品卫生安全探讨 [J]. 海峡预防医学杂志，2007，(6)：82.

第三章
突发道路交通事故的成因及应对

道路千万条,安全第一条。根据国家统计局发布的《中国统计年鉴》数据,近年来,我国交通事故年均发生次数23.19万次,由交通事故导致年均死亡人数达63 243人次。道路交通安全是全国重大事故的重要领域之一,涉及多种类型的事故,包括道路交通事故、交通安全事故等。众所周知,交通运输是经济社会的基础。一个安全、高效的交通运输体系在当代社会中起着举足轻重的纽带作用。但是道路交通安全问题也是各单位、各地方乃至全球各国面临的共性难题。近年来,随着我国道路交通事业的快速发展,交通事故发生数量及由此导致的直接财产损失金额始终居高不下,这已经成为交通管理所面临的重要课题。尤其是进入21世纪以来,随着国家经济社会快速发展和人民生活水平显著提高,人们的出行方式也发生了很大变化,机动车、摩托车、电动自行车已经成为多数人的代步工具,道路上常常是各种车辆川流不息,特别是随着电子商务平台的发展,现代物流业快速兴起,其中远途运输车辆和短途快递三轮车也是遍布城市大街小巷。不可否认,各种机动车或非机动车给人们的生活和工作带来了极大便利,但时有发生的酒后驾驶、超速驾驶、违规行车、违章停车等违法行为,以及人车混行、人车抢行、道路狭窄、雨雪天气等现实状况,也给人们的日常出行埋下了非常大的交通安全隐患。世界卫生组织提供的数据显示,全世界每年因道路交通事故死亡的人数约有130万,每24秒就有1人在交通事故中丧生,相当于全球每天有3 600人因交通事故死亡。这些冷冰冰的数字和血淋淋的教训,向我们发出了强烈的警示信号,道路交通事故已经成为人类安全的头号公敌。本章将从道路交通发展状况出发,重点分析突发道路交通事故的类型与成因,探讨交通事故预防和预警机制,并提出突发道路交通事故的应对处置策略。

第一节 道路交通安全状况

随着经济社会发展及人民群众出行需求的快速增长,我国机动车保有量、驾驶人数量、道路里程持续增长。据公安部交通管理局统计数据,截至2023年9月底,全国机动车保有量达4.3亿辆,其中汽车3.3亿辆,新能源汽车1 821万辆;机动车驾驶人5.2亿人,其中汽车驾驶人4.8亿人。从2014年开始,我国汽车新注册登记数量每年以超过2 000万辆的速度增

3-1 视频
全国各省交通事故发生率变化

长。2023年第一季度至第三季度，全国新注册登记汽车数量1 817万辆，同比增长4.4%，第一季度、第二季度、第三季度新注册登记汽车数量分别为588万辆、587万辆、642万辆。2014—2023年汽车新注册登记数量情况如图3-1所示。汽车驾驶人数量也是呈逐年上升趋势，2023年前三季度新领证（含增驾）驾驶人2 485万人，同比增长3.9%。自新增轻型牵引挂车准驾车型C6驾驶证以来，已有117.5万人取得C6准驾车型驾驶证，更好地满足了群众驾驶小型旅居挂车出行的需求，使群众能更加便利地驾驶房车旅游。2015—2023年汽车驾驶人数量情况如图3-2所示。

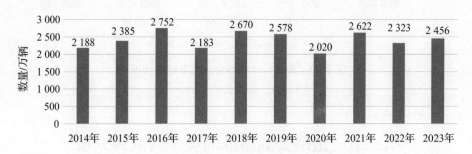

图3-1 2014—2023年汽车新注册登记数量情况

（数据来源：公安部交通管理局）

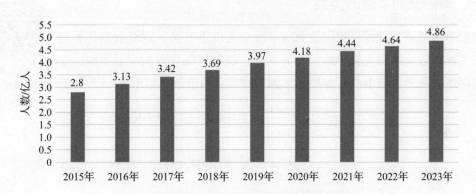

图3-2 2015—2023年汽车驾驶人数量情况

（数据来源：公安部交通管理局）

从图3-1和图3-2的数据来看，我国已经进入汽车社会，成为一个机动车交通大国。同时，交通新业态不断涌现，交通安全防控形势复杂多变。因此，针对交通安全问题的研究势在必行。

2018—2022年交通事故统计情况如图3-3所示。其中，2019年，我国交通事故发生次数24.76万次，交通事故死亡人数62 763人次，受伤人数25.61万；2018年交通事故发生次数24.49万次，交通事故死亡人数63 194人次，受伤人数25.85万；2017年我国交通事故发生次数20.3万次，交通事故死亡人数63 772人次，受伤人数20.96万。

通过图3-3可以看出，每年的事故人数和死亡人数都居高不下，足以看出交通事故对人们生命的威胁程度，所以，大众应增强交通安全意识，采取始终系好安全带、限制饮酒、注意速度、避免分心等举措，在外出时保证自己和家人的安全。

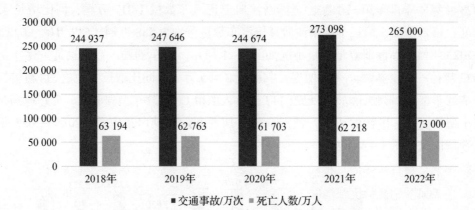

图 3-3　2018—2022 年交通事故统计情况

（数据来源：《中国统计年鉴》）

第二节　道路交通事故的类型与成因分析

一、道路交通事故的类型

根据事故原因，可以将我国的交通事故分为以下五类：意外或操作不当导致的交通事故，酒后驾驶导致的交通事故，疲劳驾驶导致的交通事故，车辆自身问题导致的交通事故，非机动车辆导致的交通事故，如图 3-4 所示。

3-2　视频
交通事故相关
知识界定

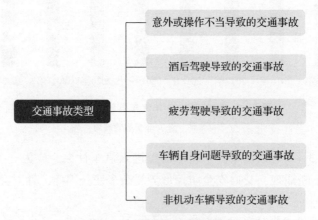

图 3-4　道路交通事故类型

二、道路交通事故的成因分析

对发生交通事故的各个因素进行分析，从而为预防交通事故发生提供一些可供参考的依据。道路交通事故发生的原因是多元和复杂的，基本上可以归结为人的因素、车辆因素、道路因素、环境因素、天气因素、管理因素和

3-3　视频
典型案例

法规政策因素等。一般认为城市道路交通事故的发生是因为上述因素在统一的系统内失去相互之间的平衡造成的。国内外对道路交通事故成因的理论分析主要经历了三个阶段,即单因素理论阶段、多因素理论阶段、系统致因理论阶段[1]。

单因素理论:交通事故的发生原因归结为某一要素,且主要偏重于人的因素。

多因素理论:交通事故的发生原因归结为人、车、路这三个因素。

系统因素理论:交通事故的发生原因归结为多种因素间的相互作用。

1. 环境因素

环境因素是指自然环境,包括天气、景观、标志、建筑物及影响交通的障碍物等。天气的变化将直接关系到能见度强弱和视野的大小,尤其在雨雾、风沙、冰雪天气时。在冰雪和雨路上行驶时,由于路面附着系数小、制动距离长,制动时的方向稳定性差以及驾驶员视线不清,都容易使驾驶员心烦、焦躁,影响驾驶员的分析判断能力。同时,在雾天和风沙条件下行车时,驾驶员视线不良,不利于驾驶员感知车外的交通情况。因此,不良的环境容易导致发生交通事故[12]。

2. 道路因素

道路因素对通行安全的影响十分重大,体现在道路类型、道路线形、路面构造、安全设施等各个方面。从道路状况分析来看,我国中小城市及农村的公路交通基本是混合交通,这导致各种机动车和电动车、自行车、行人同走一条路,相互争道抢行,互不相让,使车辆与车辆、车辆与行人之间的交会点、冲突点增加,车辆肇事率增高。如果客观上能设计更合理科学的道路,包括最优的道路线形、最优的基础设施等,会对驾驶者的驾驶技能要求更为宽容,减轻驾驶压力,从而减少交通事故的发生。

3-4 视频
高速公路交通
结冰预防

3. 车辆技术状况因素

由车辆技术状况不良导致的事故,在事故中占比较少,但是发生事故却很严重。例如,制动装置技术不良,超载,制动失效、失灵,跑偏,都直接影响着车辆的稳定性,导致车辆安全性能下降,使汽车不能按预定的操作减速或停车,遇到突发危险情况,就不可避免地发生事故。又如,转向装置技术不良,容易形成转向沉重、转向失灵、前轮摇摆和行驶跑偏,使汽车行驶方向难以控制。再如,轮胎的损坏、车桥的变扭、车架的变形和钢板的失效,也直接影响车辆的行驶安全。据统计,我国因爆胎、转向不良和刹车失灵等车辆原因引起的事故约占所有交通事故总数的13.27%,因此此类事故必须得到重视。此外,车辆的类型、安全状况及车辆的行驶状态也会影响交通事故的发生概率。

4. 人为因素

作为交通参与者,"人"是产生交通行为的核心,据统计,由于驾驶人和行人原因造成的交通事故数量占事故总数的90%以上,其中由于驾驶人过失造成的交通事故数量约为87.5%。然而人作为动态系统的主体,其交通出行行为受多方面因素影响,如年龄和性别、受教育程度、驾龄等。此外,交通事故还与以下五个方面有关。一是赶时间驾驶。赶时间驾驶引发的危害十分巨大,安全驾

3-5 视频
喝酒对脑的影响

驶的要求是"宁停一分也不抢一秒",但总有一些人为赶时间而违反了本要求。有些驾驶人员为了尽快到达某个目的地而赶时间驾驶,这些人大多伴有超速开车、抢道、闯信号灯等行为,容易产生恐慌和急躁心理,这极大地增加了发生事故的概率。二是酒后驾驶。酒后驾驶发生事故的概率极高,据统计达到27%,是驾驶员没有饮酒情况下的16倍。人喝了酒,酒精被胃肠黏膜吸收后进入血液循环,当血液中酒精含量达到一定程度后会进入小脑,使小脑麻痹,影响中枢神经系统,让人感觉模糊、反应迟钝、判断失误,导致功能障碍、手脚不灵活,甚至丧失操作能力。三是超速行驶。"十次车祸九次快",多数事故都存在超速行驶的现象。实验证明,车速越快,驾驶员视线越短、视野越小、制动距离越长,遇有突发情况就会来不及处置,同时造成的破坏性也越大。四是疲劳驾驶。有关研究表明,当驾驶员疲劳驾驶时,轻则反应迟钝造成处置不当,重则短暂睡眠失去对车辆的控制,在高速公路上发生的追尾事故,40%由疲劳驾驶造成。五是处置不当。行车的过程就是处置各种情况的过程,"处理得当,安全顺畅;处理不当,事故找上"。根据车辆爆胎、灯光晃眼发生事故等情况证明,如果驾驶员处理不当,就很有可能引发翻车、追尾、撞人等严重后果。从车辆交通事故发生的比例看,处置不当占到了车辆事故总数的1/3。

第三节　道路交通事故的预防与预警

《中华人民共和国突发事件应对法》指出,"突发事件应对工作实行预防为主、预防与应急相结合的原则"。道路交通事故的应对应该遵循国家突发事件应对的要求,应建立健全事故的预防和预警机制[3]。

一、预防原则

1. 以人为本、生命至上的原则

3-6 视频
道路交通安全
小知识

人的生命只有一次,社会的进步不能以牺牲人的生命为代价。任何政策法规的制定都要符合广大人民的最根本利益。制定交通事故预防对策,既是为了约束交通参与者,同时也是为了服务交通参与者,因此它具有双重性。预防对策的制定,要以最大限度地满足人们的需要、需求为出发点,极力为广大交通参与者营造安全顺畅的交通环境,保证人民群众的生命财产安全。同时,交通管理者要树立为民服务的思想,强化为民服务的宗旨意识,交通管理者的一个决策失误,将会给人们带来不可估量的损失,时常备有这种观念,就会自觉地把人民最需要解决的交通问题摆在首位,对策才会被畅通执行[4]。

2. 人、车、路、环境及信息等要素全面协调的原则

道路交通系统涉及人、车、路、环境四种要素,它们之间互相影响、互相依赖、互相作用,只有各要素之间相互协调,才能确保道路交通安全。道路也是交通系统的载体,它包括路面质量、车道数量、路面宽度等,在设计道路时,要充分考虑交通流量,如果车流量不大,设计的道路等级偏高,会导致道路资源的浪费;如果车道宽阔,车流量少,驾驶员就会

下意识地提高车速，在一定程度上容易导致交通事故的发生。同时，许多城市的重要路段和路口，都设有实时交通信息电子显示屏，通过电子显示屏上的信息，驾驶者们能够正确选择自己的驾驶路线，轻松避开拥堵路段，这在交通控制及交通管理上已经非常先进，但仅仅是局限于对车辆驾驶者的管理，交通参与者的另一个重要组成部分——行人，他们对交通法规知之甚少，经常人为造成路口的秩序混乱，因此要重视交通参与者安全意识和遵章守法意识的整体提高。我国西部地区地势复杂，山体环路较多，为保证交通安全，道路拐角一侧设置反光镜，复杂路段设置警示桩、警示柱就显得格外重要[5]。

3. 普及交通安全文化的原则

交通文化教育是管理者从文化的层面对交通参与者进行的教育，让人们在脑海中烙下交通安全的自主意识。行人在交通安全管理的各个要素中占主导地位，是导致不安全情形的主要因素，交通系统是否真正安全，归根结底在于人；人对事物的接受是需要一定时间的，通过文化灌输让人们接受是最佳途径。交管部门要采取多种形式新颖的方式，向人们传播交通安全的重要性，人们一旦接受了这种安全理念，就会自发地、积极地去落实。现阶段，普及交通安全文化有利于交通法规的制定和落实，能有效降低交通事故。交通安全文化建设是改善交通安全的根本途径，是社会主义精神建设的重要组成部分，更是实现交通安全发展的必由之路。

4. 以政府为主导的原则

交通安全管理是一项复杂、具体的长期性工作，它不仅需要全社会人民群众的广泛支持与配合，更需要政府在制度上和政策上给予支持，在人力、财力、物力上给予保障。政府通过认真分析影响交通安全的不良因素，科学地制定促进交通安全的措施，统筹兼顾、全面协调，才能正确化解来自各方面的矛盾。当前，各级政府在交通安全工作上主动作为意识不强，也没有具体的责任分工和目标规划，导致当地交通混乱。各级政府应该根据地区实际特点，考虑经济、人口等因素，科学地制定符合自身情况的预防对策，同时各级政府要积极主动作为，不能只完成上级要求的交通安全指标，那只是最初级的。政府代表国家的形象，政府制定的政策规章更容易被广大人民群众所接受，要专设职能部门，以政府牵头，确立政府在交通安全管理中的主导作用，为有效降低交通事故打下政策上的基础。

二、预防能力建设

1. 城市道路交通事故的预防

驾驶员在行车过程中，受城市道路路况复杂、车流量大、人员多，以及街巷交错等因素的影响，需要严控车速，细心观察道路状况，做好随时处理紧急情况的准备。遵守交规，禁止越线超车、随意变道及占道行驶。超车要谨慎，要满足安全距离要求，超过车辆后要及时驶回原车道。信号灯的使用要规范，在使用指示灯准确发出信号后，再进行变道、超车、转弯、调头等操作。调头应在确保安全的前提下进行，选择合适的路面和时机。如遇上下班高峰期应"文明行车，礼让三先"，尤其在黄灯时不得强行通过。

2. 山区道路交通事故的预防

山区道路行车更需要细心观察。山区地理条件复杂，弯多坡陡，易出现散热器开锅、方向失灵及制动功能失控的现象。所以，应加强出车前与行驶中的检查，可携带铁锹、三角木等物品，满足检查需求。行车中，尽可能靠山一侧行驶，或者在公路中间行驶，转向盘需要灵活操作，不能过急或者快速回转方向。车辆下长坡时，禁止空挡或熄火滑行，应充分利用发动机的牵阻作用来遏制车速，不得长时间使用刹车，以免长时间高强度制动，造成制动热衰减。气压制动汽车时，不要连续长时间使用点刹，避免气压不足导致制动失灵，行驶中若发现气压过低应靠边停车，待充足气后再行驶，如温度过高，应及时打开百叶窗调整或停车降温。

3-7 视频
山区道路交通
安全注意事项

3. 高速公路道路交通事故的预防

高速公路行驶条件相对较好，不仅有较为完善的服务设施、路况简单，而且中间隔离，具有全封闭、全立交特点。但正是因为这些便利条件，导致驾驶员开车极易疲劳或者存在盲目开快车的行为，增加了安全事故的发生概率。高速公路行车期间，驾驶员必须严格遵循交通安全的规定，保持车距与车速，不开斗气车，不开快车，不超出法律法规限定的车速值。为保证在紧急情况下降低事故概率，当车速高于每小时100千米时，需与同车道前车保持100米以上距离；当车速低于100千米时，必须与同车道前车保持的最小车距不能低于50米。进入高速公路时，要注意避让主路上的来车，做到细心观察；当驶出高速公路时，若车速过快，错过了出口，不可马上停车或者调头，必须行驶到下一出口再驶出。当车辆在高速公路上出现故障问题，需要将标志设于故障车来车方向150米以外，车辆尽可能停在应急车道上，打开应急灯，人员迅速离开，站到高速公路外，防止后车车速过快无法及时停止，造成人员伤亡。

4. 雨雾天气道路交通事故的预防

雨雾天能见度差，路面湿滑，制动性能减弱，易发生追尾、侧滑、陷车等情况。雨雾天行车应严格控制车速，要注意观察路面情况和行人动态，不要急刹车，同时加大与前车必须保持的安全距离，应正确使用车灯、勤鸣喇叭提醒对方，防止因路面湿滑、制动距离加大而追尾，防止突发意外来不及做出反应而引发事故。通过水漫路段时，要探明积水深度和路面情况，确定可通行后，再用低速挡匀速、缓慢通过。要保证刮水器、灯光工作正常，并根据需要使用，确保视线良好。遇暴雨、浓雾天气，能见度极差时，应选择安全地点停车并打开警示灯。雨雾天行车视线不好，严禁超车，建议谨慎使用远光灯，因为远光灯的光线会被雾气反射，形成白茫茫一片反而影响视觉，这种情况应开启防雾灯与示宽灯，遇两车交会时，应变换灯光来示意对方。

5. 炎热天气道路交通事故的预防

炎热天气会导致驾驶人员疲劳、内心急躁，车辆故障率增加，沥青路过度暴晒而变软等，基于多方面因素影响，车辆制动性能无法保障。炎热天气行车时需要驾驶员有良好的状态与足够的体力，不可长时间疲劳驾驶。夏季气温高，应避免车辆长时间暴晒，加强车辆的日常保养，谨防车辆自燃；炎热天气出车前要检查发动机冷却水、机油、轮胎气压、蓄电池的电解液和制动器是否正常，行驶中要随时注意水温表指示读数，当发动机的温度过高时，应选择阴凉处停车降温；要观察胎温、胎压是否正常，若发现过高时，不得采取放气或泼冷水的方法降温、降压；当发现制动鼓的温度过高时，不得立即用冷水浇洒，以防制动鼓裂损。

6. 泥泞道路交通事故的预防

车辆在泥泞道路行驶时，要尽量选择路面平整、路基坚硬、泥泞较浅、已有车辙的路线行驶；进入泥泞路段时车轮附着力减小，应提前换挡，低挡位中低速，保持直线行驶；转弯时应适当降低车速，平缓操纵转向盘，切不可猛打转向盘，以免引起侧滑[6]。

3-8 视频
泥泞道路通过办法

7. 夜间行车道路交通事故的预防

夜间行车视线差，观察路况困难；受迎面车灯或其他灯光照射影响，驾驶员易产生炫目。夜间行车时要及时开启前照灯，遇交会车与前车近距离行驶时，不能使用远光灯，行驶时车内尽量不开灯，防止前挡风玻璃产生影像影响视觉；夜间行车时要控制好车速，不要跟车太紧，保持制动距离。会车时及时换近光灯，不要直视对面来车的灯光。要留意前方停靠车辆、障碍物、急转弯或陡坡，以及行人或自行车，避免措手不及。

8. 长途驾驶道路交通事故的预防

长途行车路况生疏、地理条件差异大，驾驶员易着急赶路、疲劳驾驶。要认真检查车辆，备齐随车工具与维修配件，以备途中车辆出现故障急用；出车前需要做好车辆的安全检查，并提前了解行驶路线及沿途天气情况与路况，这样有助于提前做出针对性准备；由于长途驾驶容易因疲劳而造成安全隐患，驾驶人员连续驾驶 4 小时路程后，休息时间不得少于 30 分钟，所以长途驾车要按计划行走，控制好车速，合理安排途中休息时间，防止疲劳驾驶。

三、监测预警

监测预警是应对道路交通安全的重要环节，是落实预防为主的重要举措，是实现从源头治理的有效途径。一是强化对我国道路的风险评估，特别是对不合理的道路规划设计、容易引发交通事故的路段或区域、人们通行高峰时段等，做好台账和风险评估，必要时应安排工作人员到现场指挥疏导提醒，做好风险的动态监控。同时也要对已发生的交通事故进行分析总结和研判，找出诱发事故的原因和问题根源所在。二是要做好交通大数据的分析，挖掘车辆和人员通行、滞留或停放的关键数据信息，并对收集到的信息进行分类，做到系统化、条理化，进而指导交通管理工作有效实施。当然也要针对不同时段、不同区域、不同空间发生突发道路交通事故的可能性及其可能造成的影响进行评估，关注重要危机预警信号，找出临界危机阈值的信息。三是要及时排查和消除交通安全隐患，尤其是对涉及道路建设、交通基础设施安置、周边环境及管理缺陷等方面的问题，应定期组织认真检查，对存在的不足做到立行立改，排除交通安全隐患，确保交通安全管理工作不缺位、不失位。监测预警流程如图 3-5 所示。

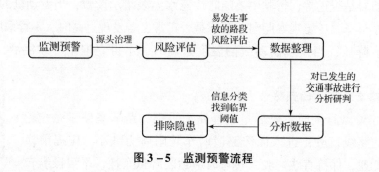

图 3-5 监测预警流程

第四节 突发道路交通事故的应对处置与善后处理

一、突发道路交通事故的应对处置原则

突发道路交通事故的应对处置工作应该坚持生命安全至上原则，快速果断处理，科学救援、协同处置[7]。

1. 生命至上，安全第一

3-9 视频 交通事故的 处置办法

交通安全事故一般均涉及人们的切身利益和生命安全，始终受到党和政府高度重视及社会和家庭的密切关注，其主要原因是：一方面，每一个生命都直接关系到一个家庭的和睦幸福，也关系到社会的和谐稳定，确保人民群众的身体健康和生命安全已经成为全社会的共同责任；另一方面，当前我国已经进入汽车普及化社会，一旦发生道路交通事故，会造成严重后果。因此，处置道路交通事故应本着生命安全至上的原则，应尽全力抢救受伤者，这也是贯彻以人民为中心理念的具体体现。

2. 快速应对，果断处置

快速应对就是一旦发生交通事故，救援团队应第一时间到达现场，全面了解情况，迅速控制事态进一步演化；果断处置就是要求工作人员到达现场后，在全面了解事故情况的基础上，尽快化解矛盾或冲突，尽快恢复交通秩序，避免人员聚集和事端升级。

3. 科学救援，协同处置

如果道路交通事故造成人员伤亡或车辆损伤，到达现场的人员应及时拨打120，请急救人员到现场对伤亡人员进行急救和处置，同时也应拨打110请求交警到现场处理，多方同心协力积极配合，妥善处理好相关工作。

二、道路交通事故的处置流程

按照上文的处置原则，以及《道路交通事故处理程序》的规定，在发生道路交通事故后，应遵循下面的流程进行处置。道路交通事故处置流程如图3-6所示。

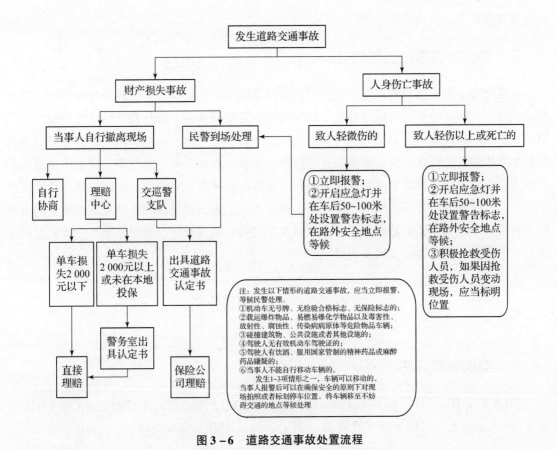

图3-6 道路交通事故处置流程

公安机关交通管理部门可以适用简易程序处理以下道路交通事故，但有交通肇事、危险驾驶犯罪嫌疑的除外。

（1）财产损失事故。

（2）受伤当事人伤势轻微，各方当事人一致同意适用简易程序处理的伤人事故。

交通警察适用简易程序处理道路交通事故时，应当在固定现场证据后，责令当事人撤离现场，恢复交通。拒不撤离现场的，予以强制撤离。对当事人不能自行移动车辆，影响通行和交通安全的，交通警察应当将车辆移至不妨碍交通的地点。

撤离现场后，交通警察应当根据现场固定的证据和当事人、证人陈述等，认定并记录道路交通事故发生的时间、地点、天气、当事人姓名、机动车驾驶证号或者身份证号、联系方式、机动车种类和号牌、保险公司、保险凭证号、道路交通事故形态、碰撞部位等，并根据当事人行为对发生道路交通事故所起的作用以及过错的严重程度，确定当事人的责任，当场制作道路交通事故认定书。不具备当场制作条件的，交通警察应当在三日内制作道路交通事故认定书。道路交通事故认定书应当由当事人签名，并现场送达当事人[8]。当事人拒绝签名或者接收的，交通警察应当在道路交通事故认定书上注明情况。当事人共同请求调解的，交通警察应当当场进行调解，并在道路交通事故认定书上记录调解结果，由当事人签名后，送达当事人。若不适用调解，交通警察可以在道路交通事故认定书上载明相关情况后，将道路交通事故认定书送达当事人[9]。

三、道路交通事故的善后处理

道路交通事故的善后处理主要是要分析事故原因、总结经验教训、弥补短板不足、开展警示教育。分析事故原因应通过现场了解的情况和监控录制的事故过程等信息进行复盘，查清引发事故的具体原因。总结经验教训的过程要从人、车、路、环境、天气等多方面分析总结；如事故为人的因素所致，要加强宣传教育；如事故因路况和环境所致，应全面排查周围的交通安全隐患。弥补短板不足就是要结合引发事故的原因，尽快制订整改方案，特别是要正视涉及管理和环境方面的问题，要不折不扣地予以完善，避免在同一地点再次发生同类事故。开展警示教育是要汇总相关交通事故的发生过程、诱发原因、造成后果等，择机对群众进行安全警示，增强道路交通安全意识[10]。

第五节 典型案例分析

一、案例背景介绍

201×年×月××日，新×-×××××号客车沿G3012线由西向东行驶至××县1 071千米+230米路段处，车辆侧翻，致使22人死亡、38人受伤、车辆受损。

二、案例分析

1. 现场情况

肇事现场路面为东西走向的沥青路面，道路中心设有中心防护栏。肇事后新×-×××××号客车头东南尾西北右侧着地停驶于现场北侧道路路基上，现场道路南侧路面内留有该车右侧前、后轮侧滑痕，侧滑印痕由西南向东北方向延伸至现场道路中央护栏处，中央护栏有19根立柱受损弯曲，现场道路北侧路面内为该车右侧着地后车体与地面形成的划痕，延伸至车辆停驶位置处。

2. 分析原因

依据GA 41—2014《道路交通事故痕迹物证勘验》行业标准，通过现场各类痕迹及肇事车辆内、外部车体痕迹的详细勘验，结合交通事故鉴定相关学科知识，对此次特大交通事故成因做出了及时、合理的分析与判断。

（1）行驶中爆胎是事故的直接原因。

新×-×××××号客车在未翻覆前的沥青路面上，留有轮胎失压后与地面接触形成的碾压痕迹，碾压痕迹附近留有该车左侧轮胎爆胎后崩脱的橡胶物质。对客车轮胎进行检测，其左前轮轮胎胎冠处橡胶层脱开，钢丝带束层裸露，胎冠处有明显新鲜破口痕迹，呈条状断裂，钢丝帘线层断头呈卷曲、发毛状；胎冠花纹磨损严重，胎冠和胎侧之间搭接处分离痕迹整齐。通过查看分析现场碾压痕迹特征及碾压痕迹附近所留轮胎爆胎后崩脱的橡胶物质特征，结合客车左侧轮胎的检验分析，其在G3012线1 071千米+230米路段行驶过程中，左前轮胎突然爆胎，车辆失去有效控制，最终翻覆，引发特大事故。因此，新×－×××××号客车行驶中左前轮胎突然爆胎，是此次交通事故发生的直接原因。

（2）超速行驶是事故的另一直接原因。

对新×－×××××号客车行驶记录仪数据文件进行解析，客车事发时行驶速度为133千米/小时，存在超速行为。据权威部门的试验表明，超速行驶会影响车辆的稳定性能，在同等条件下，车速提高1倍，其离心力会增加3倍，导致车辆发飘，操纵稳定性下降。新×－×××××号客车事发时行驶速度为133千米/小时，在左前轮突然爆胎的情况下，驾驶员根本无法通过操纵转向盘控制车辆。中国工程院王正国院士指出，"高速、超速行车是最危险的致死因素。事故概率与车速成1次方关系，与致伤成2次方关系，与致死成4次方关系"。在客车翻覆后与护栏和立柱的碰撞、滑移过程中，车内人员会受到很大程度的损伤。因此，新×－×××××号客车超速行驶是此次交通事故发生的另一直接原因，同时加大了事故损伤程度，扩大了事故等级。

（3）使用不符合国家标准规定的轮胎。

GB 7258—2012《机动车运行安全技术条件》中规定，公路客车转向轮不得装用翻新轮胎。经检测，新×－×××××号客车转向轮使用的轮胎属于翻新胎。翻新轮胎因使用相对落后的工艺对废旧轮胎进行翻新、改造，存在橡胶老化、耐压性、耐磨性比正品轮胎差等现象，这会使轮胎上路后磨损速度加快，在高速公路行驶过程中发生爆胎事故的概率上升。GB 7258—2012《机动车运行安全技术条件》中规定，轮胎胎面不得因局部磨损而暴露出轮胎帘布层。新×－×××××号客车左前轮胎破口明显，呈由内向外爆胎及胎冠内表面光滑特征，可断定在肇事前该轮胎本身存在冠部胎面胶与钢丝带束层之间脱开，使轮胎帘布层出现暴露现象。这种现象会使轮胎在高速转动过程中，钢丝带束层被逐层碾断，造成轮胎强度逐渐降低，为此次事故的发生埋下了隐患。GB 7258—2012《机动车运行安全技术条件》中规定，客车转向轮胎冠花纹深度不允许小于3.2毫米。新×－×××××号客车左前轮（转向轮）胎冠花纹已基本没有，且该事故车辆其他轮胎胎冠也存在严重磨损情况，这也是此次事故的一大隐患。

（4）忽视安全带的防护作用。

"安全带就是生命带"，当车辆发生碰撞事故时，安全带是阻止驾驶员或乘车人在车内移动的重要手段。系上安全带，能防止车内人员在碰撞中被甩出车外，同时，也能将车厢内发生二次碰撞的危险降至最低。据统计，在一次可能导致死亡的车祸中，安全带的使用可使车内人员生还的概率提高60%；发生正面撞车时，系安全带可使死亡率减少57%；侧面撞车时可减少死亡率44%；翻车时可减少死亡率80%。此次特大交通事故发生后，对肇事车乘客座椅上的安全带逐一进行了检查，所有安全带都能正常使用，但没有一个安全带上有明显拉扯痕迹（肇事车辆翻覆，乘客在2~3米的高度上落地、抛甩，肇事时乘客若系好安全带，安全带起到防护作用时，其上应有明显拉扯痕迹），说明肇事时车上乘客没有人系安全带。在大多数人的意识中，自己开车时要系好安全带，乘车时不需要系安全带，特别是乘坐长途客车时就更不需要系了，甚至有的人根本不知道长途客车乘客座位上还有安全带。对安全带防护作用的忽视，直接导致了此次交通事故死亡率的增加。

（5）事发地特殊地理条件无法及时救护。

交通事故死亡率是衡量一个国家或地区交通事故危险度的一个指标，也是衡量一个国家医疗急救系统，特别是交通事故急救系统是否发达的一个指标。交通事故如果在 30 分钟内得到及时有效的急救，就能挽救大部分伤员的生命。我国每年有 9 万多人死于交通事故，如果急救及时有效，将大幅降低死亡率。客车交通事故受伤人员得不到及时抢救护理，也是我国客车交通事故死亡率较高的主要因素之一。肇事现场位于 G3012 线 1 071 千米 + 230 米路段处，事发地距离最近的两个县城分别为 47 千米和 95 千米，距离最近的两个地级城市分别为 143 千米和 319 千米，道路沿途周边均是茫茫荒漠，渺无人烟。据调查，本次事故发生后，先经过一段时间混乱期，车内人员才开始报案，接警人员受理后组织协调救护车辆，救护车辆到达肇事现场实施救护至少需要 1 小时。就及时性来讲根本达不到伤员在 30 分钟内得到及时有效急救的衡量指标。而医疗救护条件的质量和交通事故受害者所能得到的护理不同，造成事故受伤者生存机会有显著差异。本次事故受伤者如此之多（死伤 60 人），即使以最合理的分配方式将受伤人员第一时间分派到能得到救护的各地、县级医院，也无法保证受伤人员在救护中不会死亡。因此，事发地特殊的地理条件，致使受伤人员无法在第一时间得到及时救护，是造成此次交通事故死亡率增大的又一因素。

3. 预防对策

此次交通事故值得反思，各级有关部门应加大管理力度，以避免类似恶性事故的发生。

各级交通管理部门应加大安全教育力度，严禁超速行驶，车辆行驶时必须系安全带的安全教育工作还需层层落实，责任到人。对于系安全带宣传比较典范的企业做法应全面推广。据不少旅客介绍，库尔勒某中巴运输公司的做法就很新颖，值得借鉴。旅客上车后，车辆上路前，乘务员会检查所有乘客是否系好安全带，并在没有系安全带的乘客面前礼貌提示"请系好安全带"，至所有乘客都系好安全带后才发车。对于拒不系安全带的乘客，则一直站在他面前不停地礼貌提示，直至乘客系好安全带为止，并且在旅途中时刻检查安全带的使用情况。

继续加强医疗急救制度的完善，在交通事故发生后，良好的医疗急救制度能够降低伤员的死亡率。鉴于事故发生的地区公路线长、车少、人烟稀少的实际情况，医疗急救制度的完善又非短时间内能够完成。各级政府部门应对此现状引起足够的重视，协调各类医疗资源，做好各类预案，争取最大限度地做好特大交通事故医疗急救工作，促进医疗急救制度不断完善。

4. 教训与启示

生命安全是人类追求的目标。上述案例警示我们，一方面，随着社会的进步，人们对生命安全的期望水平在不断提高；另一方面，随着交通运输业的迅猛发展，新的危险因素在不断产生，事故的危害程度也在不断增加，这就迫使人们必须对危害安全的因素及安全事故引起足够的重视。降低道路事故率,改善道路安全状况,是各级交通管理部门的首要目标[11]。首先,应尽快完善交通安全设施,加强城市道路设施的配备和建设,强化依法治理、违规担责甚至加重处罚的管理理念。其次,应该通过多种途径进行交通安全知识宣传教育,帮助人们增强交通安全意识,了解和掌握交通安全法规知识,增强遵守交通规则的自觉性。尤其要提醒人们遵守交通规则,不酒驾,不超速驾驶,不疲劳驾驶,不无证驾驶。最后,应开展交通安全警示教育,以道路上典型的交通事故为题材,警示广大群众珍爱生命,做遵守交通规则的好公民。

参考文献

[1] 李虹燕,朱龙波,任宪通,等.基于数据挖掘的道路交通事故成因分析[J].山东交通学院学报,2023,31(2):20-27.

[2] 河池市人民政府办公室.河池市人民政府办公室关于印发河池市道路交通事故应急预案的通知[J].河池市人民政府公报,2022(12):36-43.

[3] 吴成林.浅谈道路交通事故预防[J].时代汽车,2023(19):196-198.

[4] 于雷.基于数据挖掘的道路交通事故分析及预防对策研究[D].重庆:重庆交通大学,2023.

[5] 张伟达.打造事故预防调处新"枫"警[N].太行日报,2023-08-11(4).

[6] 交通事故处理:善后工作[J].道路交通管理,2023(3):84-85.

[7] 王俊美,张超,李晨阳,等.交通事故成因分析[J].黑龙江交通科技,2022,45(11):153-155.

[8] 南方,张伟达.道路交通事故认定法律问题分析[D].西安:西北大学,2019.

[9] 高永强.道路交通事故责任认定行为法律问题研究[D].包头:内蒙古科技大学,2023.

[10] 姚佼,李俊杰,李佳洋,等.车路协同下高速公路突发道路交通事故的车流引导策略[J].物流科技,2022,45(15):78-82.

[11] 叶伟权,吴赵斌,蔡留新,等.182例广州市南沙区交通事故死亡案例分析[J].中国司法鉴定,2022(6):61-66.

[12] 吴旭东,赵丹.道路交通事故碰撞类型影响因素分析[J].中国人民公安大学学报(自然科学版),2022,28(3):86-92.

延展阅读

中华人民共和国道路交通安全法

(2003年10月28日第十届全国人民代表大会常务委员会第五次会议通过 根据2007年12月29日第十届全国人民代表大会常务委员会第三十一次会议《关于修改〈中华人民共和国

道路交通安全法〉的决定》第一次修正　根据2011年4月22日第十一届全国人民代表大会常务委员会第二十次会议《关于修改〈中华人民共和国道路交通安全法〉的决定》第二次修正　根据2021年4月29日第十三届全国人民代表大会常务委员会第二十八次会议《关于修改〈中华人民共和国道路交通安全法〉等八部法律的决定》第三次修正)

第一章　总　则

第一条　为了维护道路交通秩序，预防和减少交通事故，保护人身安全，保护公民、法人和其他组织的财产安全及其他合法权益，提高通行效率，制定本法。

第二条　中华人民共和国境内的车辆驾驶人、行人、乘车人以及与道路交通活动有关的单位和个人，都应当遵守本法。

第三条　道路交通安全工作，应当遵循依法管理、方便群众的原则，保障道路交通有序、安全、畅通。

第四条　各级人民政府应当保障道路交通安全管理工作与经济建设和社会发展相适应。

县级以上地方各级人民政府应当适应道路交通发展的需要，依据道路交通安全法律、法规和国家有关政策，制定道路交通安全管理规划，并组织实施。

第五条　国务院公安部门负责全国道路交通安全管理工作。县级以上地方各级人民政府公安机关交通管理部门负责本行政区域内的道路交通安全管理工作。

县级以上各级人民政府交通、建设管理部门依据各自职责，负责有关的道路交通工作。

第六条　各级人民政府应当经常进行道路交通安全教育，提高公民的道路交通安全意识。

公安机关交通管理部门及其交通警察执行职务时，应当加强道路交通安全法律、法规的宣传，并模范遵守道路交通安全法律、法规。

机关、部队、企业事业单位、社会团体以及其他组织，应当对本单位的人员进行道路交通安全教育。

教育行政部门、学校应当将道路交通安全教育纳入法制教育的内容。

新闻、出版、广播、电视等有关单位，有进行道路交通安全教育的义务。

第七条　对道路交通安全管理工作，应当加强科学研究，推广、使用先进的管理方法、技术、设备。

第二章　车辆和驾驶人

第一节　机动车、非机动车

第八条　国家对机动车实行登记制度。机动车经公安机关交通管理部门登记后，方可上道路行驶。尚未登记的机动车，需要临时上道路行驶的，应当取得临时通行牌证。

第九条　申请机动车登记，应当提交以下证明、凭证：

（一）机动车所有人的身份证明；

（二）机动车来历证明；

（三）机动车整车出厂合格证明或者进口机动车进口凭证；

（四）车辆购置税的完税证明或者免税凭证；

（五）法律、行政法规规定应当在机动车登记时提交的其他证明、凭证。

公安机关交通管理部门应当自受理申请之日起五个工作日内完成机动车登记审查工作，对符合前款规定条件的，应当发放机动车登记证书、号牌和行驶证；对不符合前款规定条件的，应当向申请人说明不予登记的理由。

公安机关交通管理部门以外的任何单位或者个人不得发放机动车号牌或者要求机动车悬挂其他号牌，本法另有规定的除外。

机动车登记证书、号牌、行驶证的式样由国务院公安部门规定并监制。

第十条　准予登记的机动车应当符合机动车国家安全技术标准。申请机动车登记时，应当接受对该机动车的安全技术检验。但是，经国家机动车产品主管部门依据机动车国家安全技术标准认定的企业生产的机动车型，该车型的新车在出厂时经检验符合机动车国家安全技术标准，获得检验合格证的，免予安全技术检验。

第十一条　驾驶机动车上道路行驶，应当悬挂机动车号牌，放置检验合格标志、保险标志，并随车携带机动车行驶证。

机动车号牌应当按照规定悬挂并保持清晰、完整，不得故意遮挡、污损。

任何单位和个人不得收缴、扣留机动车号牌。

第十二条　有下列情形之一的，应当办理相应的登记：

（一）机动车所有权发生转移的；

（二）机动车登记内容变更的；

（三）机动车用作抵押的；

（四）机动车报废的。

第十三条　对登记后上道路行驶的机动车，应当依照法律、行政法规的规定，根据车辆用途、载客载货数量、使用年限等不同情况，定期进行安全技术检验。对提供机动车行驶证和机动车第三者责任强制保险单的，机动车安全技术检验机构应当予以检验，任何单位不得附加其他条件。对符合机动车国家安全技术标准的，公安机关交通管理部门应当发给检验合格标志。

对机动车的安全技术检验实行社会化。具体办法由国务院规定。

机动车安全技术检验实行社会化的地方，任何单位不得要求机动车到指定的场所进行检验。

公安机关交通管理部门、机动车安全技术检验机构不得要求机动车到指定的场所进行维修、保养。

机动车安全技术检验机构对机动车检验收取费用，应当严格执行国务院价格主管部门核定的收费标准。

第十四条　国家实行机动车强制报废制度，根据机动车的安全技术状况和不同用途，规定不同的报废标准。

应当报废的机动车必须及时办理注销登记。

达到报废标准的机动车不得上道路行驶。报废的大型客、货车及其他营运车辆应当在公安机关交通管理部门的监督下解体。

第十五条 警车、消防车、救护车、工程救险车应当按照规定喷涂标志图案，安装警报器、标志灯具。其他机动车不得喷涂、安装、使用上述车辆专用的或者与其相类似的标志图案、警报器或者标志灯具。

警车、消防车、救护车、工程救险车应当严格按照规定的用途和条件使用。

公路监督检查的专用车辆，应当依照公路法的规定，设置统一的标志和示警灯。

第十六条 任何单位或者个人不得有下列行为：

（一）拼装机动车或者擅自改变机动车已登记的结构、构造或者特征；

（二）改变机动车型号、发动机号、车架号或者车辆识别代号；

（三）伪造、变造或者使用伪造、变造的机动车登记证书、号牌、行驶证、检验合格标志、保险标志；

（四）使用其他机动车的登记证书、号牌、行驶证、检验合格标志、保险标志。

第十七条 国家实行机动车第三者责任强制保险制度，设立道路交通事故社会救助基金。具体办法由国务院规定。

第十八条 依法应当登记的非机动车，经公安机关交通管理部门登记后，方可上道路行驶。

依法应当登记的非机动车的种类，由省、自治区、直辖市人民政府根据当地实际情况规定。

非机动车的外形尺寸、质量、制动器、车铃和夜间反光装置，应当符合非机动车安全技术标准。

第二节 机动车驾驶人

第十九条 驾驶机动车，应当依法取得机动车驾驶证。

申请机动车驾驶证，应当符合国务院公安部门规定的驾驶许可条件；经考试合格后，由公安机关交通管理部门发给相应类别的机动车驾驶证。

持有境外机动车驾驶证的人，符合国务院公安部门规定的驾驶许可条件，经公安机关交通管理部门考核合格的，可以发给中国的机动车驾驶证。

驾驶人应当按照驾驶证载明的准驾车型驾驶机动车；驾驶机动车时，应当随身携带机动车驾驶证。

公安机关交通管理部门以外的任何单位或者个人，不得收缴、扣留机动车驾驶证。

第二十条 机动车的驾驶培训实行社会化，由交通运输主管部门对驾驶培训学校、驾驶培训班实行备案管理，并对驾驶培训活动加强监督，其中专门的拖拉机驾驶培训学校、驾驶培训班由农业（农业机械）主管部门实行监督管理。

驾驶培训学校、驾驶培训班应当严格按照国家有关规定，对学员进行道路交通安全法律、法规、驾驶技能的培训，确保培训质量。

任何国家机关以及驾驶培训和考试主管部门不得举办或者参与举办驾驶培训学校、驾驶培训班。

第二十一条 驾驶人驾驶机动车上道路行驶前，应当对机动车的安全技术性能进行认真检查；不得驾驶安全设施不全或者机件不符合技术标准等具有安全隐患的机动车。

第二十二条 机动车驾驶人应当遵守道路交通安全法律、法规的规定，按照操作规范安全驾驶、文明驾驶。

饮酒、服用国家管制的精神药品或者麻醉药品，或者患有妨碍安全驾驶机动车的疾病，或者过度疲劳影响安全驾驶的，不得驾驶机动车。

任何人不得强迫、指使、纵容驾驶人违反道路交通安全法律、法规和机动车安全驾驶要求驾驶机动车。

第二十三条 公安机关交通管理部门依照法律、行政法规的规定，定期对机动车驾驶证实施审验。

第二十四条 公安机关交通管理部门对机动车驾驶人违反道路交通安全法律、法规的行为，除依法给予行政处罚外，实行累积记分制度。公安机关交通管理部门对累积记分达到规定分值的机动车驾驶人，扣留机动车驾驶证，对其进行道路交通安全法律、法规教育，重新考试；考试合格的，发还其机动车驾驶证。

对遵守道路交通安全法律、法规，在一年内无累积记分的机动车驾驶人，可以延长机动车驾驶证的审验期。具体办法由国务院公安部门规定。

第三章　道路通行条件

第二十五条 全国实行统一的道路交通信号。

交通信号包括交通信号灯、交通标志、交通标线和交通警察的指挥。

交通信号灯、交通标志、交通标线的设置应当符合道路交通安全、畅通的要求和国家标准，并保持清晰、醒目、准确、完好。

根据通行需要，应当及时增设、调换、更新道路交通信号。增设、调换、更新限制性的道路交通信号，应当提前向社会公告，广泛进行宣传。

第二十六条 交通信号灯由红灯、绿灯、黄灯组成。红灯表示禁止通行，绿灯表示准许通行，黄灯表示警示。

第二十七条 铁路与道路平面交叉的道口，应当设置警示灯、警示标志或者安全防护设施。无人看守的铁路道口，应当在距道口一定距离处设置警示标志。

第二十八条 任何单位和个人不得擅自设置、移动、占用、损毁交通信号灯、交通标志、交通标线。

道路两侧及隔离带上种植的树木或其他植物，设置的广告牌、管线等，应当与交通设施保持必要的距离，不得遮挡路灯、交通信号灯、交通标志，不得妨碍安全视距，不得影响通行。

第二十九条 道路、停车场和道路配套设施的规划、设计、建设，应当符合道路交通安全、畅通的要求，并根据交通需求及时调整。

公安机关交通管理部门发现已经投入使用的道路存在交通事故频发路段，或者停车场、道路配套设施存在交通安全严重隐患的，应当及时向当地人民政府报告，并提出防范交通事故、消除隐患的建议，当地人民政府应当及时作出处理决定。

第三十条 道路出现坍塌、坑槽、水毁、隆起等损毁或者交通信号灯、交通标志、交通标线等交通设施损毁、灭失的，道路、交通设施的养护部门或者管理部门应当设置警示标志并及时修复。

公安机关交通管理部门发现前款情形，危及交通安全，尚未设置警示标志的，应当及时采取安全措施，疏导交通，并通知道路、交通设施的养护部门或者管理部门。

第三十一条 未经许可，任何单位和个人不得占用道路从事非交通活动。

第三十二条 因工程建设需要占用、挖掘道路，或者跨越、穿越道路架设、增设管线设施，应当事先征得道路主管部门的同意；影响交通安全的，还应当征得公安机关交通管理部门的同意。

施工作业单位应当在经批准的路段和时间内施工作业，并在距离施工作业地点来车方向安全距离处设置明显的安全警示标志，采取防护措施；施工作业完毕，应当迅速清除道路上的障碍物，消除安全隐患，经道路主管部门和公安机关交通管理部门验收合格，符合通行要求后，方可恢复通行。

对未中断交通的施工作业道路，公安机关交通管理部门应当加强交通安全监督检查，维护道路交通秩序。

第三十三条 新建、改建、扩建的公共建筑、商业街区、居住区、大（中）型建筑等，应当配建、增建停车场；停车泊位不足的，应当及时改建或者扩建；投入使用的停车场不得擅自停止使用或者改作他用。

在城市道路范围内，在不影响行人、车辆通行的情况下，政府有关部门可以施划停车泊位。

第三十四条 学校、幼儿园、医院、养老院门前的道路没有行人过街设施的，应当施划人行横道线，设置提示标志。

城市主要道路的人行道，应当按照规划设置盲道。盲道的设置应当符合国家标准。

第四章 道路通行规定

第一节 一般规定

第三十五条 机动车、非机动车实行右侧通行。

第三十六条 根据道路条件和通行需要，道路划分为机动车道、非机动车道和人行道的，机动车、非机动车、行人实行分道通行。没有划分机动车道、非机动车道和人行道的，机动车在道路中间通行，非机动车和行人在道路两侧通行。

第三十七条 道路划设专用车道的，在专用车道内，只准许规定的车辆通行，其他车辆不得进入专用车道内行驶。

第三十八条 车辆、行人应当按照交通信号通行;遇有交通警察现场指挥时,应当按照交通警察的指挥通行;在没有交通信号的道路上,应当在确保安全、畅通的原则下通行。

第三十九条 公安机关交通管理部门根据道路和交通流量的具体情况,可以对机动车、非机动车、行人采取疏导、限制通行、禁止通行等措施。遇有大型群众性活动、大范围施工等情况,需要采取限制交通的措施,或者做出与公众的道路交通活动直接有关的决定,应当提前向社会公告。

第四十条 遇有自然灾害、恶劣气象条件或者重大交通事故等严重影响交通安全的情形,采取其他措施难以保证交通安全时,公安机关交通管理部门可以实行交通管制。

第四十一条 有关道路通行的其他具体规定,由国务院规定。

第二节 机动车通行规定

第四十二条 机动车上道路行驶,不得超过限速标志标明的最高时速。在没有限速标志的路段,应当保持安全车速。

夜间行驶或者在容易发生危险的路段行驶,以及遇有沙尘、冰雹、雨、雪、雾、结冰等气象条件时,应当降低行驶速度。

第四十三条 同车道行驶的机动车,后车应当与前车保持足以采取紧急制动措施的安全距离。有下列情形之一的,不得超车:

(一)前车正在左转弯、掉头、超车的;

(二)与对面来车有会车可能的;

(三)前车为执行紧急任务的警车、消防车、救护车、工程救险车的;

(四)行经铁路道口、交叉路口、窄桥、弯道、陡坡、隧道、人行横道、市区交通流量大的路段等没有超车条件的。

第四十四条 动车通过交叉路口,应当按照交通信号灯、交通标志、交通标线或者交通警察的指挥通过;通过没有交通信号灯、交通标志、交通标线或者交通警察指挥的交叉路口时,应当减速慢行,并让行人和优先通行的车辆先行。

第四十五条 机动车遇有前方车辆停车排队等候或者缓慢行驶时,不得借道超车或者占用对面车道,不得穿插等候的车辆。

在车道减少的路段、路口,或者在没有交通信号灯、交通标志、交通标线或者交通警察指挥的交叉路口遇到停车排队等候或者缓慢行驶时,机动车应当依次交替通行。

第四十六条 机动车通过铁路道口时,应当按照交通信号或者管理人员的指挥通行;没有交通信号或者管理人员的,应当减速或者停车,在确认安全后通过。

第四十七条 机动车行经人行横道时,应当减速行驶;遇行人正在通过人行横道,应当停车让行。

机动车行经没有交通信号的道路时,遇行人横过道路,应当避让。

第四十八条 机动车载物应当符合核定的载质量,严禁超载;载物的长、宽、高不得违反装载要求,不得遗洒、飘散载运物。

机动车运载超限的不可解体的物品,影响交通安全的,应当按照公安机关交通管理部门指定的时间、路线、速度行驶，悬挂明显标志。在公路上运载超限的不可解体的物品，并应当依照公路法的规定执行。

机动车载运爆炸物品、易燃易爆化学物品以及剧毒、放射性等危险物品，应当经公安机关批准后，按指定的时间、路线、速度行驶，悬挂警示标志并采取必要的安全措施。

第四十九条 机动车载人不得超过核定的人数，客运机动车不得违反规定载货。

第五十条 禁止货运机动车载客。

货运机动车需要附载作业人员的，应当设置保护作业人员的安全措施。

第五十一条 机动车行驶时，驾驶人、乘坐人员应当按规定使用安全带，摩托车驾驶人及乘坐人员应当按规定戴安全头盔。

第五十二条 机动车在道路上发生故障，需要停车排除故障时，驾驶人应当立即开启危险报警闪光灯，将机动车移至不妨碍交通的地方停放；难以移动的，应当持续开启危险报警闪光灯，并在来车方向设置警告标志等措施扩大示警距离，必要时迅速报警。

第五十三条 警车、消防车、救护车、工程救险车执行紧急任务时，可以使用警报器、标志灯具；在确保安全的前提下，不受行驶路线、行驶方向、行驶速度和信号灯的限制，其他车辆和行人应当让行。

警车、消防车、救护车、工程救险车非执行紧急任务时，不得使用警报器、标志灯具，不享有前款规定的道路优先通行权。

第五十四条 道路养护车辆、工程作业车进行作业时，在不影响过往车辆通行的前提下，其行驶路线和方向不受交通标志、标线限制，过往车辆和人员应当注意避让。

洒水车、清扫车等机动车应当按照安全作业标准作业；在不影响其他车辆通行的情况下，可以不受车辆分道行驶的限制，但是不得逆向行驶。

第五十五条 高速公路、大中城市中心城区内的道路，禁止拖拉机通行。其他禁止拖拉机通行的道路，由省、自治区、直辖市人民政府根据当地实际情况规定。

在允许拖拉机通行的道路上，拖拉机可以从事货运，但是不得用于载人。

第五十六条 机动车应当在规定地点停放。禁止在人行道上停放机动车；但是，依照本法第三十三条规定施划的停车泊位除外。

在道路上临时停车的，不得妨碍其他车辆和行人通行。

第三节 非机动车通行规定

第五十七条 驾驶非机动车在道路上行驶应当遵守有关交通安全的规定。非机动车应当在非机动车道内行驶；在没有非机动车道的道路上，应当靠车行道的右侧行驶。

第五十八条 残疾人机动轮椅车、电动自行车在非机动车道内行驶时，最高时速不得超过十五公里。

第五十九条 非机动车应当在规定地点停放。未设停放地点的，非机动车停放不得妨碍其他车辆和行人通行。

第六十条 驾驭畜力车，应当使用驯服的牲畜；驾驭畜力车横过道路时，驾驭人应当下车牵引牲畜；驾驭人离开车辆时，应当拴系牲畜。

第四节 行人和乘车人通行规定

第六十一条 行人应当在人行道内行走，没有人行道的靠路边行走。

第六十二条 行人通过路口或者横过道路，应当走人行横道或者过街设施；通过有交通信号灯的人行横道，应当按照交通信号灯指示通行；通过没有交通信号灯、人行横道的路口，或者在没有过街设施的路段横过道路，应当在确认安全后通过。

第六十三条 行人不得跨越、倚坐道路隔离设施，不得扒车、强行拦车或者实施妨碍道路交通安全的其他行为。

第六十四条 学龄前儿童以及不能辨认或者不能控制自己行为的精神疾病患者、智力障碍者在道路上通行，应当由其监护人、监护人委托的人或者对其负有管理、保护职责的人带领。

盲人在道路上通行，应当使用盲杖或者采取其他导盲手段，车辆应当避让盲人。

第六十五条 行人通过铁路道口时，应当按照交通信号或者管理人员的指挥通行；没有交通信号和管理人员的，应当在确认无火车驶临后，迅速通过。

第六十六条 乘车人不得携带易燃易爆等危险物品，不得向车外抛洒物品，不得有影响驾驶人安全驾驶的行为。

第五节 高速公路的特别规定

第六十七条 行人、非机动车、拖拉机、轮式专用机械车、铰接式客车、全挂拖斗车以及其他设计最高时速低于七十公里的机动车，不得进入高速公路。高速公路限速标志标明的最高时速不得超过一百二十公里。

第六十八条 机动车在高速公路上发生故障时，应当依照本法第五十二条的有关规定办理；但是，警告标志应当设置在故障车来车方向一百五十米以外，车上人员应当迅速转移到右侧路肩上或者应急车道内，并且迅速报警。

机动车在高速公路上发生故障或者交通事故，无法正常行驶的，应当由救援车、清障车拖曳、牵引。

第六十九条 任何单位、个人不得在高速公路上拦截检查行驶的车辆，公安机关的人民警察依法执行紧急公务除外。

第五章 交通事故处理

第七十条 在道路上发生交通事故，车辆驾驶人应当立即停车，保护现场；造成人身伤亡的，车辆驾驶人应当立即抢救受伤人员，并迅速报告执勤的交通警察或者公安机关交通管理部门。因抢救受伤人员变动现场的，应当标明位置。乘车人、过往车辆驾驶人、过往行人应当予以协助。

在道路上发生交通事故，未造成人身伤亡，当事人对事实及成因无争议的，可以即行撤离现场，恢复交通，自行协商处理损害赔偿事宜；不即行撤离现场的，应当迅速报告执勤的交通警察或者公安机关交通管理部门。

在道路上发生交通事故，仅造成轻微财产损失，并且基本事实清楚的，当事人应当先撤离现场再进行协商处理。

第七十一条 车辆发生交通事故后逃逸的，事故现场目击人员和其他知情人员应当向公安机关交通管理部门或者交通警察举报。举报属实的，公安机关交通管理部门应当给予奖励。

第七十二条 公安机关交通管理部门接到交通事故报警后，应当立即派交通警察赶赴现场，先组织抢救受伤人员，并采取措施，尽快恢复交通。

交通警察应当对交通事故现场进行勘验、检查，收集证据；因收集证据的需要，可以扣留事故车辆，但是应当妥善保管，以备核查。

对当事人的生理、精神状况等专业性较强的检验，公安机关交通管理部门应当委托专门机构进行鉴定。鉴定结论应当由鉴定人签名。

第七十三条 公安机关交通管理部门应当根据交通事故现场勘验、检查、调查情况和有关的检验、鉴定结论，及时制作交通事故认定书，作为处理交通事故的证据。交通事故认定书应当载明交通事故的基本事实、成因和当事人的责任，并送达当事人。

第七十四条 对交通事故损害赔偿的争议，当事人可以请求公安机关交通管理部门调解，也可以直接向人民法院提起民事诉讼。

经公安机关交通管理部门调解，当事人未达成协议或者调解书生效后不履行的，当事人可以向人民法院提起民事诉讼。

第七十五条 医疗机构对交通事故中的受伤人员应当及时抢救，不得因抢救费用未及时支付而拖延救治。肇事车辆参加机动车第三者责任强制保险的，由保险公司在责任限额范围内支付抢救费用；抢救费用超过责任限额的，未参加机动车第三者责任强制保险或者肇事后逃逸的，由道路交通事故社会救助基金先行垫付部分或者全部抢救费用，道路交通事故社会救助基金管理机构有权向交通事故责任人追偿。

第七十六条 机动车发生交通事故造成人身伤亡、财产损失的，由保险公司在机动车第三者责任强制保险责任限额范围内予以赔偿；不足的部分，按照下列规定承担赔偿责任：

（一）机动车之间发生交通事故的，由有过错的一方承担赔偿责任；双方都有过错的，按照各自过错的比例分担责任。

（二）机动车与非机动车驾驶人、行人之间发生交通事故，非机动车驾驶人、行人没有过错的，由机动车一方承担赔偿责任；有证据证明非机动车驾驶人、行人有过错的，根据过错程度适当减轻机动车一方的赔偿责任；机动车一方没有过错的，承担不超过百分之十的赔偿责任。

交通事故的损失是由非机动车驾驶人、行人故意碰撞机动车造成的，机动车一方不承担赔偿责任。

第七十七条 车辆在道路以外通行时发生的事故，公安机关交通管理部门接到报案的，参照本法有关规定办理。

第六章 执法监督

第七十八条 公安机关交通管理部门应当加强对交通警察的管理，提高交通警察的素质和管理道路交通的水平。

公安机关交通管理部门应当对交通警察进行法制和交通安全管理业务培训、考核。交通警察经考核不合格的，不得上岗执行职务。

第七十九条 公安机关交通管理部门及其交通警察实施道路交通安全管理，应当依据法定的职权和程序，简化办事手续，做到公正、严格、文明、高效。

第八十条 交通警察执行职务时，应当按照规定着装，佩戴人民警察标志，持有人民警察证件，保持警容严整，举止端庄，指挥规范。

第八十一条 依照本法发放牌证等收取工本费，应当严格执行国务院价格主管部门核定的收费标准，并全部上缴国库。

第八十二条 公安机关交通管理部门依法实施罚款的行政处罚，应当依照有关法律、行政法规的规定，实施罚款决定与罚款收缴分离；收缴的罚款以及依法没收的违法所得，应当全部上缴国库。

第八十三条 交通警察调查处理道路交通安全违法行为和交通事故，有下列情形之一的，应当回避：

（一）是本案的当事人或者当事人的近亲属；

（二）本人或者其近亲属与本案有利害关系；

（三）与本案当事人有其他关系，可能影响案件的公正处理。

第八十四条 公安机关交通管理部门及其交通警察的行政执法活动，应当接受行政监察机关依法实施的监督。

公安机关督察部门应当对公安机关交通管理部门及其交通警察执行法律、法规和遵守纪律的情况依法进行监督。

上级公安机关交通管理部门应当对下级公安机关交通管理部门的执法活动进行监督。

第八十五条 公安机关交通管理部门及其交通警察执行职务，应当自觉接受社会和公民的监督。

任何单位和个人都有权对公安机关交通管理部门及其交通警察不严格执法以及违法违纪行为进行检举、控告。收到检举、控告的机关，应当依据职责及时查处。

第八十六条 任何单位不得给公安机关交通管理部门下达或者变相下达罚款指标；公安机关交通管理部门不得以罚款数额作为考核交通警察的标准。

公安机关交通管理部门及其交通警察对超越法律、法规规定的指令，有权拒绝执行，并同时向上级机关报告。

第七章 法律责任

第八十七条 公安机关交通管理部门及其交通警察对道路交通安全违法行为，应当及时纠正。

公安机关交通管理部门及其交通警察应当依据事实和本法的有关规定对道路交通安全违法行为予以处罚。对于情节轻微，未影响道路通行的，指出违法行为，给予口头警告后放行。

第八十八条 对道路交通安全违法行为的处罚种类包括：警告、罚款、暂扣或者吊销机动车驾驶证、拘留。

第八十九条 行人、乘车人、非机动车驾驶人违反道路交通安全法律、法规关于道路通行规定的，处警告或者五元以上五十元以下罚款；非机动车驾驶人拒绝接受罚款处罚的，可以扣留其非机动车。

第九十条 机动车驾驶人违反道路交通安全法律、法规关于道路通行规定的，处警告或者二十元以上二百元以下罚款。本法另有规定的，依照规定处罚。

第九十一条 饮酒后驾驶机动车的，处暂扣六个月机动车驾驶证，并处一千元以上二千元以下罚款。因饮酒后驾驶机动车被处罚，再次饮酒后驾驶机动车的，处十日以下拘留，并处一千元以上二千元以下罚款，吊销机动车驾驶证。

醉酒驾驶机动车的，由公安机关交通管理部门约束至酒醒，吊销机动车驾驶证，依法追究刑事责任；五年内不得重新取得机动车驾驶证。

饮酒后驾驶营运机动车的，处十五日拘留，并处五千元罚款，吊销机动车驾驶证，五年内不得重新取得机动车驾驶证。

醉酒驾驶营运机动车的，由公安机关交通管理部门约束至酒醒，吊销机动车驾驶证，依法追究刑事责任；十年内不得重新取得机动车驾驶证，重新取得机动车驾驶证后，不得驾驶营运机动车。

饮酒后或者醉酒驾驶机动车发生重大交通事故，构成犯罪的，依法追究刑事责任，并由公安机关交通管理部门吊销机动车驾驶证，终生不得重新取得机动车驾驶证。

第九十二条 公路客运车辆载客超过额定乘员的，处二百元以上五百元以下罚款；超过额定乘员百分之二十或者违反规定载货的，处五百元以上二千元以下罚款。

货运机动车超过核定载质量的，处二百元以上五百元以下罚款；超过核定载质量百分之三十或者违反规定载客的，处五百元以上二千元以下罚款。

有前两款行为的，由公安机关交通管理部门扣留机动车至违法状态消除。

运输单位的车辆有本条第一款、第二款规定的情形，经处罚不改的，对直接负责的主管人员处二千元以上五千元以下罚款。

第九十三条 对违反道路交通安全法律、法规关于机动车停放、临时停车规定的，可以指出违法行为，并予以口头警告，令其立即驶离。

机动车驾驶人不在现场或者虽在现场但拒绝立即驶离，妨碍其他车辆、行人通行的，处二十元以上二百元以下罚款，并可以将该机动车拖移至不妨碍交通的地点或者公安机关交通管理部门指定的地点停放。公安机关交通管理部门拖车不得向当事人收取费用，并应当及时告知当事人停放地点。

因采取不正确的方法拖车造成机动车损坏的，应当依法承担补偿责任。

第九十四条 机动车安全技术检验机构实施机动车安全技术检验超过国务院价格主管部门核定的收费标准收取费用的，退还多收取的费用，并由价格主管部门依照《中华人民共和国价格法》的有关规定给予处罚。

机动车安全技术检验机构不按照机动车国家安全技术标准进行检验，出具虚假检验结果的，由公安机关交通管理部门处所收检验费用五倍以上十倍以下罚款，并依法撤销其检验资格；构成犯罪的，依法追究刑事责任。

第九十五条 上道路行驶的机动车未悬挂机动车号牌，未放置检验合格标志、保险标志，或者未随车携带行驶证、驾驶证的，公安机关交通管理部门应当扣留机动车，通知当事人提供相应的牌证、标志或者补办相应手续，并可以依照本法第九十条的规定予以处罚。当事人提供相应的牌证、标志或者补办相应手续的，应当及时退还机动车。

故意遮挡、污损或者不按规定安装机动车号牌的，依照本法第九十条的规定予以处罚。

第九十六条 伪造、变造或者使用伪造、变造的机动车登记证书、号牌、行驶证、驾驶证的，由公安机关交通管理部门予以收缴，扣留该机动车，处十五日以下拘留，并处二千元以上五千元以下罚款；构成犯罪的，依法追究刑事责任。

伪造、变造或者使用伪造、变造的检验合格标志、保险标志的，由公安机关交通管理部门予以收缴，扣留该机动车，处十日以下拘留，并处一千元以上三千元以下罚款；构成犯罪的，依法追究刑事责任。

使用其他车辆的机动车登记证书、号牌、行驶证、检验合格标志、保险标志的，由公安机关交通管理部门予以收缴，扣留该机动车，处二千元以上五千元以下罚款。

当事人提供相应的合法证明或者补办相应手续的，应当及时退还机动车。

第九十七条 非法安装警报器、标志灯具的，由公安机关交通管理部门强制拆除，予以收缴，并处二百元以上二千元以下罚款。

第九十八条 机动车所有人、管理人未按照国家规定投保机动车第三者责任强制保险的，由公安机关交通管理部门扣留车辆至依照规定投保后，并处依照规定投保最低责任限额应缴纳的保险费的二倍罚款。

依照前款缴纳的罚款全部纳入道路交通事故社会救助基金。具体办法由国务院规定。

第九十九条 有下列行为之一的，由公安机关交通管理部门处二百元以上二千元以下罚款：

（一）未取得机动车驾驶证、机动车驾驶证被吊销或者机动车驾驶证被暂扣期间驾驶机动车的；

（二）将机动车交由未取得机动车驾驶证或者机动车驾驶证被吊销、暂扣的人驾驶的；

（三）造成交通事故后逃逸，尚不构成犯罪的；

（四）机动车行驶超过规定时速百分之五十的；

（五）强迫机动车驾驶人违反道路交通安全法律、法规和机动车安全驾驶要求驾驶机动车，造成交通事故，尚不构成犯罪的；

（六）违反交通管制的规定强行通行，不听劝阻的；

（七）故意损毁、移动、涂改交通设施，造成危害后果，尚不构成犯罪的；

（八）非法拦截、扣留机动车辆，不听劝阻，造成交通严重阻塞或者较大财产损失的。

行为人有前款第二项、第四项情形之一的，可以并处吊销机动车驾驶证；有第一项、第三项、第五项至第八项情形之一的，可以并处十五日以下拘留。

第一百条　驾驶拼装的机动车或者已达到报废标准的机动车上道路行驶的，公安机关交通管理部门应当予以收缴，强制报废。

对驾驶前款所列机动车上道路行驶的驾驶人，处二百元以上二千元以下罚款，并吊销机动车驾驶证。

出售已达到报废标准的机动车的，没收违法所得，处销售金额等额的罚款，对该机动车依照本条第一款的规定处理。

第一百零一条　违反道路交通安全法律、法规的规定，发生重大交通事故，构成犯罪的，依法追究刑事责任，并由公安机关交通管理部门吊销机动车驾驶证。

造成交通事故后逃逸的，由公安机关交通管理部门吊销机动车驾驶证，且终生不得重新取得机动车驾驶证。

第一百零二条　对六个月内发生二次以上特大交通事故负有主要责任或者全部责任的专业运输单位，由公安机关交通管理部门责令消除安全隐患，未消除安全隐患的机动车，禁止上道路行驶。

第一百零三条　国家机动车产品主管部门未按照机动车国家安全技术标准严格审查，许可不合格机动车型投入生产的，对负有责任的主管人员和其他直接责任人员给予降级或者撤职的行政处分。

机动车生产企业经国家机动车产品主管部门许可生产的机动车型，不执行机动车国家安全技术标准或者不严格进行机动车成品质量检验，致使质量不合格的机动车出厂销售的，由质量技术监督部门依照《中华人民共和国产品质量法》的有关规定给予处罚。

擅自生产、销售未经国家机动车产品主管部门许可生产的机动车型的，没收非法生产、销售的机动车成品及配件，可以并处非法产品价值三倍以上五倍以下罚款；有营业执照的，由工商行政管理部门吊销营业执照，没有营业执照的，予以查封。

生产、销售拼装的机动车或者生产、销售擅自改装的机动车的，依照本条第三款的规定处罚。

有本条第二款、第三款、第四款所列违法行为，生产或者销售不符合机动车国家安全技术标准的机动车，构成犯罪的，依法追究刑事责任。

第一百零四条　未经批准，擅自挖掘道路、占用道路施工或者从事其他影响道路交通安全活动的，由道路主管部门责令停止违法行为，并恢复原状，可以依法给予罚款；致使通行的人员、车辆及其他财产遭受损失的，依法承担赔偿责任。

有前款行为，影响道路交通安全活动的，公安机关交通管理部门可以责令停止违法行为，迅速恢复交通。

第一百零五条 道路施工作业或者道路出现损毁，未及时设置警示标志、未采取防护措施，或者应当设置交通信号灯、交通标志、交通标线而没有设置或者应当及时变更交通信号灯、交通标志、交通标线而没有及时变更，致使通行的人员、车辆及其他财产遭受损失的，负有相关职责的单位应当依法承担赔偿责任。

第一百零六条 在道路两侧及隔离带上种植树木、其他植物或者设置广告牌、管线等，遮挡路灯、交通信号灯、交通标志，妨碍安全视距的，由公安机关交通管理部门责令行为人排除妨碍；拒不执行的，处二百元以上二千元以下罚款，并强制排除妨碍，所需费用由行为人负担。

第一百零七条 对道路交通违法行为人予以警告、二百元以下罚款，交通警察可以当场作出行政处罚决定，并出具行政处罚决定书。

行政处罚决定书应当载明当事人的违法事实、行政处罚的依据、处罚内容、时间、地点以及处罚机关名称，并由执法人员签名或者盖章。

第一百零八条 当事人应当自收到罚款的行政处罚决定书之日起十五日内，到指定的银行缴纳罚款。

对行人、乘车人和非机动车驾驶人的罚款，当事人无异议的，可以当场予以收缴罚款。

罚款应当开具省、自治区、直辖市财政部门统一制发的罚款收据；不出具财政部门统一制发的罚款收据的，当事人有权拒绝缴纳罚款。

第一百零九条 当事人逾期不履行行政处罚决定的，作出行政处罚决定的行政机关可以采取下列措施：

（一）到期不缴纳罚款的，每日按罚款数额的百分之三加处罚款；

（二）申请人民法院强制执行。

第一百一十条 执行职务的交通警察认为应当对道路交通违法行为人给予暂扣或者吊销机动车驾驶证处罚的，可以先予扣留机动车驾驶证，并在二十四小时内将案件移交公安机关交通管理部门处理。

道路交通违法行为人应当在十五日内到公安机关交通管理部门接受处理。无正当理由逾期未接受处理的，吊销机动车驾驶证。

公安机关交通管理部门暂扣或者吊销机动车驾驶证的，应当出具行政处罚决定书。

第一百一十一条 对违反本法规定予以拘留的行政处罚，由县、市公安局、公安分局或者相当于县一级的公安机关裁决。

第一百一十二条 公安机关交通管理部门扣留机动车、非机动车，应当当场出具凭证，并告知当事人在规定期限内到公安机关交通管理部门接受处理。

公安机关交通管理部门对被扣留的车辆应当妥善保管，不得使用。

逾期不来接受处理，并且经公告三个月仍不来接受处理的，对扣留的车辆依法处理。

第一百一十三条 暂扣机动车驾驶证的期限从处罚决定生效之日起计算；处罚决定生效前先予扣留机动车驾驶证的，扣留一日折抵暂扣期限一日。

吊销机动车驾驶证后重新申请领取机动车驾驶证的期限，按照机动车驾驶证管理规定办理。

第一百一十四条 公安机关交通管理部门根据交通技术监控记录资料，可以对违法的机动车所有人或者管理人依法予以处罚。对能够确定驾驶人的，可以依照本法的规定依法予以处罚。

第一百一十五条 交通警察有下列行为之一的，依法给予行政处分：

（一）为不符合法定条件的机动车发放机动车登记证书、号牌、行驶证、检验合格标志的；

（二）批准不符合法定条件的机动车安装、使用警车、消防车、救护车、工程救险车的警报器、标志灯具，喷涂标志图案的；

（三）为不符合驾驶许可条件、未经考试或者考试不合格人员发放机动车驾驶证的；

（四）不执行罚款决定与罚款收缴分离制度或者不按规定将依法收取的费用、收缴的罚款及没收的违法所得全部上缴国库的；

（五）举办或者参与举办驾驶学校或者驾驶培训班、机动车修理厂或者收费停车场等经营活动的；

（六）利用职务上的便利收受他人财物或者谋取其他利益的；

（七）违法扣留车辆、机动车行驶证、驾驶证、车辆号牌的；

（八）使用依法扣留的车辆的；

（九）当场收取罚款不开具罚款收据或者不如实填写罚款额的；

（十）徇私舞弊，不公正处理交通事故的；

（十一）故意刁难，拖延办理机动车牌证的；

（十二）非执行紧急任务时使用警报器、标志灯具的；

（十三）违反规定拦截、检查正常行驶的车辆的；

（十四）非执行紧急公务时拦截搭乘机动车的；

（十五）不履行法定职责的。

公安机关交通管理部门有前款所列行为之一的，对直接负责的主管人员和其他直接责任人员给予相应的行政处分。

第一百一十六条 依照本法第一百一十五条的规定，给予交通警察行政处分的，在做出行政处分决定前，可以停止其执行职务；必要时，可以予以禁闭。

依照本法第一百一十五条的规定，交通警察受到降级或者撤职行政处分的，可以予以辞退。

交通警察受到开除处分或者被辞退的，应当取消警衔；受到撤职以下行政处分的交通警察，应当降低警衔。

第一百一十七条 交通警察利用职权非法占有公共财物，索取、收受贿赂，或者滥用职权、玩忽职守，构成犯罪的，依法追究刑事责任。

第一百一十八条 公安机关交通管理部门及其交通警察有本法第一百一十五条所列行为之一，给当事人造成损失的，应当依法承担赔偿责任。

第八章 附 则

第一百一十九条 本法中下列用语的含义：

（一）"道路"，是指公路、城市道路和虽在单位管辖范围但允许社会机动车通行的地方，包括广场、公共停车场等用于公众通行的场所。

（二）"车辆"，是指机动车和非机动车。

（三）"机动车"，是指以动力装置驱动或者牵引，上道路行驶的供人员乘用或者用于运送物品以及进行工程专项作业的轮式车辆。

（四）"非机动车"，是指以人力或者畜力驱动，上道路行驶的交通工具，以及虽有动力装置驱动但设计最高时速、空车质量、外形尺寸符合有关国家标准的残疾人机动轮椅车、电动自行车等交通工具。

（五）"交通事故"，是指车辆在道路上因过错或者意外造成的人身伤亡或者财产损失的事件。

第一百二十条 中国人民解放军和中国人民武装警察部队在编机动车牌证、在编机动车检验以及机动车驾驶人考核工作，由中国人民解放军、中国人民武装警察部队有关部门负责。

第一百二十一条 对上道路行驶的拖拉机，由农业（农业机械）主管部门行使本法第八条、第九条、第十三条、第十九条、第二十三条规定的公安机关交通管理部门的管理职权。

农业（农业机械）主管部门依照前款规定行使职权，应当遵守本法有关规定，并接受公安机关交通管理部门的监督；对违反规定的，依照本法有关规定追究法律责任。

本法施行前由农业（农业机械）主管部门发放的机动车牌证，在本法施行后继续有效。

第一百二十二条 国家对入境的境外机动车的道路交通安全实施统一管理。

第一百二十三条 省、自治区、直辖市人民代表大会常务委员会可以根据本地区的实际情况，在本法规定的罚款幅度内，规定具体的执行标准。

第一百二十四条 本法自2004年5月1日起施行。

第四章
突发意外事件的原因与处置

2023年是中国实现现代化建设目标的关键年。"备豫不虞,为国常道。"习近平总书记指出:"有效应对重大挑战、抵御重大风险、克服重大阻力、解决重大矛盾,以不畏艰险、攻坚克难的勇气,以昂扬向上、奋发有为的锐气,不断把中华民族伟大复兴事业推向前进。"重大突发事件作为对社会及国家具有重大危害性乃至灾难性的事件,严重威胁人们日常生产生活和社会运行,使国家安全在短时间内遭受重大冲击,是我们需要应对的重大挑战之一。目前,我国发展进入战略机遇和风险挑战并存,不确定难预料因素增多的时期。安全是发展的前提,发展是安全的保障。近年来,党中央统筹中华民族伟大复兴战略全局和世界百年未有之大变局,持续深化改革,扎实推进党和国家事业发展,以奋发有为的精神把习近平新时代中国特色社会主义思想不断向前推进。然而,必须深刻认识到,改革迈入深水区后,没有现成的路可走,摸着石头过河,不可能一帆风顺,必然会遇到各种各样的问题。尤其是我国经济已经从高速增长转入高质量发展阶段,前进道路上新旧矛盾集中凸显。而国际局势复杂多变,国际体系遭遇前所未有的"信任危机",经济全球化遭遇逆流,国家间竞争的冲突性对抗性也日益明显。近年来突发事件频发,突发事件的特点是:首先,具有偶然性、随机性;其次,难以预测;再次,危害性大、影响范围较广泛[1];最后,还带来较多次生灾害。随着社会的不断发展,重大突发事件的发生频率在不断上升,自21世纪以来,突发事件不断发生。突发事件造成的负面影响对社会系统是一种极大的破坏,增大了社会的不稳定性[2]。如何有效应对和解决突发意外事件成为每个国家和地区关注的重点。政府在现代社会中担负着许多重要的职责和使命,尤其是政府作为公共行政的主体,在突发事件中发挥着重要作用。

第一节 突发意外事件的原因

突发意外事件可分为四类:自然灾害、事故灾难、公共卫生事件和社会安全事件,如图4-1所示。因此,可以从这四个类别的突发意外事件来分析其原因。

一、自然灾害类突发意外事件的原因

(一)地球物理现象

包括地震、火山喷发、地质滑坡和泥石流等,这些现象是由于地球内部的能量积聚在地壳中,导致地壳运动而引起的。

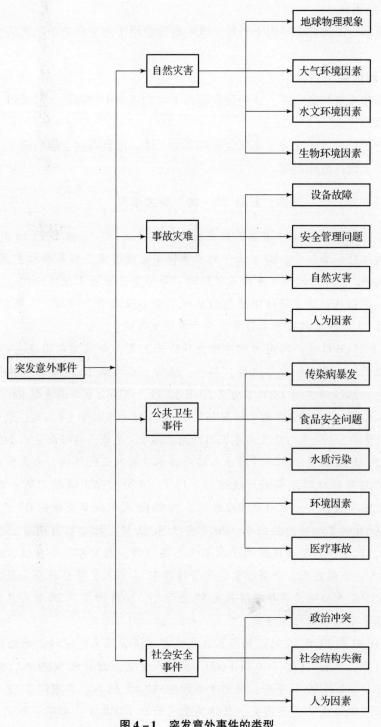

图 4-1 突发意外事件的类型

（二）大气环境因素

包括飓风、龙卷风、暴雨和冰雹等，这些现象是由于大气环境中的气压梯度、温度差异和湿度等因素而引起的。

4-1 视频
我国常见的
自然灾害

(三) 水文环境因素

包括洪水、干旱、海啸和海平面上升等，这些现象是由于水文环境中水流的变化或水位的变化而引起的。

(四) 生物环境因素

包括蝗灾、森林火灾和瘟疫等，这些现象是由于生物环境中物种的大量繁殖或生态平衡失调等因素而引起的。

此外，宇宙中任何天体的变化，不仅会影响其他天体，而且有时会影响地球上人类和其他各种环境要素的变化并造成危害。

案例：郑州"7·20"特大暴雨

2021 年 7 月，河南省郑州市连遭暴雨袭击引发网友关注。7 月 19 日 21 时 59 分，郑州市气象局发布暴雨红色预警信号，20 日上午局长李柯星连续签发 3 份暴雨红色预警信号。7 月 20 日，"河南大雨""郑州地铁 4 号线成水帘洞"等多个话题登上微博热搜。7 月 21 日 3 时，河南省防汛抗旱指挥部决定将防汛应急响应级别由 Ⅱ 级提升为 Ⅰ 级。7 月 23 日，郑州市防指决定自 7 月 23 日 0 时起将防汛 Ⅲ 级应急响应降至 Ⅳ 级。

自 2021 年 7 月 17 日以来，河南出现持续性强降雨天气，全省大部出现暴雨、大暴雨，强降雨主要集中在西部、北部和中部地区，郑州、焦作、新乡等 10 地市出现特大暴雨。据河南省水利厅消息，2021 年 7 月 18 日 8 时至 20 日 12 时，河南全省降雨量超 400 毫米站点 43 处，超 300 毫米站点 154 处，超 200 毫米站点 467 处，超 100 毫米站点 1 426 处。最大点雨量郑州市荥阳环翠峪雨量站 551 毫米、巩义市李家门外雨量站 493 毫米、峡峪雨量站 491 毫米。

2021 年 7 月 20 日 18 时许，积水冲垮出入场线挡水墙进入正线区间，造成郑州地铁 5 号线一列车在海滩寺站到沙口路站间的隧道迫停。18 时 10 分，郑州地铁下达全线网停运指令，组织力量，疏散群众，共疏散群众 500 余人，其中 12 人经抢救无效死亡、5 人受伤。7 月 21 日，郑州地铁官网已经转为黑白色。2021 年 7 月 22 日，记者从河南省应急管理厅获悉，自 16 日以来，此轮强降雨造成河南全省 103 个县（市、区）877 个乡镇 300.4 万人受灾，因灾死亡 33 人，失踪 8 人。全省已紧急避险转移 37.6 万人，紧急转移安置 25.6 万人，农作物受灾面积 215.2 千公顷，直接经济损失 12.2 亿元。2021 年 7 月 25 日，在特大暴雨中被困的郑州地铁 5 号线车厢被拖出运走。

2021 年 7 月 16 日至 29 日 12 时，据国家自然灾害灾情管理系统统计，此轮强降雨造成河南省 150 个县（市、区）1 616 个乡镇 1 391.28 万人受灾，因灾遇难 99 人，仍有失踪人员在进一步核查当中。7 月 29 日下午，郑州市新增遇难人数 26 人，其中新密 18 人，荥阳 8 人。此次强降雨给河南造成了严重损失。农作物受灾面积 1 048.5 千公顷，成灾面积 527.3 千公顷，绝收面积 198.2 千公顷；倒塌房屋 1.80 万户 5.76 万间，严重损坏房屋 4.64 万户 16.44 万间，一般损坏房屋 13.54 万户 61.88 万间，直接经济损失 909.81 亿元。

总的来说，自然灾害类突发意外事件的原因复杂多样，包括自然因素和人类活动等。因此，需要我们加强对自然的保护，降低人类活动对自然环境的破坏，以减少自然灾害的发生。

二、事故灾难类突发意外事件的原因

(一) 设备故障
设备老化、维护不良和操作失误等导致的事故。

(二) 安全管理问题
安全制度不健全、安全培训不到位、安全监管不力等导致的事故。

(三) 自然灾害
地震、洪水和飓风等导致的事故。

(四) 人为因素
人的错误判断、违规操作和疏忽大意等导致的事故。

总的来说，事故灾难类突发意外事件的原因复杂多样，需要针对具体事件进行深入的调查和分析，以确定事件的具体原因。同时，也需要加强安全管理，增强安全意识，预防类似事故的再次发生。

三、公共卫生事件类突发意外事件的原因

(一) 传染病暴发
新出现的传染病毒、重新出现的传染病毒或已知传染病毒的变异株引起大规模传播导致的公共卫生事件[3]。

(二) 食品安全问题
食品污染、食品中毒和食品过期等问题引起的大规模的食品安全事件。

(三) 水质污染
水源受到化学、生物或放射性物质的污染导致的大规模水质污染事件。

(四) 环境因素
环境污染和气候变化等对公众健康产生严重影响引发的公共卫生事件。

(五) 医疗事故
医疗设备的故障、医疗操作的失误和医疗资源的短缺等导致的公共卫生事件的发生。

为了应对公共卫生事件类突发意外事件，需要提升监测和预警能力，提高公众的健康意识和自我防护能力，同时加强医疗卫生系统的应急响应能力，这样才能更好地维护公众的健康和安全。

四、社会安全事件类突发意外事件的原因

(一) 政治冲突
包括民族冲突、宗教冲突，以及因政治原因引起的各类冲突导致的社会动荡、破坏性行为和暴力事件。

(二) 社会结构失衡
如阶级差距、经济不平等和贫富差距过大等导致的社会紧张和不满情绪的积累，进而引

发的社会安全事件。

(三) 人为因素

人的错误判断、恶意行为和欺诈等导致的社会安全事件。

社会安全事件类突发意外事件的起因复杂多样，既可能由外部因素引发，也可能由内部因素导致。减少此类事件的发生，需要改善社会结构，减少社会不平等现象，加强法律制度建设，提高公众的法律意识，同时完善社会的心理疏导机制，避免恶意行为的发生。

在面对突发意外事件时，需要从多个角度出发，来加强预防和应对措施。政府和社会各界应加强对自然灾害的监测和预警能力，完善应急救援体系，提高应对突发事件的能力。同时，还需要加强设备的维护和管理，提高技术人员的专业素养，减少因技术故障而引发的意外事故。最重要的是，每一位公民都应该增强安全意识，遵守法律法规，共同营造一个安全和谐的社会环境。在未来的发展中，我们还需要不断进步，探索新的方法来预防和应对各种突发意外事件。通过科学研究、技术创新和国际合作，来更好地保障人民的生命财产安全，推动社会的可持续发展。

第二节　急救知识的普及

在自然界中，人类显得无比的渺小与脆弱，如急危重症、意外伤害等情况，都会对公众的生命健康造成严重的负面影响。依据相关社会调查报告结果显示，近年来，我国平均每年有 70 多万人死于意外伤害或者急危重症，且多数伤亡者正值中年，这不仅使无数家庭陷入悲痛之中，也不利于社会和谐稳定地发展。因此，必须加强对医学常识的普及，尤其是急救知识的普及，帮助公众熟练掌握一些急救、自救的技能，从而在遭遇意外事故或者急性病症时能够为自己或他人争取更多时间，降低意外事故、急危重症的死亡率和致残率。例如溺水，作为一种常见意外伤害，据统计每年导致全球大约 36 万人死亡，对患者个人、家庭及社会造成巨大的精神压力和经济负担。我国水生环境多样，溺水事件频频发生。无论是医务人员还是普通公众，掌握溺水的预防知识与救治知识至关重要。如果能对溺水者进行及时的科学施救，缓解溺水所致的低氧血症，可以避免溺水悲剧的发生。《"健康中国 2030"发展纲要》的发布，推动着全国意外伤害防控工作的进程，其中包括溺水防控。当前，需加强溺水急救知识的普及，迫切需要培训医务人员发挥指导作用，向公众普及溺水急救知识[4]。

另外，在社会发展过程中，社会不安定因素越来越多，人们也越来越重视急救知识，但是公众还不了解急救知识，只有将急救知识进行普及，才能使公众的急救技能水平得到提升。正如陕西省红十字会急救员王淼老师在采访中所说："现场急救不需要你有特别深的医学背景，只需要咱们有一颗救人的心，然后掌握一些简单的、有效的、很直接的技术，我们就可以去帮助别人。"尽管中国人口总数位于世界首位，医疗资源却并不宽裕，因缺乏急救知识而丧失最佳抢救时间的患者数不胜数，全民学习急救知识迫在眉睫。满足公众对于急救知识的需求，不仅要靠网络平台宣传，更需要多方共同努力，实现资源的最优配置，通过线上线下的共同宣传，提高公众对急救知识的认知水平，并提高急救成功率。

一、急救知识普及的现状

急救知识普及非常重要，但就目前的实际情况来看，我国公众普遍缺乏急救意识。其主要原因是对自己的急救水平存在质疑，或者是怕承担相应的后果，并未树立救死扶伤的精神及社会责任感，从而导致很多急危重症患者无法在最佳时间内得到专业的急救。部分人在他人遭遇险情时会以较为消极的态度等待急救人员到来，而有些人虽然较为热心，但缺乏专业的急救知识，可能会在抢救、搬运过程中对患者造成"二次伤害"，加重其病情。正因如此，必须加强急救知识的普及，引导群众树立社会责任感，熟练掌握各类急救措施，在危急时刻为病患争取更多的救治时间。另外，在社会、经济等因素的推动下，我国开始逐步加大针对人民群众的急救知识和医学常识培训的工作力度，同时也将公众急救知识和医学常识的普及率作为评判医疗健康保障体系的重要依据。此前，中国红十字会总会、教育部、公安部、民政部、交通部、卫生部等15个部委曾联合发表《中国红十字会关于广泛深入开展救护工作的意见》，并在其中明确提出要搭建救护培训基地、扩大培训范围，以此来提升社会大众对急救知识和医学常识的掌握情况。例如，2008年北京奥运会举办期间，北京市政府就曾要求所有奥运志愿者必须接受系统专业的急救知识和医学常识等内容的培训。另外，有相关社会学者指出，目前我国在急救知识和医学常识的普及工作中主要存在以下几个问题：公众对于急救知识和医学常识的认识并不深刻，缺乏专业的急救知识和医学常识的培训，部分培训方法和练习器械不标准等。这些问题导致我国急救知识和医学常识的培训并不规范，且普及率较为低下。因此，必须充分认识这些问题，并制定针对性的完善措施，不断提升公众急救知识和医学常识的普及率。

4-2 文章 八大急救常识，关键时刻能救命！

目前，我国民众的急救意识还处于较为初级的状态。除大多数人都听说过的猝死以外，对于创伤、昏迷、中毒等危急情况，现场第一目击者的有效急救，也能在很大程度上减少患者损伤，挽救生命，但数据显示现实中很多人只知道拨打120急救电话。我国的急救体系还不健全，在急救实施方面，我国的急救流程体系有待优化，目前国内尚无统一的院前急救模式，如指挥型、依托型和独立型急救。从拨打120急救电话的那一刻开始到救护人员赶到现场为止，往往由于急救定位问题、病史不明问题和病患身份问题等，浪费了很多宝贵的抢救时间。据有关数据统计，我国各级医疗机构每年共接纳约7 800万急诊患者，其中超过600万的急诊患者是需要立即得到有效救护的急危重症患者。虽然我国的急救卫生事业与健康传播事业都在不断发展，但是两者在急救知识的宣传普及与教育方面还远远没有达到应发挥的效用。公众对急救知识重要性的认识不够，缺乏完善的急救普及培训体系。疾病突发时，无法得到及时的救治，耽误了黄金抢救时间。以心搏骤停这种突发疾病为例，我国每年死于心搏骤停的患者约有50万人，平均每天猝死约1 500人。我国的心搏骤停急救的成功率不到1%，存活率更是远低于发达国家的60%，我国平均"门球时间"为112分钟，长于90分钟的国际标准，在就诊、转运、判断、启动等救治各个

4-3 视频 掌握必备急救知识

环节都存在延误现象。事实表明,"120"不能解决所有问题,过度依赖医院的力量而忽视急救的重要作用,不仅给医院带来巨大压力,往往也会对患者的生命造成危险。由于我国国情,医疗资源并不充足,受交通情况、地理位置等因素影响,不能实现快速、全方位的急救。但如果大众对急救知识十分了解,那么简单易行的院前工作会相应降低患者的死亡率。要提高急救成功率,只有向社会公众普及急救知识,以及提高急救服务水平这一条路。提高公众的急救能力,加大急救知识的宣传力度,推进健康传播对社会整体急救观念及认知水平的提高,是很有必要的。

二、急救知识普及面临的主要问题

近年来,急救的重要性被越来越多的人所熟知,红十字会坚持初级卫生救护工作与安全生产相结合、与职业培训相结合、与精神文明建设相结合、与发展会员相结合的方式,已累计培训红十字救护员超过 1 000 万人,但与中国人口相比,急救知识宣传之路任重道远。我国当前急救知识的宣传与教育体系刻板化,以书面化知识传授为主,实践较少,正规系统的急救培训普通居民很难有机会接触到。急救类 App 是目前面向公众传播急救知识的主要平台,通过图文与演示视频传播急救知识的传授方式缺乏个性化的内容服务与互动。在线下授课中,大部分急救培训覆盖范围有限、教授内容有限,培训结果难以保证。由此可见,我国急救宣传的有效性及扩展性亟须增强,且主要面临三个问题。

其一,如何增强居民的急救意识。2020 年 1 月,陕西省红十字会急救经验丰富的急救员王淼老师接受记者采访,在谈到对急救知识与技能学习的看法时,王淼老师说道:"在我国目前的状况下,其实最主要的是提升居民的急救意识,这个是非常重要的。"这也是解决其他急救问题的基础。

其二,如何扩展公众了解急救知识的渠道。目前国内的培训中,以考取"志愿者"为目标的培训最为正规专业,而最易操作的平台则为新媒体平台。二者一个为线下培训,一个为线上学习,各有优劣。如何把急救宣传的传播渠道与专业性有效结合,使公众能通过最熟悉的平台学习最专业的知识,是目前急救宣传的重中之重[5]。

其三,如何更好地发挥急救知识的作用。现代健康传播是伴随着健康理念的确立和传播理论的发展而出现的,是在重大社会公共卫生事件的催生下不断成熟的。急救不及时造成的悲剧促进社会关注急救宣传平台的开发。响应国务院发布的《健康中国行动(2019—2030年)》,把健康知识、急救知识,特别是心肺复苏知识,通过新媒体健康传播平台进行推广普及,从而改善公众对于急救的态度与观念。利用健康传播平台为公众提供个性化的医疗急救服务,是当下急救宣传亟须解决的问题。如何将急救医疗知识宣传和急救健康服务与新媒体平台结合,方便群众通过平台求救,增加居民的急救知识,提高居民的急救能力,改善社会急救环境,挽救更多的生命;如何把急救与互联网结合,通过地理位置定位、动画演示、社区互动交流等形式进一步展开对急救的可视化与互动化宣传,实现新媒体与线下服务的高效结合;如何实现急救知识碎片化分享,随时随地学习,从而使公众更好地进行自救与救人。这些都是在宣传急救知识时应考虑的问题与必须达成的目标。

三、急救知识普及的重要性

毫无疑问,急救知识普及对于这个社会的影响是积极和正面的。有效普及急救知识,可以使普通大众在面对突发情况时能够帮助那些生命垂危的病人,将其从生命濒危的边缘中拉回来。急救知识普及的最大意义在于提升公众的急救理念,当公众的急救理念提升之后,急救能力也会得到进一步的提升,从而使周围的人获得更多的安全与快乐,充分实现社会的和谐[6]。急救知识普及的重要性有以下三个方面。

(一) 有助于延长伤员的生命

由于职业的特点,在处理突发事件时,警察往往是首先赶到现场的人员,也是唯一有权依法处理突发事件的人员。在救护车到达之前,如果警察拥有正确的紧急救护意识及专业的急救技能,就能够为伤员争取宝贵的抢救时间。

(二) 防止对病人造成"二次伤害"

在病人生命濒危的情况下,任何细微的伤害对病人而言都可能是致命的,普通大众如果没有掌握急救知识,那么不可避免地会对病人造成"二次伤害"。普及急救知识的意义在于,使普通大众了解濒危病人的情况,在自己力所能及时给予适当的救援,在无法救援时不会前去胡乱救援,对病人造成"二次伤害"。

(三) 使普通大众能够大胆地急救病人

在急救知识没有普及的年代,普通大众并不敢对生命垂危的病人进行急救,主要原因有两点:一是害怕承担责任,二是没有掌握正确的救援技能。在急救知识普及以后,普通大众便能够对生命濒危的病人采用合适的方法进行救治,也不再因为不懂救援技能而不上前救治,错过病人最佳的治疗时机。

综上所述,尽管我国人民的生活水平和医疗水平已得到提升,但急救知识仍是相当匮乏的,每天都有无数个本可以被挽救的生命遗憾离去。急救知识的普及工作难度比较大,要选择合适的目标人群,通过知识讲座、互联网及社区的大力宣传等,才能够有效地将急救知识普及在人群中。急救知识的普及对整个社会具有重要的意义,能够让普通大众充分利用"黄金救治时间"控制病情,使普通大众能够大胆地急救病人,并避免对病人造成"二次伤害"。

四、急救知识的普及途径

(一) 落实宣传动员工作

只有做好公众的宣传动员工作,才能使公众意识到急救知识的重要性,以及掌握急救技能的必要性。因此,宣传的重点内容就是现场救助的正面意义,以及帮助公众克服惧怕心理。中毒的预防宣传工作就较为成功,已经让公众了解并认识到其严重性和危害性,使公众自觉培养健康习惯,并改掉陋习。所以急救知识的宣传工作可以借鉴其优点,通过多种渠道将急救知识进行宣传,使公众认识到掌握急救知识的重要性[7]。

(二) 搭建教育平台,优化培训机制

公众急救知识的普及没有完善的管理机制和统一的培训模式,也没有固定培训机构,导

致急救知识普及效果不理想,并且公众没有较高的学习积极性,不能确保经济效益和社会效益。因此,可以将人群分为两部分进行公众急救知识的普及,一部分为特殊人群,如高危职业群体,另一部分为其他群体。政府搭建教育平台,严格规定特殊人群必须持证上岗,提高准入门槛,允许培训机构合理收取费用。提倡逆向管理模式,予以培训部门极大相关责任,可以借鉴驾校责任倒查管理制度,不仅要追究驾驶员责任,也要对培训机构的责任进行追查。此外在培训中利用竞争机制,将不合格的培训机构淘汰,构建新发展格局,使其具有长效性[8]。

(三)进一步调研,以发现问题

培训公众急救知识有一定困难,针对管理体制进行优化完善也需要时间,并且总体规划要有细致性和周密性。但是急救关系到公众的生命安全,普及效率和效果亟待提升,可以进行深入调研发现问题,然后将立法依据提供给相关部门,才能提升各级政府的重视程度。按照我国法律法规基本原则,针对地方性法规的建设进行加强,制定出相关规章制度。例如,急救员资格问题、培训机构资质问题、急救后果免责问题等,只有将急救工作中出现的问题一一解决,才能使急救知识普及具有实际效益。

(四)宣传平台要完善自身,以"内容为王"

对于健康传播的研究最早起源于美国,美国学者罗杰在1994年提出了一种界定,认为健康传播是一种将医学研究成果转化为大众易读的健康知识,并通过态度和行为的改变,以降低疾病的患病率和死亡率,有效提高一个社区或国家生活质量和健康水准为目的的行为。从一项有关急救服务需求的网络问卷调查的结果可知,有效填写问卷的221人中有155人渴望有一个平台,能够提供紧急呼救与定位服务、健康管理服务、救助志愿者类服务,以及急救知识与技能教授服务,具体数据如图4-2所示。

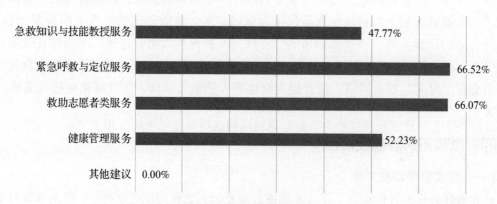

图4-2 急救服务需求调查

急救宣传应以"内容为王",以大众易读为着眼点,向公众提供多媒体化的信息内容,提供个性化内容定制、全面化宣传教育,实现个人健康服务,更好地满足用户需求。可从以下三个方面来实施。

一是增加生动有趣的教学区。通过动画、短视频、漫画等一系列生动直接的形式,将急救知识寓教于乐,降低学习难度,同时增强用户黏性。

二是增加网络论坛社区。为用户提供相关医护人员急救与健康知识的咨询服务，并使之成为用户之间相互讨论分享急救经验与故事的平台。

三是增加会员服务。是为满足用户更高层次上对健康和急救的需求而设定的。利用新媒体进行健康传播，在实际运用中对于老年人群与低文化人群普及性差的缺陷，提供个性化健康服务。为会员提供可调取的体检报告、过往病例、门诊经历、挂号情况等，力求成为用户的健康管家，并且提供日常健康监测服务，可以与相关设备共享数据，如合作款手环、鞋垫等，实时监测用户的心率、血压、体重、体脂等的变化。

(五) 立足新媒体网络平台多样化传播

掌上医院是指在移动客户端进行网上预约挂号、咨询医生、疾病症状自查、网上购药、手机支付等新型医疗模式，在一定程度上打破了医疗的地区边界。急救宣传也应该顺应互联网时代的发展潮流，实现急救知识与急救服务掌上传播、网络传播。医疗急救类平台可以通过以下五大途径展开推广。

第一，健康传播类平台的种类繁多，根据其特点可归类为概括性、专门性及联结性平台三种。急救类 App 属于专门性的平台，下载量较大的有"互联急救""急救通道"，平台可通过手机软件应用市场进行首页宣传来提高排名，并获得关注。

第二，通过微博平台进行博文推广。寻求"急救医生贾大成""我在 120 上班"等相关"大 V"用户进行博文推广，通过微博热搜提高社会大众对急救 App 的知晓度。

第三，完善搜索引擎关键词。在百度百科、维基百科、360 百科、搜狗百科等排名靠前的网站上完善 App 的相关信息，并通过网页文章进行宣传。

第四，新闻源推广。通过新闻稿（《人民日报》、网易新闻、央视网）的相关报道，进行推送宣传。

第五，短视频推广。利用快手、抖音等短视频平台进行推广。通过急救受益用户"现身说法"，以及网络红人推荐进行推广，发布视频或参与急救类话题讨论，提高自身热度。

(六) 向 OTO[①] 宣传教育模式发展，实现零距离传播

调查表明，公众偏好社区公益急救知识宣传教育，并且愿意积极参与线下急救知识教育活动。在关于急救类知识学习途径的调查中，50% 以上的人曾通过电视与网络了解相关知识和技能，并且人们更愿意通过社会公益与网络视频这两种途径去学习相关知识和技能，具体数据如图 4-3 所示。

急救知识的宣传可以通过线上 App 与网络进行，以提升用户对急救知识的关注度。但技术性急救方法的使用则需线下培训、社会志愿者等帮助完成，如 AED 的使用操作、心肺复苏法的教学及实践等。对于 App 的线下深入，可进行三项活动：一是组织公益性活动，走进社区宣传急救知识，进行现场演示与教学，采用免费测试血压、血糖的方式宣传急救知识；二是开展试运营，选取成都、西安、上海等人流量大的城市景区或商圈安置 AED 设备并与 App 进行连接定位，安置小型电子屏，通过展示操作示范视频与急救现场实录引发公

---

① OTO，即线上到线下（online to offline, OTO）。

众关注，扫描二维码下载安装相关急救教育与服务平台；三是与医院合作，通过医院、患者、医生三方和谐联动，提高公众对急救平台的信任度，获得更优秀的医疗急救知识内容，实现急救宣传的长效发展。

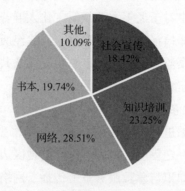

图4-3　急救知识学习渠道

第三节　突发意外事件的预警

突发意外事件的发生往往会造成人员伤亡、经济损失和环境破坏等后果。在突发事件发生时，为了降低突发事件造成的各种损失，需要在短时间内从多个备选方案中选择最佳应急响应方案对突发事件进行应急响应。在风险社会中，应对危机和突发事件的最好方法是预警。作为应对处置突发事件的"第一道关口"和防范化解重大风险的重要手段，预警在保护人民群众生命安全、减少财产损失、维护社会稳定和减少心理焦虑等方面发挥着至关重要的作用。现代社会是风险社会，各种危机和突发事件易发多发，严重威胁人民群众的生命财产安全、社会秩序和价值观念。突发事件发生发展过程通常不受地理空间的限制[9]，时常突破行政管辖区域和级别的束缚，对以科层制为特点的传统政府应急管理模式提出了严峻挑战。

一、个体突发事件预防机制的构建

俗话说，防患于未然。科学预防是降低突发事件损失、减小影响、保护个体生命安全、维护社会稳定的最直接有效的手段。从个体角度看，突发事件具有一定的偶发性，但在长周期、大样本的安全管理工作中，个体突发事件的发生具有必然性，因此应以大概率思维来预防和应对小概率突发事件，如图4-4所示。

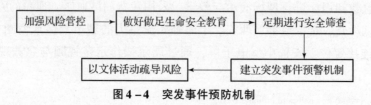

图4-4　突发事件预防机制

（一）加强风险管控

加强对外界环境的安全排查。工作场所、住所、运动场馆等是个体的主要活动场所，风险源种类有限但难于控制，对这些场所应落实安全责任人，建立每日重点隐患巡查、定期全面检查、随机组织抽查的防控制度，防范火灾、交通、治安等安全风险，杜绝由外部环境因素引发的突发事件。在雨雪雷暴等特殊天气，做好全天候隐患排查与安全保障，避免突发事件的发生。

（二）做好做足生命安全教育

在重要的时间节点进行生命安全教育，是从源头预防个体突发事件的最有效手段。从个体突发事件成因来看，有内因、外因两种，因此生命安全教育要从这两个维度展开。

第一，唤醒个体对生命的认识，引导个体明确生命的意义和价值，懂得尊重生命、珍惜生命、热爱生命，在面对挑战、承受压力、经历挫折时能够勇敢面对、积极沟通，既不能轻易放弃自己的生命，也不能伤害他人生命，从内因上杜绝突发事件的发生。

第二，强化个体的自我保护意识，帮助个体认识、分析周边风险源，提高个体对周边危险环境的识别和预防，掌握自救的基本知识，减少由外界因素引发的个体突发事件，或降低由此产生的伤害。

（三）定期进行安全筛查

通过科学的问卷调查能够初步筛查出有风险的情景，进一步深入调查后能够锁定有风险的情景，分析风险成因，并及时进行危机干预。然而有些危机是多因素长期累积的结果，发生之前没有明显表征，并且外在环境的改变也会引发问题，因此定期进行筛查才能确保及时发现问题。在筛查的基础上，要建立情况台账，持续进行跟踪干预。

（四）建立突发事件预警机制

建立突发事件预警机制是对筛查结果的重要补充措施。构建预警机制要充分汇集各方力量，形成"同事—朋友—家庭"全员参与、高效联动的局面，尽可能确保个体活动时间和空间的全覆盖。

（五）以文体活动疏导风险

严峻的就业形势、普遍的经济压力容易使人产生压抑烦躁的情绪，业余生活单一、社交范围窄，使人缺乏宣泄和倾诉的渠道，个人情绪长期缺乏调节常常会诱发安全问题。丰富日常生活有助于舒缓和排解压力，有助于突发事件的防范。

二、风险预警管理过程

突发事件具有生命周期，从酝酿、发展、暴发到恢复，是一个循环往复的演化过程。罗伯特·希斯将危机管理划分为减少、准备、反应、恢复四个阶段。以突发事件为主要对象的风险预警管理同样存在其内在的发展过程。狭义的预警是指突发事件预警信息的发布，而广义的预警是以风险、突发事件和危机为主要对象而组织实施的风险预警管理，可将其划分为风险监测、预警发布与预警响应三个阶段。从技术操作层面上来看，突发事件预警过程可以进一步细化为警源监测、警兆识别、警情分析、警度评估、警报发布和排警建议等六个步骤。

(一) 风险监测

风险监测是预警发布和预警响应的前提条件，为预警发布与预警响应提供源头信息和行动依据。发布预警建立在能够提前探测或预知突发事件发生或可能发生的基础上。按照发生概率，可以将风险监测划分为风险隐患监测和突发事件监测两种类型。前者是在突发事件发生前对存在的风险与潜在的风险、隐患、征兆等进行识别、排查与监测，后者是在突发事件发生后对突发事件的破坏强度、影响范围、紧迫程度、发展趋势等进行加密监测。2015年，习近平总书记指出，要"对易发重特大事故的行业领域，采取风险分级管控、隐患排查治理双重预防性工作机制，推动安全生产关口前移"。由于发生或可能发生的突发事件时间、地点、强度、范围等态势时刻处于动态变化之中，不仅在事前要加强风险监测，也要在事中加密监测，提高准确性和及时性，为动态调整预警级别及响应措施提供支撑。

(二) 预警发布

预警发布是风险监测与预警响应之间的桥梁，起到承上启下的作用。预警发布是将风险监测数据转化为对社会公众发布的警报，通过多种渠道发布预警信息，可以为全社会争取宝贵时间，做好预防准备工作。在突发事件中，自然灾害预警尤其是气象灾害预警制度建设较为完备。2016年修订的《中华人民共和国气象法》规定"国家对公众气象预报和灾害性天气警报实行统一发布制度"。2019年，应急管理部印发《关于建立健全自然灾害监测预警制度的意见》，推动各级各地建立了会商研判和会商结果及时报送、对外发布等机制。在安全生产领域，通常由承担监管责任的应急部门向辖区、工业园区和承担安全主体责任的企业发布预警通知，督促其整改，消除隐患。安全生产预警是基于风险管理的危险辨识、风险评价、风险控制三个过程，对安全生产预警要素进行辨识、评价，发布预警信号，实施风险控制。2022年，甘肃省安全生产委员会办公室（简称省安委办）印发《甘肃省安全生产预警办法》，规定由省安委办向预警对象发布预警通知。在公共卫生领域，非典、甲流H1N1、新冠疫情暴露出传染病防治工作在监测预警方面的短板，推动卫健部门陆续制修订《中华人民共和国传染病防治法》《突发公共卫生事件应急条例》等法律法规，建立健全预警发布制度。

4-4 视频
什么情况会发布冰冻预警？

(三) 预警响应

预警响应是风险监测与预警发布的行动目标。预警的主要功能不仅是告知风险，而且要"启动与风险相匹配的行动"。预警管理坚持行动导向，目的是"让信息接收者能够感知风险，在危险发生前采取避险行动"。综合预警系统不仅要对危害发出警告，还要与预警响应所需的要素建立关联，启动行动。发布预警信息并不意味着预警行为的结束，还需根据突发事件发生态势、承灾载体的脆弱状况和救援力量的分布状况等条件，及时启动与激活预警响应或应急响应行动。针对2021年郑州"7·20"特大暴雨暴露出来的预警响应失灵等问题，时任国务院总理李克强指出，要"强化预警和应急响应机制"，在紧急情况下地

4-5 视频
气象预警频发，如何读懂气象预警信号

铁、隧道等交通设施"该停就停、该关就关"。检验预警成功的唯一标准是终端用户及时采取适当行动。在预警发布后，由于人类在短时间内难以控制突发事件及有效提升承灾载体的防御能力，预警响应主要采取避险为主的措施。例如，部分沿海城市在台风预警发布后，采取停工、停业、停市、停课等"四停"预警响应措施，有效减少了人员伤亡和经济损失。2022年，中央网信办印发《关于切实加强网络暴力治理的通知》，建立网暴预警预防机制，及时介入网络暴力行为。2022年，应急管理部与中国气象局联合印发《关于强化气象预警和应急响应联动工作的意见》，将气象预警纳入启动应急响应的条件，强化气象红色预警"叫应"机制。

三、风险预警管理系统

预警本质上是对信息监测、处理和扩散的过程，而预警管理是对公共危机信息的管理。风险预警管理的核心要素是风险分析、风险评估、风险控制。风险预警管理系统主要由监测系统和预警系统两个部分组成。从广义的角度来看，风险预警管理系统涵盖了灾害风险、监测分析、预警发布和备灾响应等多方面内容。2006年，联合国国际减灾战略指出，完整而有效的预警系统由风险知识、监测警报服务、传播通信和应对能力四个相互关联的部分组成。

四、风险预警发布系统

为提高预警信息发布的效率，要遵循问题导向、需求导向和行动导向原则，建立健全预警信息发布系统，优化预警信息发布流程。首先，要明确预警发布目标，厘清预警信息的期望效果，即预警发布者希望终端用户采取哪些行动。其次，要明确预警发布对象，将目标人群划分为在接收、对待和理解预警，以及处理风险威胁、选择与执行适当的保护性行动等方面具有较大差异的不同群体。再次，要明确预警发布渠道，事先确定采用哪些技术手段、通过哪些渠道发布预警信息。最后，要确定预警发布主体，约定由谁发布原始预警信息，并确保其专业性、准确性、可靠性。

目前，我国突发事件预警信息发布渠道主要分为综合性预警平台和行业性预警平台两种类型，前者主要是依托中国气象局建设的国家突发事件预警信息发布系统和依托中央广播电视总台建设的国家应急广播，后者主要是涉及应急事务的各行业部门自主建设的预警信息发布系统。2016年修订的《中华人民共和国气象法》规定"国家对公众气象预报和灾害性天气警报实行统一发布制度"，由气象部门发布各种灾害性天气预警。2020年，应急管理部联合广电总局印发《进一步发挥应急广播在应急管理中作用的意见》，将应急广播"村村响"建设纳入应急管理体系，要求力争到2025年完成全国各级应急广播系统与应急管理信息系统对接工作。中国气象局和国家统计局的调查显示，2021年我国气象灾害预警信息公众覆盖率达到92.8%。国家预警中心发布的《2022年度预警大数据报告》显示，2022年全国22个部门通过国家突发事件预警信息发布系统共发布152类420 423条预警信息（见表4-1），同比增长8.5%，其中由气象部门发布的预警占95.3%。

表 4-1 预警大数据报告

年份	预警数量/条	增长率/%
2018 年	261 959	—
2019 年	270 256	3.17
2020 年	342 209	26.6
2021 年	387 334	13.2
2022 年	420 423	8.5

（资料来源：根据国家预警信息发布中心公布的 2018 年至 2022 年年度预警大数据报告和相关媒体公开发布的数据整理）

五、构建与完善风险预警管理体系的对策建议

面对世界百年未有之大变局和复杂严峻的公共安全形势，为有效防范化解重大风险和应对各类突发事件，加快构建与完善风险预警管理体系。2023 年，在二十届中央国家安全委员会第一次会议上，习近平总书记指出，要"加快建设国家安全风险监测预警体系""完善应对国家安全风险综合体，实时监测、及时预警，打好组合拳"。从系统论的角度来看，最有效的公共危机预警系统需要融入所有子系统。除上述的风险监测、预警发布和预警响应三个阶段，以及风险预警管理、风险预警发布两大系统以外，有效的风险预警管理体系还需得到风险评估、风险沟通、演练培训和应急响应等方面的支撑。

4-6 文章+视频
增强全民国防意识，
筑牢国家安全防线

（一）建立健全风险隐患监测体系

风险监测不仅是预警发布的前提基础，也是科学开展应急指挥的先决条件。从逻辑关系上来看，监测偏重预防环节，预警发布和预警响应偏重救援环节。风险监测的可行性、时效性、精准度等因素直接决定了预警发布与预警响应的科学性和有效性。风险监测横跨多个行业领域，要完善各部门风险隐患监测体系建设，建立健全自然灾害、事故灾难、公共卫生事件和社会安全事件的风险隐患监测体系。要坚持防救结合原则，厘清应急管理部门与应急职能部门在突发事件和风险隐患监测中的责任边界。明确应急职能部门是风险监测的第一梯队，充分发挥应急职能部门积累的风险监测人才队伍、技术设备与网络站点等优势，加强单灾种和灾害链的风险隐患监测。应急管理部门是风险监测的第二梯队，也是风险预警的主力军，负责开展综合性风险监测与多灾种联合风险预警等工作。要坚持专业风险监测与社会风险监测相结合，完善基层群测群防机制和灾害信息员队伍体系，不断提高风险监测的准确性、时效性与准确度等。分级分类监测各类风险隐患，并对高风险隐患点进行重点监测，加强重点目标、设施、机构和人群的安全防控措施。

（二）完善预警信息统一发布机制

预警信息事关公共安全与公众的切身利益，随意、虚假和多头发布预警信息会导致公众认知混淆与错误，影响社会秩序稳定，应由政府部门或其授权的权威机构统一、及时、准确

向社会或特定机构发布预警信息。要明确划分预警类型，将预警分为突发事件预警、风险预警和风险提示三种类型。2007年颁布的《中华人民共和国突发事件应对法》规定，应当由县级以上地方各级人民政府发布相应级别的警报，决定并宣布有关地区进入预警期。2016年修订的《中华人民共和国气象法》规定，"国家对公众气象预报和灾害性天气警报实行统一发布制度"。在以社会公众为对象的预警信息发布过程中，政府、媒体和社会三者各司其职，政府部门发布原始的预警信息，电视、广播、社交媒体等媒体对预警信息进行广泛分发与二次传播，志愿者组织、预警责任人、基层信息员等社会团体和个人通过网格化、走村入户等方式将预警信息送达到终端用户。单一的自然灾害发生前，由职能部门及时发布预警信息。有迹象表明即将发生多灾种和灾害链的自然灾害时，由应急管理部门汇总各方信息，联合发布预警信息，减少预警发布资源浪费和公众理解混淆等乱象。气象局等具有相关专业资质和条件的部门机构负责发布气象灾害预警等专业预警，并为相关部门预警发布和应急指挥提供专业支撑与保障。

（三）加强智慧化监测预警系统建设

现代科学技术为监测预警工作提供了强大的技术支撑。大数据、人工智能、云计算、移动互联、物联网、区块链等新一代数字技术深刻改变了监测预警的基础架构与运行逻辑，促使监测预警模式在智慧化、数字化的浪潮中不断经历解构、重构与建构过程。要广泛采用新一代数字技术，整合监测与预警发布系统，形成智慧化、全覆盖的闭环管理链条。提高监测预警标准化水平，制定统一的监测预警标准与术语，提高跨部门、跨领域风险信息的流动效率。加强数据共享、共建与互通，完善监测、研判、传输、处理与反馈等环节的大数据运行机制，减少预警滞后问题，提高预警信息发布的时效性。在智慧城市、城市大脑、"一网统管"等模式的支撑下，融合各级预警信息的平台建设，实现数据互通、业务可视，为预警信息发布工作提供强力支撑。以"预警到村到户到人"为目标，提高预警信息精准发布能力，完善靶向预警、分区预警和短临预警机制，解决预警传播"最后一公里"难题。建立基于数字技术的远程会商机制，实现在同一张图上进行协同标绘、共同更新，提升各部门间预警联动的效率。

（四）加强监测预警与指挥救援的衔接

要坚持"关口前移"原则，牢固树立应急从预警开始的理念，将应急管理工作重点从事后应急处置转向事前预警发布与事中预警响应。预警具有专业性、紧迫性、社会化等特征，要统筹协调垂直管理与属地管理之间的关系，推动预警信息发布专业化、常态化。要健全预警管理体制，坚持防救结合原则，加强监测预警与指挥救援两大环节的衔接融合，建立预警应急指挥中心。强化预警全过程管理，建设覆盖省、市县、镇、乡村四级预警系统，完善信息共享机制，构建各部门与预警发布机构之间的信息共享机制，通过广播、手机、通信、媒体等传播渠道，加大预警信息的发布和沟通力度。健全预警响应机制，发挥预警的"发令枪""指挥棒"和"吹哨"作用，使各方闻令而动，形成全社会响应预警信息的常态化制度。完善预警响应运作流程，按照法律法规和应急预案确定的职责要求和流程步骤，分工有序，密切配合，主动、快速、高效启动预警响应和应急响应，积极落实各项应急干预与处置措施。建立基于风险情景的预案优化机制,明确在接到特定类型或级别的预警后,应当遵循何种流程和步骤,采取必要的避险逃生措施。

(五)完善基层预警"叫应"与联动机制

要按照"重心下沉、关口前移"原则,坚持集权与分权相统一,积极探索建立倒金字塔型的预警发布与预警响应模式,使预警发布、应急指挥的集中统一领导与预警响应、应急处置的分散授权应对能够有机结合。突发事件的级别与投入的应急救援力量通常呈正相关,一般突发事件级别越高,表明事态越严重,需要更多的应急队伍、设备与资源,以及应急权限来应对处置,应对突发事件的主体层级重心上移,呈现金字塔型的"突发事件—应对主体"模式。

第四节 突发意外事件的处置

意外,是一个沉重的话题,也是一个绕不开的问题。虽然可以尽可能地扎紧突发意外事件的防护笼,但突发意外事件又难以被完全、彻底地消除,因为人为因素、偶然因素、突发因素总是存在的。生活中可能会在没有任何外来因素的影响下形成意外事件,如可能被有意无意间伸出的脚给绊倒跌伤,还有可能在工作、生活中受伤。突发意外事件的处理系统性强、注意事项杂、需协调部门多,处置不当往往影响深远。这就给我们应急管理提出了问题——如何做好突发意外事件伤害的防控保障与应急处置?

4-7 文章 遇到突发事件,你该如何高效应对?

一、增强安全防患意识

现代心理学研究表明,认识产生行动,行动决定结果。要提高思想认识,从根源上重视安全工作,让学校所有教职员工时刻绷紧安全这根弦,人人都是学校安全管理者,人人均是学生安全守护者。一旦思想认识上有所松懈、放松,必将使安全部署、隐患排查等工作产生滞后现象,进而可能导致发生意外伤害的概率增大。所以务必树立"安全无小事,责任大于天"的防范意识,让思想认识指挥行动。

二、提升应急处置水平

安全工作,思想认识是前提基础,教育措施到位是关键。《学校安全工作条例》第八条规定:学校安全教育工作要充分利用集会、活动、教学渗透等形式,针对学生的心理、生理特点,以及知识结构、认知能力等来进行。营造浓厚的教育宣传氛围,全面落实教育部颁发的《大中小学国家安全教育指导纲要》,坚持开展安全教育,让安全教育成为常态化。

三、保障社会平安和谐

当意外伤害发生时,社会各方力量第一时间处置到位,后期的调解及时有效,就能够有效避免矛盾的升级,就能避免出现法律诉讼或上访等较为严重的社会矛盾事件。处理时需要注意把握几个调解要点：一要安抚双方情绪。面对受到的伤害，受伤方家属会在情绪上比较激动，而另一方往往会觉得委屈或无辜，这时就需要平复双方的情绪状态，冷静处理。二要调解立场公正。作为调解方应该站在公平、公正的角度，基于客观实际做出合情、合理的调解，尽量做到一碗水端平，让双方都能接受调解结果。三要把握"退一步海阔天空"原则。受伤方家属总想尽量得到多的赔偿，而另一方又会在赔偿金额上讨价还价，甚至不想给予赔偿，这就需要调解者运用调解艺术。可以在调解前期将双方分开独立谈话，了解需求，让其学会换位思考，站在对方角度来考虑，学会退一步海阔天空，这样问题就往往会得到圆满解决。双方建立相互支持与信任的和谐关系，那么平安建设就不再是遥不可及的目标。

四、丰富完善处置预案

突发事件发生的第一时间，需要完成抢救、保护现场、控制扩散、减少影响等工作，常有不知所措、遗漏重要环节、错失关键时机等情况发生，政府要分类分级地做好突发事件处置预案，指导处置者做好形势研判并在短时间内按要求规范有序地完成各项工作。预案应简要明了，通过流程图、表格、思维导图等形式对工作要点进行凝练，帮助处置者快速响应、及时控制、妥善化解突发事件。预案要定期进行更新修订，将新形式、新内容补充完善，保证预案的时效性和针对性。

五、形成定期演练制度

突发事件的诱因复杂，突发事件的处置具有强系统属性，处置过程中需要协调多个部门，各环节有不同的要求。因此，单一学习处置预案无法让参与者有效提升突发事件的处置能力。突发事件处置紧急，在短时间内需要并行完成多项工作，初次参与处置突发事件的人员往往不知所措，参与过程中难免顾此失彼，容易贻误时机，甚至出现事故。鉴于此，应定期组织演练，在实践中提升并检验效果。

六、发挥案例指导作用

突发事件类别有限，每个突发事件的诱因、发展过程虽有不同，但单一事件内部却存在着必然联系，同一类别突发事件之间有共性特点。因此，对以往事件进行有效的梳理、分析、总结，找出事件发生的内在关系和机理，对于同类突发事件的预防和处置都有指导意义。案例较处置预案更加具象化，能够帮助处置者深入了解突发事件处置流程，掌握事件处置的具体措施和关键要点，所以应系统化构建突发事件处置案例库，积累突发事件处置经验。

4-8 视频
跟着蓝天救援队
学急救之海姆
立克急救法

七、强化应急处突培训

突发事件发生概率低，这使负责突发事件处置的人员容易存有侥幸心理，将应急预案束之高阁，忽略相关知识的学习。对此，相关部门应定期组织开展法律法规、预案、心理干预、网络舆情、保险资助等相关知识的培训,邀请突发事件处置人员结合自身参与工作的情况,对案例进行梳理和分析,帮助突发事件处置人员树立危机意识,提升应急处突能力[10]。

总之,预防突发意外事件的重点在于教育与防患,但如果出现意外伤害,科学有效的处置策略也是极为重要的。只有科学有效地做好预防与处置这两方面,才能确保校园的平安和谐。

此外,从个体的角度来看,在工作和生活中,难免会遇到一些计划外的情况,也就是临时突发事件。如家里孩子突然生病、项目出现了变化,甚至是社会公共事件(如疫情暴发)等。总之,从个体到国家,其实每天都会遇到一些突发事件。如何在不影响大局的前提下,妥善处理突发事件,涉及的不仅仅是实践技能,还有应变能力。下面从意识培养、解决问题、复盘提升三个层面简述应对突发事件的方法。

(一)意识培养

1. 悦纳问题

要承认突发意外总有它发生的概率性。即使我们做好了各种预案,也很难保证人生完全可控。因此,每天的时间计划不要安排太满,预留出一些时间,以便灵活处理突发情况。

2. 冷静应对

遇到问题后,人们会习惯性地焦虑、恐慌,但这些情绪不会改变问题的客观存在,也不能解决问题。因此,必须告诉自己,当下应该聚焦问题,而不是释放情绪。

(二)解决问题

1. 分析问题

从现状去倒推,问题产生的原因是什么,影响问题的关键因素有哪些,以及最晚需要在什么时间解决掉这个问题。

2. 设计方案

通常在突发情况下,很难想到完美的解决方案。那么,至少找到三种解决路径,对比分析后再去实施会更容易减少损失。

3. 盘点资源

在设想解决方案的同时,还要评估一下手头的资源,如时间、资金、人脉等。

4. 寻求支持

如果这个问题不能靠自己独立解决。那么谁又是能够改变它的关键人物,或者谁是这个领域的专家,自己能够求助谁的支持。

5. 实施行动

将方案和资源进行匹配后,解决问题的效果也就可以预估出来了。这时再根据理想程度去排序,选择最佳方案后展开行动就可以了。

(三)复盘提升

1. 复盘优劣

为了提升应对突发意外的能力,不妨在每次解决问题后,做一个简易复盘。回顾做得好的地方和有待改善之处。

2. 提升方案

在脑海里巩固或者记录下来，如果再次遇到类似问题该如何应对。久而久之它会内化成一套标准模式，就再也不用担心遇到此类突发事件了。谁都无法阻止突发事件的发生。唯一能做的便是与生活和解、报之以歌、坦然应对，如此才能真正成为自己人生的掌控者。

第五节　典型案例分析

一、案例一

（一）案例介绍

2007年5月2日上午，汕头大学理学院学生陈某（男）独自到学校水库钓鱼。11时35分左右，附近水坝上一学生发现有人落水，便马上大声呼救，并向学校保卫科报告和110指挥中心报警。接到报告后，校卫队员立即赶到现场，并跳入水中进行搜救，同时请当地农民用渔船、渔网帮助打捞，派出所接到报警后也马上派出警员到达现场。由于出事地点水文地质情况复杂且水很深，搜寻打捞无果。保卫科马上向市公安局水上派出所求援，水上派出所派出潜水员，到现场协助搜寻。下午4时10分，打捞起尸体。经市公安局法医检验，系溺水窒息死亡。

4-9　文章【案例】警钟长鸣！高校校园突发事件的分类和相关典型案例来啦！

事故发生后，学校党政有关领导马上到达现场指挥施救，并指示要不惜代价进行搜救，并对善后工作作出指示。党政办、理学院、资源管理处、学生处、校团委等部门的负责人、老师都在第一时间赶到现场。

下午2时，校党委罗副书记召集有关部门负责人在现场开会，对意外事故的处理工作做了安排。

下午2时30分，基本确认落水者为陈同学，理学院立即将溺水情况电话告知其家长，通知其到校处理善后事宜。

5月3日中午，陈同学的父亲及其他亲属赶到学校。安顿好学生家长后，理学院刘书记向陈同学的亲属通告其溺水的具体情况以及搜救过程，带他们到事发现场及陈同学的宿舍查看，到派出所听取民警对案情的介绍，并到殡仪馆确认尸体。

陈同学亲属在校期间，理学院、学生处派出人员对他们进行24小时陪护，资源管理处也派医生、保安对他们进行全程守护。对陈同学亲属提出的学校责任问题，校方代表多次与其亲属交谈，耐心地解释，并把国家有关法规告知他们。最终使其亲属清楚学校在这个事件中是没有责任的。

事发后，理学院与学生心理咨询中心对陈同学的同班同学、室友及在事发现场的同学进行了心理辅导。

5月6日上午，罗副书记召集学校有关部门的负责人召开工作会议，对意外发生后，学校领导及有关部门的工作进行通报和交流，并形成了关于进一步做好陈同学意外事故处理工作的几点共识。会后，罗副书记等领导代表学校看望陈同学亲属并表示慰问。

5月7日上午，罗副书记召集学校有关部门的负责人和陈同学的亲属召开了关于陈同学溺水善后处理的会议，与其亲属就善后处理工作达成共识，学校考虑到其家庭经济情况特别困难，决定拨出人民币5万元作为对陈同学家庭困难补助及慰问，学校支付亲属往返路费、食宿费用和丧葬费用，并协助家属向保险公司索取意外伤害保险赔偿金。

5月7日下午3时，学校组织有关领导、老师和同学（约80人）陪同家属到殡仪馆参加了陈同学的送别会。

下午5时左右，家属办理完火化手续之后带陈同学的骨灰回家。陈同学的父亲在离校前，代表亲属对学校对此次事件的处理表示满意，对有关人员的照顾表示感谢，并请刘书记向校领导转达，对学校经济上的帮助表示感谢。

（二）案例分析

这个案例属于校园学生意外伤害事件，事件刚好发生在"五一"假期中，可是校方仅用5天的时间，就迅速控制局面，有效地化解了危机。可以说，这一事件的处理得高效而圆满。回顾这次意外伤害事件的处理，结合实际，高校学生意外事件的危机管理应遵循以下原则。

第一，以人为本的原则。无论发生什么样的意外情况，学生意外伤害处理的目标应该是保护和保障学生生命安全，这既是以人为本的教育观念在防灾事务中的体现，也是世界各国处理学校突发事件的基本理念。案例中学校不惜代价进行搜救、对其他学生的心理干预，以及对家属的周到照顾等方面都充分体现了以人为本的原则。

第二，整合联动的原则。应对学生突发事件，单枪匹马解决不了问题，必须依靠组织力量，有关部门要形成一个权威指挥，并在权威指挥下各相关部门形成环环相扣的应对配合关系。应统一领导、分级负责，并对人员、资源和信息进行统一控制和调配。

第三，信息公开的原则。学生意外事件发生伊始，由于人们一时不了解真相，容易以讹传讹，引起心理上的恐慌。这时，学校应该及时、公开、透明地披露信息，因势利导，掌握宣传报道的主动权。学校在发布各类信息时，应遵循公开、坦诚、负责的态度，以低姿态、富有同情心和亲和的态度来表明立场、说明学校采取的应对措施。

第四，责任与义务均衡的原则。学生意外事件中，校方是否负有法律责任，需咨询相关法律人士，依据相关法律法规和文件进行确认。如在事件中不负有相关法律责任，应维护学校的权益，向家属表明立场。但是对于一个刚刚经受伤害的家庭，从人性化的角度出发，可以承担一部分义务，如案例中陈同学家庭经济困难，校方拨出人民币5万元作为困难补助及慰问，支付其他相关费用，并协助家属向保险公司索取意外伤害保险赔偿金。在这个过程中，有关人员应该注重与家属沟通的技巧，耐心地解释，尽量让家属冷静地面对现实。

第五，预防为主的原则。虽然不可能杜绝学生意外事件的发生，但是对学生意外事件，尤其是校内因素诱发的学生意外事件，其发生概率和危害程度都可以有效地防治。即便是由自然因素和校外因素诱发的学生意外事件难以避免，但是其危害程度也可以通过相关教育、管理措施得以缓解。在本案例中，正因为学校在安全教育、发布相关安全通知和校园内警示标志等方面做足了相关措施,所以才免于承担相关的法律责任。

危机管理是一门新兴的学科,有待不断发展和完善。高校应努力抓好危机管理的机构建设、队伍建设、制度建设,大力开展危机宣教和危机处理的演练工作,加强危机管理的交流与合作,提高危机管理的研究水平和处理能力。

二、案例二

(一)案例概述

2008年5月12日,四川省汶川地区发生了一场里氏8.0级的大地震。这次地震的震中位于汶川县,震波影响了周边的大片区域,造成了大量的人员伤亡和财产损失。这次地震是中国近几十年来最严重的一次自然灾害。

(二)案例原因分析

地理因素:汶川位于青藏高原的边缘地带,该地区的地质构造复杂,地壳运动活跃。这是导致地震发生的主要原因。

建筑质量:在地震发生时,部分地区的建筑质量较差,无法承受地震的冲击,导致大量建筑倒塌,加重了人员伤亡。

应急响应不足:在地震发生初期,通信设施受损,救援力量不足,导致部分受灾地区无法得到及时有效的救援。

(三)应对措施

提升建筑工程质量:针对地震灾害,需要加强建筑质量的监管,提高建筑的抗震能力。同时,也需要对老旧的建筑进行加固和维修,以减少地震发生时可能造成的损失。

提高应急响应能力:加强应急响应能力的建设,包括建立完善的应急预案、提高救援队伍的素质和装备水平、加强灾区通信设施的建设等。

社会动员与宣传教育:需要加强社会动员和宣传教育,提高公众防灾、减灾的意识和能力。同时,也需要对学校、社区、企事业单位等进行防灾演练和培训,以减少地震灾害发生时可能造成的损失。

(四)经验教训

强化预警机制:建立和完善地震预警机制,利用现代科技手段提高预警的准确性和时效性。

加强灾后恢复重建:在灾后恢复重建阶段,需要注重生态环境保护和文化遗产保护,同时也要关注灾区群众的生活需求和心理健康问题。

提高国际合作水平:在应对自然灾害的过程中,需要加强国际合作,借鉴其他国家和地区的先进经验和做法,提高应对灾害的能力和水平。

加强防灾、减灾科普教育:通过各种途径和形式加强防灾、减灾科普教育,提高公众的自救互救能力。

(五)结论

汶川大地震作为一次突发意外事件,给当地人民带来了巨大的痛苦和损失,同时也给我们带来了深刻的教训和启示。在应对自然灾害的过程中，我们需要加强预警机制建设、提高应急响应能力、加强灾后恢复重建等方面的工作。同时也要加强社会动员和宣传教育，提高公众防灾减灾的意识和能力。只有这样，才能更好地应对各种突发意外事件，保障人民群众的生命财产安全。

参考文献

[1] 栾宇，张海涛，李依霖，等．基于韧性理论的突发事件情报决策体系研究［J］．情报理论与实践，2024，47（3）：95－103．

[2] 张帆．基于政策文本分析的突发事件档案信息资源建设与服务策略研究［D/OL］．郑州：郑州航空工业管理学院，2023．DOI：10.27898/d.cnki.gzhgl.2023.000012．

[3] 马兰．我国重大突发事件下的深度报道历史沿革与报道特征［J/OL］．新闻世界，2023，(11)：109－112．DOI：10.19497/j.cnki.1005－5932.2023.11.030．

[4] 陆晓晓．五年制高职学生应急救护能力的现状调查与分析［J］．科学咨询（科技·管理），2023，(9)：147－149．

[5] 施坚超，唐昕雯．关于急救知识全民普及的相关思考［J］．人人健康，2019，(24)：297．

[6] 康菊红，徐新新，曹静．对社区民众进行急救知识培训的重要性探讨［J］．继续医学教育，2016，30（7）：163－164．

[7] 赵富森．我国发展安全应急产业的必要性研究［C/OL］//中国建筑科学研究院建筑防火研究所．第一届建筑防火大会优秀论文集．昆明：中国建筑科学研究院有限公司，建研防火科技有限公司，2022：34－39．DOI：10.26914/c.cnkihy.2022.038404．

[8] 卿婷玉，周波．公众自救互救知识与技能普及现状及对策建议［J/OL］．科技视界，2022，（7）：107－111．DOI：10.19694/j.cnki.issn2095－2457.2022.07.33．

[9] 董泽宇．风险预警的流程与机制［J］．城市与减灾，2023，(5)：13－17．

[10] 李刚．突发事件网络舆情热度影响因素及治理路径研究：基于模糊集定性比较分析［D］．成都：西南交通大学，2022．DOI：10.27414/d.cnki.gxnju.2022.000522．

第五章
心理疾病危机的诱发因素与风险感知

近年来，心理健康素养已成为健康中国建设的重要内容。党的十九大明确提出，加强社会心理服务体系建设，培育自尊自信、理性平和、积极乐观的社会心态。国家、社会、家庭与个人的发展需要健康心理作为支撑，而个体的心理健康水平关系到社会的发展。国务院于2019年发布的《国务院关于实施健康中国行动的意见》，明确提出"实施心理健康促进行动……到2022年和2030年，居民心理健康素养水平提升到20%和30%"。现阶段，我国公民受心理健康问题困扰人数已经累积到了一个庞大的数字。《中国精神卫生工作规划（2002—2010）》中的数据显示，我国公民中患有精神分裂症等重型精神疾病的患者人数已经达到1 600万，心理疾病终身患病率为16.57%，各种心理疾病患病率持续走高，抑郁症、焦虑障碍、创伤后应激障碍等常见精神障碍的患病率也呈逐渐增加的态势，心理健康已经成为我国公共卫生和社会生活领域的重要问题和突出问题，对公众健康的危害及影响程度的问题日益凸显。《中国城镇居民心理健康白皮书》中的数据显示，我国有16.1%的城镇居民存在不同程度的心理问题，有73.6%的城镇居民处于心理亚健康状态，而心理完全健康的城镇居民仅有10.3%。特别是在新冠疫情的持续冲击下，民众因疫情而出现心理困扰的比例高达30%，在确诊感染新冠病毒的患者中，约2/3的人被诊断出心理疾病，且心理疾病患者的治疗难度更大。心理亚健康人群比例增大，与我国正处于经济社会快速转型期，人们生活节奏明显加快，竞争压力不断加剧有关。长期亚健康的心理状况，可能导致更严重的心理问题，早期诊断和干预尤为重要，因为越早发现心理问题并进行适当的治疗，治愈的效果越好。然而，我国心理健康教育起步较晚，国民心理健康素养不高。中国科学院心理研究所发布的《中国国民心理健康发展报告（2017—2018）》中指出，有超过半数的受访者不知道如何判断心理是否健康，也不清楚心理疾病种类的划分，可见公众对心理疾病不够了解，急需科普心理疾病知识。研究发现，大量精神疾病的患者不会寻求治疗。例如，我国的自杀死亡案例中，有心理健康问题的占63%，其中仅7%的自杀者生前接受过精神卫生专业机构的帮助。导致此现象的重要原因之一，是公众对心理疾病及其治疗的消极态度，以及极低的医疗求助意愿。

一些人意识不到自己有心理健康问题，一些人意识到问题但不认为可以通过专业帮助得到解决，还有一些人虽然有求助意向，但因对心理疾病的污名化、对精神医学治疗的误解和抵触而拒绝寻求专业帮助。因此，我国公众心理健康素养亟待提高。

第一节 心理疾病的表现与分级

一、心理疾病的表现

（一）症状

心理疾病的症状取决于患者身体疾病、生活环境等因素。心理疾病会导致情绪、思想和行为等方面的异常。症状表现的示例如下。

（1）感到悲伤或沮丧。

（2）思维混乱，很难集中注意力。

（3）过度的恐惧或担忧，或极端的内疚感。

（4）情绪起伏剧烈。

（5）躲避朋友，不愿意参加活动。

（6）非常疲倦，精力不足或睡眠困难。

（7）脱离现实（妄想）、偏执或出现幻觉。

（8）无法应对日常问题或压力。

（9）难以理解和处理人际关系。

（10）饮酒或药物使用问题。

心理疾病的症状有时表现为身体问题，如胃疼、背痛、头痛或其他身体疼痛。

（二）病因

心理疾病可能由多因素引起，如遗传因素、环境因素等。

神经递质是天然存在的脑内化学物质，负责将信号传递到大脑和身体的其他部位。当这些化学物质受到环境等因素影响而使神经网络受损时，神经受体和神经系统的功能就会发生改变，导致心理疾病。

（三）风险因素

增加患心理疾病的风险因素，包括以下内容。

（1）亲属有心理疾病史，如父母或兄弟姐妹。

（2）紧张的生活状态，如经济问题、亲人死亡或离婚。

（3）慢性疾病，如糖尿病。

（4）严重损伤造成的创伤性脑损伤（颅脑外伤），如头部受到猛烈的打击。

（5）创伤经历，如军事战斗或攻击。

（6）滥用酒精或药物。

（7）童年曾被虐待或被忽视。

（8）朋友很少或有不健康的人际关系。

（9）有心理疾病史。

据统计，每年约有 1/5 的成年人患心理疾病。心理疾病不分年龄，但大多数的源头在儿童时期。

心理疾病的影响可能是短期的，可能是长期的，也可能同时患有多种心理健康障碍。例如，同时患有抑郁症和物质使用障碍。

（四）并发症

心理疾病是导致残障的一大病因。如果不及时进行治疗，心理疾病会引起严重的情绪、行为和身体健康问题。心理疾病可能会引发以下并发症。

（1）不快乐和生活乐趣减少。

（2）家庭冲突。

（3）人际关系困难。

（4）社交孤立。

（5）烟草、酒精或其他药物问题。

（6）无法上班或上学，或其他与上班或上学有关的问题。

（7）法律或财务问题。

（8）贫穷或无家可归。

（9）自残或伤害他人，包括自杀或杀人。

（10）免疫功能低下，难以抵抗感染、心脏病和其他医疗状况。

二、心理疾病的类型

心理疾病是普遍存在的，只是程度不同而已。现代文明的发展使人类愈发脱离其自然属性，环境污染、生活快节奏、紧张、信息量空前巨大、社会关系复杂、作息方式变化、消费取向差异、在公平的理念下不公平的事实拉大、溺爱等，都使心理疾病逐渐增多并恶化。心理疾病的种类有很多，表现各异，而且有很多是以前没有注意到，或已经合理化（不认为是心理疾病）的心理疾病。随着时代变化，心理疾病的种类逐渐增加。

5-2 文章 常见的心理疾病

学术上，心理疾病根据不同的标准或其严重程度分为：感觉障碍、知觉障碍、注意障碍、记忆障碍、思维障碍、情感障碍、意志障碍、行为障碍、意识障碍、智力障碍、人格障碍等。按照疾病的性质和发生原因分为：不良习惯及嗜好：偷窃癖、纵火狂、神经性呕吐、物质依赖、洁癖；神经症：神经衰弱、焦虑症、疑病性神经症（疑病症）、癔病（癔症）、强迫症、恐怖症、抑郁性神经症。心理疾病的类型举例如表 5-1 所示。

表 5–1　心理疾病的类型举例

心理疾病的类型	原因	典型案例
神经衰弱	对自身过分关注，敏感素质，性格基础，生活环境，偶然性事件和认知偏差综合因素导致	李某从大二下学期开始，出现了一些比较怪异的行为，知、情、意不能很好地统一协调。比如，在天气比较寒冷的时候，只穿一件毛衣和风衣，被冻得瑟瑟发抖，却认为是中暑了，便捏脖子刮痧，刮到脖子出现几道红斑；出现失眠亢奋的状态，整夜不想睡觉，独自一个人坐在电脑前通宵看电影，时而用家乡话自言自语，时而莫名窃笑；思维逻辑混乱，讲话条理不清晰；呈现对人和事的敏感状态，猜疑心重，觉得每个人都和他过不去，害怕与人交往；还出现轻度的幻想，觉得他可以通过别人的演示和动作就知道别人在想什么，别人也知道他的过去和现在的想法，觉得有人在追杀和报复他
口吃	成长中周围的人太过权威与挑剔，自己主观对表达有顾虑，含糊其词，不可以完全自在地说出自己的需求，避免潜意识浮现到意识之中，致使喉咙恐惧和紧缩。幼年受到抑制，不敢发泄出内心的压力，避免直接说出内心的话，后期是心因性条件反射的问题	张女士反映，她儿子小明（化名）从 3 岁开始口吃，一直到 11 岁（小学四年级）。小明好学上进，但学习成绩一般。据老师反映，小明在学校活泼好动，性格外向，喜欢表达；但就是有点结巴，在一句话开头的某个字，会重复地发音，最近还用个别词代替这些难发音的字
焦虑症	压抑自己的攻击性，退缩及逃避责任，不愿意承担因为积极的生活会带来的过失和责任，怕死又无法掌握生活的状况，接受责任的同时也放弃自己所有的发泄的方式，最后转向攻击自己。是性格和生活的综合因素导致	一名 16 岁女中学生，患焦虑症两年。她父母表示，孩子常常感到疲劳、焦虑，进入重点中学后，变得更加严重，甚至孤僻，并伴有记忆力下降的现象，学习成绩也退步了；最怕考试，也害怕将成绩给别人看；大考前食欲不振、睡眠不足、坐卧不安、内心慌乱，不能集中注意力，记忆效果不佳。缺乏克服困难的信心，智力活动效果下降。随着焦虑的持续引起生理上的心悸、多汗、呼吸急促、肌肉紧张、头昏、恶心、食欲不振、手脚发冷等症状。而生理上的症状又导致健忘、失去学习兴趣和生活情趣，进而更加焦虑

续表

心理疾病的类型	原因	典型案例
抑郁症	一种明显和持久的心境障碍，病因的说法有很多种，比如，生活中的各种事件、遗传基因的特质、脑部的生理学病变、幼年时代的精神创伤、负面情绪的长期累积等	2019年11月17日晚上11时左右，家住河北省石家庄市的13岁女孩乐乐（化名）留下了仅有3行字的遗书，吞下96粒晕车药和16粒头孢，选择自杀。此时，距离她被诊断出抑郁症仅1个多月。在这1个多月里，乐乐发了40条微博，都与抑郁症相关。在微博这个小天地里，她多次写下自己患抑郁症后遭受的痛苦、自杀的想法及希望得到的帮助。然而，在她自杀前，这些内容只有少数陌生的网友注意到，她身边的亲朋好友都未发现

（一）儿童常见心理疾病

例如，拔毛癖、多动症、习惯性尿裤、屎裤（儿童遗便症）、夜尿症、精神发育迟滞、口吃、言语技能发育障碍、学习技能发育障碍、儿童抽动症、儿童退缩行为、品行障碍、儿童选择性缄默症、偏食、咬指甲、异食癖，以及一些具有儿童特点的儿童性别偏差（包括儿童异装癖）、儿童精神分裂症、儿童恐怖症、儿童情绪障碍（如焦虑症、抑郁症）等。

5-3 文章 自杀案例

（二）青少年常见心理疾病

例如，考试综合征、严格管束引发的反抗性焦虑症、恐怖症、学习逃避症、癔症、强迫症、恋爱挫折综合征、大学生常见的心理障碍、网络综合征等。

（三）成年人常见心理问题

例如，教师的精神障碍、单调作业产生的心理障碍、噪声和心理疾病、夜班和心理问题、高温作业的神经心理影响。

三、自杀

自杀作为社会病之一，不仅对个体生命造成伤害，而且使活着的亲朋好友感到难过、不安，是影响社会安全的一大隐患。据统计，全球平均每40秒就有1人死于自杀。无论是出于崇高的目的，还是怯懦的逃避，自杀都是人类弱点最集中、最凝练、最深刻、最简单的体现。自杀不仅对个体的身体和生命造成损害，还会成为影响社会稳定和安全的一大隐患。21世纪以来，自杀已成为我国青少年非正常死亡的首要因素。结合实际情况对以下三种涂尔干分类的自杀类型进行阐述。

（一）利己型自杀

利己型自杀通常发生在感觉自己没有很好地融入社会的时候。一个未能很好地融入社会的人，会感觉自己不是社会的一分子，也感觉自己的生活方式不属于社会，并因此而感到被孤立，无法在社会环境中得到为人处世的引导。涂尔干认为，未能融入社会的人有更大的自杀可能。这是因为，这些个体往往无法得到精神的支持来帮助自己度过人生的低谷。于是，他们会觉得自己是唯一经历此类遭遇的人。因此，自杀对这类个体来说就成了一种减少消极感受的选择。进入 21 世纪，人们普遍面临着学业、就业、爱情、友情、亲情等的多重考验，也承受着来自各方面较大的压力。当对身边的人、事、物等环境出现严重不满时，有的人会因缺少大局观、全局观、社会观，将自身作为唯一的思考对象，导致心态与精神更加紧张和压抑，若没有及时向家庭或社会寻求帮助，就可能陷入绝望的境地。往往越是陷入此困境的群体越难以主动寻求外界帮助，并陷入自我的恶性循环，导致个人与社会之间出现难以逾越的鸿沟，认为自杀是最好的解脱自己的方式。部分自我期待较高的个体会因为无法得到一份满意的工作而产生自我怀疑，长此以往心理防线会被击破，甚至认为自己失去了价值而陷入抑郁。因此，从动机来看，利己型自杀属于极度个人主义的体现，也是我国自杀案例中的主要类型。

（二）失范型自杀

社会调节机制被扰乱时，可能发生失范型自杀。这种扰乱可能发生在经济繁荣或萧条时期。被扰乱的社会调节机制，使个人对应遵循的社会规范和价值观念无所适从，不能确定哪些社会规范和价值观念仍然适用，以及需要遵循哪些新的规范和观念；使部分个体面对社会发生的变化而不知所措，增加自杀概率。我国经过 40 多年的改革、发展、建设，不仅消除了绝对贫困，而且成功实现了第一个百年奋斗目标，全面建成了小康社会，使人们生活在一个和谐稳定、物质富足的社会。但社会发展的节奏加快，突发事件发生的频率增加，给人们带来的冲击也随之增大。正如涂尔干所说："一旦社会秩序出现重大更迭，无论是骤降的好运还是意外的灾难，人们自我毁灭的倾向都会格外强烈。"例如，现实生活中可能会面临家庭变故等突发状况，会对个体的心理产生强烈冲击，若没有得到及时的心理干预，可能会陷入崩溃抑郁的状态，巨大的心理落差可能使他们产生自杀的想法来逃避当下的生活。

（三）利他型自杀

涂尔干认为，当个体过度融入社会时，可能会为了谋求更高利益的成功而背负巨大压力，通常会因为认为某事对社会有益而自杀（如人肉炸弹）。研究涂尔干的利他型自杀，可以从期待会成功，但最终失败并选择自杀的个体入手。因此，当个体过于融入社会并被赋予成功的期待但未能成功时，自杀事件的概率将会增加。与利己型自杀相反，这类群体往往认可社会或他人的价值，而忽略了自身的价值，并认为自己的死亡可以成就他人。该自杀类型多出现于动荡社会或战争年代。随着人们生活水平的提高，人们往往是受到多方面的宠爱，并且接受过很好的教育，这让人们自我价值感大大提高，因此利他型自杀在当今较少出现。但仍是影响自杀的因素，尤其是部分"听话"的个体表现较为突出。例如，在新冠疫情防控期间，经济形势不好，收入不景气，因生病不想花费太多的生活费，而选择自杀结束现状。

本节阐述的三种自杀类型往往与个人价值和社会价值的失衡有关，具体如图 5-1 所示。

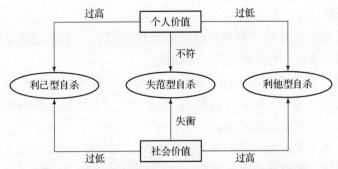

图 5-1　三种自杀类型与个人价值和社会价值的关系

对于多数群体来说，社会因素及环境因素已成为自杀的重要影响因素，自杀事件的发生不是单一因素的结果，以上三种类型也并非完全独立存在。因此，实际工作中可以充分发挥访谈、心理辅导的作用，及时对人们面临的问题进行针对性地帮助和指导，减少悲剧的发生。

四、心理疾病的分级

心理疾病状态一般分为健康状态、不良状态、心理障碍、心理疾病。

（一）健康状态

心理健康状态与非健康状态的区分标准一直是心理学界讨论的话题，不少国内外心理学学者根据调查研究的结果提出了多种心理健康标准。这里从本人评价、他人评价和社会功能状况三方面进行分析。

（1）本人不觉得痛苦。即在一个时间段内（如一周、一月、一季或一年）快乐的感觉大于痛苦的感觉。

（2）他人感觉不到异常。即心理活动与周围环境相协调，不会出现与周围环境格格不入的现象。

（3）社会功能良好。即能胜任家庭和社会角色，能在一般社会环境下充分发挥自身能力，并利用现有条件（或创造条件）实现自我价值。

（二）不良状态

不良状态又称第三状态，是介于健康状态与疾病状态之间的状态；是人群中常见的一种亚健康状态；是由于个人心理素质（如过于好胜、孤僻、敏感等）、生活事件（如工作压力大、晋升失败、被上司批评、婚恋挫折等）、身体不良状况（如长时间加班劳累、身体疾病）等因素引起。具体表现为以下三点。

（1）时间短暂。此状态持续时间较短，一般在一周以内能得到缓解。

（2）损害轻微。此状态对其社会功能影响比较小。处于此类状态的人群一般都能完成日常工作、学习和生活，只是愉快感小于痛苦感，"很累""没劲""不高兴""应付"是常说的词汇。

（3）能自己调整。此状态的群体通过自我调整，如休息、聊天、运动、钓鱼、旅游、娱乐等放松方式，能使自己的心理状态得到改善。其中，小部分个体若长时间得不到缓解可能形成一种相对固定的状态，这时应寻求心理医生的帮助，尽快得到调整。

(三)心理障碍

心理障碍是因为个人及外界因素而造成心理状态的某一方面（或几方面）发展超前、停滞、延迟、退缩或偏离。具体表现为以下四点。

（1）不协调性。心理活动的外在表现与生理年龄不符或反应方式与常人不同。例如，成人表现出幼稚状态（停滞、延迟、退缩）；儿童出现成人行为（不均衡的超前发展）；对外界刺激的反应方式异常（偏离）等。

（2）针对性。处于此类状态的患者对障碍对象（如敏感的事、物及环境等）有强烈的心理反应（包括思维、情感及动作行为），而对非障碍对象表现正常。

（3）损害较大。此状态的患者对其社会功能影响较大。可能使当事人不能按常人的标准完成某项（或某几项）社会功能。例如，社交焦虑症（又名社交恐惧）患者不能完成社交活动；锐器恐怖症患者不敢使用刀、剪子；性心理障碍患者难以与异性正常交往。

（4）需求助于心理医生。此状态患者大部分不能通过自我调整和非专业人员的帮助解决根本问题，心理医生的指导是必须的。

(四)心理疾病

心理疾病是由个人及外界因素引起强烈的心理反应（思维、情感、动作行为、意志）并伴有明显的躯体不适感，是大脑功能失调的外在表现。具体表现为以下四点。

（1）强烈的心理反应。可出现思维判断上的失误，思维敏捷性的下降，记忆力下降，头脑黏滞感、空白感，强烈的自卑感及痛苦感，缺乏精力、情绪低落、忧郁、紧张焦虑、行为失常（如重复动作、动作减少、退缩行为等）、意志减退等。

（2）明显的躯体不适感。由于中枢控制系统功能失调引起控制人体各个系统的功能失调。例如，影响消化系统而出现食欲不振、腹部胀满、便秘或腹泻（或便秘、腹泻交替）等症状；影响心血管系统而出现心慌、胸闷、头晕等症状；影响内分泌系统而出现女性月经周期改变、男性性功能障碍等症状。

（3）损害大。此状态的患者不能或勉强完成其社会功能，缺乏轻松、愉快的体验，痛苦感极为强烈，"哪里都不舒服""活着不如死了好"是他们真实的内心体验[1]。

（4）需心理医生的治疗。此状态的患者不能通过自我调整和非专业心理医生的治疗而康复。心理医生对此类患者的治疗一般采用心理治疗和药物治疗相结合的综合治疗手段。在治疗早期通过情绪调节和药物快速调整情绪，中后期结合心理治疗解除心理障碍，并通过心理训练恢复其社会功能，提高其心理健康水平[2]。

第二节 心理疾病的诱发因素

一、各年龄心理疾病的诱发因素

(一)童年期（0~12岁）

1. 个人道德问题和教育问题

例如，家庭不良影响问题，双职工家庭对子女了解不够和缺少家庭教育问题，离异家庭对儿童心理发展的不良影响；网络成瘾、无端攻击、吸烟、偷窃、放荡等行为；教养不当引起的品德问题等。

2. 智力培养问题

因教学方式不当而引起儿童智力发展障碍，学习负担过重影响儿童身心健康，学习方法与照明条件不当引起视力减退，小儿多动症问题，残疾儿童的教育问题等。

3. 身心疾病问题

语言障碍，如口吃、缄默症、言语发育迟缓等；睡眠障碍，如夜惊症、梦游症、遗尿等；饮食异常，如神经性厌食、精神性呕吐、偏食、挑食、异食癖等；行为障碍，如冲动与攻击行为、孤僻与迟钝、恐惧与胆怯、固执行为等；儿童神经官能症，如焦虑症、强迫症、恐惧症等；儿童症状性精神病、器质性精神病和癫痫等。

（二）青春期（12~18岁）

青春期面临升学、交友、就业等多方面的压力。青春期需要迅速扩充知识并适应社会，开始处理较为复杂的人际关系。这些压力容易导致青少年情感脆弱，喜怒无常，情绪波动过大，且易受外界的影响。如果不能调节压力、处理好人际关系，就容易出现闷闷不乐、沉默寡言的现象，甚至导致患上抑郁症、社交恐惧症、焦虑症、强迫症和躁郁症等。

（三）成年期（18~55岁）

器质性的精神疾病，如脑萎缩、自主神经功能紊乱及神经衰弱、失眠多梦等。

二、各行业心理疾病的诱发因素

各行业心理疾病的诱发因素存在差异，以下是常见行业心理疾病的诱发因素。

（一）服务业

在服务业中，员工可能面临压力大、工作时间长、客户需求多样化等问题，这些问题可能导致员工出现焦虑、抑郁等心理疾病。此外，服务业员工也可能遭受客人的不尊重、言语侮辱等，这些因素可能对员工的心理健康产生负面影响。

（二）医疗行业

医疗行业的员工可能面临高强度的工作压力、较长的工作时间、面对生死离别等问题，这些问题可能导致员工出现心理压力过大、焦虑、抑郁等心理疾病。此外，医疗行业的员工可能遭受直面病人的痛苦、身体接触等，这些因素也可能对员工的心理健康产生负面影响。

（三）教育行业

教育行业的员工可能面临工作压力大、学生管理难度大、教育改革等问题，这些问题可能导致员工出现焦虑、抑郁等心理疾病。此外，教育行业的员工可能遭受学生的不良行为、言语侮辱等，这些因素也可能对员工的心理健康产生负面影响。

（四）金融行业

金融行业的员工可能面临工作压力大、竞争激烈、市场波动等问题，这些问题可能导致员工出现心理压力过大、焦虑、抑郁等心理疾病。此外，金融行业的员工可能遭受客户的投诉、不信任等，这些因素也可能对员工的心理健康产生负面影响。

(五) 制造业

制造业的员工可能面临工作时间长、工作环境不良、生产压力大等问题，这些问题可能导致员工出现身体疾病、心理压力过大、焦虑、抑郁等心理疾病。此外，制造业的员工可能遭受机器噪声、尘土等环境因素的影响，这些因素也可能对员工的心理健康产生负面影响。

除了上面提到的行业，建筑业、交通运输业、零售业等也可能存在心理疾病的诱发因素。例如，建筑业的工作环境恶劣，长时间的高强度工作可能导致员工出现身体疾病和心理问题；交通运输业的员工可能面临长时间的工作和驾驶，容易造成疲劳和心理压力；零售业的员工可能遭受客人的不尊重和言语侮辱等。这些因素也可能对员工的心理健康产生负面影响。

因此，各行业都应重视员工的心理健康状况，采取有效的措施和方法来缓解员工的心理压力和负担。例如，制订合理的工作计划和排班制度，提供必要的培训和支持，改善工作环境和福利待遇等。同时，员工自身也应该注意调节自己的情绪和心态，积极面对工作和生活中的挑战和压力。这样才能创造更加健康、和谐的工作环境和工作氛围。

三、其他关于心理疾病的诱发因素

(一) 遗传因素

许多心理疾病具有遗传倾向，如精神分裂症、抑郁症等。如果家族中有心理疾病患者，那么个体患上这些疾病的风险可能会增加。

(二) 生理因素

某些生理因素也可能导致患心理疾病的风险增加，如大脑结构异常、神经递质失衡等。此外，如甲状腺亢进、糖尿病等疾病也可能对个体的心理健康产生负面影响。

(三) 环境因素

环境因素包括家庭环境、学校环境、工作环境等。这些因素对个体的心理健康也有重要的影响。例如，长期处于压力大、竞争激烈的环境，或者遭受了重大的生活事故，都可能对个体的心理健康造成负面影响。

(四) 个性因素

个性因素也是导致心理疾病的重要因素之一。一些人天生比较内向、孤僻、不善交往，这种个性特点容易导致心理问题。此外，一些人可能由于童年经历、成长环境等因素，有性格缺陷，如过度追求完美、焦虑、抑郁等，这些性格缺陷也容易引发心理疾病。

(五) 生活习惯和环境因素

生活习惯和环境因素可能对个体的心理健康产生影响。例如，不规律的作息时间、不良的饮食习惯、缺乏运动等都可能对个体的心理健康产生负面影响。此外，环境污染、噪声等也可能对个体的心理健康产生影响。

(六) 社会文化因素

社会文化因素也可能对个体的心理健康产生影响。不同的文化背景、社会价值观和习俗等都可能对个体的心理健康产生影响。例如，在一些文化中，人们对心理健康的重视程度不够，这可能导致患心理疾病的风险增加。

心理疾病的诱发因素是多种多样的，包括遗传因素、生理因素、环境因素、个性因素、生活习惯及社会文化因素等。这些因素相互作用，共同影响个体的心理健康状况。因此，我们应该关注自己和他人的心理健康状况，及时发现和处理心理问题，同时也应该努力改善自己的生活环境和工作环境，降低心理问题的发生风险。

四、自杀诱发因素

自杀行为本身是一种复杂的社会现象，产生自杀行为不是由单方面的因素诱发，更多是心理、生理多重因素相互作用导致的危险行为。研究发现，自杀行为的影响因素众多，大致可以分为：生物学因素、认知因素、突发事件和就业压力。

（一）生物学因素

双生子研究和家系调查均表明遗传因素对自杀行为有重要的影响。有研究表明，约30%~50%的自杀风险由遗传因素造成。尽管目前尚未确定是哪些基因影响着自杀行为，但研究者发现与自杀行为相关的生物学因素会增加基因与环境的相互作用。抑制神经传递的血清素功能紊乱是与自杀行为联系最密切的生物学因素。然而，抑郁和冲动暴力行为同样存在着血清素激活功能不足的问题。因此，这并非是自杀行为所独有的生物学现象。

（二）认知因素

在现实生活中，轻生者的心理极其脆弱，会对自己的心理产生错误的认识，总是否定自己的行为，使自己不自信，甚至自卑。且对自己所处环境中的人和事物之间的关系不能正确认识，使轻生者对自己境遇的内部感知向越来越消极的状态发展。因此，这部分群体会觉得自己的前途渺茫。尤其随着社会的不断发展，社会竞争越来越激烈，消极的状态更会令轻生者失去战胜挫折的勇气，而败下阵来之后，就会认为社会不公平，继而产生厌烦情绪、厌世心理，最终可能酿成悲剧。

（三）突发事件

社会环境影响主要体现在个体遇到重大突发性事件，该事件对个体产生不良影响，甚至恶性刺激而引发个体严重的心理危机。例如，身边发生自杀事件或受到严重的欺诈伤害等；遭遇重大负性生活事件，并持续时间较长、影响较大，始终无法释怀，整日郁郁寡欢（如亲人亡故或发生严重车祸等）；媒体的宣传报道，如果媒体经常报道自杀相关事件，在一定程度上会对公众起到感染作用，对于抑郁症患者或者有潜在自杀想法的群体必然会产生较大的刺激。

（四）就业压力

伴随着我国特色社会主义市场经济的完善，就业者在"双向选择"的就业模式下，就业的竞争越来越激烈。对于自身条件不错的人来说，就业选择的机会和未来发展的机遇基本可以满足其内心需求；而对于自身条件不好的人来说，就业的压力会明显增大。尤其是在国内经济形势不乐观的时期，会更加令人担忧。这应该引起国家的关注，因为在就业和生活的双重压力下，自杀的风险很有可能会提高。

第三节　心理疾病的识别与危机预警

一、心理疾病的识别

做好心理健康工作，应"及早识别，主动应对"。心理疾病的识别是有效应对的基础，各类心理疾病"早识别、早干预"，不但可以防范疾病加重时导致的各种风险，而且使治疗更加事半功倍。

1. 观察行为变化

心理疾病可能会导致人们的行为发生变化。例如，情绪低落的人可能会表现出缺乏兴趣、消极悲观、失去活力的行为；焦虑症患者可能会表现出过度担忧、紧张不安、易激惹的行为。因此，观察他人的行为变化有助于识别潜在的心理问题。

2. 注意情感表现

心理疾病通常伴随着特定的情感表现。例如，抑郁症患者可能表现出持续的悲伤、绝望、无助等情感；焦虑症患者可能表现出过度担忧、紧张、恐惧等情感。关注他人的情感表现有助于判断是否存在心理问题。

3. 了解精神病史

精神病史是识别心理疾病的重要线索。如果一个人曾经患有精神疾病，那么他们再次发病的风险相对较高。因此，了解他人的精神病史有助于判断其是否存在心理问题。

二、心理健康的识别

随着科学的发展与进步，人类对自身的认识逐渐深化，对健康的定义也逐渐趋于完善。根据世界卫生组织（World Health Organization，WHO）修订的《世界卫生组织组织法》，健康被定义为"不仅为疾病或羸弱之消除，而是体格、精神与社会之完全健康状态"。现代医学也认为健康应包括生理和心理两方面的内容，心理健康和生理健康相互影响，相辅相成，缺一不可。心理健康可以从广义和狭义两方面定义，广义上的心理健康是指一种高效而满意的、持续的心理状态；狭义上的心理健康是指人基本心理活动过程的内容完整、协调一致，即认识、情感、意志、行为、人格完整和协调，能顺应社会，与社会保持同步。美国心理学家马斯洛和米特尔曼合著的《变态心理学》中提出心理健康的 10 条标准，得到心理学界的普遍认同[3]。

（1）有足够的自我安全感。
（2）能充分了解自己，并恰当地评价自己的能力。
（3）生活理想切合实际。
（4）不脱离现实环境。
（5）能保持人格的完整与和谐。
（6）善于从经验中学习。

（7）能保持良好的人际关系。

（8）能适度地宣泄情绪和控制情绪。

（9）在符合团体要求的前提下，能有限度地发挥个性。

（10）在不违背社会规范的前提下，能适度地满足个人的基本需求。

以上10条标准作为人们日常工作生活常用的心理健康水平的衡量标准，具有很大的权威性和影响力。但是，通常情况下心理健康水平呈现动态变化，是个体主观精神的部分体现，较难有固定且清晰的界限和尺度。因此，上述心理健康10条标准同样为相对标准，是否存在心理危机也因人、因事而异，会受到社会进步、经济发展及自身成长环境等因素影响。

进入新时代之后，我国开启了建设中国式现代化的新征程，心理健康衡量标准和要求应按照习近平新时代中国特色社会主义理论提出符合中国国情的标准。其具体内容如下。

1. 认识自我，接纳自我

了解并合理地评价自己，自尊、自信、接受自我存在的价值意义。

2. 自我学习，独立生活

能从经验中学习、成长并学以致用，能独立处理日常生活中的大部分事务。

3. 情绪稳定，有安全感

能调整自己的情绪状态，基本保持情绪稳定，积极正向的情绪是主导，可以对人身安全和生活稳定有基本的安全感。

4. 人际关系和谐良好

具有基本的社会交往能力，能够保持基本的人际交往，能在关系互动中体验正常的情绪状态和满足感，能够接纳他人，以及处理人际交往中的一些问题。

5. 角色功能协调统一

心理和行为表现能符合社会规范、角色要求、所处环境、年龄特征和现实需要。

6. 适应环境，应对挫折

不回避与现实环境接触，能积极面对、接纳和应对现实，能积极面对和处理困难、挫折。

在多种多样的数据形式中，结构化的个人特征（如个人基本信息、生活方式、疾病史等）也可以用于心理健康状况识别的一种相对简单的数据形式，它的优点在于客观性和易获取性。随着医疗信息化和智能化的发展，电子健康档案在国内得到了广泛普及，电子健康档案里包含了大量可用于心理健康状况识别的个人特征数据。

二、心理疾病危机的预警

2022年3月17日，习近平总书记在召开的中央政治局会议中指出，要"完善多渠道监测预警机制，全面提升疫情监测预警和应急反应能力"。心理危机预警机制有利于心理危机早发现、早识别、早干预，是防止心理危机进一步演化的重要举措，完善的心理危机预警机制是和谐社会建设的稳定剂，也是实施健康中国战略的重要组成部分。通过心理危机预警机制采取有针对性的防范措施,可以让心理危机控制或消除在初期的心理困扰阶段,降低心理障碍和精神疾病发生的概率。

(一) 心理危机预警筛查

1. 心理健康普查

(1) 心理普测基于严谨科学的理论构建和科学实证的研发修订。绿萝心数推出了一套适用于心理危机筛查及心理健康普查的测评工具。绿萝心数大数据研究院在与北京师范大学的专家进行研讨后,提出心理危机预警模型,如图5-2所示。该模型可以从应激源、心理资源、当前心理症状进行测查。通过了解心理健康现状和相关影响因素(危险性因素:心理压力;保护性因素:心理韧性),进行心理危机综合定级(分为一级关注、二级关注、三级关注、四级关注和良好,共五个等级,见表5-2),及时发现心理危机问题。此外,在如何确保数据采集的保密性,如何保障家属的知情权,如何把个人信息分发测评,如何统筹安排个人上机测试,以及测试过程中的规则等方面,绿萝心数拥有一套简单、缜密、科学的培训方法以确保心理测评负责人能清晰明确地保障测评工作的科学性及伦理性原则。

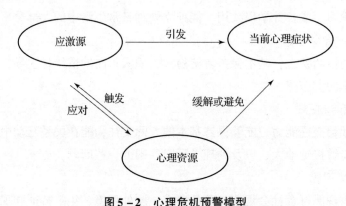

图5-2 心理危机预警模型

表5-2 心理危机综合定级五级标准理论

危机等级	分级标准
一级关注	自杀自伤意念强烈,或抑郁、人际敏感、敌对、焦虑、强迫、偏执、失眠均达到重度
二级关注	自杀自伤意念较强,或抑郁、人际敏感、敌对、焦虑、强迫、偏执、失眠均达到中度或至少其中之一达到重度
三级关注	自杀自伤意念轻度,或抑郁、人际敏感、敌对、焦虑、强迫、偏执、失眠均达到轻度或至少其中之一达到中度
四级关注	抑郁、人际敏感、敌对、焦虑、强迫、偏执、失眠至少其中之一达到轻度
良好	所有指标均为正常

（2）心理咨询师测评除了使用专业心理量表对个人的心理健康状态进行测查之外，还补充了心理咨询师的评估途径。咨询师可基于日常观察，通过对患者的日常状态、情绪状态、行为表现及人际状况的评估，判断是否需要进行关注。咨询师评估弥补了个人自评的局限性，有助于发现尚未进行自我报告的其他问题。

（3）家庭环境调研同样重要。以个人普测工作为周期，开展家庭环境调研。鼓励家庭环境调研，通过对异常行为等方面的调研，从家庭环境收集更多的信息，帮助心理教师更好地开展后续的心理访谈定级工作。

2. 心理危机定级

在心理危机管理中，关注度最高的症状指标是危机预警筛查。相关研究常将部分典型心理症状作为危机预警的指标。

关注度最高的症状首先为自杀自伤意念。自杀或自伤行为的发生通常起源于自杀自伤的意念。临床研究证实，自杀的死亡者中，以各种形式在自杀行动前表露过意念的人约有80%。因此，自杀自伤意念应作为心理危机预警的首要指标。其次应被重视的是情绪症状，以及其他心理症状。在被抑郁情绪支配时，对抗自杀意愿的能力将会下降，自杀的危险性较大。通过逐步回归法分析研究发现，除抑郁症之外，人际关系敏感、强迫等心理症状对自杀意念的影响也具有统计学上的意义。在心理健康问题的诊断中，具体的、主要的诊断指标也包括抑郁、焦虑等情绪和心境特征。同时，生理指标与个体的心理健康也密切相关，例如，睡眠被研究者视为最常用的生理指标[4]。研究显示，在有自杀意念和自杀行为的中学生群体中，存在睡眠质量问题的有34.1%和40.5%，而抑郁患者中有60%~90%存在睡眠问题。因此，将自杀自伤意念、人际敏感、抑郁、敌对、焦虑、强迫、偏执、失眠8项心理症状作为心理危机评估的综合定级体系中的指标，综合评估每个症状的表现来判断心理健康状况。

（二）心理危机预警机制

预防社会心理危机需要健全心理危机预警机制。

一是全方位开展心理危机教育。采用线上和线下相结合的形式，向公众开展心理健康知识教育，宣传和普及心理危机干预知识，帮助公众掌握社会心理危机的技能和知识，增强公众的心理健康意识以及应对心理危机的能力及心理免疫力，形成全员心理危机干预意识，让公众在面对突发事件时能够从心理、社会和环境方面寻求应对危机的策略[5]。

二是多渠道开展心理健康筛查。依托大数据、人工智能、云计算等信息化手段和心理测评工具，精准开展公众心理健康筛查，完善多渠道监测预警，强化对高危人群的心理健康管理，分级、分类化解高危群体。以应激事件、人格特质、心理健康、社会情绪、家族病史等为基础构建心理危机预警系统，通过分析不同指标的强度和阈值预测心理危机的发生风险和发展趋势，建立重点人群的信息数据库，对存在一定心理危机风险的群体进行追踪，及时预警存在心理危机的人群。

三是全过程抓好心理危机源头预防。加强对社会各类职业人群，如青少年、留守儿童、空巢老人、社会流动人群、社会闲散人员等特殊弱势群体的心理服务，把基层社会心理服务有机渗透到日常疫情防控、民众矛盾纠纷化解、重点人员管理等工作中，加强对公众的社会心理疏导，从而预防和减少极端心理危机事件的发生。

第四节　心理疾病的处置

心理问题的早期诊断和干预一直是一项艰巨的任务，一般由专业医生使用不同的方法，如文本描述和临床访谈，并结合他们的临床经验来完成。以抑郁症为例，目前，抑郁症识别手段主要包括心理医生的判断、抑郁症量表、患者的自我报告，以及上述手段的组合[6]。

一、心理疾病危机干预体系的构建

（一）精准识别心理危机的干预对象

精准地识别危机干预对象是实施干预的第一步，也是十分重要的一步，如果识别有误或无法识别，那么干预的有效性就会大打折扣[7]。心理危机的干预对象是指知、情、意、行等方面波动较大，难以应对危机事件的人。心理危机的人群分为以下四类。

1. 有病史类

通过心理健康普查，筛查出心理正常但不健康的学生，尤其是有自杀倾向的；身体存在慢性病、严重疾病、遗传病的；有抑郁、焦虑、强迫等心理疾病，尤其是行为异常的；自杀未遂、家人或朋友有自杀行为的人。

2. 突发事件类

家庭突发重大变故：父母离异、亲人意外离世、经济压力大、家庭暴力事件等；突发自然灾害：泥石流、新冠疫情、地震、火灾等；遭受性伤害：意外怀孕、性侵犯、被猥亵等；遇到意外刺激：车祸、朋友自杀及失恋、单恋等情感危机。

3. 个性特征类

性格乖巧内向，不擅长表达情感，有较强的自卑感，长期失眠、多梦、惊醒等导致睡眠质量低，出现睡眠困难的；安全感、幸福感指数较低的；情绪不稳定，遇事暴躁且有暴力倾向，对社会有潜在危害的。

4. 重点关注类

在朋友圈、QQ空间、微博等网络媒体或纸质媒介中发表自杀的想法或念头的；与人探讨危害自身、他人或社会安全的方式方法，特别是讨论具体实施细节的；无故述说告别、致歉等异常行为；情绪变动大，在平静与烦躁之间切换等。

（二）建立明确的心理危机干预机制

1. 预防机制

主要体现普遍性。预防机制的普遍性是指对所有群体加强教育，积极从后期干预向前期预防转变。一方面，加强自我意识教育，引导正确认识自我，积极悦纳自我，发现自身优点，改善自身缺点，同时确立理想目标，树立信心，不断增强意志力，消除自卑感，正确认识生命的意义与价值；另一方面，培养个性化的心理品质，锻炼心理调适能力，帮助识别危机信号，并有目的地寻求专业帮助，主动应对人际关系、情绪管理、环境适应、恋爱情感等生活问题，在危机正式形成之前解决问题[8]。

2. 预警机制

主要体现重点性。预警机制的重点性是指要重点关注在心理普查和排查中出现问题的群体，积极从泛化干预转向精准预警。心理健康测评，重点关注以下几类测评结果：情绪波动较大；有严重身体疾病；经济特别困难；家庭关系复杂或有突发变故。同时，要动态更新心理健康状况，对出现新问题、大波动的也要重点关注，坚持早发现、早评估、早预警、早治疗，将心理问题消除在萌芽状态。

5-4 视频 如何干预心理危机？

3. 干预机制

主要体现针对性。干预机制的针对性是指对预警机制中紧急或危险的个体采取针对性措施，积极从单一、消极干预转向多元协同、积极干预。心理危机干预小组对重点关注的危机程度进行评估，并建立个性化、人性化的救助系统。心理健康教育中心是权威的干预场所，通过心理援助热线和网络咨询平台，确保来访者得到高质量的咨询服务；心理咨询师一对一结对帮扶，便于对发出危机求救的人进行紧急心理援助；心理辅导师积极参与干预，给来访者提供生活、心理等方面的援助，帮助减轻压力；积极提供必要的人文关怀[9]。

（三）用好心理危机干预的技巧

1. 关注的技巧

危机干预首先要与来访者建立良好的咨访关系，让来访者感受到是备受关注的，建立良好的沟通基础，为深度干预做好准备。关注技巧分为微观、躯体语言和人际情感三个层次，从表至里逐级递进。微观层次主要是目光接触、斜侧面相坐、上身前倾等，以自然的姿态充分表达咨询师对来访者的理解与接纳，并愿意提供专业的帮助；躯体语言层次主要是咨询师的面部表情、坐姿、手势等躯体语言，自然轻松的躯体语言能够营造出温馨和谐的会谈氛围，便于来访者交流情感、咨询问题；人际情感层次的最终目的是实现共情，这种咨访关系能够让双方感到舒服，让干预更有效，有利于达成咨访共赢的局面。

2. 倾听的技巧

倾听是咨询师的一项必备技能，在危机干预中至关重要。倾听并不是简单地听来访者说，而是用心去感受来访者表达的情感与诉求。倾听的基本要求是能够理解来访者传递的信息，并且注意叙述的前后顺序，事情发生的背景与发展趋势；还要通过来访者的坐姿、面部表情、语音语调等非言语行为观察来访者的情绪变化等。倾听切忌以自我为中心，非特殊情况不打断来访者的表达。总体把握来访者要表达的意思，不擅自揣测，通过点头、目光接触等非言语动作与来访者互动，适时添加自己的见解与引导，对重要信息及时反馈，既避免误解，也能提供积极的帮助与建议。

3. 评估的技巧

心理危机评估是精准干预的前提，从心理危机爆发到解除，需要对情绪稳定性、心理伤害度和自杀可能性等方面进行评估。心理危机干预的工作人员首先要评估当事人的情绪状态及其情绪承受或应对能力，是否存在紧急甚至失控的情况，根据不同程度进行情绪安抚；然后评估危机的严重程度，如果来访者感到严重的无助和绝望，表明情况比较紧急，心理承受能力已处于崩溃的边缘，需要高度重视，加大干预力度。若存在心理危机的来访者有自杀的可能性，则必须对其进行自杀危险性评估。

（四）抑郁症的危机干预

抑郁症的难点是与焦虑、恐惧、神经衰弱等心理疾病之间没有明显的界限，很难被识别，抑郁症最坏的结果是自杀，抑郁症干预包括五个方面：问题评估、制订干预计划、干预治疗、解决危机及重视心理危机干预的后期跟踪[10]。

1. 问题评估

抑郁有轻度、中度和重度之分。轻度主要指心情烦闷、情绪低落、状态差、痛苦等；中度主要指忧伤、烦闷、非常痛苦等；重度主要指绝望、极度痛苦、悲伤至极等[11]。如果抑郁症得不到良好的治疗，可能会出现焦虑、不安、失眠等症状，久而久之容易出现自杀现象。引起抑郁症的原因有很多，全面了解和评估抑郁的诱因及寻求帮助的时机相当重要。心理咨询师首先要了解抑郁症病人有没有自杀的念头，自杀的可能性有多大。对有自杀意向且自杀细节清晰的来访者，要遵循保密例外原则，快速通知家属进一步协商治疗措施。

2. 制订干预计划

自杀是一种紧急情况，必须在短时间内打消病人自杀的念头，使心理恢复平衡状态。干预计划必须围绕三个方面：肯定病人的优点，给予积极的鼓励；寻找尽可能多的社会支持，让来访者感受到有很多人愿意伸出援助之手，来访者并不孤独；引导抑郁症自杀病人换位思考，从多角度看待问题，减轻来访者的失望程度。总之，干预计划要围绕来访者对自我的认识、对环境的评价和对问题的看法三个方面进行。

3. 干预治疗

治疗技术的应用是危机干预的重要阶段，治疗方法直接决定了干预的成效。干预治疗的方法主要有：宣泄，给来访者提供宣泄的机会，比如，通过倾诉、痛哭等方式疏泄悲伤、抑郁、愤怒等被压抑的情感；转移注意力，将关注点暂时转移至其他地方或事物，比如，培养一项新兴趣，如跑步、打球、爬山等；重构社会支持体系，社会、学校等多方合力，和来访者共同面对危机，塑造良好的心态。

4. 解决危机

危机解除后，要着重培养应对危机的能力，授人以鱼更要授人以渔，教会处理问题与解决危机的技巧，使来访者有能力处理遇到的困难，对未来充满希望。心理危机干预的作用在于提供心理支持，建立社会心理支持体系，使来访者有足够的信心，坚信自己有处理危机的能力，以乐观的精神和心态恢复正常有序的生活。

5. 重视心理危机干预的后期跟踪

心理危机干预取得预期成效，并不意味着干预工作结束，还需要对其生活进行妥善安排。朋友密切关注他们的心理和行为变化情况，定期向心理健康中心报告；心理辅导师定期进行面对面交谈，了解心理发展变化，并提供支持帮助与积极引导，防止心理状况恶化。通过一系列心理干预，为心理危机的人群建立起良好的支持系统，积极应对生活中的各种困难。

二、心理危机应急处置流程

心理危机应急处置机制是一种基于应急预案的应对心理危机的紧急处理机制和策略。一是设立高层次心理危机应急决策机构，协调多部门、多地区开展心理危机应急处置行动。心理危机应急处置机构要负责领导、组织、协调各部门、各地区开展相应的心理危机应急处置工作。促进心理危机干预资源整合，完善多部门、多地区协同联动的心理危机应急处置预案，和应急联动的危机干预长效机制。汇集心理学、公共卫生、公共管理以及思想政治教育等领域的专家，对可能发生的突发公共卫生事件制订科学的心理危机干预方案，为突发公共卫生事件提供精准有效的治理策略。二是完善心理危机干预组织协作机制。整合共青团、民政、司法、妇联等部门力量，依托医院、高校和研究机构等企事业单位，组建由精神卫生专业人员、高校心理教师、心理咨询师、社会工作者、志愿者等组成的心理危机干预队伍，开展有针对性的心理危机干预。加强心理危机干预队伍建设，对相关基层工作人员开展心理危机干预培训，全面提升其心理危机干预能力，帮助民众解决心理困惑与矛盾，顺利度过心理危机。具体可以参考以下步骤。心理危机应急处置流程如图5-3所示。

（1）对当事人的状况进行初步评估。心理咨询专家可以通过临床访谈、心理测验、认知行为评估等手段收集信息，对当事人当前的状况进行评估，了解当事人面临的问题，明确危机产生的根源，为有效处置危机奠定基础。

（2）确保当事人的人身安全。通过安抚情绪、多方面关心、危机上报等，尽快使当事人情绪恢复稳定，保持基本的心理平衡。同时通过增加陪伴、将当事人置于安全环境等确保其生命安全。

（3）给予当事人心理支持。最大限度与当事人共情，为当事人提供发泄机会，耐心倾听并热情关注，以不偏不倚的态度进行观察，尊重并接纳当事人的心理反应，为其提供心理支持。

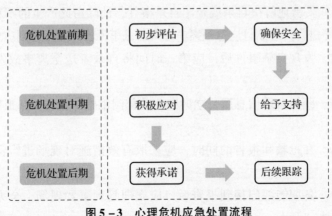

图5-3 心理危机应急处置流程

（4）为当事人制订具体的危机应对方案。基于当事人的实际情况，危机干预者与当事人共同制订行动方案。整合当事人、家庭、医院等一切可以利用的资源，激活社会力量，形成多方联动，帮助当事人尽快摆脱危机。

（5）获得当事人配合实施解决方案的承诺。当事人允诺会采取积极的态度后，按照制订的计划进行。需要强调的是在解决问题的过程中，应充分发挥当事人的自主性。

（6）跟踪当事人的危机状况。适时对当事人的危机状态进行动态评估，检查核实当事人的行为，在危机缓解之后，减少对心理危机的干涉，降低当事人对危机干预的依赖性，逐步提高其应对心理危机的能力。

三、自杀干预与处置

（一）自杀行为危机

有自杀意愿且具备自杀能力的这一群体是最危险的，需对他们进行危机干预。这对处于心理危机的个体无疑是一种有力的帮助与支持，危机干预得当，能在一定程度上减少当事人的危险，从而增强其应对能力与心理弹性，帮助当事人战胜危机，重新适应生活。危机干预是一个国家和地区精神文明与社会发展的重要标志之一，应引起全社会的高度重视与经济投入[6]。

5-5 文章 自杀干预

在自杀行为选择阶段，因其发生的瞬时性和不确定性，预防的难度大；而在矛盾冲突阶段，自杀者的内心冲突引起其行为的异常较易捕捉，此阶段是进行心理干预的最佳时期，如果能充分利用此阶段心理上的徘徊期，及时介入给予适时的心理辅导乃至医学治疗，能有效地防范和干预自杀行为[7]。自杀行为危机不同于一般的心理咨询和心理治疗，最突出的特点是及时性和迅速性，其有效的干预途径是成功的关键。建立起有效、可靠的自杀危机干预途径是进行危机干预、预防自杀的有力保障。据此，当发现面临心理危机时，可以参考格林兰和詹姆士提出的危机干预法进行行之有效的自杀心理危机干预[3]。

自杀干预模型认为，自杀意念由应激性生活事件、情绪或其他精神障碍引起，并受到如冲动、无助感和悲观、能够接触致死方法、模仿的影响，最终导致自杀行为。

（二）自杀事件的应急处置

为了能够及时、妥善地解决自杀或企图自杀事件，消除由此产生的不良影响，指导、规范应急处理工作有序进行，应制订应急预案。如果自杀事件已经发生，则应急处理流程如下。

（1）尽力抢救。发现自杀事件后，应第一时间将自杀者送至离事故发生地最近的医院抢救。

（2）及时报告。获知自杀信息后，立即向相关部门汇报，拨打110报警，拨打120到现场急救。

（3）保护现场。在抢救和报告的同时，应采取有效措施对现场进行保护，防止事故现场被破坏。

（4）确认身份。各职能部门接到报告后，应立即赶到事发现场，全力配合公安机关对自杀者身份进行辨认、确认。

（5）寻找证人。寻找目击证人，特别是第一时间目击证人。

（6）遗体保护。自杀者身份确定后，按公安部门有关规定，由相关部门通知殡仪馆将其遗体运走保存。

（7）展开调查。公安部门对死者死亡原因展开调查，详细了解死者近期思想状况、心理状况和交往关系，对可能原因进行分析。

（8）处置意见。应急处置领导小组召集与自杀者有关的人员汇总研判，形成处置意见建议，按照程序上报，经上级研究同意后处理善后工作。

（9）通报情况。要及时通知家属到现场，安排专人认真做好自杀者家属的安抚、慰问和接待工作，也要积极妥善地做好其他相关人员的思想稳定工作。

（10）善后工作。由公安部门与家属商议自杀者丧葬等具体事宜，并协助家属做好自杀者遗物清理、遗体火化等工作。

（11）舆论监控。做好新闻媒体及宣传工作，防止因自杀后诱发不利于稳定的负面或错误宣传，对无理取闹、散布谣言和不良信息者及时进行处理，消除负面影响。对于情节严重者，要配合公安机关依法进行调查。

第五节　典型案例分析

一、案例一

（一）案例背景介绍

小杜（化名），男，21岁，汉族，大二学生。家庭成员共5人，父母健在，有2个姐姐，家庭关系良好。小杜身体状况良好，无器质性病变，无不良嗜好，有心理疾病史，高中时医院精神科医生确诊其患有重度抑郁症、轻度精神分裂症和被害妄想症，但确诊后未按时吃完医生开的药，也没有再复诊。小杜性格内向，不善表达，平时喜欢独来独往，不喜欢社交，几乎不参加学校和班级组织的任何活动，和同宿舍、同班的同学少有交流，不信任他人，无亲近朋友。小杜有时会有轻生的想法，自己无法控制，心理情况异常，情绪激动易激惹，所在分院的学工办主任联系校心理健康教育与资助中心，心理健康老师对小杜进行心理测评，评估为心理问题严重程度。

（二）案例分析

小杜高三时在西京医院被确诊为重度抑郁症、轻度精神分裂症和被害妄想，确诊后没有进行连续的治疗。小杜平时喜欢独来独往，认为自己没有朋友，没有人在乎他，不愿意与人交流，不愿意参加任何活动，并认为每一个人都想伤害他，有明显的被害妄想。在谈话过程中，小杜低头不愿直视交流，身体不停地颤抖，眼神飘忽，情绪烦躁易激惹。做心理量表时无法集中注意力完成量表测验。在谈话过程中，小杜言语中有轻生的念头，并且有攻击他人的倾向，身边的人无论语言还是行为表达出对他关心，都会令他生气，无明显外在诱因诱发小杜的抑郁症。整个谈话过程小杜情绪难以抑制，不配合老师，谈话过程进行得很艰难。

(三) 危机干预

1. 分院及时发现报告，学校启动快速干预机制

同寝室的同学第一时间发现小杜行为有异常，及时向辅导员报告，辅导员马上向分院领导反映情况并一起赶往现场，对小杜进行安抚，稳住其情绪，并安排2个同宿舍同学24小时陪伴，随时汇报情况。辅导员在进一步沟通了解小杜的近期情况后，向分院报告，分院领导考虑小杜有精神病史，电话联系其父母，向其父母说明情况，要求其父母马上来校陪小杜到医院精神科诊治。

2. 到心理咨询中心进行心理危机评估

谈话中了解到，小杜在经历过高中的心理疾病治疗后，开始不信任医生，在吃了不到一个疗程的药而没有明显改善的情况下，主观认为吃药控制不管用，并且认为此次谈话也没有用，没有意义，认为谁也救不了他。在这次谈话过程中，小杜始终低着头不和老师直视交流，身体不停地轻微颤抖，眼神飘忽，情绪烦躁易激怒，面露痛苦状，言语表达中有攻击他人的倾向，身边的人无论语言或行为表现出帮助他的任何举措，都会令他生气。谈话期间咨询老师被紧急电话打断几次，小杜变得极其的烦躁，情绪几近崩溃，谈话一度进行不下去。小杜情绪低落，兴趣丧失，伴随着轻生的念头，结合其精神病史，心理老师初步判断可能是抑郁症复发，并伴有被害妄想。由于小杜的排斥情绪强烈，并且心理问题非常严重，整个谈话持续近30分钟后，心理老师停止了此次咨询。

3. 危机干预，多方沟通，迅速做出反应

心理老师向分院领导和学校学生处汇报谈话情况，告知该学生的心理状况评估结果，并建议立马转介到医院，让精神科医生对其进行确诊和治疗，必要时，可以提出休长假或者休学的要求。分院联系小杜父母后，小杜父母第一时间赶往学校，由于当天晚上才能到学校，学校学生公寓管理科马上安排一间一楼宿舍，供小杜和其父母晚上居住。在小杜父母到达学校之前，小杜身边一直有2名同学陪伴左右。经过分院和小杜父母深入的沟通交流，出于对小杜的身体、心理健康状况及其他学生的安全考虑，最终学校方批准了小杜父母提出休学一年的申请。次日，小杜与其父母办理好休学手续并离校治疗。

4. 追踪情况，学生复学

小杜休学离校后，学校方仍十分关心学生的心理健康状况，并一直与其父母保持联系，跟踪了解小杜的情况。沟通了解中得知，小杜经过医院的治疗，病情已经好转，并在药物的控制下可以正常生活和学习。一年后，小杜随父母回校办理手续，顺利复学。

5. 再次进行心理咨询

复学后，小杜在宿舍使用小刀划矿泉水瓶时不小心划伤大拇指而引起舍友和老师的注意和担心，故而安排心理健康老师回访。谈话前，小杜填做了自杀风险评估量表（The Nurses' Gobal Assessment of Suicide Risk Scale，NGASR），分数为1，无自杀念头，低自杀风险。其中，"近期负性生活事件"选择了"有"，但表示想不起来负性事件是什么了，在谈话中小杜告诉老师近期有一门课挂科，并表示自己没有因此受到影响，没有感到压力和焦虑。随后，心理咨询师又让小杜填做抑郁自评量表（Self-Rating Depression Scale，SDS），标准分为 31.25 分，远远低于临界值，无抑郁情绪。小杜在休学后去西京医院诊治，在医院确诊为患有中度抑郁症，至今一直按时吃药，定期复诊，现在已经好转，药量减少了 1/3，最近吃饭、睡眠正常，平时按时上课，身体状况良好。近期考试有一科不及格，但并未因此感到压力，心理状态良好。据咨询师观察，小杜着装整洁，谈吐清晰，目光坚定，注意力集中，逻辑正常。经咨询判断，其身体健康，情绪稳定，社会功能良好。

（四）启发教训

1. "学校—分院—班级—宿舍"四级网络机制

充分发挥朋辈心理的作用。在这个心理危机案例的干预过程中，体现了高校心理健康教育四级网络机制的重要性，发挥了"学校—分院—班级—宿舍"四级网络机制中每个环节部门各自的优势，尤其是同宿舍的同学，从发现问题向辅导员汇报情况，到小杜办理离校手续之前 24 小时的陪伴过程中，都发挥了十分重要的作用。可见，朋辈心理在学校心理工作中起着非常重要的作用。学校要加强学生日常心理健康教育工作，上好心理健康教育课，普及好心理知识，举办能够充分调动学生积极性和主动性的心理健康主题教育活动，更多、更好地运用微信公众号、微博、抖音等新兴媒体做好宣传工作。定期为辅导员、班主任、班级心理委员和宿舍心理信息员开展心理学知识的培训，培养大学生识别异常心理的能力和敏锐观察的能力，及时发现异常心理和自杀迹象，增强学校心理工作的效能。

2. 定期为学生做心理健康筛查

每年新生心理健康筛查，所用的量表只是针对某些特定的心理问题进行筛查，不具备筛查所有心理问题的功能。由于量表效度的局限性，往往会漏掉一些有心理问题的学生，并且在填写量表时，部分学生选择隐瞒自己的病情，存在说谎的可能，导致部分有心理问题的学生，甚至有严重心理问题的学生筛查不出来。大学生是心理问题高发人群，这个阶段的学生处在从学校到社会的转折期，面临着学业、就业、恋爱、人际交往等方面的现实问题，压力很大。这个案例提醒我们学校心理中心要筛选多种量表，定期对学生的心理健康状况进行筛查，尤其是孤儿、单亲家庭、身体有重大疾病或缺陷、有精神疾病或者心理疾病的学生，要进行重点排查，并为这部分学生建立心理健康档案，做好谈话记录，及时转介，将情况反馈给分院，实时跟踪这部分学生的心理变化和状态，做到早发现、早干预、早治疗。

3. 良好的社会支持是心理康复的重要保障

危机干预过程形成的多人员、多因素、多手段联合应用的联动支持体系至关重要。学校应建立并完善"家—校"联合机制，重视家庭在高校心理工作的作用。此案例中，学校的关心、同学的理解，以及父母的陪伴，多角度、全方位地为小杜提供了稳定、安全、强大的社会支持，是顺利化解危机的重要保障。尤其父母是学生最亲近的人，父母的理解与支持、鼓励与陪伴，为小杜能够康复提供了强大的信心，可见，家庭治疗在小杜康复的过程中有着举足轻重的作用。

二、案例二

（一）案例背景

学生 A，女，大一第一学期刚入校时积极向上，日常学业和生活均表现良好。在班级中积极应聘当选学习委员，并申请加入了学生会，成为组织部工作人员。但在进行心理健康筛查时显示稍有异常，特安排学生骨干密切关注。学期末，某天晚上11时左右，辅导员突然接到学生干部电话，A同学在宿舍内服药企图自残。

(二) 案例定性分析

1. 定性

大学生心理危机干预与指导。

2. 案例资料

在处理学生心理问题时，首先需要全面了解学生的基本情况和主要原因，从多方面、多角度掌握情况，进而挖掘背后的原因，对学生目前的心理状态形成系统的、合理的评价。

（1）学生基本情况。A，女，19岁，家中有姐弟3人，她是老大，有一对年龄相仿的妹妹和弟弟。母亲是一名会计，一人身兼多份工作，父亲是无业游民，常年吸毒，导致家中背负了20多万外债，家庭经济来源主要依靠母亲的收入，经济情况相对困难。

（2）学生个人自述。自小家庭人口较多，母亲工作繁忙，陪伴孩子时间较少。初二时，父亲染上毒品，父母关系逐渐恶化，吸毒后的父亲，还会对母亲和孩子们拳打脚踢。父亲吸毒花光了家里的10多万积蓄，并且还背负着巨大债务。母亲为了家庭生计及还债身兼数职，极其劳累。看到母亲遭受的疾苦，A多次劝说母亲离婚，母亲却不愿意放弃这个支离破碎的家庭，不愿看父亲堕落下去，一直死死撑着。这对A心理造成了很大的打击，一时间难以从悲痛及矛盾的情绪中走出来，一回到家中就觉得心情压抑、胸闷，又无处发泄，于是她开始选用刀片割自己的胳膊来释放心中的苦闷，割完之后看着流淌的血她心情舒畅很多，觉得压抑的情绪也随着鲜红的血流出身体。之后每当她觉得心情低落、压抑时都会选用刀片割自己的胳膊。

A一直有一个愿望，可以通过自己的努力让母亲及家庭摆脱现状，所以她刻苦学习，考上大学。来到大学后，她努力上进，积极实践锻炼自己，表现出阳光、健康、向上的样子。期末，与母亲的一次通话得知，父亲又借款吸毒并且毒打母亲，这让她最后一丝希望破灭了，她觉得失去了活着的意义，爸爸遮住了她的整片天空，整个世界都变得黯淡无光。于是她又一次割了胳膊，但是这一次无论流了多少血都不能让她的心情舒缓下来，看见自己桌上还有未吃完的20多粒感冒药便一口气吃了下去，试图通过身体上的疼痛来缓解精神上的苦楚。

（3）家长描述。A自从知道父亲染毒之后就试图通过自己的努力挽回父亲，挽救家庭，甚至在初中时期试图通过伤害自己来引起她爸爸的注意，逼迫爸爸戒毒，回归正常生活。奈何年纪太小了，于事无补。那时候自己也备受经济和精神的双重打击，处在崩溃的情绪中，无暇顾及A的心理情绪，加上弟弟妹妹年纪还小，没人能与A交心，她找不到宣泄的出口。为了给自己的孩子们一个完整的家，不愿意放弃婚姻，想凭借自己的努力感动丈夫，让丈夫知错悔改，从而扭转家庭现状。

（4）同学描述。A平时表现外向开朗、爱说爱笑、积极能干、乐于助人，对待同学热情友好，但是经常看她晚上熬夜，精神差，上课注意力不集中。

（5）辅导员观察。A平时表现男孩子性格，热情、开朗、喜欢说笑、有礼貌，责任心强、要强、心智较成熟，身体瘦小，黑眼圈较重，内分泌失调，脸上长满痘痘，胳膊上有较多疤痕，有些是新伤，有些是老伤。

3. 原因分析

A 同学外表开朗、坚强，似乎是生活中的强者，实则内心却早已陷在抑郁的沼泽里痛苦不堪、苦苦挣扎，这是典型的微笑抑郁症。综合以上基本资料，导致 A 心理疾病的主要原因有以下四点。

（1）家庭缺少温暖，长期缺乏安全感。从小家长只关注 A 的温饱及读书问题，很少进行心灵沟通，对 A 的内心及情绪变化从不关心。长期缺乏家庭中的亲情，安全感、获得感极低。

（2）父亲吸毒影响，家庭生活阴霾笼罩。父亲的吸毒行为对家庭、孩子造成了身体、精神及各方面的多重打击，整个家庭生活的希望彻底破灭，A 看不到未来、看不到希望，想要逃离，造成心理上极大的厌恶、愤恨、绝望。

（3）母亲隐忍卑微，A 内心自责无助。母亲对父亲一再隐忍更是让 A 觉得自己的力量微弱，不能帮母亲摆脱痛苦的困境，一度陷于自责内疚的状态中，感觉自己很无助，很无能。

（4）自己内心矛盾，思维陷入死循环。小小年纪遭遇如此打击，她的内心有对父亲的怜悯、愤恨，又夹杂着对母亲的无助和自责，在如此复杂的内心矛盾的交织下，又找不到情绪宣泄口，最后陷入死循环，通过伤害自己的方式来缓解心中的痛苦。

（三）解决思路和实施办法

1. 危机事件处理

多方合力，及时处理突发事件。

辅导员第一时间赶赴现场并及时拨打 120 急救电话送医，途中安排学生干部处理现场，保护好学生隐私，控制好舆论，马上告知家长，及时报告领导。由于发现、处理、送医及时，加上服用剂量较少，没有造成严重后果。

2. 危机事件后的干预、引导

（1）耐心倾听，产生共情，取得 A 信任。作为辅导员，要通过倾听来换位思考，引起共情，从而让学生放下戒备，产生足够的信任感。为此采取了以下方式：一是在安静、舒适、轻松的环境中通过与 A 交换秘密，用自己类似的经历产生共情，从而取得其信任。二是与 A 保持线上和线下的联系并约定，可以随时保持联系，并保证做好保密工作，引导 A 尝试宣泄情绪的各种方法，表达愿与她共同分担、解决问题。三是引导 A 正视自己的心理问题，积极主动配合治疗。

（2）形成家、校、医育人合力，疏解情绪解决根源问题。为了帮助 A 彻底摆脱心理困扰、回归正轨，需要家庭、学校、医生形成合力。一是转变家长的思想认识。"解铃还须系铃人"，就父亲过往的行为给家庭、孩子带来的压力进行深入的交谈。A 父亲也逐步意识到自身存在的问题，并承诺一定不再吸毒，这是解决 A 问题的关键。同时让其父母认识到 A 病情的严重性，需要及时医治的急迫性，平时多关心、关注、关爱 A。二是发挥辅导员、朋辈、心理咨询中心老师等学校的力量，在学习、生活、实践等多方面引导和关爱，让 A 感受到温暖和真情，获得安全感。三是借助专业心理医生的力量。专业人做专业事，建议家长及时送医，通过药物和心理辅导进行正规、系统的治疗。

（3）作为辅导员，要以爱灌注，真诚感化。想要引导 A 回归正轨，关键还是要用真心去感召她，引导她放下过去，用健康向上的心态迎接美好的新生活。为此，需要做到以下内容：一是持续关注治疗情况，监督 A 配合医生治疗。二是用爱陪伴，以真心换真情，保持良好的信任关系，积极引导 A 学会调节心情，重拾生活信心。用实际行动让她感受到温暖和真情，用积极心态去感染她。三是全力帮助 A 解决经济上的困难。帮助她申请学生科的勤工助学岗位，以及各类奖助学金，让她在经济上没有后顾之忧。

（4）引导鼓励，充实生活，转移注意。鼓励 A 参加学校里各类体育活动、学科竞赛、实践活动，不断充实自己，慢慢减少不良情绪的影响，逐渐走出阴霾的世界。

（四）工作成效

（1）A 同学被专业机构诊断为中度抑郁症（微笑抑郁症），A 表面看起来外向开朗、积极乐观且面带微笑，实则强颜欢笑、内心抑郁、悲观绝望。经过积极、系统的治疗，再加上学校的帮助、引导和鼓励，A 同学逐渐恢复，甚至变得强大起来。

（2）在老师引导、朋辈帮扶及身边榜样的影响下，A 逐渐树立起对美好生活的向往，开始规划自己的学业生涯、职业生涯、人生发展，并确立了接本的目标。

（五）经验与启示

这个案例对辅导员如何做好特殊学生心理危机干预有四点启示。

（1）心理预防做到前头。应早筛查、早发现、早跟踪、早干预。

作为高校辅导员应认真核查心理健康筛查结果，同时畅通信息获取渠道，精准掌握异常学生的情况，建立档案，密切关注，定期进行心理疏导。

（2）牢牢把握"生命高于一切"的原则。

大学生心理危机干预关乎学生的生命安全，凝聚着一个家庭的幸福和希望，我们必须高度关注，齐心协力，行动迅速，尽最大努力避免悲剧的发生。

（3）多方借力，形成"1+N"的育人模式。

在解决学生问题时，辅导员不能单兵作战，要学会多方借力，整合家长、学生骨干、室友以及其他校内外资源，从而更好、更快地解决问题。

（4）用关爱的光驱散阴霾、助力成长。

高校辅导员面对特殊学生时，要敞开怀抱，让学生时刻感受到辅导员与他们同在，真心真情真爱的流露是身心恢复的重要动力，让学生感受到尊重、认可，犹如一道光照进学生心里，驱散阴霾、否定、怀疑，照亮学生前行的道路，引导学生正视问题，健康成长。

参考文献

[1] 袁艳萍. 大数据视角下中职生心理危机预警机制的构建 [J]. 新课程，2022，(39)：29-31.

[2] 纪静霞. 医药制造业生产一线员工心理危机预警评价指标体系构建 [D]. 烟台：烟台大学，2022.

[3] 夏荧. 基于 RoBERTa 和知识图谱的心理疾病识别与心理医疗资源推荐研究 [D]. 武汉：江汉大学，2023.

[4] 茅瑜璇，韩立敏，刘星. 军校本科生心理危机预警关键指标的构建 [J/OL]. 中国健康心理学杂志，2023，31（12）：1870－1875. DOI：10.13342/j.cnki.cjhp.2023.12.021.

[5] 杨斯文. 研究生心理危机预警和干预体系的构建与分析 [J]. 西部学刊，2023，(06)：137－140.

[6] 祁昊宇. 基于大数据的大学生心理危机防范对策 [J]. 黑龙江教师发展学院学报，2023，42（06）：149－152.

[7] 王旭. 基层消防员灾害心理危机干预探究 [J]. 消防界（电子版），2023，9（04）：32－34.

[8] 游达，陈琼. 浅谈高校学生心理危机预警模型的构建 [J]. 黑河学院学报，2023，14（02）：66－68.

[9] 武海英. 心理疾病治疗常用药物及其干预机制 [J]. 中国医药工业杂志，2023，54（05）：807－808.

[10] 乔思迎. 大学生心理健康素养的问卷编制、现状调查及干预研究 [D]. 沈阳：沈阳师范大学，2023.

[11] 马永腾，许晋伟. 重度抑郁症大学生心理干预个案报告 [J]. 心理月刊，2023，18（01）：208－210.

第六章
情感危机的原因与处置

马克思认为人的本质是一切社会关系的总和。情感危机事件归根到底是人的问题。情感是人类在进化发展中特有的心理机制。情感还会影响到人的行为，如果情感是开心的、积极向上的，且对生活很满足时，就会拥有力量去热爱生活，为了理想而奋斗；当情感是悲伤的、消极的时候，就会对生活失去兴趣，会因为经历了一点挫折就变得一蹶不振，觉得上天对自己不公平。情感对主观能动性发挥着重要的作用，个体很容易在喜、怒、哀、乐情感的驱使下做出冲动的事情或是出现极端的行为。在良好的爱与尊重的环境中熏陶的三观是正向的、理性的，在充满怨恨、消极的环境影响下，形成的三观是消极的、非理性的。本章在第五章"心理疾病危机的诱发因素与风险感知"的基础上，重点讨论心理危机中的情感危机，结合实际归纳出个人面临的情感危机类型、产生的原因及影响，提出对个人情感危机的干预举措，并列举具体案例进行分析，为情感危机事件的处理提供理论依据和现实参考。

第一节 情感危机的类型

由于个人情感体验的冲突性、情感认知的不确定性和情感异化的普遍性等问题，导致出现不同程度的情感危机事件，本节将情感危机归纳为亲情危机、友情危机、爱情危机、医患危机、师生危机、职场危机6个方面。

情感危机类型与典型案例见表6-1。

表6-1 情感危机类型与典型案例

情感危机类型	典型案例
亲情危机	于女士的父母生前育有四女、二子，其父是离休干部，去世后其生前单位发放了一次性丧葬费、抚恤金22万余元。在安葬完老人之后，于女士与其他五兄妹之间却因抚恤金分配事宜发生争吵，期间村委会、派出所多次进行了协调，均未达成协议，于女士与其他五兄妹之间的关系也因此降至"冰点"。无奈之下，于女士将五兄妹诉至法院

续表

情感危机类型	典型案例
友情危机	芦某与张某是相识近30年的发小。2023年5月23日,芦某请朋友们吃饭,中途因有事提前离开,便将800元交给发小张某,让其代为买单。芦某回来后听张某说饭钱900多元,但询问老板得知只花了630元,便借着酒劲与张某发生了激烈的冲突,好友们赶紧将两人拉开。然而散伙后,芦某情绪激动,拿起水果刀前往张某住所将其捅伤
爱情危机	2023年12月10日,江苏省南京市发生一起家庭暴力案件,一名男子因长期殴打待产妻子和女儿,被妻子刺死
医患危机	2023年2月2日9时53分,沈阳市皇姑区辽宁中医药大学附属医院内发生一起刑事案件,犯罪嫌疑人马某某(男,66岁)持改装射钉枪,将医生白某击伤
师生危机	2023年6月8日,在师大附小呈贡学校内,教师汪某某因学生杨某某干扰其他学生午休秩序,多次批评制止无效后,用教学米尺拍打学生左臂手肘处,导致学生受伤
职场危机	2023年10月8日,当时湖北省黄石市下陆区杭州西路变成了一个令人震惊的犯罪现场。一名中年男子手持铁锤,毫不留情地砸向另一名男子,鲜血在恶劣行径下迅速弥漫,呈现出一幕骇人的血腥场景。即便在受害者已经毫无还手之力的情况下,凶手依然继续疯狂地行凶

一、亲情危机

(一)沟通不畅

沟通是亲子关系中至关重要的一环。缺乏有效沟通可能导致误解、冲突和隔阂。家长和子女之间的沟通不畅可能源于语言障碍、文化差异、年龄差异等。此外,忙碌的生活方式和缺乏时间也可能妨碍有效的家庭沟通。

6-1 视频
重庆姐弟坠楼案

(二)教育观念不一致

家长和子女对教育的观念存在差异,这可能导致亲子关系中的冲突和矛盾。家长期望子女按照自己的期望和价值观成长,而子女有自己的想法和追求。这种观念上的不一致可能导致家庭氛围紧张和争吵不断。

(三)家庭暴力和虐待

不幸的是,一些家庭存在家庭暴力和虐待问题。这些问题不仅会导致亲子关系的破裂,也会对孩子的身心健康产生长期的负面影响,甚至可能给孩子留下心理创伤。

(四)家庭经济困难

家庭经济困难可能会对亲子关系产生负面影响。家庭经济压力可能导致家长对子女的疏忽,也可能限制子女的成长和发展机会。此外,缺乏足够的经济资源也可能导致亲子关系紧张和不稳定。

（五）亲子角色混淆

在一些家庭中，父母和子女的角色不够清晰。父母试图依赖子女来满足自己的需求，而子女承担了过多的责任和压力。这种亲子角色混淆可能导致亲子关系的紧张和不健康。

DT塔门调研的结果显示，以10分为满分，当代年轻人和父亲的亲密度只有5.4分，和母亲的亲密度好一些，有6.9分，如图6-1所示。

家庭成员之间的理解、尊重和支持是建立良好亲子关系的关键。通过积极的沟通、共同的价值观和互相支持，家庭可以克服这些危机因素，建立稳定和谐的亲子关系。

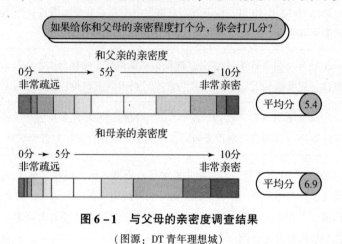

图6-1 与父母的亲密度调查结果

（图源：DT青年理想城）

二、友情危机

（一）关心与分享不平衡

对大部分人来说，友谊最根本的是关心。但是，爱与关心在给予和获取的形式上存在差异。一方面，虽然双方都在关心对方，但是一些误导的信号会在情感上产生一些误解。另一方面，在关心程度上确实可能存在不平衡，这种不平衡会让朋友感到被误解、不受到尊重、被轻视，甚至感到受到伤害。过度分享也可能导致友谊破裂。如果一方相信并重视另一方，希望通过分享来获得宽慰，这种自我表露一旦失败，双方之间的关系就可能破裂。另外，如果一方不断地分享给对方，可能会让对方感到厌烦。虽然朋友要为朋友提供支持，但是反复不断的负能量对双方之间的关系是有害的。在意识到同伴之间存在不信任之后，这种不信任会慢慢诱发最终使友谊崩溃。

6-2 视频 江歌案

（二）时间与精力投入不对等

时间是可以量化的，但是在拿出日程表来计算时间以前，会发现，自己在某段友谊上投入了多少时间这个问题很难回答。每个人对于自己投入时间的判断都是不一样的。假设投入时间是一样的，每个人在同样时间内得到的感受也是不一样的。时间投入上感知的差异可能会让人觉得自己不受重视、不被关心。比如，"我一直在迁就你的时间""我在你艰难的时候陪伴着你，但是当我需要你的时候，一个电话就把你叫走了"。

（三）缺乏相似性与生活方式不同

相似性是交朋友的根基。两个用同一款饭盒的幼儿，喜欢同一家餐厅的孩子，在同一间办公室里的新同事都比较容易发展出友谊。人们会随着时间发生改变，友谊也会随之变化，有些朋友的关系会变得更近，有些则会逐渐疏远。有些开始把朋友们吸引到一起的事物消失了，或者都不再对这件事感兴趣，这时友谊就会变了。同样地，环境也会发生变化。虽然朋友之间会因为一些特定的关系绑定在一起，但是我们无法找到所有能帮助强化友谊的因素。双方都喜欢吃比萨并不意味着双方都过着同样的生活。例如，"我可能依旧对临床治疗很感兴趣，但是我已经毕业离开学校生活了"，环境的变化会在友谊上得到反映。

（四）期望不匹配

不同人对关心、分享、时间、精力、距离和互惠的要求是不同的。即使互相倾尽所有，还是会出现期望不匹配的情况。有时，我们的希望会变成对朋友的期望，但是，我们不会直接对朋友说出这些期望，最后，这些期望就会变成内疚、压力和困境。导致友情危机的调研结果如图6-2所示。

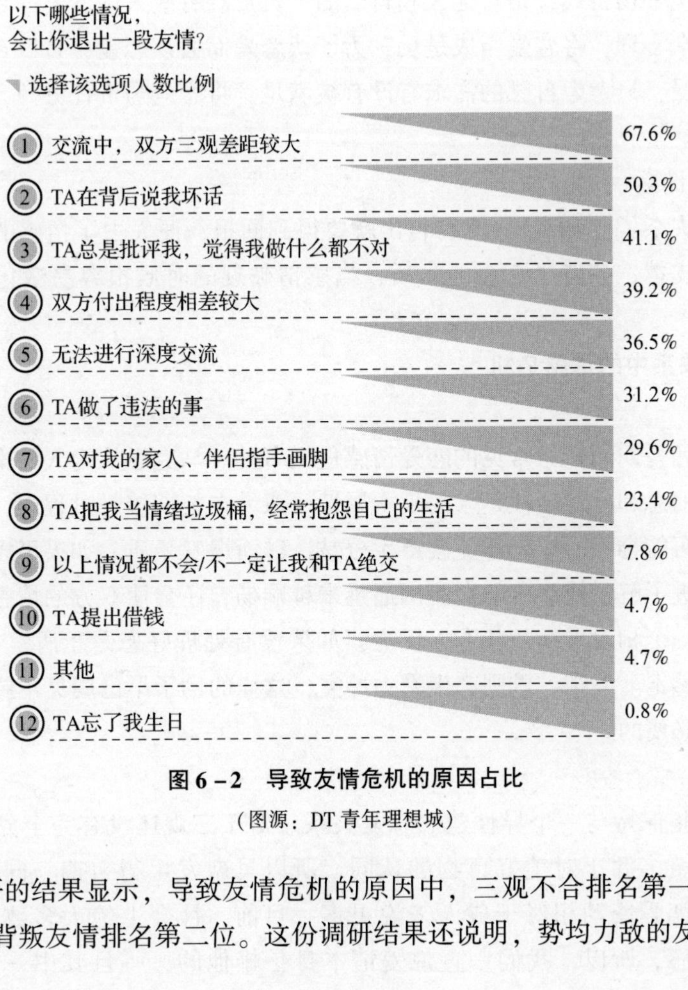

以下哪些情况，会让你退出一段友情？
▼ 选择该选项人数比例

① 交流中，双方三观差距较大	67.6%
② TA在背后说我坏话	50.3%
③ TA总是批评我，觉得我做什么都不对	41.1%
④ 双方付出程度相差较大	39.2%
⑤ 无法进行深度交流	36.5%
⑥ TA做了违法的事	31.2%
⑦ TA对我的家人、伴侣指手画脚	29.6%
⑧ TA把我当情绪垃圾桶，经常抱怨自己的生活	23.4%
⑨ 以上情况都不会/不一定让我和TA绝交	7.8%
⑩ TA提出借钱	4.7%
⑪ 其他	4.7%
⑫ TA忘了我生日	0.8%

图6-2 导致友情危机的原因占比

（图源：DT青年理想城）

DT财经调研的结果显示，导致友情危机的原因中，三观不合排名第一位，朋友在背后说自己坏话事关背叛友情排名第二位。这份调研结果还说明，势均力敌的友情相对稳定，在一段不对等的友谊中，若双方付出程度相差较大会让一方成为"友情保姆"，对方总批评对自己指手画脚像"友情司令"无法进行深度交流。不过在什么事不会造成友情危机的问题上，大家的反应相当一致，几乎没有人会因为朋友忘了自己生日而绝交，也只有不到5%的人会因为对方提出借钱而绝交，无论是对方缺乏仪式感，还是对方资金困难开口求助，都对友情无伤大雅。

三、爱情危机

（一）恋爱发展过程中的情感危机

1. 非正常的求爱方式

6-3 视频
爱情危机

恋爱是在双方自愿的情况下开始的，是强迫不来的。表白被拒的一方，若因为表白失败，采取非正常的求爱方式，不仅会对对方造成伤害，也会对自己造成伤害。没有认识到表白失败是恋爱过程中的正常情况，接受不了现实，心理承受巨大的压力，加上情感的偏颇体验，会产生情感危机，进而做出非理性的事情。

2. 游戏型恋爱

将恋爱当成是一场游戏，是对他人和自己的不负责。有些人谈恋爱的目的是填补内心的空虚，有恋爱从众心理，将恋爱当成是玩，为了谈恋爱而去谈恋爱，且以自我为中心，没有考虑到他人的感受，只考虑自己的需求有没有被满足，将恋爱与责任分开，对另一方的情感造成极大的伤害。

3. 不纯粹的情感

恋爱中如果夹杂了"功利"，觉得付出就要得到回报，便失去了情感的纯粹性。这种情感失去了道德的支撑，违背了恋爱的本质，当感情破裂的时候很容易激化矛盾，引起情感危机。

（二）恋爱关系中的情感危机

1. 恋爱矛盾

恋爱矛盾是恋爱期间最为常见的恋爱情感危机事件。马克思认为人的本质在其现实性上是一切社会关系的总和，社会性是人的根本属性。双方在长期接触过程中，由于来自不同的原生家庭，习惯可能会不一样，难免会产生分歧，继而爆发矛盾。如果可以有效解决恋爱矛盾，不仅可以增进了解，使双方的交流沟通越来越顺畅，还会使双方的情感越来越深，黏性越来越大，达到一个相对平衡的状态。反之，如果没有处理好恋爱矛盾，势必会愈发尖锐，那么轻则恋人情感走上终结，重则产生暴力冲突，这样的例子早已屡见不鲜，可见处理好恋爱矛盾是必须且必要的。

2. 恋爱忠诚

恋爱忠诚是指保持与一个异性建立恋爱关系。对于三观还没有完全成熟的青年学生来说，对异性的爱慕多源于对美好事物的认同，所以早恋发生得普遍，同时面对新的异性吸引时，引发的恋爱悸动相对于成人来说更多。目前，社会上绝大多数人都认可专一的爱情，真挚的情感，所以，我们一直说爱情本身是排他的，一旦其中一方在恋爱关系中出现被另外异性吸引的行为,都容易引发矛盾,例如,在校园里,会引发打架斗殴、集体孤立等恶性暴力事件。

3. 恋爱终结

恋爱终结俗称失恋,是指一方失去另一方的感情。如果恋爱终结,被抛弃的一方会产生极大的冲击,不甘心、不被认可的负面情绪会蜂拥而至,极易导致心理失衡,影响正常的学习和生活。被抛弃的一方还会深陷自我否定的泥潭,短期内情感的无所归依会大大影响其心智,若这段时间遇到较为麻烦的事件,不仅很难做出理性的思考,还容易钻牛角尖。

根据后浪研究所的调查结果可知,女生更容易因异地恋等距离因素,以及另一半没有责任感而分手。而男生因买房等人生计划差异、性生活不和谐而分手的比例高于女生。男女的分手原因差异如图6-3所示。

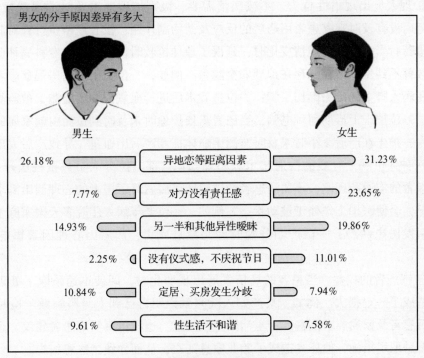

图6-3 男女的分手原因差异占比

(图源:后浪研究所)

四、医患危机

(一)医源性危机

(1)医务人员法律意识淡薄,对医疗行为缺乏法律意识,不认真执行首诊负责制,接诊危急病人敷衍了事,解释交代病情不到位。例如,对危急重症病人没有及时下达病危通知,歧视艾滋病阳性患者,对某些传染病的治疗科室之间互相推诿等,违反了相关法律、法规而导致医患纠纷。

(2)个别医务人员医德医风较差,对患者违规用药。例如,一个小外伤,主治医生居

6-4 视频
医患危机

然用了三联抗菌药物（如头孢类、左氧氟类、大环内酯类）。最后因医疗行为侵权而诱发医患纠纷。

（3）急诊科室急救用品应急状态不佳。例如，洗胃机应急状态不好，在农药中毒患者洗胃时突然出现故障，延误了急诊病人的最佳抢救时机而引发医患纠纷。

（4）首诊医生责任心不强。对一般病人疏漏了正常的体检环节，忽略了患者的既往病史，误诊误治。例如，一位糖尿病患者因其他病到某科室就诊，因接诊医生的疏忽而忽略了患者病史，造成输入大量的葡萄糖而出现意外；一位因外伤导致内脏器官破裂的患者，首诊医生未进行血常规检测就转诊，途中因大失血而死亡；车祸、酒醉患者因无家属照看，或老年人、两岁以下的小孩因病情变化快，主治医生没有交代病情特点和注意事项，或及时下病危通知书，导致患者突然死亡而引发医患纠纷。

（5）护理人员出现惰性行为。不按病情需要、级别护理要求及时巡视观察病人病情；在患者用药后没有及时观察患者用药后的反应及药物副作用；没有严格执行查对制度，而打错针、发错药；当病人出现病情变化时，延误了最佳抢救时机；对某些专科病种监护仪器的使用健康教育不到位，潜在的存在护理安全隐患。例如，一位护士去病房观察患者血液循环时，被垫在病人脚下的砖头砸伤了脚；一位患者术后进行血氧饱和度监测，被监测仪长时间夹住手指；一位护士上班期间玩电脑，当患者需要护理时未及时到位而引起家属的不满；一位产后病人，护士在产后2小时未及时监测生命体征和产后出血量，导致产后大出血。

（6）医护人员缺乏有效的沟通艺术和心理知识。部分医务人员只重视医疗护理技术，而忽视对患者的沟通和理解，不关注患者的情感所需而忽略了患者的心理健康需求，一旦出现意外情况，会使医护工作处于被动状态。例如，一位老年病人住院多天因家庭矛盾跳楼自杀，从而引发医患纠纷；一位产妇分娩时胎儿窒息死亡，产后因心理因素影响而诱发大出血。

（7）忽视患者的权益。当患者的病情发展出现变化时，即使迅速采取了处理措施，还是对患者造成了一定损失。例如，某产妇入院时就说明自己到上级医院做产检时内产道狭窄，入院后患者及家属要求剖宫产，主治医生没同意，也没认真听取患者建议。患者发生难产时，尽管采取了措施，但还是造成了胎儿窒息死亡，从而导致了医患纠纷。

（8）医护人员不恰当的行为。某些医护人员安排患者或其家属做一些工作人员分内的工作。例如，护士将患者静脉输注的液体全部挂在病房输液架上，安排患者家属自行更换液体；送血标本、取药、救护车转诊、病情危急需要做某项特殊检查等直接安排家属叫检查医生。曾经有一个垂危患者，需要做床旁心电图，医生却安排家属去叫心电图室医生，当时心电图室医生正在给一个急诊产妇做心电图，当心电图室医生给产妇做完心电图再到病房时，患者已死亡，家属以此为由引起医患纠纷。

（二）误解性医患危机

在当今市场经济大氛围下，患者到医院就医，要求医院提供快速、便捷、优质的服务，对医院服务、疾病转归的期望越来越高，却不根据患者自身病情的轻、重、缓、急、凶险程度来定期望值，误认为到医院看病如同到商店消费，花了钱就得看好病，病没有治好或者死亡就是医院的责任，医院就应该赔偿。

(三) 误导性的医患危机

医院一旦出现医疗纠纷，社会舆论就难以控制，加上有些媒体负面性的舆论导向，会严重损害医院声誉，有些患者或家属就借此机会赖账或敲诈医院，打、骂、恐吓医务人员。

(四) 司法环境因素

在当今信息时代，患者维权意识普遍提高。2001年12月颁布的《最高人民法院关于民事诉讼证据的若干规定》中明确的"举证责任倒置"，于2002年4月1日起执行，其中第四条（8）规定："因医疗行为引起的侵权诉讼，由医疗机构就医疗行为与损害结果之间不存在因果关系及不存在医疗过错承担举证责任。"这给患者诉讼带来了有利条件，患者诉讼可以不负责任，而导致诉讼增多。

如图6-4所示，2023年医疗损害责任纠纷案件总计为2 219件（含执行案件1件、其他案件13件），比2022年案件数量减少了2 855件。整体趋势是在2018年案件数量较2017年略微下降后，2019年、2020年呈现反弹。值得关注的是案件数量自2021年以来，已连续三年出现断崖式下降。2017年案件数量为12 734件，2018年案件数量为12 249件，2019年案件数量为18 112件，2020年案件数量为18 670件，2021年案件数量10 746件，2022年案件数量5 074件。

图6-4　2017—2023年医疗损害责任纠纷案件数量

(图源：健康界)

五、师生危机

(一) 传统师生关系的不良观念

融洽的师生关系，孕育着巨大的"亲和力"，教学实践表明，学生热爱一位教师，也会热爱这位教师所教的课程。我国教育名著《学记》中"亲其师则信其道"就是这个道理。情感也有迁移的功能，学生对教师的情感，可以迁移到学习上，从而产生巨大的学习动机。传统的师生关系理念虽然有教师应尊重、爱护、理解学生的观念和要求，但更强调教师在教育关系和社会关系占绝对支配地位，学生只能唯命是从，不能随意评价老师。在这种传统观念的影响下，部分教师心理上有较强的优越感，不愿以平等的身份和学生交流，不能主动与学生交心，即使学生有偏常问题，也要求学生必须主动找老师检讨才是"常理"。因而致使师生之间缺乏沟通、缺乏理解，学生"口服心不服"，导致师生关系出现问题。师生关系不良，课堂气氛容易紧张、死板，使学生如坐针毡、惶恐不安或漠然。师生关系良好，课堂气氛温馨和谐，学生如沐春风、轻松愉快、思维活跃。快乐的课堂气氛是学生喜欢的、趋向的，不好的课堂气氛，学生会不自觉地想要逃避。久而久之，这种情感也会泛化到学业上，影响学生的学习兴趣。

（二）教师不良的教育手段

教育手段是为教育目的服务的。良好、恰当的教育手段既是实现教育目的的重要保证，又是师生关系和谐融洽的一根彩带。然而，在教育教学工作中，常看到一些教师"恨铁不成钢"、急于求成、意气用事、简单粗暴，教育手段出现偏差，致使事不达意、事与愿违。非但未能取得预期的教育效果，反而造成严重的不良影响。例如，体罚或变相体罚学生就是其中之一。

6-5 视频
天津某女教师课堂发表不当言论歧视学生

随着社会的进步、素质教育的实施、师德教育的加强，许多教师已从理论上认识到体罚学生的危害性，但在教育过程中，仍有教师认为"在特定条件下适当体罚有其积极意义"或"只轻度的体罚是无妨的"等，没有深刻认识到受体罚会使学生心灵留下阴影，甚至抱有抗拒或抵触的情绪，致使师生关系产生危机。

（三）片面强调学生的学习成绩，忽视学生身心的健康发展

教书育人是教师的天职。教师在教学过程中，既要把书教好，使学生掌握应具备的知识和技能，同时也要育人，使学生具有良好的思想道德品质、高尚的审美情趣和健康的体魄。但仍存在教育行政部门或学校以升学成绩的优劣作为考核教师的标准，导致部分教师认为学生成绩才是看得见、摸得着的有形的东西，而学生的思想品质则是看不见、摸不着的，即使做了工作也难让人知晓的无形的东西。从而，部分教师只一味施行题海战术，强化学习成绩，注重成绩的升降，把学习成绩作为衡量学生优劣的唯一标准。于是对学生的年龄特征、时代特点等共性和学生的兴趣、爱好、能力、知识、品德等个性缺乏深入分析，教师没有根据学生的身心变化来观察学生的心理动向并加以指导帮助的意识和行为。部分学校在管理体制中，未能把教书和育人真正作为衡量教师教育行为的统一标准。这样，学生身心既得不到健康和全面的发展，教师的教育教学行为又得不到客观和公正的评价。学生只能学到一些书本知识，离开书本知识，就淡忘了使他们得到"高分数""好成绩"的老师，出现学习成绩优异却对老师没有好感，甚至有反感的现象，导致师生关系产生危机。

（四）个别教师师德的滑坡

教师是一种神圣的职业。言传身教，身正为范，为人师表是教师的职责要求，也是教师师德的内涵体现。但受市场经济大潮的冲击和社会不正之风的充斥，致使部分教师人生观、价值观受到震荡而歪斜，认为教师工资远未能体现其劳动价值。因而，思想上不求上进、无事业心，工作上应付了事、无责任心，甚至利欲熏心，出现从学生身上"按劳取酬"的恶劣现象，导致师生关系产生危机。

(五) 家庭教育与学校教育的反差

随着生活水平的提高,家长尽其所能去满足孩子的要求,对其教育亦只以多找"闪光点"为主,而少触及其"阴暗面"。致使学生大多"养尊处优",很少受到委屈、遭受挫折,从而形成执拗的性格。一般来说,教师对学生"阴暗面"的指正和教育比家庭严格得多,一些学生接受不了,导致师生关系产生危机。

如图6-5所示,上海教育评估研究给出的结果显示,66.9%的博士生对自己的师生关系持满意态度。其中,26.9%的学生表示非常满意。从具体国家来看,澳大利亚满意度最高,德国最低;美国、加拿大、澳大利亚的满意度水平高于全球博士生师生关系满意度均值(5.04);英国博士生师生关系满意度水平与全球水平基本持平;中国、日本、韩国、德国和法国则低于全球平均水平,且中国在博士生教育强国中处于中下游位置。因此,从国际视角来看,我国博士生师生关系满意度并不乐观。

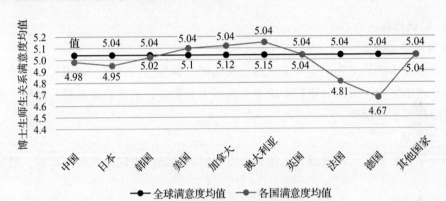

图6-5 全球博士生师生关系满意度描述统计

(图源:上海教育评估研究)

六、职场危机

(一) 社交软件阻隔情感表达

6-6 视频
职场危机

为了减少交际话语语义理解的偏差,或更进一步表达情感,职场人士会比较常用沟通表情符号。从内容上来看,社交软件上情感的表达被代之以感情符号或视频、图片、文字等的简单组合,而在现实交往中,情感表达是集人们的话语、语调、眼神、动作等内容于一体的整体表达,更容易满足交际双方的情感需要。情感成分是对交往的态度评价,反映了双方在情感上满意的程度和亲疏关系,是人际关系的基础。语言常常伴随表情出现,语言对情绪表情的识别具有重要作用。但是,在社交软件沟通的过程中,人们往往无法识别信息发出者的表情,也就不容易判断出语言背后的内涵,从而减弱了信息传达的准确度。

对于青年人群体,调查数据显示(见表6-2),94%的人表示出门不带手机感到很不习惯,86.8%的人无法适应从智能手机换到普通手机,73%的人通常每隔15分钟至少看一次微信、QQ等社交软件。

表6-2 青年人对互联网和社交网络的依赖程度

说法	百分比
出门不带手机感到很不习惯	94.0%
手机无法接入互联网（只能通话或短信）感到焦虑	84.4%
通常每隔15分钟至少看一次微信/QQ等社交软件	73.0%
工作、开会也常常看微信/QQ等社交软件	71.3%
睡觉前躺床上时还在看微信/QQ等社交软件	85.8%
无法适应从智能手机换到普通手机	86.8%
参加聚会时也经常独自看微信/QQ等社交软件	78.8%
尝试过没事的时候不看微信/QQ等社交软件，但很难	80.5%

（二）职场排斥

1. 情绪与身心健康

大多数被排斥的员工会产生一系列的负面情绪，如失望、气愤、焦虑、抑郁等，如果未及时得到有效的宣泄，可能会累积形成更大的压力和焦虑，最终损害其身心健康，并且这种伤害具有隐蔽性和长期性。

2. 工作态度

职场排斥会对员工的归属感、工作满意度和组织承诺产生较大的负面影响，增加员工的离职倾向。

3. 行为与绩效

职场排斥会对员工的建言行为、工作投入及绩效等产生负面影响。同时，被排斥者甚至会通过退缩行为、反生产行为或越轨行为来释放内心的不满。

（三）职业倦怠低龄化

越来越多的人觉得自己对工作提不起兴趣，甚至充满了厌倦情绪，不仅效率低下，而且时常感到身体疲惫；害怕或者故意避免参与竞争，没有竞争热情；逐渐失去工作乐趣，对办公场所有强烈排斥感甚至恐惧感；长期处于挫折、焦虑、沮丧状态，情绪波动很大，逆境下容易焦躁；对工作任务产生本能的厌倦，对业务指标缺乏动力；工作过程中极易产生疲累感，对工作的新异事物敏感度降低。

从心理学来分析，当一个人对所从事的工作失去兴趣或缺乏动机又不得不为时，必然会产生厌倦情绪，身心陷入疲惫状态，工作效率将会明显降低，这一现象在近年来出现了蔓延的趋势。

值得关注的是，职业倦怠的高发人群，从原来工作经历为10~15年的人群，提前到工作3~8年的人。职业倦怠低龄化现象十分明显，很多人甚至已经恶化为职业枯竭。职业倦怠直接影响工作状态，导致动力不足、绩效下降、价值感缺失，最终形成一种恶性循环。

（四）身心亚健康呈常态

如今，很多人为了谋求发展，背井离乡来到大城市打拼。想在大城市里立足、发展，不但要付出超常的艰辛劳动,忍受弱肉强食般的激烈竞争,同时还要承受许多的困难和磨砺。在生活和事业的重压下,越来越多的人由于工作时间过长、劳动强度太大、心理压力过重,时常会产生挫折和失落感,也会经常处于抑郁和焦虑之中,这样很容易形成身心亚健康状态。这种因长期慢性疲劳诱发的疾病,正在就业群体中逐年增加。

身心亚健康状态目前还没有明确的医学指标来诊断,因而很容易被忽视。一般来说,如果一个人没有什么明显的病症,但又长时间处于失眠、乏力、无食欲、易疲劳、心悸、抵抗力差、易激怒、经常性感冒或口腔溃疡、便秘等状态中时,就已经处于亚健康的状态了。

(五) 求职能力低下

中国职业规划师协会发布的权威数据显示,接受问卷调查的 436 名求职者中,有近 70% 人的求职能力低下,很多人不知道如何开始找工作,找怎样的工作,以什么标准来找工作。68.7% 的大学生缺乏自我认知,主要表现为过分自信、非名企不入、非高薪不去,在求职中不断地挑选工作,无形中失去一些机会。甚至有些已经拿到录取通知的大学生因为"企业形象墙是自己不喜欢的蓝色""办公室没有私人储物柜""办公桌太小""午休时间太短""交通不方便"等原因快速离职。43.1% 的职场老人对自己的发展方向模糊,不清楚自己能做什么,不能客观分析自己,提炼核心竞争力,同时也缺乏职场竞争意识,以为凭着不断累加的年资就理应获得晋升。由于对自己缺乏一定的了解,对于转型、跳槽的职位往往都是想当然,真正到了求职现场才知道困难重重。

(六) 就业竞争异常激烈

农民工、被裁失业者、应届毕业及往届未就业大学生构成了我国目前庞大的就业群体。尽管国家出台了许多促进就业的扶持政策,但岗位供给数量毕竟有限,自主创业并非人人都有胆量,蛰伏职场多年的达人们不得不受困于职场的就业高压。

2022 年 11 月 15 日,教育部、人力资源和社会保障部召开 2023 届全国普通高校毕业生就业创业工作网络视频会议。会议指出,2023 届高校毕业生规模预计达 1 158 万人,同比增加 82 万人。近年来,我国高校毕业生人数连年攀升,2022 年高校毕业生规模达 1 076 万人,较 2021 年增加 18.4%。

我国就业人数、技能水平与就业环境的不对等,正是目前高校毕业生就业时面临的尴尬场面。一是市场坑位不能满足如此大体量的毕业生;二是大学生的能力与岗位需求的不对等。在我国,技能人才与学术人才的培养并不分明,而许多普通本科的教育就在其中的模糊地带。大部分普通本科应届生,既没有扎实的学术素养,也没有相应的技能技术,难免会陷入就业的困惑之中。三是一些专业的设置与工作需求存在一定的差距。一些专业性强的领域,如生物科技、人工智能等,在短期内无法提供足够的岗位满足毕业生的需求。

第二节 情感危机发生的原因

青少年是中国特色社会主义事业的建设者和接班人,是实现中国梦的中坚力量,是国家宝贵的人才资源，青少年的身心健康和全面发展与祖国的蓬勃发展息息相关。而情感危机严重影响青少年的身心健康，不利于青少年树立正确的世界观、人生观、价值观，不利于促进青少年的全面发展。下面从个人维度、家庭维度和社会维度来分析个人情感危机产生的原因。

一、个人维度

（一）情感认知的淡薄

将恋爱当成了生活的全部。对个人而言，提升自己的专业素养和综合能力才是重点。将恋爱摆在了学习和工作的前面，主次颠倒，必然会限制个人的发展，影响学业、工作。第一次谈恋爱的人，由于对恋爱的未知、好奇和新鲜感，在恋爱中投入了大量的时间和精力，以至无暇顾及学习、工作和其他事务，经历失恋时，认为自己的整个人生没有希望了。对学业和职业没有规划，没有奋斗的目标。与恋爱对象在一起的时间要远远多于提升自己的时间，因恋爱而放弃了继续学习深造的机会。

（二）情感体验的偏颇

1. 以自我为中心

在人际关系上，以自我为中心，没有真正认识到情感关系的本质和内涵。在与人交往中，将恋爱对象、朋友视为私人物品，限制其与其他人的正常交往。在交往过程中，认为自己喜欢对方，爱对方，对方就要爱自己。自己为对方付出了很多，对方就应该爱自己，付出了就要得到回报。在得不到自己想要的，被拒绝或者是背叛后产生报复心理，一些人会因此而陷入痛苦的困境，处在烦恼甚至是绝望当中。如果自身没有能力处理好，会对学习、生活、恋爱、交友产生消极的影响，甚至会感情用事，激情犯罪。

6-7 视频
正确认识友谊

2. 消极情感体验居多

与人相处中的情感体验多为消极的，如痛苦、伤心、愤怒、失望、忧郁等。如果消极情绪得不到及时的宣泄，会使自己的身心健康受到伤害，还可能会影响学业、事业水平的发展。带着负面的情绪去面对他人时，发现并没有得到自己想要的结果，此时，如果做出一些错误的举动，会使人际关系变得紧张，感情变得不稳定。

（三）情感能力的欠缺

1. 承受挫折的能力不足

当代青年大多是独生子女的一代，在人际交往方面缺乏训练，在情感表达和交流方面能力弱，导致情感的处理能力不足。以自我为中心，在人际交往中以自我感受为主，缺乏同理心。当他人不满足自己的需求时，就会感到落差大，从而产生情感困扰。

2. 解决问题的能力不足

对于生活中产生的情感困扰，不能放下自尊和面子来积极解决。认为自己无能为力，不能改变现实，将无法解决的问题或不知道如何解决的问题，归结为"宿命"。与人相处过程中，不尊重对方，没有相互支持和相互理解，以爱的名义来控制对方，使对方在时间和空间上失去自由。当出现问题时缺乏沟通，使对方不能了解自己的想法，使困扰得不到解决。

二、家庭维度

（一）教育的缺位

在我国传统观念的影响下，大部分"中国式父母"对于孩子的情感方面鲜少给予指导，认为孩子还小，不应该让孩子过早了解爱情，担心孩子早恋影响学业，觉得孩子大了自然就懂了，不需要给予指导。而且父母工作忙碌，有的家庭主要由爷爷奶奶、姥姥姥爷等长辈陪伴孩子，这意味着孩子从小缺失父母的陪伴，几近一种"留守儿童"状态，父母陪伴的缺失和长辈传统的教养理念，情感观的指导更是难上加难。有的家庭即使父母能够陪伴在孩子身边，但父母白天工作、下班后接孩子、买菜、做饭、指导孩子作业，根本没有时间和精力过问孩子的生活、了解孩子的想法，更不必说情感观的指导。

（二）亲情的缺位

家长对孩子的认知、情感和行为表现负有重要责任。马斯洛需求层次理论认为，人有生理需要、安全需要、爱和归属的需要、尊重的需要和自我实现的需要。缺乏家庭支持或者家庭支持不足的人安全感不足，爱和归属的需要更为强烈。父母过度溺爱或要求过于严格，容易造成孩子孤僻、脆弱、自卑、自负等人格缺陷。

6-8 视频
《涉过愤怒的海》解说

三、单位维度

（一）分配不均

从分配上看，在企业中，如果经济效益普遍不好，企业员工一般只能拿基本工资，效益工资很少甚至没有，但企业领导者的明收入却相当于员工收入的数倍，且实际上远不止这些。部分企业领导者只要上任，不论企业效益好坏，也不管员工工资是否能按时发放，更不管员工的社会保障费用能否缴纳，只管自己吃喝玩乐，交通工具、通信设施的配备，甚至借考察名义出国旅游等都是不能少的，而且是越高档越好。一个企业领导者一年里不知要花费多少员工创造的新价值，这势必会造成员工和企业领导者之间的情感日趋疏远。

（二）员工没有发言权

在企业中，员工是企业的主人，但是领导决策机制的一言堂，使企业生产经营活动过程中的重大决策，甚至是有关员工切身利益的决策制订，员工既没有参与讨论的权利，更没有发言权，完全由领导说了算。员工不敢给企业领导者提意见，不敢提出任何要求，只能对领导者毕恭毕敬、唯命是从，不敢稍有怠慢。这也加深了员工和企业领导者的情感危机。

（三）用人制度不完善

企业有了用人自主权后，企业领导者可以借经济效益不好，让正式员工失业，从而使每个员工都有一种随时被解雇、失业的可能。而企业领导又可以借企业生产发展需要随时招人，把自己亲朋好友招进企业中来。

四、社会维度

(一) 网络社交的影响

网络社交可能会对人际交往产生负面影响。由于社交网络与面对面交流不同，一些人更愿意通过社交网络去沟通，来避免害羞和不知所措。其实人的沟通能力是需要通过锻炼来提高的，一些人忽视了这种口语交际能力，更愿意低头和自己的网友们谈天说地。虽然网络社交有助于拓宽人们的交际圈，但如果过分依赖网络，就拉远了生活中人与人的距离，无法正常地进行人际交流，造成亲情的疏离、朋友的缺失和工作能力的下降。

(二) 媒体传播的影响

韩剧与台湾偶像剧传递的王子与公主式的爱情梦想，美剧传递的开放的性态度，以及各种电视节目，尤其是当下盛行的相亲节目，对当代青年人的爱情观有着深刻的影响。青年人对影视作品中爱情文化的学习已经在生活中随处可见，而这种社会教育往往是片面的、偏颇的。网络不良信息冲击传统价值观，导致青少年恋爱观取向错位，网络黄色信息毒害青少年心灵，诱发青少年犯罪，威胁青少年身体健康等。

第三节　情感危机的影响

如今，个人情感问题越来越普遍和突出，如果深陷其中，不及时处理或者处理不当，都会对个人的生活和未来发展产生消极影响，甚至造成严重后果。

一、情感危机的特征

(一) 复杂性

情感危机的产生不仅和应急事件有关，还和当事人家庭背景、个性特征、朋辈关系等有关，无论是当事人还是旁观者都较难把握。

(二) 痛苦性

情感危机的出现会引发重大的心理应激反应，引起急性情绪扰乱、认知改变、躯体不适等反应。

(三) 紧急性

情感危机发生后，由于处于重大心理应激状态下，当事人会出现情绪紧张激动、认知受限、丧失清晰的判断力等情况。在情绪失控、行为失态、反应剧烈的情境下，当事人往往会采取极端的做法逃避或解除危机。

(四) 偏执性

处于情绪应激失控中的当事人，会敏感多疑、焦虑暴躁、脆弱易怒、判断力下降、逃避现实、悲观绝望、消极归因。

(五) 伤害性

若情感危机不能得到及时解决，会导致当事人心理功能不断恶化，甚至走向失调和衰竭，这种情况下容易引起侵犯性情感和攻击性行为，如伤人或自伤，杀人或自杀。调查结果显示，情感挫折高居大学生自杀影响因素的首位。

（六）私密性

情感心理危机的私密性较强，受各种传统观念影响，很少会主动寻求外部支持，在自我情感消化中，一旦方向走偏，就容易出现问题。

（七）机遇性

机遇在于危机带来的压力会迫使当事人寻求帮助，导致积极的、建设性的结果，如增强应对能力、改变消极的自我概念、减少功能失调的行为。在寻求帮助的过程中，能够获得成长，促进自我完善，最终走向成熟。

二、情感危机对个人的影响

（一）影响个人的心理健康

情感危机会对个人的心理健康造成很大的影响。有些人因为情感危机而焦虑、抑郁、失眠等，这些情绪会影响他们的身心健康，使他们的生活质量大大降低。有些人则会因为情感危机而变得自闭、孤僻、自卑等，这些情绪会使他们的心理健康受到很大的威胁。

（二）影响个人的社交能力

情感危机会对个人的社交能力造成很大的影响。有些人因为情感危机而变得退缩，不愿意与他人交往，这会使他们的社交圈变得很小，甚至变得孤立。有些人则会因为情感危机而变得过于依赖他人，这会使他们的社交能力变得很差，很难自主地与他人交往。

（三）影响个人的职业发展

情感危机会对个人的职业发展造成很大的影响。有些人因为情感危机而无法集中精力工作，这会使他们的工作效率变得很低，甚至影响到他们的职业发展。有些人则会因为情感危机而缺乏自信，不敢迎接挑战，使他们的职业发展受到很大的限制。

第四节　情感危机的处置

本节内容会让处于情感危机中的人明白，从情感困扰中走出来的方法有很多种，情感困扰不是个人问题，也不是"宿命"，我们对立并不是无能为力的。

一、社会积极引导

青少年是社会发展的后备军，不够健全的人格和不够强大的心理已成为制约青少年发展的关键因素。伴随着竞争日趋激烈的社会环境，不断完善社会保障才能为青少年提供更加"宽松"的生活环境，有效缓解压力。另外，社会文化市场的"鱼龙混杂"给青少年价值观和文化观带来强大的冲击力，对青少年的心理健康和情感托付造成严重影响。针对以上现象，政府应及时优化文化市场，营造良好的文化氛围，净化社会环境。

二、学校充分重视

学校是个人情感危机爆发的主要场所,学校要高度重视、积极引导,将学生情感教育作为学校人才培养的重要部分,避免形式主义。要多方面、多层次开展情感教育,强化学生美育,引导学生公正客观地评价自身和他人。结合公益服务、学术竞赛等活动,创造竞争环境,使学生有机会接受挫折和失败,增强心理自我调节能力和承压能力。在学习之余丰富学生生活、调节情绪、增强羁绊,将个人融入集体,改善学生人际关系,在一定程度上解决学生孤僻、自卑的心理问题。将思想政治工作与心理咨询工作结合起来,相辅相成、相互影响,这要求学校教师学习相关心理学知识,帮助学生正确认识自己、有效适应环境,积极引导学生树立正确的世界观、人生观和价值观。

三、单位充分重视

加强企业领导者和员工之间的联系和交流。通过定期或不定期举办文体娱乐活动,让企业领导者和员工融为一体,使一些在正式场合难以解决的问题,在文体娱乐活动中解决;通过定期或不定期向员工说明企业生产经营情况,或让员工自己了解企业的生产经营情况,增强员工对企业的荣誉感、愉快感、责任感、使命感、危机感;通过对困难家庭的走访,以及员工生日、婚丧时的走访,增强员工对企业和领导者的信任感、亲切感等。员工为企业做出较大贡献、企业给予员工奖励时,邀请员工的家属一起来参加颁奖活动,分享获奖的喜悦,使员工在企业里得到家属的支持和信任。发放年终奖金时,企业可以把每个员工的奖金分为两份,一份给员工本人,证明员工在企业中做出的贡献,另一份给员工家属,奖励家属对员工在企业工作的大力支持和理解。

四、家庭主动配合

家庭教育是世界观、人生观和价值观建立的基础,是性格养成的基石,更是情感教育的温床。父母的关怀对正处于学习、就业和人际交往压力的人而言具有重要意义。家长在提供物质帮助的同时应关注子女的精神诉求,与子女加强心灵沟通,了解子女内心真实想法。家长与子女的关系不应只是长辈关系,更应是朋友,要保持平等、理解、宽容的心态与子女进行交流,培养子女的责任感和感恩意识,营造和谐、温馨、轻松的家庭氛围,使子女健康成长。家长应积极配合学校做好情感教育工作,家校一体,不能因为距离而疏忽对子女的关爱。

五、正确认识自身

应正确认识评价自己。有些人会出现"妄自菲薄"和"自负自大"这种不客观的自我认知,从而产生不正确的情感表达。正确认识自己就是要全面客观评价自己,肯定自身优点,正确认识自己的不足,树立正确的世界观、人生观、价值观,提高自身的自律性和自制性。善于保持和谐的人际关系,与人为善、待人真诚、宽容他人、避免攀比,才能保持一个健康的心态。当产生消极情绪时,要学会运用合适的方法进行宣泄,如果放在心里,日积月累便会产生抑郁等不健康的心理问题。

情感危机的干预办法见表 6-3。

表 6-3 情感危机的干预办法

各方处理办法	具体办法
社会积极引导	1. 提供心理健康服务； 2. 加强社会支持系统； 3. 提倡情感教育； 4. 加强宣传与指导； 5. 建立专业机构与热线
学校充分重视	1. 建立健全规章制度，压实相关责任； 2. 强化心理健康教育，创新工作方式； 3. 加强心理健康教育队伍建设； 4. 建立社会支持系统，形成家校合力
单位充分重视	1. 分析问题； 2. 建立信任； 3. 提供支持； 4. 跟进和监督
家庭主动配合	1. 坦诚沟通； 2. 寻求专业帮助； 3. 共同解决问题； 4. 建立支持系统； 5. 自我成长
正确认识自身	1. 正视问题，不要逃避或否认； 2. 保持理性，不要冲动或激动； 3. 寻求支持，不要孤立或自闭； 4. 采取行动，积极寻求解决方案

第五节 典型案例分析

一、案例概述

男生小 L，外省学籍学生，家中独子，性格内向，由于高考未能进入理想大学，大学期间缺少目标支撑和学习动力，学习成绩处于中下游，与同学交际较少，只与同寝室室友关系较为融洽。小L对班上小D同学的关注度很高，关系较好，从感情和心理上得到了一定的支撑，但一直压在心底，在进入大三后，期望利用调整宿舍分配的机会与小D分配到一个宿舍。暑假期间，小L将个人想法反馈至辅导员，由于宿舍分配按照自愿调整的原则，小L未得到期望的结果，于是在开学第一周的某天下午自行调整至小D宿舍，并将小D宿舍另一名同学的物品搬至自己宿舍。由于此行为未与相关同学沟通，引起了同学的不满。在此期间，小L内心承受了一定的压力，加上自己的愿望未实现，实施了情节轻微的自我损伤行为。小L在实施自伤行为后将个人的照片发至原来寝室群，其他同学发现后立即将情况反馈至辅导员及班主任。

危机发生后，辅导员、班主任、班级同学立即开展紧急应对措施，找到小L紧急处理伤情并与小L进行沟通谈话，安抚情绪并安排24小时监护，当晚通知家长第二天赶到学校进行面谈。后续经过进一步的沟通和咨询学校心理健康中心的意见，安排小L跟随父母回家休养调整。一个月后小L按照规定返校，经学校心理部门核实和确认后，同意小L正常学习，小L逐步恢复正常学业安排。

二、案例背景分析

与小L的父母交流过程中了解到，小L为一般家庭孩子，家中对小L很关心，高考尊重他的选择到外省读书。父母反馈小L可能是想离父母远一点，获得更加自由的空间。小L性格有些内向，喜欢自己安排事情，不喜欢交际，但未发现小L有感情及心理等问题，也无既往的精神病史。

与小L沟通后了解到，小L说自己无法离开小D，只要在一起，感觉自己就有希望，有一个支撑的信念，认为小D就是来拯救自己不可救药的灵魂的。小L说自己可能有抑郁倾向，有时候感觉很孤独，期望能有共同话题的朋友，能够深入交往的人，但是自己性格内向，不会畅快地表达自己的想法。对小D的感情不是属于爱情性质的，就是带有一种依赖性的，但是又超越普通友谊的感情。小L得知大三重新分配宿舍，无法接受与小D不在一个宿舍中，因此策划了几个能够分配到一个宿舍的方案，包括以已经发生的自伤行为作为威胁。

与小L的同学沟通了解到，大一、大二时期小L平时不太活跃，同寝室同学关系都比较融洽，关系相对比较平衡，没有表现出来对同学小D的倾向性情感。推测有可能是小L的内向性格对想法隐藏得比较深，不轻易外漏，而且本来就在一个宿舍，所以对小D的倾向性情感没有明显表达出来。小L平时喜欢动漫、游戏和番剧，对网络热情度比较高，未发现有异常现象。

经过了解和分析，小L属于因家庭原因导致性格内向，高考未达到自己的期望，失去了追求个人理想的机会，在大学中没有明确的目标和追求。在见到了小D后，认为见到了一个与自己非常相似、很投缘，各方面很匹配的同学，因此感情也开始有了超越同学友谊的发展倾向，期望与小D的关系能够有超越普通朋友的发展。但是由于性格内向，这个想法无法明确地表达出来，只能压抑到心底。同学小 D 没有这方面的想法，只是与小 L 保持普通朋友关系。小 L 只是期望从个人单方面来拓展和深入发展与小 D 的关系，期望从物理空间的接近来化解自己心灵上的空虚。

三、解决方案

（一）处理过程

（1）快速反应，立即处理，管控舆情。

在危机发生当晚，辅导员在第一时间赶到学校，辅导员、班主任、班级同学积极联络沟通，在第一时间找到小 L，辅导员、班主任第一时间查看小 L 伤情并送医务室检查，经过处理后安排去医院进行外伤处理。这个过程中辅导员及时将详细情况向学工主任及学院党委书记反馈报告。在处理外伤并确认小 L 情绪稳定后安排同班学生进行 24 小时守护，辅导员住校并保持 24 小时联络畅通。在舆情管控方面，将小 L 发送自伤照片的群立即进行管理并沟通相关同学，确保同学不在网络上发布相关信息，确保危机情况仅限于小范围内直接接触的人员知道，避免事态恶化进一步扩大影响。与班级同学强调如果任意发布信息造成不良影响将严肃处理，各位知情同学积极配合完成相关工作。

（2）沟通同学，了解详情，关注发展。

事发第二天早上当面和小 L 原来所有的室友进行了面谈，了解小 L 之前的学习、社交、生活等方面的情况。重点和小 L 现在同寝室的同学小 C 沟通，让小 C 后期及时关注小 L 的状态，如有异常，第一时间反馈。让原来寝室其他同学在平时的生活和学习中对小 L 多加帮助。利用原来熟悉的同学关系建立一个帮助小组，对小 L 加强支持。

（3）联系家长，全面沟通，休假调整。

家长第二天到达学校后，在小 L 与其父母见面前先和小 L 的父母见面沟通，从家庭中进一步了解小 L 的日常表现。在向小 L 父母介绍了小 L 发生的情况后，小 L 的父母有些抗拒，认为自己孩子未发现是有极端行为倾向的人，而且父母表现出一些愧疚，认为自己孩子对学校的正常教学造成了不良影响。在与小 L 父母沟通后达成的一致意见是，先让小 L 请假回家休息调整一段时间，小 L 父母利用这段时间带小 L 做进一步专业的检查，诊断是否有抑郁等严重的倾向或心理疾病等。小 L 父母表示赞同，并跟小 L 沟通。小 L 提交一份请假申请，按程序批准，安排小 L 休假跟随父母回家。

（4）共情沟通，化解心结，鼓励进步。

小 L 在经过一个月的休假后按程序返校学习。后期与小 L 又进行了日常的谈话。谈话内容主要集中在个人状态、爱好兴趣、未来计划，了解个人心理及思想动态。这个过程避免提及过往不愉快的事情。在沟通过程中通过找寻更多的共同话题，例如，通过小 L 喜欢用游戏、喜欢的最新插画动漫和番剧等拉近距离。站在小 L 的角度利用个人的学习生活经历给予小 L 更多有益的意见和建议，让小 L 以换位思考的方式思考父母、老师等对他的期望及支持。经过这样的沟通，小 L 更能够清楚地认识到自己在大学里应该做什么，考虑长远的计划，端正学习态度。

（二）处理结果

（1）小L经过回家休息及诊察，一个月后回校时向学校报备了相应的情况，小L未诊断出明显的心理疾病。经过一个月的休假调整，小L状态良好，态度也比较积极。经过程序确认及学校心理中心面谈沟通，小L将自己的情况按照实际反馈并签订保证书后恢复在校学习。

（2）同班级同学的思想工作也已经做好，与小L进行互帮互助，协助小L跟上学习。与小D同学特别进行了沟通，要一如既往地和小L处理好同学关系，帮助小L进步，正常完成学业。同时成立以原寝室同学为主的与小L关系密切的危机应对小组，对小L进行关注与支持。

（3）学院团委辅导员沟通班级同学、同寝室同学及时关注小L的状态，不定期跟进小L的思想学习和生活状态，沟通小L的学业导师为小L的专业课学习提供力所能及的帮助，助力小L完成学业。

（4）经过以上的关怀和帮助，小L开始了正常的学习和生活，最终顺利毕业，而且利用自己的专业特长在生源地找到了一份专业对口、比较满意的工作。

四、经验与启发

（一）时间第一，安全第一

事发现场的老师、同学要第一时间处理应急状况，处理伤情，辅导员要第一时间赶到现场并掌握情况，第一时间确保学生的安全，第一时间向分管领导汇报情况，第一时间联系各方力量及时处理。在这个危机事件中，学生发生了自伤情况，务必让最近的人包括辅导员、班主任、班级相关同学及相关的后勤医护人员第一时间赶到现场，立即对学生进行救治和处理，确保人员的安全。如果有其他严重的情况发生还要考虑学校的武装部、警察及急救人员介入，安排救护处理。

（二）了解详情，依规处理，逐级上报

保护大学生的生命安全是全社会的责任。《高等学校辅导员职业能力标准》要求辅导员在现场处理完紧急情况确保学生安全后，要第一时间形成汇报材料，将事情的发生时间、地点、人员、发生的详细情况、事情的现状、已经处理的结果与将采取的进一步措施立即向分管领导汇报，确保信息沟通顺畅，在需要更高层级领导定夺的情况时，能够掌握第一手信息并做出合理安排。

（三）注重隐私与舆情管理，缩小影响范围

在处理危机过程中除了必要人员，务必将知情及参与人员限定在最小范围内，防止有过多敏感信息外泄，影响当事人的情绪、心理及后期应对。在危机发生后要第一时间关注知情人群的网络言论，在第一时间与相关人员强调舆情管理的要求，防止引起网络舆情的进一步发酵，甚至发生次生校园舆情危机。

（四）建立危机小组，加强后期关注

在危机发生的时候，多数情况下现场的同学可以开展一部分先期处理工作，且在危机处理后，对于危机同学的关注及后期状态跟进要做好安排，发挥好信息员和联络员的作用。

参考文献

[1] 李富民.新时代研究生情感危机应对体系建设与情感教育路径探析[J].公关世界,2022(14):82-84.

[2] 胡栎.初中生家庭教养方式对社会情感能力影响的实证研究[J].现代教育,2023(08):34-41.

[3] 陈红梅.大学生情感危机及影响因素研究[J].高校辅导员,2012(02):45-49+75.

[4] 谢剑媛,李英林.价值观变迁中的大学生友情观引导策略探析[J].高教学刊,2021(07):52-56.

[5] 李曼.新媒体时代大学生的情感危机与电影化解途径[J].湖北开放职业学院学报,2022,35(10):144-146.

[6] 曹梦瑶,刘甜甜.大学生情感危机分析与干预防控:由两起情感危机案例引发的思考[J].产业与科技论坛,2022,21(05):257-260.

[7] 张晓.高职生的恋爱情感危机及其教育研究[J].大学(研究版),2020(08):42-43.

[8] 郭丽丽.在校大学生情感危机预防机制研究[D].呼和浩特:内蒙古大学,2019.

[9] 王维勤.浅析网络社交对人们"三观"的影响和对策[J].法制博览,2016(17):324.

[10] 李建忠,熊桂梅.浅析新时期师生关系问题成因[J].科学咨询(科技·管理),2013(05):42+77.

[11] 胡燕.从对话走向和谐:大学课堂师生关系的危机与转向[J].商场现代化,2009(09):390-391.

[12] 王光英,杨开武,彭兴明.基层医院医患危机分析和对策[J].中外妇儿健康,2011,19(06):522.

[13] 娄跃.医患危机管理体系研究[J].呼伦贝尔学院学报,2014,22(04):31-35.

[14] 软件工程师编辑部.2011年职场生存八大危机[J].软件工程师,2011(Z1):44-46.

第七章
财产安全危机的预防与处置

"人民的安全,乃是至高无上的法律。"《中华人民共和国民法典》(以下简称《民法典》)不仅广泛确认了各类主体的财产权,以满足人们的物质生活需要,还广泛确认了人身权,以满足人们的精神生活追求。《民法典》不仅紧扣财产权的突出问题,还完善了财产权制度,如明确了住宅建设用地使用权自动续期规则、增设居住权等,从而建立了财产权保护的长效机制,为人们确立财产权的稳定预期提供了根本保障;同时,《民法典》人格权的编写还强化了对个人生命、身体、健康等各项人身权益的保护,有力地维护了个人的人身

7-1 文章
如何防范个人
财产安全

安全。自《民法典》实施以来,我国财产权保护、人格权保护、知识产权保护、生态环境保护等重点领域的工作不断加强,我们每个人的合法财产权益也因此得到了保护。人民法院切实贯彻实施《民法典》,加强对生命健康、财产安全、交易便利、生活幸福、人格尊严等权利的保护。本章介绍财产安全危机的主要类型及其原因,以及财产安全危机的预防和处置。

第一节 财产价值形态的历史生成与演进

财产,作为人类生活的重要物质基础,其物理形态和价值形态在历史长河中发生了深刻变迁。时至今日,财产、自由、秩序、安全已成为基本的法律价值,相互之间的冲突与耦合成为人类生活的重要价值表现。

一、历史形态:"物""财物""财产"的观念演进

人类生活,既具有现实维度,也具有历史维度。在历史演进过程中,人们对外界事物的认知和理解,尤其是这些"物"对人类生活意义的认知和理解不断深化。从"物"到"财物"再到"财产"的历史变迁,展现了人类财产观念的演进与变化。

以野生动物为例。在人类生活早期阶段,野生动物作为人类的食物而存在。在此阶段,野生动物即为自然之"物"。人们从野生动物身上获得皮毛,或直接将野生动物作为食物,其"物"的功用性在于满足人们的衣食之需。在此种情形下,人们将动物作为物理形态的

"物",而没有作为财产或"财物"保存、经营或交换。当人类发展到农耕时代,将马、牛等动物驯化为家畜时,这些动物作为农耕文明生活必需的生产或生活工具,具有较为显著的财物价值,其重要表现是人们开始认识到这些"物"具有不可替代的价值及稀缺性。人们开始有财产意识,萌生财产观念,开始刻意保护自己的财物,认为这些财物是自己的重要资产,他人非对价不可无偿获得或者不可侵犯。

货币的出现彻底改变了人类的财产形态。人类文明早期,人们因拥有大量土地和牛、羊等财物而具有群体中的优越地位,但土地的不可移动和牛、羊等的不可保存使财物交易不便,难以安全保存并代际流传。货币的出现改变了这一局面。当人们将土地和牛、羊等财物转化为货币以后,金银及其他形式的货币使人们树立了牢固的财产观念——即财产是既具有价值又具有稀缺性,可被自身安全占有并可变换为其他任何类型生活利益的垄断性与独占性的个人利益,如图7-1所示。

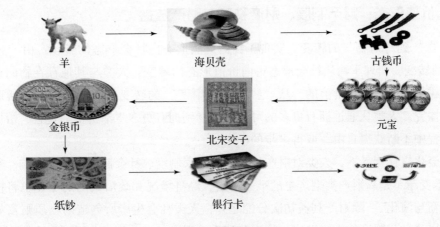

图7-1 货币的变迁

货币作为财产的重要物理形态,已经成为价值的符号,成为衡量或转化各种利益的重要工具。通过货币衡量价值,不仅具有经济意义,还具有社会意义和法律意义。无论是直接将货币作为侵害对象的犯罪,还是污染环境、破坏生态等非侵害私人财产的犯罪,都将犯罪后果评价为对人们生活利益的侵害。以货币价值标识人们生活利益受侵害的程度也已经非常普遍。

二、价值抽象:从"一般等价物"到"无差别的人类劳动"

马克思认为,货币的本质是一般等价物,商品的本质是无差别的人类劳动。上述经典论断对于认识"物""财物""财产"的差别及其历史演进规律具有重要意义。货币的本质是一般等价物,表明货币具有交换价值,是衡量其他物的价值标尺。货币可以购买或交换其他财物,待交易或交换的物在此场景下被定义为商品。而商品中凝结着无差别的人类劳动,劳动创造财富和价值,"物""财物"与"财产"中凝结了人类的劳动从而具有了价值,使财产的本质与人类的劳动实现了价值关联。

虽然财富或财产的分配与社会制度紧密相关，但财产的确立与无差别的人类劳动具有价值关联，使通过劳动和合法分配所拥有的财产合法地被拥有或占有时，具有了价值、道德和法律上的正当性。从而，财产秩序虽由国家制度构建，但财产秩序的价值根基在于无差别的人类劳动，这是人类财产秩序保持稳定或法律上具有正当性的道德根基。

以自然资源领域分析为例。人们根据朴素的生活认知认为，矿产、森林、野生动植物等自然资源，是大自然对人类的馈赠，天然地成为人们的生产或生活资料。但现代经济学认为，开发利用这些自然资源，仍会耗费人的体力、脑力，需要发明相应的开发与利用技术，方能将这些矿产、森林、野生动植物等自然资源转化为对人们生活具有意义的矿产品、动植物制品或林产品等。可以说，人类的无差别劳动改变了物的自然形态，从而使物具有了财产的价值形态，正因这些物具有价值才具有稀缺性从而具有财产属性，成为法律机制可以调控的法律上的"物"。

三、价值形态：财产制度、财产秩序与财产法益

由"物"到"财物"的转变，实现了物的自然形态向社会形态的转化；由"财物"到"财产"的转变，实现了物从社会形态再向价值形态的转变。人类与其他存在物的根本区别在于人类在根本上是追求价值的。从"物"到"财产"的转变表明了人类对生活形态与生活本质的探究。人类从通过拥有更多的可使用的物到拥有更多生活价值的过程，恰恰是人类在发展过程中不断获得自由、取得进步的标尺。

在社会化生存背景下，人类对财产的拥有被国家制度、社会制度等深度影响。有学者认为，"技术变革不是新财产类型产生的唯一动力，经济境况和政治氛围的变化也将推进财产制度的创新与演化"。除财产利益初次分配之外，人类社会生产所创造的物质财富如何进行二次分配也是财产制度的重要组成。初次分配重效率，二次分配重公平，财产制度或财产秩序是由国家的调控机制形成的。民法、社会法、经济法等参与财产秩序的生成，进而塑造出财产利益的法律形态。

财产成为可被法律机制保护与实现的法益，是由整体法治机制的塑造而形成的。财产被标识是财产可被法律机制保护的前提。在此机制下，由《民法典》将所有财产标识为各类物权、债权及知识产权等，对已被标识的财产建立所有权制度及流转制度，保障财产可以被合法且稳定地占有、使用、收益及分配，并使财产在法律机制范畴内可以被租借、出让、担保或赠予等，也是财产法益得以实现的重要保障。同时，当物的财产法益被侵害时，可救济的恢复机制也构成民法机制的重要组成。因此，稳定的、具有效能的民法及民事救济机制的存在是财产法益得以实现的重要法治基础。

第二节　侵犯财产罪的类型

侵犯财产罪，是指以非法占有为目的，非法取得公私财物，或者挪用单位财物，故意毁坏公私财物以及拒不支付劳动报酬的行为。《中华人民共和国刑法》分则第五章规定了抢劫

罪、盗窃罪、抢夺罪、聚众哄抢罪、诈骗罪、侵占罪、职务侵占罪、挪用资金罪、挪用特定款物罪、敲诈勒索罪、故意毁坏财物罪、破坏生产经营罪和拒不支付劳动报酬罪 13 种具体的侵犯财产罪。如图 7-2 所示,侵犯财产罪分为三大类型:取得型、毁弃型与不履行债务型的犯罪。取得型犯罪是指不法取得财产的犯罪(如抢劫罪、盗窃罪、抢夺罪、诈骗等);毁弃型犯罪是指毁弃财产价值的犯罪(如故意毁坏财物罪、破坏生产经营罪等);不履行债务型犯罪是指拒不支付劳动报酬罪。取得型犯罪是侵犯财产罪的重点,最常见的侵犯财产罪为抢劫罪、盗窃罪、抢夺罪、诈骗罪及侵占罪。

7-2 文章
什么是侵犯财产罪?
侵犯财产罪的种类?

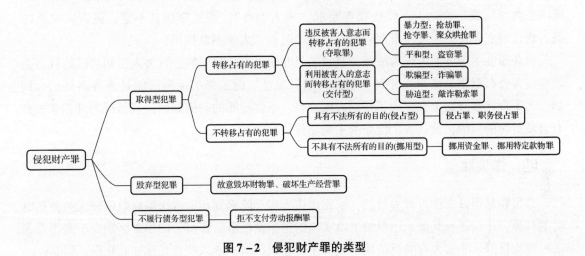

图 7-2 侵犯财产罪的类型

一、抢劫罪

抢劫罪是侵犯财产罪领域常见多发的罪行,是指以非法占有为目的,对财物的所有人或保管人使用暴力或胁迫等方法,强行将公私财物抢走而构成的犯罪。该罪的手段行为与其他财产性犯罪(如敲诈勒索罪、抢夺罪等)的手段行为类似或存在竞合。

抢劫罪的手段行为通常表现为暴力,即对被害人实施物理上的侵害,如果暴力行为未造成被害人生命和健康损害,即使行为人取得财物,该行为也不属于抢劫罪的手段行为。但是,如果暴力行为造成被害人受伤,即使没有取得财物,该行为也属于抢劫罪的手段行为,构成抢劫罪。抢劫罪的手段行为还可以表现为胁迫,胁迫一般是指以暴力相威胁。

二、盗窃罪

盗窃罪是指以非法占有为目的,窃取财物数额较大的财物,或多次盗窃、入户盗窃、携带凶器盗窃、扒窃财物的行为。盗窃是最古老的犯罪罪名之一,何为盗窃?《说文解字》中认为,"盗"本义为因贪婪而取得他人器皿中的食物,而"窃"是一种盗,是盗的特殊形式,二者是种与属的关系。现代立法中盗窃是密不可分的整体。

简单来说,盗窃罪就是在明知自己非所有人的情况下,用不合法的手段秘密取得他人财物,达到较大数额或多次、入户、携带凶器等行为。随着经济和社会的发展,移动支付的兴起,携带现金的人数越来越少,小偷也逐渐消失。但还是有一些好逸恶劳,喜欢挣"快钱"的人铤而走险。

三、抢夺罪

抢夺罪侵犯的客体是公私财物的所有权。与抢劫罪不同,抢夺罪只侵犯公私财物的所有权,而不危害人身安全,属单一客体。抢夺罪是公然夺取,"公然夺取",是指采用可以使被害人立即发觉的方式,公开夺取其持有或管理下的财物。"公然"表明行为明目张胆,不限于公共场所或当着众人。传统观点要求"乘人不备",即抢夺出其不意,被害人没有防备;修正观点是被害人可以事前防备,但抢夺时被害人来不及抗拒。

抢夺罪在主观方面表现为故意,其目的是非法占有公私财物。行为人明知自己的行为会发生侵害公私财物的结果,并且希望这种结果发生。而抢夺的动机可能是多种多样的,例如,为了自己享有而抢夺,为了帮别人而抢夺。不管犯罪的动机如何,只要行为具有非法占有公私财物的目的,就具备了抢夺的主观要件。

四、诈骗罪

诈骗罪是指以非法占有为目的,采用虚构事实、隐瞒真相的方法骗取数额较大的公私财物的行为。诈骗罪与其他采用欺骗手段实施的犯罪及民事欺诈行为的根本区别在于是否以非法占有为目的。非法占有的目的属于人的主观意识范畴,难以被直接感知和把握。但是,一个人的主观意识会通过其言行表现出来。

诈骗罪侵犯的客体是公私财物的所有权。有些犯罪活动,虽然也使用欺骗手段,甚至也追求某些非法经济利益,但因侵犯的客体不是或不限于公私财产所有权,不构成诈骗罪。例如,拐卖妇女、儿童的,属于侵犯人身权利罪。

五、侵占罪

侵占罪是指以非法占有为目的,将代为保管的他人财物或他人的遗忘物、埋藏物非法据为己有,数额较大且拒不退还或拒不交出的行为。侵占罪的客体是公私财产的所有权。犯罪对象可以是动产和不动产;可以是有体物,也可以是电力、煤气、天然气等无体物。侵占行为的突出特点是"变合法持有为非法所有",即行为人已合法持有他人财物,是构成侵占罪的前提条件。"持有",是指对财物事实上的控制或支配状态,包括存放在自己家中或行为人能够控制的其他地方。"合法持有",则是指以合法的方式,取得对他人财物暂时的占有权,但无处分权。

侵占罪的主观方面是直接故意,即明知自己合法持有的是代为保管的他人财物或是他人的遗忘物、埋藏物,以非法占有为目的,拒不退还或拒不交出。若无非法占有的目的,只因某种原因一时不能退还或者不能交出而引起纠纷的,不构成侵占罪。

六、罪行的区分

(一) 抢劫罪、抢夺罪和盗窃罪

"压制反抗,强行取得财物"的,成立抢劫罪;"直接夺取他人紧密占有财物,具有导致伤亡的可能性"的,成立抢夺罪,否则成立盗窃罪。盗窃罪常见的情形有调虎离山型、趁其不备型、欺骗借用型。

(二) 诈骗罪和盗窃罪

诈骗罪和盗窃罪的区分在于被害人是否基于认识错误处分财物。换句话说,盗窃罪缺少诈骗罪的第三步,即基于认识错误而处分财物。其中包含两个要件:第一,客体处分行为方面。被害人交付财物时是诈骗罪;被害人没有交付财物,但行为人取得财物时是盗窃罪。第二,主观处分意识方面。被害人意识到将自己占有的财物转移给行为人占有。

(三) 盗窃罪和侵占罪

盗窃罪是变他人占有为自己所有,侵占罪是变自己占有为自己所有,区分是财物占有人的改变。这里的占有是肉眼无法辨别的,例如,机场的募捐箱,虽然无人看管,但仍然是机场占有,偷盗财物构成盗窃罪,不是侵占罪。

财产犯罪对国家、公民和法人等为主体的利益具有侵害或威胁,其本质上是对以公民生活为核心的安全、秩序、利益等具体法益的侵害或威胁。于公民个人而言,财产安全的实现既需要自身履行对财产的妥善保管与审慎经营义务,也有赖于国家对威胁财产安全行为的惩治。实践中存在的因追求超出银行同期利率的利润而将自己的资金借贷给具有风险的网络平台,最终造成资金损失的案例,即存在公民个人对自身财产安全保障义务履行不足的情形。刑法虽可以惩治非法吸收公众存款罪等方式惩罚发起非法吸收公众存款行为的个体,但公民个人因此而造成的资金或财产损失,不属于国家在民法上必须恢复的法益。公民个人疏于对自我财产安全的管理和保护,从而造成财产损失的,国家可豁免对公民个人财产安全保障的民事义务,而仅以维护财产秩序和社会秩序等确定该领域的刑事政策,并在此刑事政策下成比例地惩治相关的犯罪活动。侵犯财产罪的类型举例如表7-1所示。

表7-1 侵犯财产罪的类型举例

侵害财产罪的类型	表现	典型案例
抢劫罪	抢劫罪的手段行为通常表现为暴力,即对被害人实施物理上的侵害,如果暴力行为未造成被害人生命、健康损害,即使行为人取得财物,该行为也不属于抢劫罪的手段行为	黄某因毒瘾发作无钱购买毒品,以借用卫生间为由进入被害人邓某家中。黄某向邓某借钱遭拒后,拿出随身携带的水果刀威胁邓某交钱,邓某不从,黄某随即持刀割其颈部,致其右颈总动、静脉断裂大失血休克死亡。黄某劫得现金约350元及钱包等财物后,逃离现场

续表

侵害财产罪的类型	表现	典型案例
盗窃罪	盗窃罪就是以非法占有为目的，用不合法的手段秘密取得他人财物，达到较大数额或多次、入户、携带凶器盗窃等行为	2010年6月中旬某日，被告人钟某到上海市找被害人陈某时，在店内办公桌抽屉里发现陈某的农业银行借记卡1张，遂起意并窃得该卡。同月22日上午，钟某持该卡至上海老凤祥银楼，通过猜配密码刷卡并在签购单上冒充陈某签名的方式，购得"千足金回购金条"3根，消费金额共计人民币128 512.5元。而后，钟某将金条予以销赃，得款用于归还其所欠货款。同月27日，钟某被抓获归案。同月30日，钟某在其家属帮助下退还了全部赃款
抢夺罪	在主观方面表现为故意，其目的是非法占有公私财物且不危害人身安全	2006年6月29日晚10时许，张某在县城二环路骆集路口见一背包妇女周某，顿起歹念，随即快步走到周某身前，说："快把包拿过来！"周某立即抱住背包，张某见状从怀里掏出一把匕首，一手夺包，一手持刀向周某身上刺，周某随即躲闪，同时吆喝"救命"，张某一下慌了，夺下周某的背包逃跑。包内有现金400元、购物卡2张（价值200元）及口红等财物。逃跑后张某走到一空地时将匕首及背包丢掉，现金及购物卡据为己有
诈骗罪	是指以非法占有为目的，采用虚构事实、隐瞒真相的方法骗取他人数额较大公私财物的行为	谢某丰、谢某骋系堂兄弟，二人商议在河北省兴隆县推销假冒保健产品。2012年10月至2013年7月，谢某丰、谢某骋利用从网络上非法获取的公民个人信息，聘用多个话务员，冒充中国老年协会、保健品公司工作人员等身份，以促销、中奖为诱饵，向老年人推销无保健品标志、未经卫生许可登记的"保健产品"。两人共销售3 000余人次，涉及全国20多个省份，涉案金额共计1 886 689.84元

第三节　公共场所财产安全常识

一、在图书馆怎样防盗

（1）严格遵守图书馆的规章制度。现在各高校图书馆都有内部规定或专门的防盗制度（如财物保管制度等），遵守图书馆的规章制度，有利于保持图书馆的有序、整洁，对于预防盗窃也有着重要的作用。

（2）不要将衣服随意搭在椅子上，特别是装有现金或贵重物品时，以防盗贼顺手牵羊。

（3）在公共阅览室里，不可将贵重物品、现金随意放在桌上和椅子上，做到现金、贵重物品不离身。

（4）暂时离开时，应将现金、贵重物品带走或交同伴代管，且离开的时间不宜过长。

（5）不可用书、衣服等物品"占位"。这种行为是缺乏公德的，同时也是非常危险的。因此行为而发生的盗窃案在图书馆被盗的案件中占了很大比例。

二、在体育场所怎样防盗

（1）不携带过多现金和贵重物品，这样可以避免或减少损失。

（2）有保管处的，应将物品交由保管处保管。若无保管处，应将物品集中置于显眼处由专人看管或轮流看管，不要随意乱放。

（3）对形迹可疑的人应提高警惕。对于东张西望、只注意别人物品或在物品周围徘徊的人，要特别注意，必要时可上前询问，但态度应热情。

（4）离开前应清点物品。这样不仅可以避免遗漏物品，还可在物品被盗或丢失时，能及时报告保卫部门，有利于保卫部门迅速组织人员进行围堵，捉获盗贼，找回被盗物品。

三、在食堂怎样防盗

（1）排队（特别是刷卡）时，应注意周边环境，提高警惕。背着书包的同学应注意身后的变化，以防有人浑水摸鱼。

（2）不要将随身物品随意置于身旁、身后，离开时应把物品带走。

（3）不要将饭卡随手置于桌上，饭卡最好加上密码，必要时设置最高消费额。

（4）若发现饭卡丢失，应立即到食堂挂失。

四、逛街购物时怎样防盗

（1）尽量少带现金，不要露财。

（2）不要将背包和手袋背在背后，也不要将钱放在后裤兜中。

（3）试衣时，要将背包和手袋交由同伴照管或随时掌控在自己手中。

（4）在超市购物时，不要将包或衣物放在手推车或篮子里，以防在不注意时被拎包。

(5) 在外就餐时，将背包和手袋放在自己能照看到的地方。

(6) 遇到热闹时，不要光看热闹而疏忽了自己的财物。

(7) 避开"黏"在身边的陌生人，如果在街上不小心被人撞了一下，要及时查看财物。

五、在公交车上怎样防盗

(1) 不要挤在车门口，注意碰撞你的人及紧贴你的人。

(2) 坐在双人座上时，要注意同座位或后座人的第三只手。

(3) 对一些手持衣服、报纸、杂志等物品的人多加留意，防止在这些东西遮掩下的盗窃行为。

(4) 最好一只手扶横杆，另一只手保护随身携带的提包或背包。

(5) 备好坐车的零钱，尽量不要在公共场所翻钱包，以免引起扒手的注意，尾随作案。

六、银行存取钱时怎样防盗

(1) 最好能与人同去，一个人在柜台前办理存取钱手续，其他人在后面照应。

(2) 取钱时，遇到不明白的事情，应向银行工作人员询问，避免与周围的陌生人搭讪。

(3) 输入密码时，用手臂等部位挡住其他人的视线。

七、在旅途中怎样防盗

(1) 钱分两处放。随时需要用的小额现金放在取用方便的外衣兜里，大额现金放在贴身的隐秘之处。

(2) 旅途中不要与新结识的伙伴谈起与钱有关的事情。

(3) 睡觉时要把装钱的包放在妥善之处，如放在身下、枕于脑后等。

(4) 夏天坐火车或汽车时，不要把包放在离车窗很近的地方。因为夏天的车窗往往开着，当车停靠车站时，窗外的人很容易顺手牵羊把包偷走。

第四节　财产安全危机的预防与处置

一、财产安全危机的预防

预防财产损失需要从多个方面入手，包括保护家庭财产安全、选择合适的保险、及时报案、建立应急预案和保持警惕等，如图7-3所示。只有做好充分的预防措施，才能最大程度地避免财产损失的发生。

（一）保护家庭财产安全

家庭财产的损失往往与盗窃、抢劫等犯罪活动有关。为了保护家庭财产安全，可以采取以下措施。

图 7-3　财产安全危机的预防措施

（1）加强财产安全预防，例如，定期更换密码、不将所有财产集中放置在同一地方、安装防盗门窗等。

（2）避免将家庭财产信息泄露给不必要的人，例如，不要随意告诉他人银行卡号、密码等敏感信息。

（3）尽量避免将家庭财产存放或展示在公共场合，以免引起不必要的注意。

7-3　文章+视频
保护财产安全，"小金库"or"无底洞"

（二）选择合适的保险

选择合适的保险可以为家庭财产提供安全保障，如房屋保障、汽车保险等。在选择保险时，需要根据自己的实际情况和需求进行选择，并了解保险的保障范围和具体条款。

（三）及时报案

如果不幸发生盗窃、抢劫等犯罪活动，应及时报案并向警方提供尽可能多的信息，以便警方能快速破案。同时，向保险公司报案，以便获得相应的理赔。

（四）建立应急预案

为了避免在紧急情况下无法及时处理财产损失问题，建议建立应急预案。例如，事先与邻居协商好紧急联系方式，以便在发生问题时能够及时联系对方。

（五）保持警惕

预防财产损失需要时刻保持警惕，特别是在公共场所、陌生环境等情况下。如果发现可疑人员或情况，要及时报警或寻求帮助。

二、财产安全危机的处置

保障财产安全需要从多个方面入手，包括建立良好的安全意识、定期进行财产安全检查、合理规划家庭财务、选择信誉良好的金融机构、了解相关法律法规、建立应急预案和寻求专业帮助等。只有做好充分的预防措施，才能最大程度地保障自己的财产安全。

（一）建立良好的安全意识

时刻保持警惕，对于可能存在的安全风险有清醒的认识，并采取相应的预防措施。例如，不在公共场合谈论自己的财务情况，不随意将个人信息泄露给陌生人等。

（二）定期进行财产安全检查

定期检查家庭财产安全，例如，检查防盗门窗是否牢固、电器是否老化等。及时发现并解决安全隐患。

（三）合理规划家庭财务

合理规划家庭财务，避免财产损失。例如，不将财产集中放置在同一地方、不将现金放在家中、不将银行卡带在身上等。

（四）选择信誉良好的金融机构

选择信誉良好的金融机构保证财产安全。例如，选择有良好声誉的银行、保险公司等金融机构，避免财产损失。

（五）了解相关法律法规

了解相关法律法规，保护财产安全。例如，了解房屋保险、汽车保险等的保障范围和条款，避免保险公司拒赔或少赔等。

（六）建立应急预案

建立应急预案，及时处理财产损失问题。例如，事先与邻居协商好紧急联系方式，以便在发生问题时能够及时联系对方。

（七）寻求专业帮助

如果需要进一步保障自己的财产安全，可以寻求专业帮助。例如，聘请专业的安全顾问或律师，为自己的财产安全提供更全面的保障。

三、安全防范的常识

（一）防盗

7-4 文章 防范盗窃指南 请注意查收

防盗的基本方法有人防、物防和技防三种。其中，人防是预防和制止盗窃犯罪唯一可靠的方法。物防是一种应用最广泛的基础防护措施；技防则是可及时发现入侵、能够替代人员守护且不会疲劳和懈怠，可长时间处于戒备状态的更加隐蔽可靠的一种防范措施。在学校和家庭防盗工作中，要注意做到以下几点。

（1）随时关窗锁门。养成随手关灯、随手关窗、随手锁门的习惯，以防盗窃犯乘隙而入。

（2）不要随便留宿不知底细的人。不能只讲义气、讲感情而不讲原则。引狼入室将会后悔莫及，这种教训是惨痛的。

（3）发现形迹可疑的人应加强警惕、多加注意。作案人行窃时，往往要找各种借口，例如，找什么人或推销什么商品等，如果稍有松懈，便来回走动、窥测张望、伺机行事，摸清情况、瞅准机会后就撬门扭锁大肆盗窃。

（二）防抢劫

抢劫，是指以非法占有为目的，以暴力胁迫或其他方法将公私财物据为己有的一种犯罪行为。抢夺，则是指以非法占有为目的，乘人不备公然夺取他人财物的一种犯罪行为。这两类犯罪行为都会侵害他人的公私财物所有权，且容易转化为凶杀、伤害、强奸等恶性案件，比盗窃犯罪更具有社会危害性。

（1）案发时要尽力反抗。只要具备反抗的能力或时机有利，就应发起反抗，以制服作案人或使作案人丧失继续作案的心理和能力为目标。

（2）与作案人尽力纠缠。可利用地形和砖头、木棒等足以自卫的武器与作案人形成僵持局面，使作案人短时间内无法近身，以便引来援助者并对作案人造成心理上的压力。

（3）当无法与作案人抗衡时，看准时机向有人、有灯光的地方或人多的地方跑。

（4）麻痹作案人。当处于作案人的控制下而无法反抗时，可按作案人的需求交出部分财物，并采用语言反抗法理直气壮地对作案人进行说服教育，晓以利害，从而造成作案人心理上的恐慌。切不可一味地求饶，应尽力保持镇定，与作案人说笑斗口，采取幽默的方式表明自己交出全部财物并无反抗的意图，使作案人放松警惕，以便自己看准时机进行反抗或逃脱其控制。

（5）采用间接反抗法。乘其不备在作案人身上留下记号，例如，在其衣服上擦点泥土、血迹，在其口袋中装点有标记的小物件，在作案人得逞后悄悄尾随注意逃跑去向等。

（6）注意观察作案人，准确记下其特征，如身高、年龄、体态、发型、衣着、胡须、语言、行为等特征。

（7）及时报案。作案人得逞后，可能会继续寻找下一个抢劫目标，或者在作案现场附近的商店或餐厅进行挥霍。若能及时报案并准确描述作案人特征，有利于有关部门及时组织力量，抓获作案人。

（8）无论在什么情况下，只要遇到抢劫就要大声呼救，或故意大声与作案人说话。

（三）防抢夺

预防抢夺案件的发生，必须注意以下几点。

（1）外出时不要携带过多的现金或贵重物品。

（2）不要炫耀或显露现金或贵重物品。

（3）现金或贵重物品最好贴身携带，不要置于手提包或挎包内。

（4）尽量避免在午休、深夜或人少的时候单独外出。

（5）不要单独滞留或行走在偏僻、阴暗处。

（6）若发现有人尾随或窥视，不要紧张或露出胆怯神态，可回头多盯对方几眼，或哼首歌曲，并改变原定路线，向有人、有灯的地方走。

当抢夺案件发生时，应保持镇定，及时作出反应。

（1）抢劫犯作案后会急于逃跑，可利用这种心理大声呼叫，并追赶作案人，迫使作案人放弃所抢的财物。若无能力制服作案人，可保持距离紧追不舍并大声呼救，引来援助者。

（2）当追赶不及时，看清作案者的逃跑方向和衣着、发型、动作等特征，及时就近到人多的地方请求帮助，并向校保卫部门或治保人员报案。

（四）防诈骗

预防诈骗的措施有以下几种。

(1) 不贪心。不要相信天上掉馅饼的好事。

(2) 不轻信。不要轻信接收的陌生短信、陌生来电等。

(3) 不透露。不要轻易透露个人信息、银行卡号及短信验证码。

(4) 不转账。无论何时,都不要向陌生人、陌生账号转账汇款。

(5) 要下载。下载国家反诈中心 App,开启防诈骗安全保护。

7-5 文章 三大网络诈骗 典型案例

(6) 96110 的电话要接,12381 的短信要看。国家反诈骗预警电话和短信已经上线,如接到电话或收到短信,表示您可能正在遭遇电信网络诈骗,务必保持高度警惕。

在日常工作和生活中,牢固树立防诈骗意识,注意保护个人信息,坚决守牢"钱袋子",不给诈骗分子可乘之机。

第五节 典型案例分析

一、案例一 盗窃案

(一) 案例简介

2020 年 10 月 28 日,祁连县公安局刑警大队接 110 指挥中心指令称,在祁连县八宝镇某小区 19 号楼 3 单元某室,发生一起盗窃案,请出警调查。出警后系报案人王某某放在家中的现金被盗。2020 年 12 月 9 日 18 时 30 分,祁连县居民袁某报警并称其家中昨晚进贼了,请出警调查。经调查,2020 年 12 月 9 日 3 时,受害人加班回到家后发现家中防盗门呈开启状态,家中阳台晾晒的少量衣物被盗,价值约 500 元。

(二) 案例分析

刑警大队在受理以上两起案件之后,对两起案件作案手法、作案特点、作案范围进行排查分析,初步认定两起案件为同一人所为,故作并案侦查。经过调取现场周边的监控,发现案发时段有一名青年男性在案发现场周边活动,有重大作案嫌疑。经排查该男子系有盗窃前科的荆某某,后办案民警将有重大作案嫌疑的荆某某依法拘传至祁连县公安局办案中心接受讯问,经讯问,犯罪嫌疑人荆某某对两起盗窃案的犯罪事实供认不讳,所盗赃款均被荆某某用于个人挥霍。

(三) 案例启示

俗话说,"害人之心不可有,防人之心不可无",本案中两名受害人家中财物被盗,均是因为房门未关闭,为犯罪嫌疑人进入房间留下了可乘之机,犯罪嫌疑人看到房门未关闭遂产生盗窃恶念并进入房间实施盗窃。在日常生活中切莫忽略关门、锁窗等小事,往往这样的小事会造成财产损失,甚至危及人民群众的生命安全。

二、案例二 抢劫案

(一) 案例简介

2020 年 8 月 2 日 10 时许,仰某某到东莞市凤岗镇某中国移动手机店内谎称要选购手机。

期间，被害人张某上前接待仰某某，仰某某提出要购买一部苹果 11 手机，后张某拿来一部苹果 11 手机（iPhone11，128 GB，国行，价值 4 655 元）向仰某某介绍。随后，仰某某借口要验货，遂将上述手机从张某手中拿走后转身向店门口逃跑，张某从后追赶。仰某某逃至附近的人行天桥时被行人绊倒，张某遂上前从仰某某手中拿回被抢手机，后被仰某某推倒在地，致使其左脚扭伤。之后，仰某某从地上拾起手机跑上天桥向金凯悦酒店后逃窜。逃跑途中，仰某某将抢得的手机扔至路边一绿化带内，后仰某某逃至凤岗镇园龙二巷时被公安人员抓获。

（二）案例分析

仰某某以非法占有为目的，乘人不备，夺取他人财物，后为窝藏赃物当场使用暴力致人受伤，其行为构成抢劫罪，依法应予惩处。公诉机关提请以抢劫罪对仰某某定罪处罚。仰某某已经着手实施犯罪，由于意志以外的原因而未得逞，是犯罪未遂，可以比照既遂犯依法减轻处罚。根据仰某某的犯罪情节及悔罪表现，依照《中华人民共和国刑法》第二百六十三条、第二百六十九条、第二十三条、第六十五条第一款、第五十三条的规定，判决被告人仰某某犯抢劫罪，判处有期徒刑 2 年，并处罚金人民币 1 000 元。

（三）案例启示

抢劫是一种极具危害性的犯罪行为，给人们的生活带来了极大的恐惧和困扰。对个人而言，个人防范意识是每个人应该具备的一种安全意识，是对自己人身财产安全的重视。只有增强安全意识，提高自我保护能力，才能减少抢劫案的发生。对于日常生活中的安全隐患，我们应该保持警惕，同时避免孤身外出，不随便暴露自己的隐私。

参考文献

[1] 白忠锋. 网络电信诈骗案件的侦查困境及破解路径分析 [J]. 法制博览, 2023, (29): 88 - 90.

[2] 王芳凯. 电信网络诈骗中人头账户提供者的刑事责任认定路径 [J]. 中国应用法学, 2023, (05): 190 - 198.

[3] 向静, 刘亚岚. "杀猪盘" 电信诈骗犯罪的心理控制机制剖析 [J]. 中国人民公安大学学报（社会科学版）, 2021, 37 (04): 1 - 10.

[4] 于敏, 黄松涛, 章展云. 个人账户如何防范电信网络诈骗 [J]. 中国金融, 2023, (16): 63 - 64.

[5] 赵雷, 陈红敏. 电信诈骗中青年受骗的影响因素和形成机制研究 [J]. 中国青年社会科学, 2022, 41 (03): 102 - 112.

[6] 王玲玲, 郑振宇. 电信网络诈骗治理的疏与堵 [J]. 中国金融, 2023, (05): 103.

[7] 稀有金属与硬质合金编辑部. 践行社会责任，全民防范电信诈骗: 电信诈骗的类型 [J]. 稀有金属与硬质合金, 2021, 49 (02): 90.

[8] 常存彪. 高校辅导员应对新型网络诈骗策略研究 [J]. 辽宁师专学报（社会科学版），

2022，(03)：138-140.

[9] 叶宁，赵云."冒充公检法"诈骗中犯罪嫌疑人的身份建构：社会符号学视角 [J].浙江工商大学学报，2022，(02)：17-27.

[10] 裴炳森，李欣，吴越.基于 ChatGPT 的电信诈骗案件类型影响力评估 [J].计算机科学与探索，2023，17（10）：2413-2425.

[11] 孙建光.浅谈当前形势下电信网络诈骗犯罪治理 [J].信息网络安全，2021，(S1)：30-33.

[12] 罗文华，张耀文.基于贝叶斯网络的电信网络诈骗受害人特征分析 [J].信息网络安全，2021，21（12）：25-30.

[13] 孙少石.电信网络诈骗协同治理的制度逻辑 [J].治理研究，2020，36（01）：100-113.

[14] 张明楷.论盗窃财产性利益 [J].中外法学，2016，28（06）：1405-1442.

第八章

知识产权安全的类型与处置

党的二十大报告指出:"必须坚持科技是第一生产力、人才是第一资源、创新是第一动力,深入实施科教兴国战略、人才强国战略、创新驱动发展战略,开辟发展新领域新赛道,不断塑造发展新动能新优势。"这充分体现了科技创新在我国高质量发展和现代化建设中的重要地位,然而,与科技创新休戚相关、相生相依,共同为高质量发展提供源源不断动能的是知识产权。知识产权保护是国家安全的战略屏障。关键核心技术是国之重器,也是战略安全力量。只有把关键核心技术掌握在自己手中,才能从根本上保障国家经济安全、科技安全和其他安全。推动创新发展,实现高水平的自立自强,都离不开知识产权保护。只有严格保护知识产权,才能有效保护我国自主研发的关键核心技术、有效突破产业瓶颈、防范化解重大风险。知识产权保护推动着以科技创新为主导的市场经济持续累积增长,有利于整个国家的经济发展与安全、科技发展与安全和其他发展与安全。中共中央、国务院发布了《知识产权强国建设纲要(2021—2035年)》(以下简称《纲要》),目标就是全面提升知识产权创造、运用、保护、管理和服务水平,力争到2035年,基本建成中国特色、世界水平的知识产权强国。本章介绍了知识产权的类型,并指出知识产权所面临的危机也就是侵权行为的现状、特征等;倡导不同主体去传播知识产权意识,以达到预防知识产权危机的作用;面临不同侵权情况时,应提出不同的处置办法。

第一节 知识产权的概念与类型

一、什么是知识产权

知识产权(Intellectual Property,原意为"知识(财产)所有权"或"智慧(财产)所有权"),又称智力成果权,是指人们就其智力劳动成果所依法享有的专有权利。通常是国家赋予创造者对其智力成果在一定时期内享有的专有权或独占权。其本质上是一种无形财产权,它的客体是智力成果或者知识产品。知识产权属于民事权利,受国家法律保护,包括但不限于著作权(版权)、专利权和商标权,其中专利权与商标权也被统称为工业产权,本节主要介绍与个人联系密切的著作权、专利权和商标权。

8-1 视频
什么是知识产权

（一）著作权

著作权，又称版权，是指文学、艺术和科学作品的作者及其相关主体依法对作品享有的人身权利和财产权利的总称。受版权保护的作品类型包括小说、诗词、散文、论文、速记记录、数字游戏等文字作品；讲课、演说、布道等口语作品；配词或未配词的音乐作品；戏剧或音乐戏剧作品；哑剧和舞蹈艺术作品；绘画、书法、版画、雕塑、雕刻等美术作品；实用美术作品；建筑艺术作品；摄影艺术作品；游戏作品；电影作品；与地理、地形、建筑、科学技术有关的示意图、地图、设计图、草图和立体作品。

（二）专利权

专利权，是指国家根据发明人或设计人的申请，以向社会公开发明创造的内容，以及发明创造对社会具有符合法律规定的利益为前提，根据法定程序在一定期限内授予发明人或设计人的一种排他性权利。专利权属于知识产权的一种，因此也具有知识产权的特征，即时间性、地域性、无体性和专有性。时间性，是指专利权人对所拥有的专有权只在法定的时间内有效，期限届满后，专利权人对该发明创造就不再享有专有权，原来受法律保护的发明创造成为任何单位或个人都可以无偿地使用的社会公共财富。地域性，是专利权指一般只在授予其权利的国家范围内有效，在其他国家原则上不获得承认和保护。无体性，又称非物质性，是指专利权的客体是智力成果，智力成果不具有物质形态，在客观上无法被人们实际占有。专有性，是指除专利法另有规定外，任何单位或个人未经专利权人许可都不得实施其专利。专有性又称独占性或垄断性。

（三）商标权

商标权是指商标所有人依法对其商标所享有的独占性、排他性的权力。商标权的设立，主要是为了加强商标管理，保护各类商标的专用权，促使生产、经营者保证商品和服务质量，维护商标信誉，以保障消费者和生产、经营者的利益，促进我国市场经济稳定发展。人们提到商标权，多数都指通过注册获得专用权的注册商标。注册商标是指商标管理机构依法核准注册的商标，主要包括商品商标、服务商标、集体商标和证明商标四大类。2022年1月1日起，国家知识产权局不再发放纸质商标注册证，注册人可登录中国商标网获取电子商标注册证。

8-2 图片商标的侵权行为有哪些？千万要避开！

知识产权的类型及典型案例，见表8-1。

表8-1 知识产权的类型及典型案例

知识产权类型	典型案例
著作权	2022年6月，根据举报线索，内黄县文化市场综合行政执法大队和内黄县公安局破获一起在短视频平台直播售卖非法出版物案件，现场查获388本共10个种类的疑似非法出版物，经鉴定均属于图书类非法出版物。据调查，自2019年下半年以来，林某强以牟利为目的，未经著作权人许可，通过购买、印刷店印刷等方式，复制发行多种盗版书籍，并通过短视频平台进行直播售卖。经审计，自2019年11月18日至2022年5月29日期间，林某强通过直播方式销售盗版书籍共15 860笔，累计销售金额2 995 665元。经审理依法判处林某强有期徒刑4年，并处罚金120万元，追缴其违法所得118万元

续表

知识产权类型	典型案例
专利权	美国一个联邦陪审团裁定三星电子公司侵犯了苹果智能手机的设计专利，并判决向后者支付10亿美元。然而，经过三星数年的上诉和审查，陪审团最近重新审查了该案件，并达成一致裁决，将赔偿金额改为5.386亿美元，其中533 316 606美元是因为侵犯了苹果的三项设计专利，530万美元是因为侵犯了苹果的两项实用专利
商标权	2023年9月14日，门源回族自治县市场监督监理局接到"大艺"注册商标所有人江苏大艺科技股份有限公司举报，称刘某某涉嫌销售假冒"大艺"充电式扳手的行为。检查当日，门源县市场监督管理局执法人员对涉案商品采取了扣押的行政强制措施。经查，刘某某从送货上门的流动商贩手中购进的"大艺"充电式扳手，系侵权假冒商品，当事人已构成销售侵犯"大艺"注册商标专用权商品的违法行为。门源县市场监督监理局依据《中华人民共和国商标法》对该店内侵犯商标专用权的商品处以全部没收的行政处罚
地理标志权	吉林市船营区某粮米加工有限公司未经"万昌大米"地理标志证明商标权利人许可，擅自在包装袋正面右上方标注"万昌大米"注册商标，背面标注生产厂家为"吉林市船营区某粮米加工有限公司"进行销售。当事人行为违反了《商标法》第五十七条第（一）项的规定，构成侵权。依据《商标法》第六十条第二款的规定，责令当事人立即停止侵权行为，并对当事人做出行政处罚
植物新品种权	先正达公司系辣椒新品种"玛索"的品种权人。先正达公司发现富泽公司的张某在市场上宣传、销售的辣椒品种"红盾新一代"种子、种苗与享有植物新品种权的"玛索"系同一品种。法院经审理认为，富泽公司未经品种权人许可，以商业目的生产、销售授权品种的繁殖材料，人民法院应当认定为侵犯植物新品种权，张某的销售行为属于职务行为，应由富泽公司承担民事责任，侵犯了植物新品种权，判决富泽公司停止侵权并赔偿经济损失15万元
商业秘密权	某数据信息技术有限公司（简称某数据公司）系房产档案数据数字化系统计算机软件（简称涉案软件）的权利人，其主张涉案软件源代码构成商业秘密。崔某原系某数据公司的软件开发工程师，参与了涉案软件的开发，崔某离职后任职于某技术有限公司。某数据公司主张崔某将涉案软件的源代码披露给某技术公司，某技术公司明知涉案软件源代码为某数据公司商业秘密仍用于开发。法院经审理认为，某技术公司在被控侵权软件中使用了某数据公司涉案软件数据库设计中的数据库表、序列、视图、函数的设置等信息（简称涉案技术信息），违反了1993年施行的《中华人民共和国反不正当竞争法》第十条第一款的规定，侵犯了某数据公司的商业秘密，故判令某技术公司和崔某立即停止侵犯某数据公司商业秘密的行为，连带赔偿某数据公司经济损失及合理支出20万元

二、知识产权的四大特征

(一) 无形性

由于知识产权的客体不是有形的物质，而是智力成果或商誉等非物质性的作品或创造发明等客体，且必须依赖于一定的物质载体而存在，因此无形性也可称为非物质性。一般获得物质载体并不等于享有其所承载的知识产权。另外，转让物质载体的所有权不等于同时转让了其所承载的知识产权；侵犯物质载体的所有权不等于同时侵犯其所承载的知识产权[1]。例如，我们所购的某位作家的出版书籍，该作家的出版书籍可以拆分为两类客体。

(1) 出版书籍的有形物质载体——物权的客体。
(2) 出版书籍中的文字内容——著作权的客体。

购买出版书籍后获得的是所有权，但并未取得出版书籍的著作权，所以不可私自对其内容进行复制、发行等。

(二) 地域性

知识产权只在其依法取得的地域内受法律保护，除非有明确的国际条约、双边或多边协定的特别规定。这是因为知识产权不仅是法定权利，还是一国公共政策的产物，必须通过法律的强制规定才能存在，其中权利的范围与内容与本国各项法律规定有着不可分割的联系。例如，在中国申请的专利权，仅在中国国内发生法律效力[2]；在日本注册的商标权，那么该商标权仅在日本国内发生法律效力。

(三) 时间性

多数知识产权的保护期限是有限的，一旦超过法律所规定的保护期限，权利将自行终止，相关的智力成果也将被纳入公有领域，成为人人都可利用的公共资源。根据《中华人民共和国专利法》规定（见表8-2），发明专利权的保护期限是20年；外观设计专利权的保护期为10年；实用新型专利权和商标专用权的保护期都为10年，其中商标专用权可以申请延续。著作权（自然人作品）的保护期限为作者终生和死亡后50年；著作权（法人作品、视听作品）保护期为首次发表后50年。

表8-2 知识产权保护的期限

知识产权名称	保护期限	是否可续期
发明专利权	20年	否
实用新型专利权	10年	否
外观设计专利权	10年	否
商标专用权	10年	可
著作权（自然人作品）	作者终生和死亡后50年	否
著作权（法人作品、视听作品）	首次发表后50年	否

（四）专有性

专有性是指知识产权为权利主体所独有，未经知识产权人许可或法律特别规定的，权利人之外的任何人都不得拥有或使用知识产权的专有权利，否则将构成侵权。

三、知识产权的作用

（一）激励创新

保护知识产权可以激励创新者，因为他们可以从自己的成果中获得一定的回报，这也使创新者愿意投入更多的时间、资金和精力去研究和开发新产品、新技术和新服务。同时，对知识产权的保护和营造的良好创新环境也鼓励企业和创新者进行跨领域的合作和创新，从而推动技术的进步和经济的发展。

8-3 视频
知识产权的作用

（二）保护创造者的权益

对知识产权进行保护，可以保障创造者的权益不受侵犯，使创新者和发明家可以享有自己成果的专有权利。这样可以鼓励更多的人进行创新研究，从而带来更多的发明和创新，推动经济和社会的发展。

（三）推动经济发展

如果知识产权得到保护，企业将更容易发挥其创新能力，投资研究与发展，从而提高其产品或服务的质量，降低成本，并提高市场占有率。这将刺激竞争，促进更多的投资和创新，从而在更广泛和深刻的层面上推动经济发展。此外，加强知识产权保护工作也有助于吸引国外投资和技术转移，为国家经济发展和国际合作创造更好的环境。总之，知识产权保护对经济发展至关重要，需要加强保护措施，提高人们对知识产权的认识和重视。

（四）保护消费者权益

对知识产权进行保护，能够保障商标、专利、版权等的合法性，防止侵权行为的发生，维护市场的秩序，保护消费者的知情权和选择权。同时，消费者需要明确产品的来源和质量，遵守市场规则，不盲目购买低价、假冒、仿制的产品，确保自身的安全和权益。保护消费者权益是社会治理的重要部分，需要政府、企业和个人共同努力，树立诚信意识，营造法治环境。知识产权制度的实质是对知识产权的创造者与所有者、创造者（所有者）与传播者、创造者（所有者）与使用者、创造者（所有者）与其他公众之间利益平衡的协调。

第二节　知识产权侵权问题

随着社会媒体的兴起，侵犯知识产权的现象屡见不鲜，一些不法分子盗用知识产权人的智力成果并利用盗取的智力成果获取利益，这样会造成知识产权所有者的利益减少，无法实现利益最大化，严重打击知识产权人的创造积极性。这一事态的发展，不利于激励更多的创造者通过不断创新，创造出有价值的成果来服务于社会，服务于人民。

一、知识产权侵权行为的概念

知识产权侵权行为是指未经权利人许可,又无法律根据,擅自上传、下载、在网络之间转载或以其他不正当的方式行使由权利人享有权利的行为,主要分为以下四个方面(见表8-3):下载,通过网盘或其他途径免费下载享有著作权的付费"资源";传播,未经权力人许可进行转载,或直接分享传播其他用户设置的盗版"资源"的链接;使用,未经授权擅自使用他人拥有著作权的作品,例如,对原作品进行二次创作而不构成合理使用条件(合理使用条件包括具有独创性、引用内容具有合法性、获得途径不构成侵权等);抄袭、剽窃,即复制粘贴他人论文、以个人名义发布他人文章、抄袭他人创意等。

8-4 视频
知识产权
侵权类型

表8-3 知识产权侵权行为的相关问题

侵权类型	具体问题	详细说明
下载	免费图片就等于免费商用?免费下载就等于免费使用?	网络上现在很多大型的图片网站,很多人认为可以免费使用,不小心就掉坑里了。网络上的免费下载或会员下载,并不意味着能给你免费商用!使用前需谨慎,看清条款,合法获取授权再使用。如某素材网站上的《知识产权声明》:用户下载本网站上的作品,只应在学习、交流、分享的范围内使用,不得用于任何商业用途的范围。同时,用户应自觉遵守著作权法及其他相关法律的规定,不得侵犯本网站及权利人的合法权利
传播	如果别人未经允许,擅自使用我的画作进行公益宣传,是否侵权?	法律规定,国家机关为执行公务在合理范围内使用已经发表的作品,或对室外公共场所的艺术作品进行临摹、绘画、摄影、录像等不需要著作权人许可,这是受到严格的法律限制的。简言之,如果他人仅以"公益宣传"为由,就擅自对外使用你的作品,且并非属于法律规定非经许可可以使用的情形,在不具备其他法定免责事由的情况下,是构成侵权的
使用	别人未经允许,擅自使用我的画作为公众号的文章配图,并接受打赏,我该怎么做?	未经许可,擅自使用他人的画作为公众号的文章配图的做法,属于典型的侵犯美术作品著作权中信息网络传播权的行为。可以根据具体情况,要求侵权方承担停止侵害、消除影响、赔礼道歉或赔偿损失等民事责任
抄袭、剽窃	商业比稿中,我的比稿落选,但甲方依然直接使用了我的作品,我该怎么做?	这种情况,可以理解为甲方未经你的许可,擅自使用了你的作品。所以,仍然可以按照常规的维权流程进行处理,但需要注意的是,甲方的行为可能同时涉及违约,可以查阅双方比稿前签署的合同,或是活动邀请、通知、章程等文件,比较何种措施可以更好地维护己方权益

续表

侵权类型	具体问题	详细说明
抄袭、剽窃	他人未经我的允许，擅自使用我的画，或是使用我的创意，是否一定构成侵权？	法律所保护的作品需要具备两个特征：一是独创性；二是可复制性。独创性是指，诉诸法律所保护的画，必须有不同于他人、不同于公众领域或自然万物的创意点。可复制性是指，以印刷、复印、翻拍等方式将作品制作成一份或多份。创作者往往会忽视可复制性，也就是说，仅仅有创意是不够的，受到法律保护的，是把创意通过各种创作形式（如画画、设计、写作等）表达出来，落实到具体的、可复制的实物（如图片、设计稿、小说等），如果他人使用的是尚未落实到具体表达的创意，或是使用画中非独创性的元素，那么就难以受到法律规制
	我的画被淘宝店擅自做成产品并售卖，我该怎么做？	他人未经允许，擅自将你享有著作权的画做成产品并售卖的行为，不仅侵犯了你所享有的对画的著作权，还可能会构成商标权侵权或不正当竞争。可根据具体情况，要求侵权方承担停止侵害、消除影响、赔礼道歉或赔偿损失等民事责任

通过本节介绍，整理出个人对著作权的保护需要注意的内容。

(1) 有了创意，要尽快以实物化表达出来，法律不保护单纯的创意。

(2) 完成作品创作后，要注意留存本人创作的证据，并对作品做版权登记。

(3) 完成作品后，应去第三方公证网站发布，如杭州互联网公证处电子证据保管平台。

(4) 报奖、做展览为作品背书，扩大知名度，在第三方艺术品交易平台上架标价，这些行为有利于提高和证明作品价格，会成为索赔金额的重要依据。

(5) 与他人合作创作时，要留意关于著作权归属的约定。

(6) 细分自己享有的权利，对外授权时，做到"权有所值"。

二、侵权行为的现状

随着社会经济发展和产业迭代升级，知识产权犯罪的领域也在发生变化，除了烟酒、食品、服饰、化妆品等传统领域，在教育图书、数字阅读、汇编试题、影视作品等科教文化领域也较为常见，涉及信息科技、布图设计等新业态、新领域的犯罪案件增多[3]。近年来，常见的案件类型包括：通过盗窃、电子侵入等不正当手段获取他人商业秘密，生产经营同类产品；通过 App 传播侵权影片侵犯权利人合法权益；非法复制他人游戏代码，架设私服侵犯网络游戏著作权。

从侵权原因来看，主要包括公众著作权意识淡薄、法律保护不足、网络信息资源的特点、不正当竞争等原因[4]。网络盗版侵权多发的原因包括网络发展加速信息传播、公众法律意识淡薄及法律保护不足等原因。从侵权行为类型来看，网络侵权行为主要可以分为作品著作权侵权、网络转载侵权、网络抄袭与剽窃及网络下载侵权[5]；网络知识产权的问题纠纷分为四类，侵犯网页著作权的纠纷、网站链接权的纠纷、域名注册权的纠纷、侵犯内容著作权的纠纷。

三、侵权行为的特征

（一）侵害形式的特殊性

知识产权的侵权行为主要表现为剽窃、篡改和仿制[6]。这种侵权行为作用于作者、创造者的思想内容或思想表现形式，与知识产品的物化载体无关。例如，非法将他人创作的字画占为己有，该行为涉及的是物体本身即创作的物化载体，应视为侵犯财产所有权的行为；如果行为人未占有这一字画，但擅自将其翻印出售，则该行为涉及的是无形财产即作者的思想表现形式，应视为侵犯知识产权的行为。与有形财产的侵权行为不同，对知识产品的侵权行为在形式上似乎并不影响作者的权利行使。例如，他人对作品的非法"占有"并不意味着权利人同时失去这种"占有"；对作品的非法使用也不排斥权利人对自己的知识产品继续使用。这种行为之所以构成侵权主要在于它是对知识产品所有人"专有""专用"权利的侵犯，是对知识产权绝对性和排他性的违反。

（二）侵权行为的高度技术性

科学技术的不断发展和生产方式的不断革新，使公众消费能力大大提高，社会生活内容呈现出科技化、现代化的趋势。在此情况下出现了一些新型的侵权行为。且这些新型侵权行为大多归属于侵犯知识产权的行为。新信息技术、新传播媒介的发展给著作权、专利权等带来直接的威胁[7]。运用电子新技术印刷品、音像制品和图表资料等可以进行无数次扫描、取样、复制。"不正当地使用这些技术等于盗取版权所有者的版税和收入。"在传统环境中，无形的精神创造出可"固化"为商标标识、专利产品、图书资料、唱片乐谱等物质载体的侵权责任的举证就有高难度；而在网络空间中，一切知识产品都表现为数字化的电子信号，人们感知的只是计算机终端屏幕上瞬时生灭的数据和影像，从而给侵害行为的认定带来更多困难。

（三）侵害范围的广泛性

由于知识产品的非物质性和公开性特征，对同一知识产品的合法使用与侵权使用通常会在同一时空条件下发生数个，甚至数十个侵权使用，可能会在不同地域同时发生。在知识产品的利用极为便利的条件下，使用行为极有可能构成侵权行为，且受侵害的对象往往不是某一单项权利。由于现代信息技术、传播技术的出现，侵犯知识产权的行为出现两个重要的趋势：一是个体侵权行为"普及化"。静电复印技术的推行，使大规模复印文字作品变得极为便利，并对社会公众购买复印作品的习惯产生巨大影响。二是高科技侵权行为"国际化"。在国际互联网络广泛的空间中，知识产品可以以极快的速度，极方便地在全球范围传播，从而为不同国家的不同主体接收和使用（包括合法使用与非法使用）；信息流跨空间、跨区域的大规模、高速度运动，使跨国侵权成为一件容易的事情。侵权人足不出户即可充当"网络黑客"进入他国国民的数据库，以获取经营信息和技术秘密，或是在计算机上输入、储存、显示他人的网络作品[8]。

(四) 侵害类型的多样性

在立法体例上，侵害知识产权有直接侵权行为与间接侵权行为，法律对此规定了不同的过错条件及处罚标准。间接侵权行为有两种含义：一是指行为本身并不构成侵权，但其行为帮助和导致了直接侵权行为的发生，因而对权利人造成了损害，又称"二次侵权"。例如，在著作权领域故意出售、出租、进口侵权品的行为；在专利权领域故意制造、销售只能用于专利产品的关键部件的行为；在商标权领域故意为他人侵犯商标的活动提供仓储、运输、邮寄、隐匿等便利条件的行为。二是指"行为人"并没有从事任何侵权行为，但由于特定社会关系的存在，依法须对他人的侵权行为承担一定的责任。例如，法定代理人对无行为能力人实施的侵权行为、雇主对雇员因完成本职工作而实施的侵权行为、委托人对受托人因履行委托合同而实施的侵权行为等均为间接侵权行为人。

四、侵权行为的影响因素

(一) 侵权行为的内在因素

侵权行为的内在因素主要包括版权意识、态度、感知有用性和感知易用性。

(1) 版权意识是指编辑者、使用者、购买者或出售者，在编辑、使用、购买或销售版权作品时表现出来的态度或心理。版权意识直接或间接影响人们使用版权资源时的侵权行为。

(2) 态度是指人们对一定对象，相对稳定、内部制约化的心理反应倾向。海德提出的平衡理论中指出，人们总是倾向于保持内外一致，即行为与心理反应一致。若能对侵权行为树立正确的态度，那么侵权行为产生时平衡状态便会被破坏，从而会感受到压力。为减小压力，可能会减少侵权行为，或改变态度即形成错误的态度倾向，从而促使其发生侵权行为。

(3) 感知有用性是个人主观上认为使用某一项特定技术系统能够提升个人工作绩效的程度。也就是说，感知有用性是指人们主观上认为侵权行为能够提升个人工作绩效的程度。当面临学业、经济、生活等各类压力时，若明确感知到侵权行为能够减少时间、资金等成本，提升工作绩效，那么侵权行为出现的概率便会增加。

(4) 感知易用性是个人主观上认为使用某一项特定技术系统时，个人应付出的努力程度。通俗地讲，感知易用性是指产生使用盗版资源等侵权行为时，主观上认为个人应付出的努力程度。当认为努力程度较小，即侵权行为易达成目的，相应侵权行为便越容易产生。

(二) 侵权行为的外在因素

侵权行为的外在因素主要包括感知风险和主观规范。

(1) 感知风险最早是心理学领域的研究内容。1960年，鲍尔（Bauer）将感知风险引入消费者行为分析，认为消费者在进行购买行为前无法确认自己的预期结果，这些结果可能存在偏差，因此在决定是否购买时会涉及对结果的不确定性。这里的感知风险是指产生侵权行为时，社会可能进行的惩罚或其他会产生的负面影响，从而在一定程度上影响侵权行为。

(2) 主观规范是指在做出是否执行某一行为的决策过程中，感受到的来自周围群体的社会压力。在纠结是否执行侵权行为时感受到的社会压力越大，其产生侵权行为的概率相应变小，即主观规范越强烈，侵权行为发生的概率越小。

第三节 知识产权危机的干预

知识是创新驱动中最核心的因素,而知识产权是人类在社会实践中创造的智力劳动成果的专有权利。保护知识产权有利于激发人们从事科研和创作的积极性、为国家和企业带来巨大经济效益、促进对外贸易和引进投资。可以说,保护知识产权就是确保国家创新发展的原动力。知识产权意识是一种特殊的社会意识,是民众对于知识产权知识和知识产权现象的主观认识和理解,对于知识产权的认可、使用、维护起到了至关重要的支持和推动作用,引起了各方面的重视。为了更好地保护知识产权,需要增强全社会的知识产权意识。

8-5 图片
坚持质量导向,
强化知识产权
高质量发展
指标引领

为了增强我国自主创新能力,提高国家核心竞争力,2008年颁布的《国家知识产权战略纲要》中明确提出"随着知识经济和经济全球化深入发展,知识产权日益成为国家发展的战略性资源和国际竞争力的核心要素,成为建设创新型国家的重要支撑和掌握发展主动权的关键",并提出了加强知识产权宣传,提高全社会的知识产权意识等要求。为了深化落实2019年中共中央办公厅、国务院办公厅印发的《关于强化知识产权保护的意见》,牢固树立保护知识产权就是保护创新的理念,如何做好知识产权意识的传播,再次成为迫切需要解决的现实问题。

想要获得持久、良好的传播效果,就必须选择合适的传播路径。由于知识产权的专业性、复杂性,普通民众很难主动去学习、理解和运用。因此,知识产权意识的传播大多由政府相关部门、高等院校、社会团体和行业协会和专业代理机构去实行(见表8-4)。传播主体的共同发力,在多方面、多渠道推动了知识产权意识在社会上的全面和有效传播。

表8-4 各主体的传播方式

传播主体	传播方式
政府相关部门	1. 开展全国知识产权宣传周活动; 2. 举办讲座论坛、宣讲展览、开放日及晚会等活动; 3. 开展全国范围内知识产权方面的征文比赛等
高等院校	1. 开设知识产权专业、知识产权法相关的公共课; 2. 利用宣传栏、报纸、杂志、广播、网站,形成一套校园内部的传播体系; 3. 模拟专利申请、版权侵权诉讼等场景,让学生亲身体验知识产权保护的过程
社会团体和行业协会	面向知识产权领域的企业、单位、组织和个人,举办线上线下的会议、沙龙、培训等
专业代理机构	大批量发布广告、制作动画,扩大知识产权文化的传播,在公众心里打下知识产权意识的基础

一、政府相关部门

与知识产权有最直接关系的政府职能部门是国家知识产权局,其对知识产权意识的传播起到了主导作用。国家知识产权局采用官方媒体渠道作为主要的传播路径。由国家知识产权局牵头,各宣传部门协助,通过报纸、杂志、广播、电视等传统媒体,广泛刊登保护知识产权的文章、播放知识产权的宣传片和公益广告,进行知识产权教育,传播知识产权意识。同时,国家知识产权局也十分重视传统媒体数字化和新媒体配合,大力运营新媒体平台,通过官方网站、微博、短视频、微信公众号和手机客户端等,进行知识产权教育、推广和政策解读。其中,国家知识产权局的下属机构——中国知识产权报社是我国知识产权新闻舆论的主阵地,在业界具有较高知名度和影响力,旗下有《中国知识产权报》《创意世界》《专利代理》三个重要报刊。中国知识产权报社还承担运营包括中国知识产权资讯网、智南针网、中国企业知识产权网、国家知识产权战略网等新媒体平台。通过整合新老媒体,中国知识产权报社发布最新的知识产权信息,尤其是各类知识产权白皮书、政策通知、会议公报、工作报告等,以此传达保护知识产权的主旨要义,实现资源融通、宣传互融,营造良好的知识产权环境,传播知识产权意识。

相关政府部门还着重加强线上线下的联动传播,通过知识产权宣传日,开展全国知识产权宣传周活动,邀请各大媒体集中宣传。知识产权宣传周活动自2009年由国家知识产权局和中宣部等24个部门联合举办之后,每年举办一次,每次为期一周。在宣传周期间,政府相关部门不仅举行知识产权案件庭审的观摩活动,还举办讲座论坛、宣讲展览、开放日及晚会等活动,有时还会开展全国范围内知识产权方面的征文比赛。数年下来,全国知识产权宣传周活动一方面有力地进行了知识产权知识的普及,宣传了知识产权文化;另一方面,借助各类新老媒体平台实现了大范围的关注报道,为传播并提升知识产权意识提供了有利的舆论氛围。

二、高等院校

由于知识产权日益成为国家发展的战略性资源,以及国际竞争力的核心要素,国家和社会对知识产权方面人才的需求也在不断增加。为了适应这一发展趋势,培育更多专业对口的知识产权人才,各大高等院校纷纷开设知识产权相关专业。2003—2020年,全国累计共有93所高校开设"知识产权"本科专业,高校通过专业教育传播,培育学生知识产权意识,为传播知识产权意识打下了基础。

《国家知识产权战略纲要》颁布后,为培育高校学生的知识产权意识,国家对全国高校硕士学位的研究生开设了知识产权法相关的公共课。由此,各大高等院校也逐步开设关于知识产权的公开选修课,激励学生组织、创办专业社团。部分高校还在校园媒体上对知识产权知识进行传播,利用宣传栏、报纸、杂志、广播、网站,形成一套校园内部的传播体系,通过议程设置建立知识产权专题,学生可以在日常生活中接触和学习知识产权知识,潜移默化地培育自身的知识产权意识。值得关注的是一些高校和科研院所、企业的合作,即"产学研"项目。知识产权的产学研合作，主要集中在技术创新的专利有助于促进技术创新的产权化、产业化和资本化，提高现实生产力。在此过程中，学生通过亲身实践获得感悟，对知识产权意识的全面传播和有效提升起到了重要的推动作用。

三、社会团体和行业协会

知识产权的民间协会有很多，具有代表性的是中国知识产权研究会和中华全国专利代理师协会。他们面向的是知识产权领域的企业、单位、组织和个人。在团体和协会内部举办线上线下的会议、沙龙、培训，共同讨论某个议题或自由谈论工作经验，通过群体传播、组织传播和人际传播等方式，学习知识产权知识和经验，为行业内部知识产权意识的自由流动和集体提升提供了良好的专业环境，也为知识产权意识的广泛传播储备人才。团体和协会内部开设网站、微信公众号，并主办杂志《知识产权》《专利代理》，进行知识产权意识宣传。在国家知识产权局等部门的指导下，中国知识产权研究会和中华全国专利代理师协会紧密联系上层部门和下层企业，起到了良好的桥梁作用，为全面传播知识产权意识而服务。在如此激烈的市场竞争中，知识产权纠纷不可避免。在媒体集中关注的国内外重大案件中，行业协会要发挥其独特的作用，适时提出处理方案，提供行业认可标准，并沟通双方，解决纠纷，营造知识产权良好的保护和传播环境。

四、专业代理机构

由于知识产权专业的多样性、复杂性、长久性，以及普通民众对知识产权操作规范不熟悉的现状，知识产权专业代理机构应运而生。知识产权专业代理机构的主要工作范围是商标、专利和版权。部分从业人员是从工商局、专利局等进入市场的，对知识产权相关工作有专业的理解和熟练的操作。这些专业代理机构凭借其专业性和商业性，在获得经济利益的同时，以最直观、最符合市场规律的形式，为普通民众传递最新的知识产权知识，传播成熟的知识产权意识。

值得注意的是，这些知识产权专业代理机构还积极利用融媒体形式，通过各大网站、企业微信公众号、微博等媒介，结合纸质宣传单和报纸等传统宣传手段，大批量地发布广告、制作动画，在获得经济效益的同时，扩大了知识产权文化的传播，打下了知识产权意识的基础，增强了知识产权意识的利益平衡作用，如图 8-1 所示。

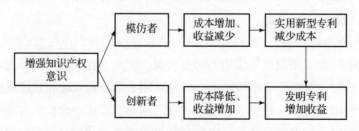

图 8-1 增强知识产权意识的利益平衡作用

第四节 知识产权危机的处置

作为创作者，可能有过这样的疑问：自己所创作的作品具有怎样的权利？如何行使这些权利，才能更好地发挥作品的价值？面对侵权，如何用法律手段进行维权？假设，某一天你灵感迸发，定稿完成了一幅构思许久的画，随即便产生了以下疑问。

8-6 视频
知识产权保护

（1）这幅画的创作者享有哪些权利？可以怎样行使？

著作权是一项自创作完成时就自动享有的权利，作为这幅画的作者，你是自动享有画的著作权的，并且凭借对画所享有的著作权，可以进行以下类型的商业开发。

①公开在美术馆里陈列（展览权）。

②作为纸质画册出售（复制、发行权）。

③在微信公众号上发布（信息网络传播权）。

④以画为基础，创作动画片（改编权）等。

这些商业开发行为，不仅可以自己来进行，还可以授权或者转让给他人来进行。并且，即使将上述商业开发权利授权给其他方行使，也可以要求使用方使用时不得歪曲、篡改画的完整性和创作原意，以及为你署名。

但是，以下这两种情况，可能你即便完成了创作，也是不享有任何著作权的。

①你之所以创作这幅画，是因为受到所在单位的要求，在单位的指导下创作的满足单位需求的画，在这种情况下，你只是作为单位这个"拟制人"的"手"完成了创作，画的著作权归属于单位。

②你之所以创作这幅画，是因为受到他人（这里的"他人"包括其他个人或者公司）的邀请，为他人创作，并且双方约定"你享有署名权，其他著作权自始归属他人"。

在这两种情况下，残酷一点说，这幅画后面几十年的"画生"发展，和你也就没有任何关系了，虽然第二种情况下他人在使用时还需要为你署名。

至于是否适用这两种情形，很大程度上也要看双方之间签署的协议。这也给我们创作者提了个醒，在进行创作时，尤其是和他人合作的创作时，务必要留意自己所签署的法律文件，从而对自己的权利有一个清晰的认识。

（2）保护你的作品，你需要主动做哪些事？

尽管著作权是一项自创作完成时就自动享有的权利，但是你需要保留相关的文件来证明这个作品是由你创作的，以及创作完成的时间。版权登记就是一种比较便利的方式。通过版权登记，拿到国家版权局或各地方版权局颁发的《作品登记证书》，上面写明了作者、著作权人和创作完成时间，可以起到一定的证明作用。版权登记证书可以向国家版权局和所在省级版权局申请，如果不涉及材料补正，一般自提交申请文件日起30个工作日内出证，办理版权登记国家版权局会收取每件美术作品300元的登记费。

除了版权登记外，还建议艺术家们保留好创作的过程性文件、创作底稿等，尤其是要注意保留创作文件的时间信息和创作者署名。这也是你和作品关系的最为本质的一项证明。作品公开发表、展览、陈列、商业合作时,也要注意保护、留存相关可以证明作品对外发表时间及作品商业价值的证据,比如,发表的时间、渠道,以及展览、陈列、商业合作的时间、地点、合同、报价等相关证据。

(3)你的画受到了很多人的喜爱并想进一步商业化变现,创立自己的品牌把它做成产品进行销售,该怎么办?

对于有创建自己品牌,从事商品或服务开发想法的艺术家而言,可以通过申请注册商标,获得商标注册专用权的方式来实现自己作品的进一步商业化变现。商标,顾名思义,就是"商品标识",其首要功能在于区别商品或服务的来源,引导消费者看到商品上的特定标识,了解商品或服务来源的提供者。因此,如果注册了自己的商标,那么他人未经许可,不可以在相同或类似的商品上使用相同或类似的标识,从而可以达到保护品牌价值的目的。

例如,阿迪达斯公司成功维权的权利基础,正是因为阿迪达斯有限公司对"阿迪达斯"商标享有商标权。因黑糖鹿丸出名的奶茶品牌"鹿角巷"则因商标尚未在大陆核准注册就已爆火,最初的品牌使用难以得到有效控制,而导致市面上名为鹿角巷的店面众多,品质参差不齐,从而对鹿角巷品牌、商誉造成了很大的影响。2019年,鹿角巷商标终于获准注册,也让众多奶茶爱好者终于可以实现不需要耗时辨别真伪,就可以喝到正宗鹿角巷品牌的奶茶了。

不同于著作权自创作完成时就享有,商标需经过向商标局注册,核准注册后才会享有。申请注册商标的每一个商品类别商标局会收取300元的商标注册费。而商标局的审查过程,除了形式审查外,还涉及较为严格的实质审查,以及3个月的面向全社会的公告异议期。只有经过上述程序后,自商标局核准注册之日起,申请人才获得商标权。整个注册过程,需要一年半甚至更久的时间。这也提醒有商品开发想法的朋友,一定要尽早布局。

四、如果你发现自己的权利受到侵犯,该如何维权?

一般而言,完整的维权流程如图8-2所示,但并非完全按照此顺序进行。

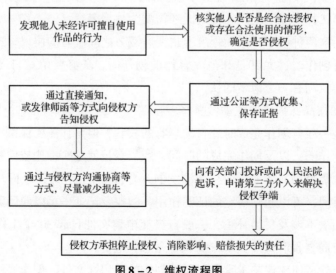

图8-2 维权流程图

在知识产权受到侵害，收集证据困难的时候，首先可以拨打国家知识产权局援助热线"12330"，工作人员会为知识产权权利人和社会公众提供有关知识产权保护、法律法规政策的咨询服务，指导知识产权权利人依法向有关执法机关进行投诉；接受社会公众对侵犯知识产权违法行为的举报；受理知识产权维权的援助请求；同时为政府有关部门提供知识产权保护信息服务。接到举报或投诉案件后，中心工作人员将及时向有关知识产权行政执法机关转送，并向举报人或投诉人反馈案件处理的情况和结果。"12330"热线可受理范围包括商标侵权、专利侵权纠纷、假冒专利行为、著作权侵权纠纷。可以用手机或固话直接拨"12330"；拨打外地"12330"热线，需要加上相应的区号。另外，可以向所在地的知识产权维权援助中心申请维权援助。图8-3是知识产权维权中心申请维权援助的具体流程。

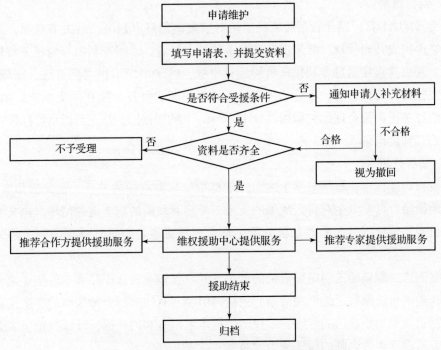

图8-3 知识产权维权中心维权援助服务流程图

第五节 典型案例分析

一、案例一

（一）案例简介

2021年11月，湖北科技学院毕业生孟玉朋将湖北科技学院，以及该校原副教授叶华山和院长郑敏等人告上法庭。"我2015年大学本科毕业，向学校提交了毕业设计作品和论文。没想到的是，今年我发现学校的老师在2017年剽窃了我的学术成果，并且申报了三项专利。"据孟玉朋陈述，2015年，临近毕业时，他在一家企业实习，设计了一款血糖无创检测仪。同年5月，他带着毕业设计作品和论文《基于 ATR – FTIR 光谱的人体血糖远程无创检测系统设计》，参加湖北科技学院本科毕业论文答辩。2015年12月30日，该论文被评为湖北省优秀学士学位论文。2021年，当孟玉朋创办的公司准备申请高新技术企业时，意外发现研究成果被他人剽窃并申报了三项专利。国家知识产权局网页显示，涉案的三项专利申请人为湖北科技学院，发明人为叶华山、郑敏、叶思文、夏培。其中，叶华山为湖北科技学院副教授，郑敏为湖北科技学院生物医学工程与医学影像学院院长。法院一审查明，叶华山通过专利代理机构申请了涉案的三项专利。2017年9月6日，专利代理机构使用湖北科技学院的申报端口向国家知识产权局申请了上述专利。

8-7 视频
典型案例

（二）判罚结果

2011年11月1日，湖北省高级人民法院对该案做出终审判决，判决书写明，湖北科技学院与叶华山构成共同侵权，叶华山系该起事件的主导者，涉案专利内容的相关材料均由叶华山提供，并由其直接通过专利代理机构进行申报，叶华山应承担主要责任。郑敏、夏培、叶思文未实施具体侵权行为，不应承担责任。故判决湖北科技学院在判决生效后10日内向孟玉朋赔偿经济损失及合理维权费用共计15万元；叶华山对15万元赔偿承担连带责任；驳回孟玉朋的其他诉讼请求。

（三）案例分析

在高校科研工作中，教师与学生之间，既是指导与被指导的关系，也是协作者的关系。是否公允地衡量自己与学生对科研成果的贡献，考验着教师的职业道德伦理。论文署名谁前谁后、科研成果转化以后的收益如何分配、学生参与科研是否得到合理报酬，都关乎公平问题。

就此案而言，剽窃孟玉朋研究成果的老师，并非其毕业设计作品和本科毕业论文的指导老师，这让他的依法维权之路更加清晰和便捷。但是，其他遭到老师剽窃的学生未必如此幸运。如果剽窃成果的是自己的导师，不仅学生更难拿出有利的证据，外部舆论也未必支持学生，人们容易将学生告老师的做法视为"欺师"之举。

在理想的科研教学环境中，师生之间原本不必相互提防，而应彼此信任，在科研合作中互相激励和启发。老师为学生"青出于蓝"而骄傲，根据学生的实际贡献分配科研成果带来的收益，如果学生的贡献超过自己，就主动往后靠，这才是教育工作者应有的胸襟。很多科学家与学生平等分享成果回报和荣誉的故事，在科学史上留下了佳话。

防止老师剽窃的恶劣行为，既要靠法律兜底，也要靠自律与他律。在科研工作中弄虚作假、抄袭剽窃、篡改侵吞他人学术成果，已被教育部门列入高校教师师德的"禁区"。剽窃学生的学术成果，是"以大欺小"的学术霸凌行为，应被高校科研机构严厉查处。

只有割除侵占学生科研权益的"毒瘤"，保障学生公平的感受，才能更好地激励学生参与科研、投身创新事业。不少有学术潜质的学生，不仅是在老师的密切指导下，也是在与老师亲密无间的合作过程中，才迈出了通往学术殿堂的步伐，将科研工作作为自己的事业选择。如果老师分配不公平，甚至侵占学生成果，那么会使学生心灰意冷而重新考虑人生方向，也对社会整体的创新环境构成了不容低估的破坏。

在此案件中，法院在判决中认定湖北科技学院与叶华山构成共同侵权，也对高校开展师德师风治理提出了警示。作为学术行为的治理者和学术利益的分配者，高校理应切实尽到管理责任，认真倾听每一个学生的诉求，实事求是地处理纠纷、净化科研生态环境，对教师队伍里的"害群之马"绝不姑息。

二、案例二

（一）案情摘要

上海智臻智能网络科技股份有限公司（以下简称智臻公司）是名称为"一种聊天机器人系统"的发明专利（以下简称本专利）的权利人。本专利是实现用户通过即时通信平台或短信平台与聊天机器人对话，使用格式化的命令语句与机器人做互动游戏的专利。苹果电脑贸易（上海）有限公司（以下简称苹果公司）请求宣告本专利无效。国家知识产权局及一审法院均认为本领域技术人员根据其普通技术知识，能够实现本专利利用聊天机器人系统的游戏服务器进行互动的游戏功能，符合专利法对充分公开的要求，故维持本专利有效。二审法院认为，根据本专利授权历史档案，智臻公司认可游戏服务器功能是本专利具备创造性的重要原因，本专利说明书对于游戏服务器与聊天机器人的其他部件如何连接完全没有记载，未充分公开如何实现本专利限定的游戏功能，据此判决撤销一审判决和被诉行政决定。智臻公司不认可此判决，向最高人民法院申请再审。最高人民法院认为，本专利中的游戏服务器特征不是本专利与现有技术的区别技术特征，对于涉及游戏服务器的技术方案可以不作详细描述。本领域普通技术人员根据本专利说明书的记载就可以实现相关技术内容，因此，本专利涉及游戏服务器的技术方案符合专利法关于充分公开的要求。最高人民法院遂提审后撤销二审判决，维持一审判决。

（二）典型意义

本案涉及我国计算机人工智能领域的基础专利。"以公开换保护"是专利制度的基本原则，判断作为专利申请的技术方案是否已经充分公开，不仅是人工智能领域专利审查和诉讼中的疑难问题，也直接决定了专利申请人能否对有关技术方案享有独占权。本案再审判决明确了涉及计算机程序的专利说明书充分公开的判断标准，充分保护了企业的自主创新成果，在确保公共利益和激励创新兼得的同时，助力并加强了关键领域自主知识产权的创造和储备。

参考文献

[1] 吴汉东. 试论"实质性相似+接触"的侵权认定规则 [J]. 法学, 2015, (08): 63-72.
[2] 张迎春. 知识产权司法改革背景下我国专利确权制度问题审视及改造路径 [J]. 私法, 2020, 34 (02): 284-303.
[3] 张志成. 新时代知识产权法治保障若干问题初探 [J]. 知识产权, 2022, (12): 3-22.

[4] 王祥英. 网络知识产权犯罪若干问题的研究 [J]. 法制与社会, 2020, (36): 22-23.

[5] 王恒, 丁先桂, 闫一铭. 网络知识产权犯罪的法律适用及对策研究 [J]. 呼伦贝尔学院学报, 2021, 29 (06): 138-142.

[6] 魏素娟. 高质量审判护航知识产权保护 [J]. 当代广西, 2021, (24): 58.

[7] 孙飞, 张静. 短视频著作权保护问题研究 [J]. 电子知识产权, 2018, (05): 65-73.

[8] 贾弘毅. 新时代数字经济知识产权制度思考 [J]. 中国发展观察, 2022, (12): 105-108.

[9] 邹彤雯. 大数据环境下知识产权管理的改革路径 [J]. 黑龙江科学, 2023, 14 (19): 154-155.

第九章
名誉受损危机的类型与处置

《民法典》第一千零二十四条规定:"民事主体享有名誉权。任何组织或者个人不得以侮辱、诽谤等方式侵害他人的名誉权。名誉是对民事主体的品德、声望、才能、信用等的社会评价。"名誉,作为尊严的一部分,对个人的发展进步起着重要的作用。然而,在信息时代,恶意的诋毁和污名化行为越发频繁,使个人的名誉权利受到了严重的侵害。为了依法保护自身的名誉权,应了解相关法律法规并采取措施拒绝恶意诋毁。面对恶意诋毁,要依法保护自身的名誉权,拒绝任何形式的侵害。通过了解相关法律法规、积极采取措施、借助法律手段及提升个人形象,可以更好地抵御恶意诋毁,坚守自己的底线,维护自己的名誉权。本章针对大众群体,重点分析个人名誉受损危机的类型与应对方法,阐述部分常见损害个人名誉权的相关法律法规与政策支持,指出名誉受损给个人和社会带来的影响,并鼓励人们在遇到名誉受损危机时,勇敢追责,用法律武器保护自己。

第一节 名誉的概念与价值

一、名誉的概念

名誉是主体获得的一种外部评价。普通法中,名誉是指对人的行为和品质特征的外部评价,做出此种评价的是与其相关的社会群体,如邻居、同事或一般公众。大陆法系对名誉的界定亦大致如此:名誉是每个人因其自身的品行、德行、名声、信用等而得到的世人的相应评价。名誉是人们对自然人或法人的品德、才能及其他素质的社会综合评价。

根据上述概念中"外部评价"这一核心定义可见,名誉产生于人的行为,但并不是人行为的直接反映,而是外界对此人行为的看法。因此名誉并不是真实的自我,而是在他人眼里看起来的样子。尽管真实的自我与他人眼中的样子可能有重叠之处,也可能存在差距,但名誉仅仅是来自他人的外部评价。法人,同样会受到来自相关群体、社会大众的外部评价,因此法人也具有名誉,法人的名誉即社会公众对法人的评价。

学术界将名誉分为内部名誉与外部名誉。内部名誉是特定民事主体对自己内在价值的感受,是自己对自己的评价,存在于特定民事主体的主观世界之中。内部名誉又称主观名誉,习惯上称为名誉感。外部名誉又称客观名誉,是社会对人的评价,具有客观性,有判断其损益的尺度。因此，名誉感很容易被他人的侮辱行为伤害，且纯粹是个人感受，难以被他人感知并进行客观衡量[1]。个人对自身价值的评价不在名誉概念范畴内，它的定义应当是"自尊"，两者虽然密切相关，但自尊本身不是名誉，例如，出于自尊需求，人们会维护自身名誉而不容他人损害。个人对"自我评价"的感受不是名誉感而是自尊感或自尊心；个人对"他人评价"的感受才是名誉感。因此，将个人对自身的评价定义为主观名誉或名誉感并不准确。如果一定要以"主观""客观"定义名誉，那么可以这样定义："客观上，名誉是他人对个人的价值的看法；主观上，则是个人对于他人看法的顾忌。"

二、名誉的价值

波斯特（Robert C. Post）梳理概述了诽谤法在不同历史时期所保护的三种名誉价值，即作为财产的名誉（reputation as property）、作为荣誉的名誉（reputation as honor）、作为尊严的名誉（reputation as dignity）。这三个概念概括名誉是基于韦伯的"理想类型"（ideal–type）理论。因此这三个概念是理论分析区分的结果，三者会存在某些重叠之处而并非完全独立。这三个概念并非名誉的全部，但却在诽谤法的发展中最具影响力[2]，对诽谤法的转变起到了推动作用，且在与宪法言论自由的平衡中具有不同的重要意义。

（一）作为荣誉的名誉

名誉作为荣誉的核心特征是，以人的不平等性为基础。在资本主义社会，人的社会地位是按等级划分的。这种社会不同于"市场社会"的平等性，而是一种"遵从社会"，个人会因其社会地位的差别而受到不同程度的尊重。名誉不是个人努力的结果，而是个人所处社会地位的天然附属品。政府及公职人员的名誉被赋予了很高的价值，煽动性诽谤法因此十分发达。煽动性诽谤罪曾被用作压制批评与意见的重要工具[3]。

（二）作为财产的名誉

作为财产的名誉，可以被理解为一种与名誉相类似的无形财产。这种名誉是通过个人努力与劳动获得的，例如，商人努力经营而信誉卓著，匠人专注于打磨技艺而声名远播。此种名誉的获得，完全是个人努力的结果，与个人本身的品质相分离，也不因继承或外在优势而取得。损害名誉就等同于损害了个人的劳动成果。劳动成果可以被市场赋予价值，其损害也同样能以金钱进行衡量并予以弥补。

9-1 视频
侮辱案例

（三）作为尊严的名誉

作为尊严的名誉，预设的社会类型被称为"社群社会"。社群社会与市场社会的共同之处在于平等性。正如市场社会中，所有的人都平等地从属于市场；社群社会中，所有人都在社会中具有平等资格。但在其他方面，市场和社群社会具有本质不同。市场社会中，个人创造他人的名誉；在社群社会中，个人很大程度上被他人的名誉所创造。市场社会中，名誉是私人利益；在社群社会中，名誉既是私人利益，也是公共利益[4]。市场社会中，名誉是一种财产，其价值被市场决定；在社群社会中，名誉是个人完整性的组成部分，也是社会基本秩序的基石，它的价值不能简单地用金钱来衡量。

第二节　名誉受损的类型

名誉是对民事主体的品德、声望、才能、信用等的社会评价。客观的社会评价可以使人得到精神上的满足，名誉良好者不仅可以获得社会的更多尊重，还可能获得经济效益。名誉作为一种社会评价，直接关系到民事主体的人格尊严和社会地位，属于重要的人格利益。名誉是指具有人格尊严的名声，是人格的重要内容，受法律的保护。名誉权，是公民或法人享有的就其自身特性所表现出来的社会价值而获得社会公正评价的权利。《民法典》明确规定了自然人享有名誉权，它为人们自尊、自爱的安全利益提供法律保障。名誉权主要表现为名誉利益支配权和名誉维护权。所以，名誉受损是指名誉遭受侮辱、诽谤等。名誉受损危机主要包括侮辱、诽谤和泄露隐私三种类型。

一、侮辱

侮辱是指使用暴力或者其他方法，公然败坏他人名誉的行为，是对他人予以轻蔑的价值判断的表示，所表示的内容通常与他人的能力、德行、身份、身体状况等相关。即使行为人所表示的内容是公知的事实，但只要该内容是毁损他人名誉的事实，就属于侮辱。其中的"其他方法"，是指以语言、文字等暴力以外的方法侮辱他人。语言侮辱，例如，当众用恶毒刻薄的语言对被害人进行嘲笑[5]、辱骂，使其当众出丑，散布被害人的生活隐私、生理缺陷等。文字侮辱，例如，通过贴传单、漫画、书刊或者其他公开的文字等方式诋毁他人人格、侮辱他人。侮辱必须是公然进行。侮辱主要有四种形式，如表9-1所示。

9-2　视频
诽谤案例

表9-1　侮辱的类型举例

侮辱的类型	举例
暴力侮辱	1. 使用暴力逼迫他人做难堪的动作； 2. 强行将粪便塞入他人口中
非暴力的动作侮辱	1. 握手后，随即取出纸巾擦拭，作嫌恶状； 2. 向别人吐口水
言辞侮辱	使用言辞对被害人进行戏弄、诋毁、谩骂
文字或图画侮辱	书写、张贴、传阅有损他人名誉的大字报、小字报、漫画、标语

（1）暴力侮辱。这里所讲的暴力，仅指作为侮辱的手段而言。例如，以粪便泼人、以墨涂人、强剪头发、强迫他人做有辱人格的动作等，而不是指殴打、伤害身体健康的暴力。如果行为人有伤害他人身体健康的故意行为，应以伤害罪论处。

（2）非暴力的动作侮辱。不同的文化背景和社会环境下，肢体动作的含义可能有所不同，因此在与不同文化背景的人交流时，需要了解和尊重对方的习俗和文化。例如，向别人吐口水是一种极具攻击性和侮辱性的行为。

（3）言辞侮辱。即用恶毒刻薄的语言对被害人进行嘲笑、辱骂，使其当众出丑，难以忍受，例如，口头散布被害人的生活隐私或生理缺陷等。

（4）文字或图画侮辱。以大字报、小字报、图画、漫画、信件、书刊或者其他公开的文字等方式泄露他人隐私，诋毁他人人格，破坏他人名誉。

二、诽谤

诽谤，是指故意捏造有损他人社会评价的事实，并且进行传播，公然损害他人人格和名誉的行为。"捏造事实"就是无中生有，凭空制造虚假的事实。诽谤除捏造事实外还要将该捏造的事实进行散布，散布包括使用口头方法和书面方法。捏造事实的行为和散布行为必须同时具备才构成诽谤罪。如果只是捏造事实与个别亲友私下议论，没有散布的，或者散布的是客观事实而不是捏造的虚假事实的，则不属于诽谤。诽谤行为具有以下特征：

（1）有捏造某种事实的行为，即诽谤他人的内容完全是虚构的。如果散布的不是凭空捏造的，而是客观存在的事实，即使有损他人的人格、名誉，也不属于诽谤。

（2）有散布捏造事实的行为。"散布"，是在社会公开扩散。散布的方式有两种：一种是言语散布；另一种是文字散布，即用大字报、小字报、图画、报刊、图书、书信等方法散布。"足以贬损"，是指捏造并散布的虚假事实，完全可能贬损他人的人格、名誉，或者事实上已经给他人的人格、名誉造成了实际损害。如果散布虚假的事实，但并不能损害他人的人格、名誉，或无损于他人的人格、名誉，则不属于诽谤。

（3）针对特定的人进行不一定指名道姓，但只要从诽谤的内容上知道被害人是谁，就可以构成诽谤罪。如果行为人散布的事实没有特定的对象，不可能贬损某人的人格、名誉，就不是诽谤。

典型案例：杭州网络诽谤案

2020年7月7日18时许，杭州市余杭区的谷某在小区驿站取快递时，被郎某使用手机偷拍。为了寻求刺激、博人眼球，郎某伙同何某编造虚假信息，将谷某描绘为出轨女的形象并在110多个微信群散布，引发大量低俗评论，仅相关微博话题就达到4.1亿次的浏览量。谷某因此事被公司劝退，精神出现不稳定状态。10月26日，谷某对郎某、何某的诽谤行为向余杭区人民法院提起刑事自诉；12月14日，余杭区人民法院决定立案；12月25日，经余杭区人民检察院提出检察建议，余杭公安分局决定对该案予以立案侦查，从而启动刑事公诉程序，该案从自诉转为公诉；2021年2月26日，余杭区人民检察院向余杭区人民法院提起公诉。4月30日，余杭区法院以诽谤罪对郎某、何某判决有期徒刑1年，缓刑2年。

"杭州网络诽谤案"是当下国家打击网络暴力、净化网络空间的标志性案例，彰显了惩治侮辱、诽谤类网络犯罪的司法态度。"自诉转公诉"作为本案的法律焦点，是一个典型的刑事实体与程序交叉问题。在实体法层面，问题在于本案的侵害对象是个人法益还是社会集体法益，对此须解读网络诽谤犯罪司法解释的规定，分析自诉转公诉的实体正当性；在程序法层面，问题在于针对同一犯罪事实，提起自诉后又启动公诉是否具有程序正当性，对此须思考追诉权竞合时，该如何在程序上作出合理处置。

三、泄露隐私

9-3 视频 隐私泄露案例

隐私是自然人的私人生活安宁，和不愿为他人知晓的私密空间、私密活动、私密信息。泄露隐私是指未经他人同意，擅自公布他人的隐私材料，或者以书面、口头形式宣扬他人隐私，致他人名誉受到损害。如发布他人私密照片、公布他人疾病情况、公开他人住址等。以下行为均属于泄露隐私。

（1）以电话、短信、即时通信工具、电子邮件、传单等方式侵扰他人的私人生活安宁。

（2）进入、拍摄、窥视他人的住宅、宾馆房间等私密空间。

（3）拍摄、窥视、窃听、公开他人的私密活动。

（4）拍摄、窥视他人身体的私密部位。

（5）处理他人的私密信息。

（6）以其他方式侵害他人的隐私。

名誉危机及典型案例如表9-2所示。

表9-2 名誉危机及典型案例

名誉危机类型	典型案例
侮辱	2023年，海南省临高县发生一起性质十分恶劣的霸凌事件。几名未成年女孩，围着一名女孩狂扇耳光，用脚踹将其"推入"水沟中，还要求被打女孩下跪说"对不起"，该事件引发社会关注
诽谤	2023年10月12日，晋中市公安局高校分局接到辖区太原理工大学郑某报案，称其被他人在网上造谣诽谤。经公安机关查明，甘肃籍人员吕某某，2018年因非法吸收公众存款罪被依法判处有期徒刑五年，2022年11月30日刑满释放。2023年10月10日，吕某某为达到个人不法目的，捏造郑某虚假信息在互联网平台发布，引发大量转载、评论，严重损害了郑某的名誉，造成恶劣社会影响
泄露隐私	2023年12月14日，北京顺义警方发布通报称，近日，顺义公安分局查处一起散布他人隐私案件。12月11日，符某某（男，36岁）利用其在顺义区某医院工作的便利，出于炫耀目的，将一名病患的个人病历拍照发至微信群，导致信息扩散，造成恶劣社会影响

四、法律支持

《中华人民共和国民法典》

第一千零二十四条 民事主体享有名誉权。任何组织或者个人不得以侮辱、诽谤等方式侵害他人的名誉权。

名誉是对民事主体的品德、声望、才能、信用等的社会评价。

第一千零二十五条 行为人为公共利益实施新闻报道、舆论监督等行为，影响他人名誉的，不承担民事责任，但是有下列情形之一的除外：

（一）捏造、歪曲事实；

（二）对他人提供的严重失实内容未尽到合理核实义务；

（三）使用侮辱性言辞等贬损他人名誉。

第一千零二十六条 认定行为人是否尽到前条第二项规定的合理核实义务，应当考虑下列因素：

（一）内容来源的可信度；

（二）对明显可能引发争议的内容是否进行了必要的调查；

（三）内容的时限性；

（四）内容与公序良俗的关联性；

（五）受害人名誉受贬损的可能性；

（六）核实能力和核实成本。

第一千零二十七条 行为人发表的文学、艺术作品以真人真事或者特定人为描述对象，含有侮辱、诽谤内容，侵害他人名誉权的，受害人有权依法请求该行为人承担民事责任。

行为人发表的文学、艺术作品不以特定人为描述对象，仅其中的情节与该特定人的情况相似的，不承担民事责任。

第一千零二十八条 民事主体有证据证明报刊、网络等媒体报道的内容失实，侵害其名誉权的，有权请求该媒体及时采取更正或者删除等必要措施。

第三节　名誉受损的影响

一、对被害人权益的伤害

（一）伤害个人声誉和尊严

声誉和尊严，是个人与社会环境相互作用而表现出的一种独特的行为模式、思维模式和情绪反应的特征，包括性格、气质、品德、品质、信仰、良心，以及由此形成的尊严、魅力等。人格决定一个人的生活方式，甚至决定一个人的命运，是人生成败的根源之一。

侮辱、诽谤信息一经发布传播，被害人固有的声誉必将受到严重的玷污和损害[6]，势必会影响其生活及其工作状态。现实生活中，有许多因为声誉受损或尊严被践踏而无法去单位上班等方面的事例。比如，一位日常工作非常严谨的干部，被人在网上发文称利用职务获得利益，引发单位同事议论纷纷，上级党委拟提拔其升职的公示也被迫搁浅。

（二）造成心理健康问题

造谣诽谤或网络暴力会对个人造成严重的心理和社会影响，会使个人遭受心理伤害，包括焦虑、抑郁、自尊心受损、失眠等。这类恶意攻击会对个人的心理健康造成长期的负面影响，导致社交隔离和孤立。会使被害人避免与他人互动，担心遭受恶意议论和攻击。在职场中，遭受诽谤会导致事业受挫[7]、失去机会或失去信任。在教育环境中，受到网络暴力的攻击会影响学习、社交和心理健康。被恶意攻击的时间长度和恶劣程度可能会加深问题的严重性，破坏个人的人际关系，导致信任破裂及社交网络的破碎，严重损害受害者的公众形象和声誉。这将对个人的职业和生活造成长期的不良影响。《中华人民共和国宪法》明确规定"公民享有生命健康权"，这是现代文明社会中法定的人身权利，也是人身健康的重要组成部分。在受到诽谤、侮辱后，受害人很容易因受刺激而出现当场晕厥、旧病复发的情况，更甚者会引发精神失常、夫妻离异、自杀等后果。

（三）带来经济信用伤害

侮辱和诽谤带来的名誉伤害，会导致个人在金融经济方面受到限制，会被银行、信用卡公司或其他金融机构视为高风险客户，拒绝向其提供贷款、信用卡或其他金融服务。这导致个人无法获得必要的资金，从而影响到自身经济状况。在职业发展方面，会被雇主、同事或合作伙伴视为拥有不良信用记录，使个人在求职、晋升或获得合作伙伴信任方面受到限制。不仅会影响个人的职业发展，还会导致收入减少带来经济上的困境[8]，甚至使个人在社交和人际关系方面，被朋友、家人和同事视为不可信的人。

二、对社会诚信机制的伤害

（一）破坏法律秩序

《中华人民共和国宪法》（以下简称《宪法》）第五十一条规定："中华人民共和国公民在行使自由和权利的时候，不得损害国家的、社会的、集体的利益和其他公民的合法的自由和权利。"任何一个公民，都可以在网络信息平台上发布信息、发表言论，这是个人权利，也是个人自由，但前提是必须遵守国家法律。如果在网上捏造事实、诽谤他人，是对《宪法》原则的破坏，更是对刑事和民事法律的践踏。

（二）破坏社会和谐

和谐社会的标志，应当是安定、充满发展活力、确保公平与正义的社会，是经济、政治、思想、文化、社会生活各方面有法可依、有章可循的社会。如果任何个人都可以出于个人目的，在网络上随意发布或传播贬损他人人格、毁坏他人名誉的信息，这不仅对被害人不公平，也将造成社会的混乱和无序。

(三) 破坏公共形象

网络信息平台是公益建设项目,是为社会公众服务的,既代表国家利益[9],也代表国家的公众形象。如果一个令公众甚至国家或国际社会都关注的公共信息平台,因管理失当或失控,出现虚假信息,引发舆论炒作,引起公众哗然,不仅是对网络平台诚信形象的破坏,更是对国家名誉及其国际形象的侵害。

(四) 破坏文明环境

社会文明包括社会主体、社会关系、社会观念和社会行为文明等方面,而人际关系、群体关系文明及社会心理、风尚、道德、活动文明等内容,都是构建社会文明的关键。蓄意捏造事实,破坏人际关系,既是对人格和名誉的破坏,也是对公民尊严及民族素质的破坏,同文明、和谐、友善等内容的社会主义核心价值观是背道而驰的。

第四节 名誉受损危机的处置

侮辱、诽谤等名誉侵权行为在当今社会屡见不鲜,给受害者带来严重的心理压力和名誉损失。为有效预防"侮辱行为",应进行整体性治理,加强事前预防、事中监管、事后应对。

一、事前预防

首先,制定法律法规是防止侮辱、诽谤等名誉侵权行为的重要手段。《中华人民共和国民法通则》和《中华人民共和国侵权责任法》对名誉权进行了规定,但在案件处理中,法律对网络名誉侵权的规制尚不完善。因此,要对相关法律法规进行修订和完善,以适应新媒体时代的发展。此外,对于侮辱和诽谤的行为,应加大对侵权者的法律惩处力度,提高违法成本,在源头上减少此类行为的发生。

其次,加强网络监管对防止名誉侵权有重要意义。网络社交平台是侮辱和诽谤行为的高发区,应采取措施加强对用户言论的审查,对侮辱和诽谤等不良言论进行及时处理。一方面,网络服务提供商应加强对用户言论的审查,对侮辱和诽谤等不良言论进行及时处理[10]。另一方面,政府部门应加大网络监管力度,对涉及名誉侵权的网络行为进行严厉打击。通过网络监管,减少名誉侵权行为的发生,保护受害者的名誉权益。

再次,提高自身法律意识对防止名誉侵权有重要意义。通过参加法律教育和宣传活动,广大民众可以了解名誉权的重要性,以及侮辱和诽谤行为的法律后果,从而提高在网络社交平台上的言论自律意识。此外,在遇到侮辱和诽谤行为时,应主动拿起法律武器,维护自己的名誉权益。

从次,教育引导也是预防侮辱、诽谤等名誉侵权行为的重要手段。家庭、学校、社会等各方面应加强对公众道德素质的培养,引导公众树立正确的价值观和人生观。此外,应将名誉权教育纳入法治教育体系,使公众养成尊重他人名誉、保护自己名誉的良好习惯。通过教育引导,培养公众自觉遵守法律法规、尊重他人名誉的良好社会风尚。

最后，建立多元化的纠纷解决机制有助于受害者及时有效地维护自己的名誉权益。一方面，建立名誉维权法律援助制度，为受害者提供免费或低收费的法律服务，降低维权成本。另一方面，建立快速处理名誉侵权纠纷的机制，例如，设立名誉侵权纠纷仲裁机构，以便受害者迅速解决问题，减少名誉损失。

总之，治理侮辱、诽谤等名誉侵权问题，应从事前预防的角度出发，需要制定法律法规、加强网络监管、提高公众法律意识、教育引导和建立多元化纠纷解决机制等措施多管齐下。通过这些措施，共同营造尊重名誉、保护名誉的良好社会氛围。

二、事中监管

当前，"侮辱行为"已经不再局限于传统的实体场所，而是逐渐蔓延至网络空间，通过互联网技术，这种行为得以无限次地直接或间接传播。对受害者而言，这种传播无疑是一种持续性的伤害。为了防止受害者反复遭受伤害，以及防止公众模仿这种"侮辱行为"，社会、政府及学校等机构应采取事中监管策略，构建并实施切实有效的风险监管机制。

三、事后应对

在面对侮辱和诽谤时，作为个体，需要采取一系列策略来应对。首先，要保持冷静，避免冲动行为。侮辱和诽谤往往会引发强烈的情绪反应，如愤怒、羞愧等，而情绪化的回应可能让事态进一步恶化。因此，在此类事件发生时，应当尽量保持冷静，以理智的态度面对。

其次，要澄清事实，还原真相。当面临侮辱和诽谤时，我们应积极采取行动，向当事人、有关部门或公众澄清事实，还原真相。可以通过发表声明、举行新闻发布会等方式进行，同时收集证据，以备后续可能出现的法律纠纷。此外，应寻求法律途径维护自身权益。侮辱和诽谤行为涉及名誉权、隐私权等法律问题，可以依据相关法律法规，寻求司法帮助，在必要情况下，可以请教律师，了解具体的法律程序和措施。对于严重的侮辱和诽谤行为，可以向警方报案，依法追究相关责任人的法律责任。

再次，要关注心理健康，寻求心理支持。侮辱和诽谤事件会对受害者的心理健康造成负面影响，如焦虑、抑郁等。因此，在此类事件发生后，应关注受害者的心理状况，并提供及时的心理支持。可以通过与亲朋好友交流、寻求专业心理咨询等方式实现。此外，应加强网络素养教育，增强自我保护意识。在网络空间，侮辱和诽谤行为易发多发，要加强网络素养教育，增强自我保护意识。包括学会识别网络谣言，避免盲目传播；在网络上发表言论时，注意尊重他人，避免侮辱和诽谤行为；遇到侮辱和诽谤事件时，保持冷静，避免陷入恶性循环等。

从次，从社会层面来看，要加强对侮辱和诽谤行为的监管。政府部门、网络平台、媒体等应承担起监管责任，对侮辱和诽谤行为及时制止和处理。包括完善相关法律法规，加大对侮辱和诽谤行为的处罚力度；加强对侮辱和诽谤言论的审核，及时删除相关内容；树立正确的价值观，避免传播侮辱和诽谤信息等。

最后，面对侮辱和诽谤，要采取一系列策略，包括保持冷静、澄清事实、寻求法律途径、关注心理健康、加强网络素养教育及加强社会监管。通过这些措施，可以更好地应对侮辱和诽谤，保护自身权益，维护社会的和谐稳定。校内遭遇"侮辱行为"的被害者及其家庭大多属于困难群体，基于救济知识的匮乏，其权益很难得到全面、有效的维护。检察机关可以组建专业化的救济团队予以帮扶，"法治副校长＋律师＋老师"帮助分析识别侮辱行为的性质，及时采取应对措施，对施暴者第一时间予以制止，给被害者全面提供救济，让被害者知道自己有何权利、该权利如何实现，以期实现修复正义。一言以蔽之，为有效减少侮辱行为，既要充分采取教育措施，做到"教育为主"，也要深刻理解"惩罚为辅"，对情节严重且造成严重危害后果的侮辱行为应加大惩罚力度。

在现代社会中，名誉对于个人和企业的重要性不言而喻。然而，在网络社交平台高度发达的今天，侮辱和诽谤等行为时有发生，给受害者带来了极大的精神压力和名誉损失。因此，如何应对此类问题并采取适当的干预措施是非常重要的。

四、受到侮辱和诽谤时的处理流程

9-4 视频
受到侮辱或诽谤时
如何处理

（一）保持冷静

在遭受侮辱和诽谤时，受害者首先要做的是保持冷静，不要被愤怒情绪左右。

（二）理性分析事态

理智地分析事态，判断对方言论的真实性和目的，为后续行动做好准备。

（三）收集证据

受害者应迅速收集与名誉侵权相关的证据，如截图、录音、录像等。充足的证据是名誉维权的基础，也是证明侵权事实的重要依据。

（四）寻求法律帮助

在确认名誉受损后，受害者应及时寻求法律帮助。向专业律师咨询，了解自己的名誉权益是否受到侵犯，以及如何进行维权。同时，可依法向法院提起诉讼，要求侵权者承担法律责任。

（五）发表声明澄清事实

在名誉侵权事件发生后，受害者可以通过网络平台发表声明，澄清事实真相，避免误导公众。此外，受害者还可以主动与媒体沟通，说明事件经过，以免名誉的受损扩大。

综上所述，面对侮辱和诽谤等名誉侵权行为，应采取多种干预措施，从源头上减少此类行为的发生。同时，受害者应学会运用法律武器维护自己的名誉权益，避免扩大名誉损失。受到侮辱和诽谤时的处理流程如图9-1所示。通过立法、监管、教育、维权等多方面的努力，共同营造尊重名誉、保护名誉的良好社会氛围。

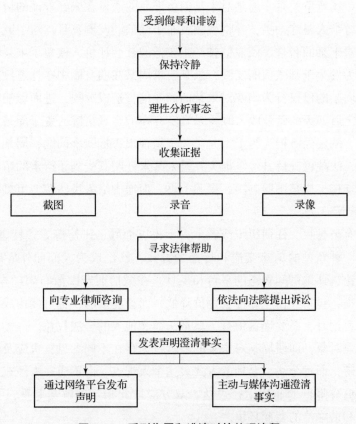

图 9-1 受到侮辱和诽谤时的处理流程

第五节 典型案例分析

一、案例一

（一）案例简介

朱某和周某同在南通某农副产品批发市场经营牛羊肉批发零售。朱某的经营地点是 6 号摊位，周某的经营地点是 1 号摊位。2021 年 6 月 27 日 15 时左右，朱某跟客户交易时发生争执，周某拍摄了争执过程，并将所拍摄视频加注"不良商家再现农批市场"，并在其微信名为"南通某批发市场羊肉批发零售"的朋友圈中发布。随后连续四天，朱某的营业收入大幅减少。

朱某认为周某的行为侵犯了自己的名誉权，遂起诉至南通市崇川区人民法院要求周某立即删除不实言论、带有侮辱诋毁的信息及照片和视频，并在微信朋友圈及所在的批发市场的醒目位置发布告示澄清事实、向朱某赔礼道歉，同时赔偿直接经济损失 2 万元、精神损害抚慰金 1 万元。

崇川区人民法院审理后认为，朱某和周某在同一批发市场经营牛羊肉批发零售，双方之间存在商业上的市场竞争关系。周某对朱某销售产品的质量在未经查证的情况下，对朱某的销售行为擅自进行个人跟踪拍摄，并将视频发布于微信朋友圈，且加注了贬低朱某人格的评论，足以使他人对朱某的名誉、商业信誉产生较低的社会评价，侵犯了朱某的名誉权。考虑到周某的侵权行为发生于其微信朋友圈，朱某要求周某在朋友圈中赔礼道歉并无不当。关于经济损失问题，周某的侵权行为确实对朱某的商业信誉造成贬损，进而影响其正常的营业收入，且侵权行为之后四天的营业收入减少是真实存在的客观情况，鉴于周某侵权行为的潜在性影响长期存在，酌定经济损失为 1 万元。关于精神损害抚慰金问题，周某的侵权主要针对朱某的商业信誉，法院已支持其经济损失，且朱某未证明其受到了严重的精神损害后果，故对该项请求不予支持。周某不服判决，提起上诉。南通中级人民法院二审维持原判。

（二）案例启示

民事主体享有名誉权。任何组织或者个人不得以侮辱、诽谤等方式侵害他人的名誉权。微信朋友圈作为一种新型的信息交流和传播的方式，已经成为人们向外界展现日常生活状态、发表个人言论、评论世间百态的平台和工具。在微信朋友圈散布未经查证的不实消息，造成他人名誉受损，包括经营主体社会评价降低、商誉受损的，都可能构成侵权。因此，在微信朋友圈发布言论时，需要谨言慎行，尊重法律和他人的合法权益。

作为商业竞争对象，即便周某对朱某的经营行为存在不同意见，也应及时向市场监督及质量管理部门反映，通过合法、合理的方式表达个人观点，而不应在未经查实的情况下，使用容易造成对方商誉降低的非法途径表达。双方应彼此相互理解与尊重，共同构建公平竞争、诚信友善、和谐融洽的营商环境。

二、案例二

（一）案例简介

被告人吴某某在网络平台上以个人账号"飞哥在东莞"编发故事，为开展地产销售吸引粉丝、增加流量。2021 年 11 月 19 日，吴某某在网上浏览到被害人沈某某发布的"与外公的日常"帖文，遂下载并利用帖文图片在上述网络账号上发布帖文，捏造"73 岁东莞清溪企业家豪娶 29 岁广西大美女，赠送礼金、公寓、豪车"。此帖文信息在网络上被大量转载、讨论，引起网民对沈某某肆意谩骂、诋毁，相关网络平台上对此帖文信息的讨论量为 75 608 条、转发量为 31 485 次、阅读量为 4.7 亿余次，造成极恶劣的社会影响。此外，被告人吴某某还针对闵某捏造事实并在网上发布诽谤信息。广东省东莞市第一市区人民检察院以诽谤罪对吴某某提起公诉。

（二）判决结果

广东省东莞市第一人民法院判决认为：被告人吴某某在信息网络上以捏造事实诽谤他人，情节严重，且严重危害社会秩序。综合被告人犯罪情节和认罪认罚情况，以诽谤罪判处被告人吴某某有期徒刑一年。该判决已发生法律效力。

（三）典型意义

传统侮辱、诽谤多发生在熟人之间。为了更好地保护当事人的隐私，最大限度修复社关系,《中华人民共和国刑法》将此类案件规定为告诉才处理,并设置了"严重危害社会秩序和国家利益"的例外情形。随着网络时代的到来,侮辱、诽谤的行为对象发生重大变化。以网络暴力为例,所涉侮辱、诽谤行为往往针对素不相识的陌生人,受害人在确认侵害人、收集证据等方面存在现实困难,维权成本极高。对此,要准确把握侮辱罪、诽谤罪的公诉条件,依法对严重危害社会秩序的网络侮辱、诽谤案件提起公诉。需要注意的是,随意选择对象的网络侮辱、诽谤行为,可以使相关信息在线上以"网速"传播,迅速引发大规模负面评论,不仅严重侵害被害人的人格权益,还会产生"人人自危"的群体恐慌,严重影响社会公众的安全感,应当作为"严重危害社会秩序"的重要判断因素。

本案即随意以普通公众为侵害对象的网络暴力案件,行为人为博取网络流量,随意以普通公众为侵害对象,捏造低俗信息诽谤素不相识的被害人,相关信息在网络上大范围传播,引发大量负面评论,累计阅读量超过4.7亿次,社会影响恶劣。基于此,办案机关认为本案属于"严重危害社会秩序"情形,依法适用公诉程序,以诽谤罪对被告人定罪判刑。

参考文献

[1] 冯婉淇. "深度伪造"背景下人格权保护的困境与应对 [J]. 人权法学, 2022, 1 (01): 97-114+157-158.

[2] 杨晔. 法人名誉权及其侵权责任法保护研究 [D]. 长春: 吉林大学, 2017.

[3] 张金玺. 美国公共诽谤法研究 [M]. 北京: 中国人民大学出版社, 2015.

[4] 黄照钦. 个人信息保护公益诉讼主体职能行使的障碍与纾困 [J]. 江南论坛, 2023, (11): 49-53.

[5] 赵福振. 基于多维视角的大学生违法犯罪行为及其预防 [J]. 法制博览, 2022, (34): 52-54.

[6] 戴昕. 声誉如何修复 [J]. 中国法律评论, 2021, (01): 125-140.

[7] 王洁. 冷战时期埃德加·斯诺对中美人文交流的推动 [J]. 浙江外国语学院学报, 2021, (05): 77-84.

[8] 王丹. 人身安全保护令制度若干实践问题探析 [J]. 法律适用, 2022, (07): 11-21.

[9] 徐琳, 袁光. 网络信息协同治理: 内涵、特征及实践路径 [J]. 当代经济管理, 2022, 44 (02): 21-27.

[10] 徐翔, 程骋. 我国网络舆情危机法律治理路径之新探索 [J]. 社会科学动态, 2020, (04): 57-62.

第十章

网络信息安全危机的威胁与处置

习近平总书记强调,"没有网络安全就没有国家安全,没有信息化就没有现代化""网络空间不是'法外之地'""网络安全是共同的而不是孤立的。网络安全为人民,网络安全靠人民,维护网络安全是全社会共同责任,需要政府、企业、社会组织、广大网民共同参与,共筑网络安全防线"。

随着信息技术的发展,互联网技术已经融入现代社会生产生活的点点滴滴之中,基于互联网技术发生的消费、交易、出行、查询等行为,都产生了大量的信息,这些信息不仅包括社会公共信息,还包括海量的个人信息。在互联网这个大型网络平台中,如何确保信息,尤其是个人信息的安全?加强信息保护,不仅是个人行为,还是公共行为,需要立法机构、司法机构、相关单位、互联网技术通力合作,打造能够确保个人网络信息绝对安全的网络保护屏障。本章重点分析网络信息安全面临的威胁,阐述影响网络信息安全的因素,并介绍网络信息安全危机干预机制的内涵与必要性。

第一节 网络信息安全面临的威胁

一、个人网络信息安全

一直以来,信息安全都是需要社会和个人高度重视的社会问题。计算机科学技术的飞速发展、互联网技术的广泛应用,为个人网络信息安全带来了新的挑战。2016年,我国网民人数已经突破了7个亿,意味着我国超过了一半的居民都使用过互联网,每位网民的信息,如个人隐私、购物、消费、旅行、交易等信息,都存储在计算机网络之中。其中,信息泄露、信息丢失、信息复制、信息盗窃等不法行为的发生,会给个人网络信息安全带来相应的挑战。产生的不良后果,轻者是受到不法分子的骚扰,严重的还会造成经济损失。

10-1 视频
网络信息安全
知识普及视频

据统计,我国超过6亿的网民受到了因信息泄露而遭遇网络骚扰、垃圾短信等不良行为,还造成了大量的经济损失。第52次《中国互联网络发展状况统计报告》显示,我国网络安全治理成效显著:"截至2023年6月,62.40%的网民表示过去半年在上网过程中未遭遇过网络安全问题。"2018—2023年我国网民未遭遇过网络安全问题的统计数据如图10-1所示。

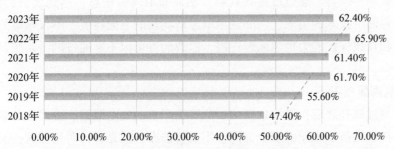

图 10-1　2018—2023 年我国网民未遭遇过网络安全问题统计数据

(数据来源:《中国互联网络发展状况统计报告》(2018—2023 年))

此外,相比于 2022 年,2023 年遭遇个人信息泄露的网民比例较高,为 23.20%;遭遇网络诈骗的网民比例为 20.00%;遭遇设备中病毒或木马的网民比例有所下降,为 4.00%;遭遇账号或密码被盗的网民比例为 5.20%。2022—2023 年网民遭遇各类网络安全问题的比例如图 10-2 所示。

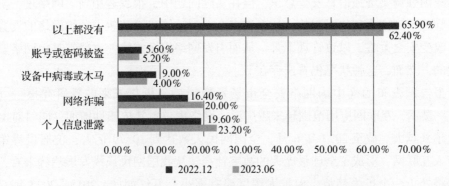

图 10-2　2022—2023 年网民遭遇各类网络安全问题的比例

(数据来源:《中国互联网络发展状况统计报告》)

因此,互联网时代个人网络信息安全的问题不容忽视,在提高警惕的同时,社会相关机构应通力合作,构造出牢不可摧的网络防护墙,确保网络信息安全,让亿万网民轻松、愉快地享受互联网技术所带来的便利,充分分享互联网技术的发展红利。

二、我国网络信息安全现状

由于我国网络信息技术发展起步晚、技术人才欠缺,导致我国网络信息安全处于相对脆弱的阶段。根据近几年的网络信息安全性调查,网络信息安全问题依然突出,所带来的危害和损失不容忽视。以下为近年来我国网络信息安全的现状。

(一) 网络威胁向经济利益方向转化

网络欺骗手段不断升级,勒索软件、网游盗号及网银盗号木马等比比皆是,足以说明这些网络欺骗的发生是受经济利益的驱使。此外,有些黑客联合起来,以团体或者组织的形式,制作恶意代码或破坏性病毒,通过散播该代码,从而获取所需信息,达到攻击的目的。网络攻击已由最初的对网络技术的追求,向非法牟取经济利益的方向转变。不仅病毒的功能越来越强大,其隐蔽和自我保护能力也越来越先进,以致病毒可以不断通过网络系统及可移动设备进行传播。

(二) 网络安全漏洞居高不下

一方面,旧的漏洞被修补之后,又出现新的、危害更严重的安全漏洞。更严重的是,有些黑客组织或者网络技术人员发现新的安全漏洞,不及时公布,而是自己利用完这些漏洞后才发布出来。另一方面,要归咎于管理人员,没有及时对网络系统进行升级和维护,使网络系统门户大开,造成大量安全漏洞。而且日益增加的流氓软件,对网络秩序造成很大影响。流氓软件在进行安装或者下载时,擅自安装或上传某些文件。这些软件会做些不为人知的事情,给毫无察觉的用户带来很大的危害。比如,迅雷(偷偷上传文件)、QQ实时聊天工具及某些播放器。

(三) 网络信息安全意识淡薄

虽然我国强调要增强信息安全意识,但在实际问题中,很少运用到。网络攻击实际上还是由网络管理不到位或疏忽引起的,甚至许多企业的计算机系统忽视防御网络的设置,或者随意私自改变安全策略,以致管理不善,从而引发网络安全威胁。这些都是由网络安全意识淡薄引起的,然而,这种状况仍普遍存在。

观研报告网发布的《中国网络安全市场发展趋势分析与未来前景研究报告(2013—2023年)》显示,互联网应用范围越来越广泛,网络用户对其依赖性增加,同时对网络安全的需求也越来越大。截至2023年6月,全国网民人数达到10.79亿人,位居世界第一。10亿用户接入互联网,形成了全球最庞大的数字社会。从我国网民规模发展趋势来看,我国网民规模仍将处于一个扩大趋势,但扩大幅度略有缩小。不仅如此,2013—2023年6月,我国互联网普及率由45.8%提高到76.4%,并且已连续4年普及率超过70%(见图10-3)。

图10-3 2013—2023年6月我国网民规模和互联网普及率

(数据来源:观研报告网)

艾媒数据中心统计的数据显示（见图10-4），2021年超过半数网民（56.3%）会持续关注重大网络安全事件，不关注的网民比例极低，仅为0.7%。在网络安全培训方面，31.4%的网民从未接受过任何专门培训，接受过专门培训的网民中，多数网民（40.6%）只接受过较少的培训。

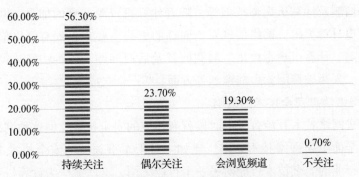

图10-4　2021年中国网民对重大网络信息安全事件的关注度

（数据来源：艾媒数据中心）

案例一：厦门银行涉嫌23项违法行为被罚764万元

2023年1月30日，中国人民银行福州中心支行公布福银罚决字〔2023〕10号行政处罚决定书，对厦门银行违反个人金融信息保护规定、违反信息披露管理规定、向金融信用信息基础数据库提供个人不良信息未事先告知信息主体本人等23项违法行为予以警告，没收违法所得767.17元并处罚款764.6万元。

案例二：黑客团伙盗卖百万条数据，涉嫌侵犯公民个人信息罪

2023年2月15日，厦门市公安局网安支队成功打掉一个集黑客攻击、数据清洗、买卖信息、提供资金、数据使用等为一体的全链条网络犯罪团伙，破获某公司被侵犯公民个人信息案。据悉该黑客团伙通过攻击厦门一科技公司系统，非法获取公民个人信息100多万条并出售，非法获利约40万元。

案例三：6 000余条个人敏感信息因明文存储遭泄露

2023年3月，湖南省永州市东安县公安局网安部门在查办一起侵犯公民个人信息案件时，发现某小区业主信息泄露线索，随即对小区所属物业公司发起"一案双查"。经查，该公司可使用的人脸识别系统、车辆管理系统中明文存储6 000余名业主姓名、电话、身份证号、银行账户等敏感数据信息。同时，人脸识别系统、车辆管理系统均存在登录账号弱口令和账号未设置权限管理情况，存放用户数据的办公电脑使用向日葵远程控制软件进行操作，且未采取任何安全防护措施，未履行数据安全保护义务。永州东安县公安局根据《数据安全法》第二十七条、第四十五条第一款规定，给予该公司警告，并责令限期改正。

三、网络信息安全的问题

随着互联网的全球发展，资源共享给我们带来了网络信息安全的问题。网络上的敏感信息和保密数据受到各种各样的、被动的人为攻击，如信息泄露、信息窃取、数据篡改、数据增删及计算机病毒感染等，随着计算机资源共享的加强，网络信息安全问题也日益突出。网络信息安全面临的威胁主要来自现有网络信息安全技术的缺陷、计算机病毒攻击、漏洞问题及后门问题、现行法规政策和管理存在不足、人为破坏因素愈演愈烈等方面。

10-4 视频 网络安全面临的挑战

（一）现有网络信息安全技术的缺陷

虽然在计算机网络技术开始普及的时候就有相应的安全技术，但这种网络安全技术设计并不全面，没有全面覆盖网络技术缺陷。比如，对于军事领域的安全技术不适用于普通用户，同样，一个行业的安全技术可能对另一个行业无用，这就无法为计算机系统提供全面的保护。这些网络安全技术的缺陷表现在各个方面，比如，虚拟网络中的身份验证、电子签名，数据流通过程中的保密性、完整性及应用系统整合性等。在对用户信息的认证问题上，可能有访问控制技术对其进行有效的甄别，以防止他人随意盗取用户信息，但是在客户数据流通时，访问控制技术可能就无法起到保护用户信息安全的作用。同样，一般杀毒软件虽然都能起到防止病毒入侵和杀毒的作用，但涉及身份验证或系统升级整合等问题的时候，这些杀毒软件一样无益。所以，从以上分析的结果来看，现有的计算机网络安全技术虽然有一定的针对性，但是缺乏有效防止安全问题的整体性。

（二）计算机病毒攻击

在传统计算机网络安全威胁中，计算机病毒攻击可能是最普遍的一种传统安全威胁。说其普遍是因为这种安全威胁有各种不确定因素，比如，攻击来源不容易确定，攻击网络安全的方式也多种多样，就连攻击的对象也不确定，往往都是潜在的。除此之外，病毒对计算机网络安全造成威胁的另一个原因是计算机病毒扩散得太快，越是网络发达和数据流通顺利，其扩散能力越强。而且，计算机病毒有一定的潜伏期，一定时间内不容易被发现。这些都是造成计算机病毒对网络安全危害的原因，通常这种危害表现在，使用户的信息丢失、降低网络流通的效率，严重的甚至可能导致系统瘫痪或者硬件和软件的损坏等。

10-5 视频 计算机病毒

（三）漏洞问题及后门问题

网络信息安全系统更新升级的周期比较慢，这会使某些安全软件存在缺陷和漏洞，这是无法避免的，一旦出现漏洞，就为网络安全问题留下了可乘之机，用户的信息就可能被窃取或破坏。伴随用户信息丢失而来的是计算机用户的系统运行不稳定或者 IP 地址受到攻击等问题。当然，在计算机程序编制的时候，会通过计算机的后门自行管理和调节，虽然恶意攻击网络的黑客可能不太了解这种自我管理和调节机制，但是如果计算机后门也出现漏洞，其后果不堪设想，计算机安全系统可能因此瘫痪。

(四) 现行法规政策和管理存在不足

从外在因素来看，网络信息安全问题比较严重的原因是相关的法律法规没有跟上计算机领域的各种快速的变化，且操作性不强，执行力不够。计算机领域管理人员的素质参差不齐，造成的结果是网络信息安全防范机制问题增多，系统口令的设置过于随意，没有足够的安全意识。另外，单位内部也存在管理不善的问题，特别是对账号管理的疏忽，经常使账号轻易被不法分子盗取或者篡改，更为恶劣的是，有些缺乏职业责任心的管理人员利用职务之便，泄露公司或者单位网络的机密信息。这些问题都说明，网络信息安全在法律法规的构建方面，存在不足。

(五) 人为破坏因素愈演愈烈

随着信息技术发展得越来越迅猛，网络信息安全的各种危机也愈加频繁，其中人为因素占了很大一部分，如各种黑客攻击、计算机犯罪等。如今，又衍生了网络黑客这一职业，他们通过有缺陷的网络体系和安全系数不高的系统用户进行入侵，或者通过一些间谍软件来盗取各种信息，并将有价值的部分卖给有需要的人。在这个商业竞争空前激烈的时代，计算机网络技术在商业竞争中无孔不入，而为了达到商业盈利的目的，有些职业操守低的竞争者利用计算机网络技术侵入对手的计算机系统，对竞争对手的计算机操作系统进行破坏，或者盗取对手的商业机密。当下，这种恶性竞争的行为越发泛滥，也是值得我们注意的人为破坏因素，这种人为破坏因素危害大是因为计算机犯罪没有任何限制，且不容易被察觉，成本较低，也不容易确定犯罪对象等，这些都是人为网络犯罪越发频繁的原因，也是计算机网络技术维护变得困难的原因。

第二节　影响网络信息安全的因素

一、公民个人网络信息安全问题

(一) 网络信息安全问题分析

1. 网络实名制风险

在互联网形成的初期，企业以匿名化形式保护用户信息，切断使用主体与网络主体之间的直接关联。随着大数据时代的发展，为了能够给客户提供更好的网络体验，提高服务针对性，企业启用去匿名化技术，收集用户信息、挖掘客户需求。去匿名化技术很大一部分来源于网络实名制的应用，为检验客户的真实信息，防止用虚假身份进行犯罪活动。我国于2016年颁布的《中华人民共和国网络安全法》明确规定，用户在进行注册等互联网行为时必须经过实名认证。此项制度在规制犯罪的同时也为网络信息安全的侵犯提供了可能性。

2. 网络行为跟踪技术风险

网络行为跟踪技术是为了满足客户需求而诞生的，该项技术可对用户的爱好进行预测并推送相应信息，如小红书、抖音等。通过分析不同用户的点击取向、界面停留时间等，推送不同的内容，由此，越来越多的人发现自己的使用界面趋向同质性。但该项技术暗含对用户隐私的绝对掌握倾向。

(二) 网络信息安全问题原因

1. 公民个人网络安全意识、隐私保护意识匮乏

对于网络安全、隐私意识，可以分为两类人群：一类为中年及以上人群，另一类为新时代青年。对于前者，具有从旧时代（信息技术不发达，以实体方式存储信息的年代）过渡到新时代的特征，实体存储的高安全性使这代人的隐私意识模糊，即便到了现今，依旧维持旧思想，这无疑已无法应对网络世界。而后者，虽为新时代青年，具有较强的隐私保护观念，但仅停留于表面的保护，而不理解深层保护，例如，对未经专业认证的网站输入手机号。

10-6 视频
网络安全问题
全世界的安全命题

2. 信息技术保护能力薄弱

大数据技术主要依靠云计算、分布式处理等技术运行，虽然为公众带来了高效的服务体验，但也增加了信息管理难度[5]。云计算服务器并不是统一规制与管理，而是分布于全球各地，依照当地法律法规的具体规定进行管理。由于每个地区在管理制度、隐私侵害标准、数据流通程度方面都具有巨大差别，导致各地区的云计算服务链接存在管理漏洞，而不法分子正是利用该管理漏洞规避法律。监管部门在此背景下要面对追责困难的现实问题。

二、影响网络信息安全的主要因素

网络环境下，个人信息不安全的因素可以归纳为以下七个方面。

(一) 计算机网络信息系统内部因素

现代社会的生产与生活几乎都离不开互联网技术，需要建立在计算机网络信息系统之上进行各种交易行为。个人与个人之间、单位与单位之间、个人与单位之间都依赖信息技术进行信息传递与信息交换。计算机网络带来了大量的经济与社会效益，有效拉近了人与人之间的距离，满足了现代社会多样化需求，切实提升了沟通效果。现代社会离不开计算机网络信息，但是没有一种计算机网络系统是绝对安全的，任何一个系统都或多或少地存在一定的漏洞与不安全之处，这些不安全会造成个人网络信息的泄露，给不法分子以可乘之机，盗用用户的个人信息，实施非法侵害行为。

计算机信息网络系统本质上是一个不断完善的过程，是系统制造者、发布者与不法分子之间的博弈，后续工作人员、程序员与技术人员只有不断创新、不断完善网络信息系统，发现问题及时解决、发现漏洞及时弥补，并及时提供系统补丁供用户下载，使得网络信息系统更加完善，确保系统的稳定性、可靠性与安全性，规避各种潜在的安全风险，有效预防各种互联网病毒，从而在源头上保护个人的网络信息安全，保护用户的合法权益。

(二) 个人信息的不合理收集

在电子商务时代，了解并满足用户的需求和期望，是网络经营者首要的任务，而最可靠的用户信息来自用户自身。所以网络用户都会遇到这样的经历，即在网上浏览、咨询或购物时，总要填写一系列表格以确定浏览者的身份，这些个人资料包括：个人识别资料，如姓名、性别、年龄、身份证号码、电话、通信地址等情况。个人背景，如职业、受教育程度、收入状况、婚姻、家庭状况等。然而网站却不详细说明需要这些数据的原因、数据的使用目的及处置方式。一旦输入了这些信息，总担心这些个人信息会给自己带来麻烦。即使网站声称对个人信息安全负责，但因为填表者无法监督其对个人信息的使用情况，而对网上相关活动（如购物）产生抵触情绪，这也是目前制约电子商务发展的一个重要因素。

（三）个人数据的二次开发利用

个人数据的二次开发利用是指商家利用掌握的个人信息，建立起综合的数据库，从中分析出个人并未透露的信息，进而指导营销战略。例如，大多数网络用户在网上申请了属于自己的免费邮箱，邮箱里总会出现一些垃圾邮件、广告邮件。毫无疑问，提供免费邮箱的网络服务商，已经将我们在申请邮箱时提供的个人数据进行了收集和二次开发，出售给其他的商家使用。服务商将用户的邮件地址非法提供给其他机构，使电子邮箱经常被垃圾邮件塞满，甚至造成客户个人隐私或商业机密的泄露。这种情况与私拆他人信件、侵犯他人通信秘密没有本质区别。

（四）个人数据交易

个人数据交易表现为两种形式，一种形式是商家之间或商家与机构之间互相交换掌握的个人信息；另一种形式是网络商店将掌握的个人信息出售给这些信息的需要者。个人数据交换是目前最为严重的一种侵权行为。第一种形式的交易被商家称为"在有限范围内与合作伙伴共享信息"。一般情况下商家的合作伙伴绝不止一个，如果共享的范围得不到有效控制，个人信息就可能被极多的商家知晓，这无疑是在变相地侵犯个人的网络隐私权。第二种形式的交易则是为网络用户所谴责的靠出卖消费者信息挣钱。这些现象与目前不完善的隐私权和个人数据保护的立法缺失是紧密关联的。

（五）个人防范意识不强

计算机网络信息系统是一个开放、通用、公用、共享的平台，具有极大的自由性与虚拟性，是一个无法估量的开放空间。在这个空间内，要确保个人网络信息安全，除后台人员加大防护力度、立法部门加强立法、监管部门加强监管之外，每位用户都应增强风险意识，具备必要的风险防控观念，增强个人的信息安全保护力度。生活中，一些用户却缺乏必要的网络风险防范意识，比如，交易密码的设定过于简单、过于随意；轻易相信别人，随意透露自己的密码；密码保护问题的设定过于简单，能被轻易地破解等。这些行为可能使个人网络信息丢失，造成网络信息安全隐患。例如，一个考生在填报志愿时，填写完毕后忘了退出个人的填报界面，被另外一个考生登录了用户名，恶意修改了原本填报的志愿，造成了严重后果。虽然公安机关破了这个案子，但是造成的损失难以弥补，该考生只好选择复读。因此，只有提高警惕、提升风险防范意识，个人网络信息安全指数才会大幅提升。

（六）网络服务商通过追踪软件来追踪用户在网上的行为

大部分网络服务商取得用户隐私信息的方式，是通过追踪软件对网民浏览兴趣和爱好进行记录和跟踪，收集其兴趣或者其他个人可识别的信息，然后根据这些信息，向用户有针对性地发送广告，或者把这些信息出售给他人。

（七）不法分子的非法入侵与恶意窃取个人信息

在互联网领域中，黑客是一个不得不预防的群体，有些善意的黑客本着好奇、好玩的原则非法入侵系统,就是想看看自己的技术能力,不以窃取各种信息为目的。但大多数恶意黑客非法入侵计算机网络信息系统,目的就是盗窃各种信息,为下一步的犯罪行为做好准备,这种黑客行为是造成个人网络信息泄露的根源,需要认真面对,并有效预防。随着移动支付的普及与使用,几乎每位网民都会使用微信、支付宝来进行在线支付,或者是网上购物,比如,我国近4 000万的在校大学生,是主要的网络购物、消费与移动支付的网络消费群体,这些海量的个人网络信息,引起了恶意黑客分子的注意。他们故意编写程序,或者植入木马程序、发布计算机病毒,来获取用户的交易密码、账号信息、身份证信息等,实施网络诈骗行为。获取他人密码后直接转移他人财产,这种恶意黑客的非法入侵行为,会造成个人网络信息的泄露,增加个人网络信息的不安全性与不确定性,严重的还会造成个人财产的损失。

第三节 网络信息安全危机的处置

一、网络信息安全的风险特征

网络信息安全通常是指保护网络信息系统,使其不会被非法阅读、修改和泄露。从技术角度来讲,网络信息安全的主要技术特征表现在系统的突发性、隐秘性、智能性、可靠性、可用性、保密性、完整性、确认性、可控性等方面。

(一)突发性

网络信息安全侵权事件往往具有突发性特征,不同于其他犯罪案件,从犯罪动机到犯罪结果之间通常有较长的时间过程。除去犯罪人员对网络病毒、木马的制作过程,从病毒运行开始,用户接触界面之后就能够瞬间完成病毒植入。以2000年的"熊猫烧香"病毒为例,从首次出现开始,短短两个月内,病毒就蔓延全网络,受害用户超过100万台计算机,造成互联网用户的巨大损失。而在该病毒出现前期,几乎无任何特征显示,此"突发性"造成巨大的负面影响,给网络安全治理带来了不可忽视的严峻挑战。

10-7 文章 保护个人信息,这些防护措施你做到了吗?

(二)隐秘性

在大数据时代下,人人皆是隐藏在计算机背后的操控者。人们对于网络形象的塑造可以是自由创作下的任意为之,但绝不是真实存在的实体,虚拟性是网络的本质。而不少犯罪分子正是借助这一虚拟特征在互联网中任意窃取所需信息,侵犯他人的隐私权,甚至造成难以估量的经济损失。由于网络的隐秘性特征,犯罪分子所到之处可以做到过而无痕,这种网络特征所赋予的"自由性",使法网难以捕捉他们。从某种角度来说,不仅犯罪分子具有隐秘性,犯罪工具也有极强的隐秘性。类似病毒、木马等网络入侵技术,可能顺于某次网络点击的渠道附着于用户电脑,并悄悄窃取用户信息,而在其利用不法途径获益时,用户自身毫无察觉。因此,网络案件破坏性极强,但因隐秘性而难以侦破。

(三)智能性

"道高一尺,魔高一丈",在网络技术飞速发展的同时,计算机入侵系统也在不断改进,即便杀毒软件、防火墙不断进行更新换代，也难以做到全方位防护。如今，不仅网络安全系统具有智能性，病毒、木马等入侵系统也具有智能性，通过自主针对防护系统进行巡查并入侵漏洞，攻击其最薄弱部位，达到犯罪目的。

（四）可靠性

可靠性是指定网络信息系统能够在规定条件下和规定时间内完成规定功能的特性。可靠性是系统安全的最基本要求之一，是网络信息系统建设和运行的基本目标。

（五）可用性

可用性是网络信息可被授权实体访问并按需使用的特性。可用性一般用系统正常使用时间和整个工作时间之比来度量。

（六）保密性

保密性是指网络信息不被泄露给非授权的个人或实体，信息只供授权用户使用的特性。保密性是建立在可靠性和可用性基础之上的保障网络信息安全的重要手段。

（七）完整性

完整性是指网络信息在存储或传输过程中保持不被偶然或蓄意地删除、修改、伪造、乱序、重放、插入等破坏和丢失的特性。完整性是一种面向信息的安全性，要求保持信息的原样，即信息的正确生成、存储和传输。

（八）确认性

确认性是指在网络信息系统的信息交互过程中，所有参与者都不能否认或抵赖曾经完成的操作和承诺。通常利用信息源证据来防止发送方否认发送过信息，利用递交接收证据可防止接收方否认接收信息。

（九）可控性

可控性是指对网络信息的传播及内容具有控制能力的特性。

二、个人网络信息安全的防护策略

（一）提高公民自主保护能力

1. 建立网络安全意识与隐私保护意识

10-8 视频 网络信息安全意识培训

据统计，因网络安全意识与隐私保护意识缺失而遭受网络侵害的案件占比庞大，特别是中年及以上群体，他们属于乡村经济发展起来的一代。费孝通先生曾在《乡土中国》中提及中国社会具有乡土性，属于熟人社会的特征。因此，乡土生长起来的人民所具有的连接性削弱了其隐私保护意识与安全意识。对此，可以通过以下两方面增进隐私保护意识和安全意识：一是提高公众对网络诈骗等案件的关注度。多数网络信息安全遭受侵害的原因在于没有被侵害意识。而在没有被侵害意识引导的情况下，要求用户具有防护意识，可谓"巧妇难为无米之炊"。建立被侵害意识的一大重要途径便是对网络侵害案的了解。提高公众对网络侵害案件的关注度，通过多渠道获悉侵害形式，可以增强保护意识。二是新闻工作者创新网络侵权案报道渠道。以创新形式吸引公众关注度，达到无形的积极影响效果。如公交车电视投放、社区工作人员组织网络保护宣传活动、微博热搜关注网络时事等，多维度宣传网络安全，使用户在无形中了解各种网络侵害途径，增强网络安全意识与隐私保护意识。

2. 增强网络信息保护措施

可以通过以下五种措施增强公民的信息保护能力。一是公民在浏览网站时需关注网站入口是否有官方认证标志，对于未标明网站不要轻易进入。倘若不慎进入不明网站，则警惕突然弹窗，尽快退出并启动杀毒软件。二是安装网页下载软件，若是非正规途径下载，则病毒附着可能性大。在安装软件过程中，需要认真查看待安装窗口，以免安装附带的不必要软件。三是定期清除浏览器缓存数据。缓存数据是病毒入侵的高危口径，特别是追踪型病毒最容易植入其中。四是提高公共场所的无线蓝牙连接的谨慎度。公共场所的无线病毒入侵是市面上的新式入侵途径，也是最需提高警惕性的途径，网络用户往往因自身需求而忽视该种途径防护。五是密码设置复杂化。网络用户在注册新账号或者设置支付密码等，应当采用数字加字母大小写方式设置，同时避免每个平台使用相同密码。除了对在线密码设置复杂化，对于存储设备也应自主设置密码，以防存储内容被他人盗窃或病毒入侵。

（二）加强法治建设，通过立法保护个人网络信息安全

首先，需要出台有关网络发展方面的规章制度，为网络平台健康、稳定发展提供法律保障与政策引导。我国相关部门就个人信息泄露问题已经进行立法活动，并提出了相应的管理规章，这是社会与文明发展进步的具体表现。此外，政府需要充分发挥自身的行政职能。作为人民公仆的行政机关，对网络平台健康发展要高度重视，积极引导行业签订自律公约，制定行业标准及自律处罚机制，如果网络平台出现任何问题或者其他安全事件，可以对其进行严厉处罚。

（三）监管部门加大监管力度

我国应制定严格明确的监督与管理条文，对互联网金融行业与分业监管的工作职责与工作内容进行明确规定，保证各部门或机构各尽其职，明确自己的职责任务，依法管理。互联网金融行业经营需要与监管部门进行有效交流沟通，针对个人信息泄露问题进行综合分析与探究，加强二者之间的合作与管理，对网络相关平台实行全面监督，对出现的违法违规现象，监管部门要加大处罚力度，并引导用户采取安全防范措施。

（四）强制行业自律信息发展

1. 注重网络安全人才队伍培养

网络基础系统的建设稳定性，取决于基础系统设计人员的专业水平。在信息网络时代背景下，专业技术人员在飞速发展的系统更新中等同于在信息逆流中前行。倘若专业人才永远依照旧理论、旧常识处理新问题、新困难，这必然是对网络侵权行为的放任。因此，程序设计人员和软件开发人员需要定期组织技能培训，提升专业技术水平，提高职业道德修养。企业在"稳抓老同志"的同时也要不断吸纳"新鲜血液"，招聘社会新青年人才。最前沿的技术理念和最热情的工作态度往往掌握在初入社会的人才手中。将老员工的职业素养与实践经验和新式人才的前沿理念与工作态度相结合，将有效提高计算机网络安全的稳定性。在企业抓稳新旧关系时，国家也要加大资金投入，为社会培育更多的网络安全型技术人才，以此快

速稳步推动网络安全建设。

2. 提高网络信息企业社会责任感

众多优秀企业都有自己的企业文化,且员工在该企业文化的影响之下辅助公司在竞争激烈的社会环境下站稳脚跟。与法律规制作用相比,内在的自我约束能够弥补法律外在强制的缺陷。因此,网络信息企业社会责任感即等同于一种企业文化式的熏陶效果,能够让企业员工自主研制高稳定性、高安全性的产品。回归现实,可鼓励网络企业创造以高安全意识为核心的文化理念,同行业、组织或协会应提高企业保护公民网络信息隐私权的责任意识,引导企业增强维护网络安全的保护意识。

3. 发挥网络防护软件保护作用

无论是网络安全人才队伍的培养,还是提高网络信息企业社会责任感,归根结底都是建立网络防护软件升级的措施和保障。现代社会,几乎每个网络群体的电脑里都安装了杀毒软件和防火墙,但网络人身财产侵害案件依旧时有发生。究其原因,各种网站病毒不断更新,数量庞大,杀毒软件和防火墙难以自主进行全方位巡查与消杀。因此,网络用户需要定期更新使用杀毒软件并正确设置防火墙数据,发挥防护软件最大功效。

(五)技术人员不断提升网络信息系统的安全性

网络信息系统与网络传输的线路经常会出现很多漏洞,很容易受到黑客的攻击,从而造成信息的泄露,严重损害用户的利益。只有技术人员采取有序的预防措施,通过计算机网络技术的不断完善与发展,采取针对性的措施规避风险,研发更多安全可靠的保护软件,将被监听或窃取信息的概率降到最低,进而保证信息传递的可靠性与安全性。

第四节 网络信息安全危机干预机制的内涵与必要性

一、网络信息安全危机干预的重要意义

(一)有利于维护计算机网络正常运行

在大数据时代背景下,大部分单位在云平台存储数据信息,诸多终端数据需要借助网络传播。若出现网络系统崩溃、网络终端被监控等问题,便会引发系统数据被篡改、重要资料丢失、机密信息泄露等问题。计算机网络信息安全措施可以全过程监管网络,运用过滤技术或阻隔技术在计算机网络系统内外网之间构建防火墙,实现安全防护、网络信息监管。除此之外,计算机网络安全管理可以第一时间对计算机网络安全事件相关行为进行记录、发现和处理,防止因不法分子、人为操作失误等,影响计算机网络正常运行。

10-9 视频
网络安全为人民,
网络安全靠人民!
举众之力协同共治,
构筑网络安全防线!

(二)满足不同场景的计算机网络安全防护需求

网络信息安全的各种分布式探测机制、主动防御机制等,可以对信息系统的安全性进行全面监测,检测处理海量数据、识别危险信息、加强链路层面安全防护,针对存在的漏洞第一时间修复,严禁特定端口流出通信,有效应对各种病毒和木马的攻击,在最短的时间内处理网络故障,促进计算机网络高效运行。这些功能或机制可以为计算机网络的持续运行提供

保障，构建兼具可靠性、稳定性、有序性和安全性的网络运行环境，使不同场景的计算机网络安全防护需求得到满足。

（三）有利于保护重要资料和信息

网络信息安全主要包括以下两个方面：一是信息载体安全，如隐私数据、重要资料的泄露或丢失；二是信息本身安全，如计算机硬件损害造成数据信息丢失或系统不能正常运行。计算机网络信息安全管理可以加密保护核心数据传输及存储，对进出网络数据包进行检查，有效阻断对敏感数据文件的危险行为，对网络信息系统的威胁及安全漏洞进行评估，隔离数据信息，促进数据处理的协同性，避免没有经过授权非法买卖和泄露数据，这些均有利于保护重要资料与信息。

二、网络信息安全防护的必要性

伴随网络的逐渐普及，人们的生活变得越来越丰富，置身网络时代，人们随时随地都能获取海量数据信息。在大数据时代背景下，人们的生活发生了翻天覆地的改变，云计算、虚拟技术、大数据开始成为工作与生活中的常见词汇，这些技术为工作和学习提供了很多便利。随着网络信息技术的快速发展，黑客活动日渐猖獗，带来的危害也越来越大。在这种情况下，计算机信息数据、网络系统的整体运行都面临着严重威胁，虽然防火墙、通道控制及代理服务器等安全技术的应用，从一定程度上提升了网络信息的安全性与稳定性。但是，随着黑客技术的快速发展，在大数据时代背景下，网络信息安全体系的构建处于一种危险的境地。面对上述问题，有关人员应在加强对网络信息安全技术应用的前提下，探索更加实用的防护性举措，这也是提升网络信息系统应用安全性、稳定性的重点所在。

10-10 视频 网络信息安全意识

网络安全牵一发而动全身，且与其他方面的安全都有着密切关系。没有网络安全就没有国家安全，没有信息化就没有现代化。进入21世纪，随着信息化建设和互联网技术的快速发展，网络技术的应用更加广泛，同时出现很多网络安全问题，致使网络安全技术的重要性更加突出，网络安全已经成为各国关注的焦点，不仅关系到机构和个人用户的信息和资产安全，也关系到国家安全和社会稳定，成为热门研究和人才需求的新领域。必须在法律、管理、技术、道德等方面采取切实可行的有效措施，才能确保网络建设与应用"又好又快"地稳定发展。网络空间已发展成为继陆、海、空、天之后的第五大战略空间，是影响国家安全、社会稳定、经济发展和文化传播的核心、关键和基础。网络空间具有开放性、异构性、移动性、动态性、安全性等特性，不断演化出下一代互联网、5G移动通信网络、移动互联网、物联网等新型网络形式，以及云计算、大数据、社交网络等众多新型的服务模式。网络安全已成为世界热门研究课题之一，并引起社会广泛关注。

网络信息安全是一个系统工程，已成为信息化建设和应用的首要任务。网络信息安全技术涉及法律法规、政策、策略、规范、标准、机制、措施、管理和技术等方面，是网络信息安全的重要保障。信息、物资、能源已经成为人类社会赖以生存与发展的三大重要资源，信息技术的快速发展为人类社会带来了深刻的变革。随着计算机网络技术的快速发展，我国在网络化建设方面取得了令人瞩目的成就，电子银行、电子商务和电子政务的广泛应用，使计算机网络已经深入到国家的政治、经济、文化和国防建设的各个领域，遍布现代信息化社会的工作和生活各个层面，“数字化经济”和全球电子交易一体化正在形成。网络信息安全不仅关系到国计民生，还与国家安全密切相关，不仅涉及国家政治、军事和经济各个方面，还影响国家的安全和主权。

随着信息化和网络技术的广泛应用，网络信息安全的重要性尤为突出。网络空间是亿万民众共同的精神家园。网络空间不是“法外之地”。网络空间是虚拟的，但运用网络空间的主体是现实的，应遵守法律，明确各方权利义务。网络安全和信息化是相辅相成的。安全是发展的前提，发展是安全的保障，安全和发展同步推进。在信息时代，网络信息安全对国家安全牵一发而动全身。没有网络信息安全就没有国家安全，就没有经济社会的稳定运行，人民群众利益也难以得到保障。要树立正确的网络信息安全观，加强网络安全防护，加强网络安全信息统筹机制，加强网络安全事件应急指挥预案建设，积极发展网络安全产业，做到“关口前移，防患于未然”。

10－11　文章＋视频
如何保护个人
信息？

三、如何保护个人信息

个人敏感信息一旦遭到泄露或修改，会对被标识的信息主体造成不良影响。各机构个人敏感信息的具体内容根据接受服务的主体意愿和业务特点确定。例如，个人敏感信息可以包括身份证号码、手机号码、指纹等。图 10－5 介绍了如何保护个人信息安全。

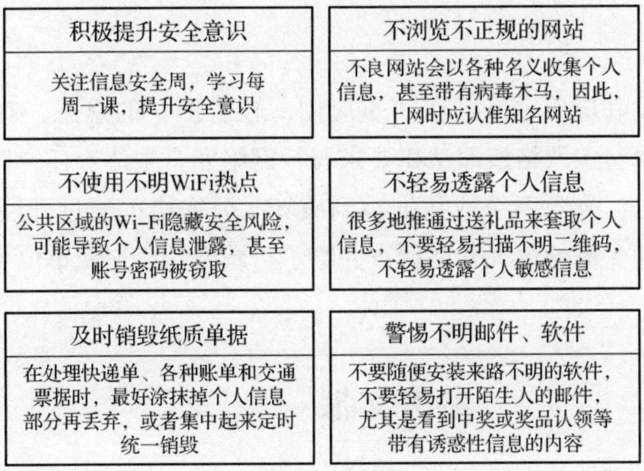

图 10－5　如何保护个人信息安全

10－12　视频＋文章
如何保护个人信息安全？
一起学起来！

第五节　典型案例分析

一、案例简介

2021 年 6 月，泸州市某医院遭受网络攻击，造成全院系统瘫痪。泸州市公安机关迅速调集技术人员赶赴现场，指导相关单位开展事件调查和应急处置工作。经调查发现，该医院未制定安全管理制度和操作流程，未确定网络安全负责人，未采取防范计算机病毒、网络攻击和网络侵入等危害网络安全行为的技术措施，导致被黑客攻击造成系统瘫痪。泸州市公安机关根据《中华人民共和国网络安全法》第二十一条和第五十九条的规定，对该院处以责令改正并警告的行政处罚。

二、案情分析

该医院未制定安全管理制度和操作流程，未确定网络安全负责人，也未采取防范计算机病毒、网络攻击和网络侵入等危害网络安全的技术措施，导致被黑客攻击造成系统瘫痪。

三、威胁与措施

医院网络安全面临着多种威胁。医疗信息是一种极其敏感的数据，包含患者的个人身份信息、病历、检查结果、治疗方案等。这些信息一旦被黑客窃取或篡改，会对患者的个人隐私和医院的声誉造成严重损害。此外，黑客还可能对医院的网络进行破坏，导致数据丢失或系统瘫痪，给医疗服务带来不可估量的损失。针对这些威胁，泸州市某医院采取了安全措施。首先，建立专门的网络安全团队，负责监控网络安全状况、发现并应对安全漏洞。其次，对医院网络进行分级保护，将医疗数据放在内部网络，与外网相隔离，增加黑客攻击的难度。此外，医院还定期进行内外网安全测试，发现并修复潜在的漏洞。这些措施在一定程度上提高了泸州市某医院网络安全的水平。

四、案例警示

部分单位在信息化建设和应用中，存在"重应用，轻防护"的思想，对网络安全工作不重视，安全防护意识淡薄，未严格按照法律要求履行网络安全主体责任，存在较大安全隐患和漏洞，容易被黑客攻击，导致系统或数据遭到破坏。公安机关通过开展"一案双查"，对相关单位未履行安全管理义务的情况开展调查并给予行政处罚，迫使单位主动整改，切实履行网络安全保护义务。

参考文献

[1] 金义. 高校网络安全标准化管理对策 [J]. 大众标准化, 2024, (06): 172-174.

[2] 田秋. 大数据时代下计算机网络信息安全问题探讨 [J]. 办公自动化, 2024, 29 (04): 36-38+8.

[3] 俞奎. 个人信息安全日常防护常识 [J]. 保密科学技术, 2023, (04): 25-29.

[4] 张国宏. 大数据背景下的公民个人网络信息与安全问题探讨 [J]. 信息系统工程, 2023, (03): 103-105.

[5] 何雅雯. 大数据背景下公民隐私权保护问题研究 [D]. 乌鲁木齐: 新疆师范大

学，2022.

[6] 罗志坚，董满. 浅谈电子商务网络安全问题现状及防范措施 [J]. 石河子科技，2022，(01)：36-37.

[7] 孙明茹. 移动网络时代个人信息安全风险及法律保护探析 [J]. 法制与经济，2020，(03)：142-143.

[8] 廖玲玲. 个人网络信息安全的防护对策研究 [J]. 科技创新导报，2019，16（02）：138+140.

[9] 闫新新. 网络时代个人信息安全分析 [J]. 物流工程与管理，2016，38（07）：270-272.

[10] 管宇. 当前我国网络空间与信息安全面临的主要威胁及对策 [J]. 网络安全技术与应用，2015，(05)：156+159.

第十一章
电信网络诈骗的识别、干预与预防

随着互联网和电信产业的迅猛发展，电信网络诈骗（简称电诈）已成为群众反映最强烈的犯罪之一。预防和打击电信网络诈骗犯罪活动必须走到犯罪的前面。2022年9月2日，十三届全国人大常委会第三十六次会议表决通过了《中华人民共和国反电信网络诈骗法》，该法自2022年12月1日起施行。《中华人民共和国反电信网络诈骗法》是为了预防、遏制和惩治电信网络诈骗活动，加强反电信网络诈骗工作，保护公民和组织的合法权益，维护国家安全和社会稳定，根据《宪法》制定的法规。"工欲善其事，必先利其器。"反电信诈骗工作常常是与犯罪"你追我赶"的科技较量。从提高堵截能力使诈骗软件下不了、诈骗网站登不上，到及时推送预警信息、劝阻群众免于被骗，再到完善支付冻结工作机制守住群众"钱袋子"，这些都离不开科技的支撑。不仅如此，电信网络诈骗背后还隐藏着窃取个人信息、提供技术支持、进行转账洗钱等上下游犯罪，亟待从根子上予以斩除。加快利用大数据、人工智能等科技手段更好赋能反电信网络诈骗工作，充分整合内外部资源，形成上下联动、相互支撑的全国一体化打击犯罪格局，才能对电诈犯罪及其上下游"黑灰产业链"施以全链条打击和治理。本章将重点梳理电信网络诈骗的类型及要素，并对受骗人的特点、弱点、心路历程，以及电信网络诈骗高发的原因进行分析，总结出一些识别电信网络诈骗的方法，探讨应如何干预和防范电信网络诈骗。

第一节 电信网络诈骗的类型及要素

近年来，公安部聚焦人民群众深恶痛绝的电信网络诈骗，全面加强"四专两合力"建设，组织全国公安机关以前所未有的力度和举措深入推进打防管控各项工作[1]，有效遏制了此类案件快速上升的势头，有力维护了人民群众的合法权益。当前，电信网络诈骗犯罪形势依然严峻，刷单返利、虚假网络投资理财、虚假网络贷款、冒充电商物流客服、冒充公检法、虚假征信等10种常见电诈案件占各类诈骗案的近80%，其中，刷单返利类诈骗发案率最高，占发案总数的1/4左右；虚假网络投资理财类诈骗造成损失的金额最大，其损失金额占电诈损失金额的1/3左右。

11-1 视频
电信诈骗知识
与防范

一、电信网络诈骗的类型

1. 刷单返利类诈骗

刷单返利类电信网络诈骗已逐步演化成一种变种最多、变化最快的主要诈骗类型，成为虚假投资理财、贷款等其他复合型诈骗，以及网络赌博、网络色情等其他违法犯罪的主要引流方式[2]，被骗金额达百万元以上的重大案件时有发生。受骗人群多为在校学生、低收入群体及无业人员。据腾讯《2021年电信网络诈骗治理研究报告》显示，刷单返利类案件是各类电诈案件中所占比例最高的，如表11-1所示。

11-2 图片
电信网络诈骗类型

表11-1 电信网络诈骗案件类型及数量占比情况

案件类型	案件数量占比/%
刷单返利	25.40
杀猪盘	18.90
贷款、办理信用卡	18.10
冒充电商物流客服	11.50
冒充公检法等政府机关	4.80
冒充领导、路人诈骗	4
虚假购物、服务	3.90
网络游戏虚假交易	2.90
网络婚恋、交友	1.40

（数据来源：腾讯《2021年电信网络诈骗治理研究报告》）

2. 虚假网络投资理财类诈骗

此类案件中，诈骗分子通过多种方式将受害人拉入所谓"投资"群聊，然后冒充投资导师、金融理财顾问，以发送投资成功假消息或"直播课"骗取受害人信任；或者通过婚恋交友平台与受害人确定婚恋关系，再以有特殊资源、平台有漏洞可获得高额理财回报等理由，骗取受害人信任。随后，诈骗分子诱导受害人在虚假投资平台开设账户进行投资[3]，并对受害人前期的小额投资试水予以返利，受害人一旦加大资金投入，就会出现无法提现的情况。受骗人群多为具有一定收入和资产的单身人员或是热衷于投资、炒股的群体[4]，虚假网络投资理财类诈骗流程如图11-1所示。

11-3 视频
虚假投资理财类
诈骗

3. 虚假网络贷款类诈骗

诈骗分子通过网络媒体、电话、短信、社交工具等发布办理贷款、信用卡、提额套现等广告信息，然后冒充银行、金融公司工作人员联系受害人，谎称可以"无抵押""免征信""快速放贷"，诱骗受害人下载虚假贷款App或登录虚假网站。再以收取"手续费""保证

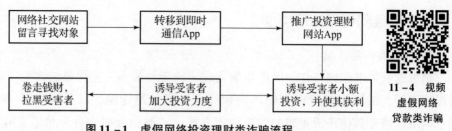

图 11-1　虚假网络投资理财类诈骗流程

金""代办费"等为由，诱骗受害人转账汇款。诈骗分子收到受害人的转账后，便关闭虚假 App 或虚假网站，并将受害人拉黑。受骗人群多为有迫切贷款需求、急需用钱周转的人员。

4. 冒充电商物流客服类诈骗

诈骗分子冒充电商平台或物流快递企业客服，谎称受害人网购的商品出现质量问题或售卖的商品因违规被下架，以"理赔退款"或"重新激活店铺"需要缴费为由，诱导受害人提供银行卡和手机验证码等信息，并通过屏幕共享或要求下载指定 App 等方式，指导受害人转账汇款。受骗人群多为经常在电商平台网购的消费者或电商平台的店铺经营者。

5. 冒充公检法类诈骗

诈骗分子通过非法渠道获取受害人的个人身份信息，随后冒充公检法机关工作人员，通过电话、微信、QQ 等与受害人取得联系，以受害人涉嫌洗钱、非法出入境、快递藏毒、护照有问题等违法犯罪行为为由进行威胁、恐吓[5]，要求配合调查并严格保密，并向受害人出示"逮捕证""通缉令""财产冻结书"等虚假法律文书，以增加可信度。同时，要求受害人到宾馆等封闭空间，在阻断与外界联系的条件下"配合"其工作，将资金转移至"安全账户"，从而实施诈骗。

6. 虚假征信类诈骗

诈骗分子冒充银行、银保监会工作人员或网络贷款平台工作人员与受害人建立联系，谎称受害人之前开通过校园贷、助学贷等账号未及时注销，需要注销相关账号；或谎称受害人信用卡、花呗、借呗等信用支付类工具存在不良记录，需要消除相关记录，否则会严重影响个人征信。随后，诈骗分子以消除不良征信记录、验证流水等为由，诱导受害人在网络贷款平台或互联网金融 App 上进行贷款，并将钱款转到其指定账户，从而实施诈骗。

7. 虚假购物、服务类诈骗

诈骗分子在微信群、朋友圈、网购平台或其他网站发布"低价打折""海外代购""0 元购物"等广告，或发布提供"论文代写""私家侦探""跟踪定位"等特殊服务的广告，以吸引受害人关注。与受害人取得联系后，诈骗分子诱导受害人通过微信、QQ 或其他社交软件添加其为好友进行商议，以私下交易可节约手续费或更方便等为由，要求私下转账。待受害人付款后，诈骗分子便以缴纳"关税""定金""交易税""手续费"等为由，诱骗受害人继续转账汇款，事后将受害人拉黑。

8. 冒充领导、熟人类诈骗

诈骗分子使用受害人领导、熟人或孩子老师的照片、姓名等信息"包装"社交账号，以"假冒"的身份添加受害人为好友，或将其拉入微信聊天群。随后，诈骗分子以领导、熟人身份对受害人嘘寒问暖表示关心，或模仿领导、老师等人语气骗取受害人信任。再以有事不方便出面、不方便接听电话等理由要求受害人向指定账户转账，并以时间紧迫等借口不断催促受害人尽快转账，从而实施诈骗。

11-6 视频 冒充领导、熟人类诈骗

9. 网络游戏产品虚假交易类诈骗

诈骗分子在社交、游戏平台发布买卖网络游戏账号、道具、点卡的广告，或免费低价获取游戏道具、参加抽奖活动等相关信息。待受害人与其主动接触后，诈骗分子以私下交易更便宜、更方便为由，诱导受害人绕过正规平台与其进行私下交易；或要求受害人添加所谓的客服账号参加抽奖活动，并以操作失误、等级不够等为由，要求受害人支付"注册费""解冻费""会员费"，得手后便将受害人拉黑。

10. 婚恋、交友类诈骗

诈骗分子通过网络收集大量"白富美""高富帅"自拍、生活照，按照剧本打造不同的身份形象，然后在婚恋、交友网站发布个人信息。诈骗分子通过社交软件与受害人建立联系后，用照片和预先设计的虚假身份骗取受害人信任，并长期经营与受害人建立的恋爱关系。随后，诈骗分子以遭遇变故急需用钱、帮助项目资金周转等为由向受害人索要钱财，并根据受害人财力情况不断变换理由要求其转账，直至受害人发觉被骗。以 2022 年中国裁判文书网上公布的案件数据为调查样本，在全网范围搜索"网络""婚恋""诈骗"，剔除无效案件后得到 557 个样本。婚恋交友类诈骗中女性被害人居多，其占比 42.4%，男性被害人占比 32.9%，同一犯罪人既诈骗男性又诈骗女性的情况占比 24.8%。这与上述"性别角色反串"现象呼应，犯罪人借用虚拟网络模糊性别特征、隐匿犯罪身份，从而扩大诈骗的范围。此外，部分犯罪人在供述中称其诈骗对象多为单身离异女性，并认为这类女性更容易上当受骗。

电信网络诈骗类型及典型案例如表 11-2 所示。

11-7 图片 诈骗手法及典型案例

表 11-2 电信网络诈骗类型及典型案例

电信网络诈骗类型	典型案例
刷单返利类诈骗	1. 2023 年 9 月 4 日，铜陵市义安区王某收到一件快递，快递卡片显示进微信群可领红包，并留有微信群二维码，王某依照卡片指引添加了该群，并经群内人员介绍安装了"分享圈"App。随后在软件内进行刷单，后因账户一直无法提现，发现被骗，共计损失 84 400 元。

续表

电信网络诈骗类型	典型案例
虚假网络投资理财类诈骗	1. 2021年8月8日，杨某在网上认识一网友，该网友自称有内幕消息，让其在某网站进行投资，后被骗3万余元； 2. 2021年11月21日，王某在网上遇到自称"投资大神"的网友，在其诱导下在某平台炒黄金基金，投资该平台后，发现被诈骗6万余元
虚假网络贷款类诈骗	2023年9月14日，白先生收到一条京东金融借款短信链接，因其缺钱想要在网上贷款，便点击该短信链接操作。后对方以申请贷款时绑定的银行卡卡号输入错误、银行卡资金流水不够为由，要求白先生向指定账户转账才能解冻和继续申请贷款，白先生信以为真，向"指定账户"转账1次，被诈骗25 000元
冒充电商物流客服类诈骗	2023年6月23日，肖女士接到一个自称"淘宝客服"的电话，说她网购的吹风机在质检过程中发现存在自燃的安全隐患，现厂家联系了保险公司，可对肖女士进行3倍赔偿，要肖女士立即去保险公司的专属网站进行身份认证，以便发放赔偿款，肖女士点击网站链接进行身份认证后，账户随即被划扣8 500元
冒充公检法类诈骗	2023年5月，邯郸某小区居民郭某在家中接到自称某市公安局民警电话（境外号码），称郭某涉嫌拐卖儿童犯罪并帮助洗钱，需要其提供资金信息进行验证，随后郭某在对方电话指引下将自己的所有资金30余万元转存至对方提供的银行卡账户中，后郭某发现被骗才报警
虚假征信类诈骗	2023年3月31日，卓资县十八台镇居民李某接到一个归属地为呼和浩特市的陌生电话。电话里，对方自称是中国人民银行征信中心的工作人员，并谎称李某因给他人点击拼多多而产生贷款，且李某在京东App上也有几笔贷款，他来电是为了帮助李某消除这几笔贷款问题。李某按照对方的指导，分三次向对方提供的账户进行了转账，在最后一次转账完成后，李某意识到自己被骗，共计损失50 010元

续表

电信网络诈骗类型	典型案例
虚假购物、服务类诈骗	李某在网上看到出售某名贵白酒的广告，遂按照对方留下的联系方式添加其为微信好友咨询详情。对方自称为厂家直销，可提供内部价，但需私下交易。商定好价格后，李某向其账户转账 11 000 元。数日后，李某向对方咨询物流配送信息时发现被拉黑，才发觉被骗
冒充领导、熟人类诈骗	2023 年 7 月 6 日，张某微信收到一个昵称为"候总"的人发来的消息，让其向指定账户汇入借款，张某误认为"候总"是其老板，便向对方指定的三个账户转账，后接到老板的电话，询问汇款原因，张某将事情告诉老板后，意识到自己被骗，遂报警，共计被骗 15 万余元
网络游戏产品虚假交易类诈骗	某市一高校在校学生李某在游戏群看到充值返利活动，随即联系客服得知，三日内向游戏平台充值 50 元即返利 45 元送 10 万游戏币；充值 680 元即返利 600 元送 1 200 万游戏币；充值 3 280 元即返利 3 000 元送 8 000 万游戏币，李某未经核实，分别对三个档次的活动进行充值，但均未得到返利，QQ 也被客服拉黑，最终被骗 4 010 元
婚恋、交友类诈骗	2023 年 6 月 3 日 15 时许，高新公安接到张先生报警称，2022 年 7—11 月，其在网上认识一"女友"，对方邀请张先生进行网络投资，并让张先生下载了某租赁 App。该 App 是投钱返现的模式，张先生在陆续投钱后准备提现时，对方以身份证号码输入错误、违约、解冻等理由让张先生继续充值，张先生共计被骗 9 万余元

二、电信网络诈骗的要素

"犯罪三角"模型源自日常活动理论，"犯罪人""犯罪被害目标"以及"犯罪监控者（即犯罪预防力量）缺失"三项元素在特定时空环境中聚合，创造犯罪机会，引发犯罪产生。这三项元素构成"犯罪三角"模型最初的三个端点。伴随日常活动理论的沿革发展，"犯罪监控者"这一元素的具体形象及担负职责越发清晰，分解为三类犯罪"控制者"。"监护者"凭借情感联系抑制犯罪人利用犯罪机会的冲动；"监督者"凭借熟悉潜在犯罪情境降低犯罪被害目标的吸引力度，降低犯罪风险；"管理者"凭借地点管理职责减少犯罪机会的数量与可获得性。至此，"犯罪三角"模型形成内外"双三角"结构。

图 11 - 2 是著名的"犯罪三角"模型，该模型有效阐明了犯罪生成的要素及犯罪机会

的产生过程。内部的小三角形表示犯罪发生的基本要素——犯罪人、犯罪目标及时间空间因素,这些构成了犯罪发生的基础;外部的大三角形表示犯罪的具体监管要素——监督者、监护者和管理者,这些是对犯罪基本要素起着监管作用、阻遏犯罪发生的"保护者"因素,其影响着犯罪行为实施的便利程度,决定着特定犯罪情境能否形成以及合适的犯罪机会能否出现。概括地讲,生成犯罪有赖于犯罪基本要素的满足与犯罪监管要素的不足,是上述因素综合作用所致。

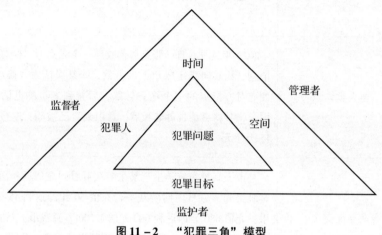

图 11-2 "犯罪三角"模型

第二节 受骗人群分析

一、受骗人的特点

1. 过于自信

喜欢耍小聪明的人更容易遭受电信网络诈骗。此类人过于自信,不关注任何反诈宣传,自信地认为自己不会被骗[6]。此外,还有一些喜欢"钻空子"的人,喜欢在网络上"薅羊毛",认为足不出户就能"日赚斗金"。这类人是被骗高危群体,各种各样的诈骗手法,就等着他们不小心栽进去。典型案例有贷款诈骗、刷单诈骗、投资理财诈骗、"杀猪盘"诈骗、网购退款诈骗等。

2. 涉世不深

此类人可能还未走出校门,或者刚刚步入社会,总之就是不谙世事,无法分辨复杂社会的真真假假、虚虚实实。有时诈骗者一通电话就能逼得他们号啕大哭,然后千方百计地证明自己的清白,直至钱款被转走。典型案例有冒充公检法诈骗[7]、注销校园贷诈骗、冒充熟人类诈骗等。

3. 缺乏辨别能力

此类人以年长者居多,他们经历了人生的风风雨雨,却逐渐与网络信息时代脱节,还往往不听其他人的劝解,轻易相信其他说客,执意在一些虚假投资平台进行投资。有些人热衷于购买保健品，连子女都无法劝阻，最后耗尽毕生积蓄。典型案例有投资理财诈骗、保健品诈骗等。

随着现在社会的快速发展，沟通的方式也越来越先进，如人工智能、互联网等。很多用于工业、生活中的高科技，改变了以往传统的沟通模式，也改变着人们的生活模式，诈骗分子也在使用这些高科技进行诈骗。骗术逐渐升级、改变。有一句话叫："你不是不会被骗，只是适合你的剧本还在路上。"多学习防骗知识，多看一些有关诈骗的文章对预防被骗很有帮助。

二、受骗人的心理弱点

1. 贪婪

大部分的电信网络诈骗是利用人的贪念实施成功的。施以小利，诱骗上钩，放小抓大，最后拉黑走人。网络贷款诈骗以无抵押、低息、放款快为说辞，让受害人觉得仿佛天上掉馅饼一般，逐步按照对方所说的去操作，最终越陷越深。

2. 恐惧

诈骗分子利用人的恐惧心理实施诈骗。利用身份信息，加以威胁，诱骗转账，删除拉黑。在注销校园贷诈骗中，诈骗分子常常这样恐吓受害人——"如果不注销贷款记录会影响征信，影响未来贷款买房、买车"，最后诱骗受害人一步步进行转账操作。

3. 不谨慎

转账汇款人不经过任何核实。诈骗分子冒用"熟人"头像和昵称，在QQ、微信、支付宝上用各种理由和方式诱导转账。冒充熟人诈骗中的"熟人"包括领导、老师、朋友等，对于此类诈骗，诈骗分子最怕受害人进行核实，会不断地催促受害人，说这件事很急，要马上办，就等着受害人的一个"不谨慎"。

人人都有追求财富的欲望。人们明明很清晰地知道不存在不劳而获的事情，但是仍然会存在侥幸心理，相信"天上掉馅饼"这样的好事会落在自己头上，"富贵险中求"，诈骗分子就是利用人们的这种心理，对受骗者进行精准的洗脑和蛊惑，只要人的欲望在，思想一旦放松，诈骗分子的骗局就能够顺利进行且取得"成功"[8]。

三、受骗人的心路历程

网络贷款类诈骗受害者的心路历程通常可以分为几个阶段，从最初的希望和期待，到逐渐陷入困境，再到最终意识到被骗后的震惊和后悔。例如网络贷款类被骗者的心理变化过程为（见图11-3）：受害者往往因为资金紧张、急需用钱（如创业、应急、消费等），开始在网络上积极寻找快速贷款的途径。此时，他们容易被"无抵押""低利率""快速审批"等吸引眼球的广告词所吸引；下载并使用了虚假的贷款App或访问了诈骗网站后，受害者看到界面正规、流程看似专业，有的甚至能够显示出贷款已审批通过的信息，这进一步增强了他们对平台的信任感；在提交个人信息和贷款申请后，诈骗者会以"审核""验证身份""预付手续费""保证金"等各种理由要求受害者先支付一定金额。受害者出于对贷款的迫切需求，往往会按照指示操作，寄希望于这只是获得贷款前的必要步骤；当受害者支付第一笔款项后，诈骗者并不会真正发放贷款，而是以各种借口（如银行账户冻结、信用评分不足、系统错误等）继续要求受害者支付更多的费用以解决问题，如"解冻费""会员费"等。受害者可能因"沉没成本谬误"而不断投入，希望挽回之前的损失；随着时间推移和资金不断投入，受害者开始感到不对劲，尤其是当贷款始终无法到账，且客服以各种理由推脱时，开始产生怀疑。但此时，有的受害者可能因为害怕之前的投入全部打水漂，仍抱有一丝希望，继续按骗子的要求操作；最终，当受害者再也无法联系到对方，或是在反复尝试无果后，意识到自己可能被骗。这个阶段伴随着巨大的心理压力，包括财务损失的痛苦、自我责备、愤怒和无助。

图 11-3　网络贷款类受骗人心路历程

刷单返利类受骗人的心路历程如图 11-4 所示。

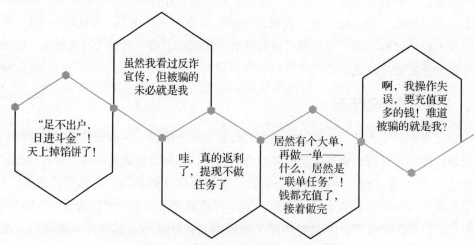

图 11-4　刷单返利类受骗人的心路历程

第三节　电信网络诈骗高发的成因分析及识别

一、电信网络诈骗的特征

《中国互联网络发展状况统计报告》显示，截至 2022 年 6 月，我国的网民规模达到了 10.51 亿，互联网普及率提升至 74.4%。互联网及新媒体技术在迅速发展，造福人们生活的同时，也为不法分子犯罪提供了便利，依托新媒体应用，如社交、短视频、购物、金融类软件等衍生出方法多样的电信网络诈骗手段，例如，冒充国家工作人员诈骗、游戏充值诈骗、刷单诈骗、盗取社交账号诈骗等，新媒体环境下的诈骗手段危害空前，具体而言，其具有以下几个典型特征。

1. 犯罪主体的高隐蔽性

新媒体环境下，电信网络诈骗非接触式的特点使其犯罪主体具有高隐蔽性。互联网及新媒体平台的虚拟性为犯罪分子提供了"隐身衣"，其作案后可借助虚拟环境全身而退。此外，犯罪分子选择异地、流窜作案且使用任意显号软件、非实名电话卡、他人银行卡等隐匿真实身份，即使追查到涉案账户也难以确认犯罪分子真实身份，增加了公安机关侦查破案的难度，致使电信网络诈骗案件侦破率处于低迷状态。

11-8 文章 电信网络诈骗犯罪的四个特征

2. 诈骗目标的精准化

传统电信网络诈骗采用广撒网方式搜寻目标受害人，犯罪既遂率不高。随着互联网及新媒体技术的发展，以及大数据时代的到来，新媒体平台为提供个性化服务而收集用户个人数据信息，不法分子借机入侵新媒体平台的服务器而盗取用户的个人信息，将采集到的用户个人信息与诈骗手段结合起来，筛选拥有一定储蓄的用户作为靶向目标，根据靶向目标的个人数据有针对性地制订诈骗计谋，环环相扣、层层设套，受害人往往难以发觉自己处于受骗状态，极易落入犯罪分子的诈骗圈套而遭受财产损失[10]。

3. 组织化特征突出

从当前我国公安机关侦破的电信网络诈骗犯罪案件来看，电信网络诈骗犯罪呈现出职业化、集团化样态，其内部有着严密的组织与分工。电信网络诈骗由多个作案人分别负责不同的环节，共同犯罪。在电信网络诈骗犯罪中，由于需要具备多种不同的技能，如获取目标对象信息、编排话术、实施诈骗、转账收款等，各环节需各作案人精心布局、密切配合。团伙内部采用

11-9 视频 电信网络诈骗新型洗钱方式

金字塔管理模式，上层作为管理人、指挥人负责诈骗活动的谋划、指挥，下层则在上层的指挥管理下实施具体诈骗行为，呈现出企业化运作样态；内部横向组织结构可分为技术、策划等部门，各司其职，甚至制定了管理制度及工作规范，实行集团化运作。此外，电信网络诈骗犯罪作案人之间呈现高离散状态，黏合性差且互相之间屏蔽性高，司法机关难以通过抓获底层作案人牵连出其他作案人和集团部内的管理人员，难以彻底摧毁电信网络诈骗团伙的

"老巢"，电信网络诈骗犯罪难以从根本上得到控制。

4. 诈骗手段的高科技化

随着互联网及新媒体科技水平的更迭升级，电信网络诈骗的高科技化程度也在不断提升，其主要表现在以下两个方面：第一，犯罪分子的科技素养显著提高，能够熟练运用各种黑客技术，如植入木马病毒、制作钓鱼网站、盗取他人账号、搭建非法服务器等。第二，作案过程中高科技设备的大量使用，例如，犯罪分子利用互联网电话（Votle over IP，VOIP）、GOIP、多卡宝、任意显号软件等高科技设备实施诈骗，其相较于普通的诈骗具有更强的迷惑性与隐蔽性。再如，犯罪分子通过虚拟号码冒充国家司法工作人员虚构受害人的犯罪事实，以缴纳罚款、取保候审金等为由要求受害人向其指定的账户中打款，多数受害人因对司法陌生及卷入诉讼程序的恐惧而妄信。此外，犯罪分子为了逃避警方的追查，利用远程设备和自动指令将涉案电子数据损毁，利用黑客技术破解被封停的涉诈账号等。

二、电信网络诈骗高发的成因

1. 宣传不到位

近年来，电信网络诈骗受害人群体集中在 20~30 岁和 55 岁以上，大多为青年人和老年人，可以看出受害人大多是对社会发展认识不足、缺少社会经验、安全防范意识不强的人群，他们极易落入诈骗团伙设下的圈套。从在校大学生到上班族再到社区居民，针对不同群体，作案团伙会选择使用不同的诈骗脚本，诈骗手段极具代入感和迷惑性。公安机关虽然经常组织开展形式丰富的宣传教育活动，但仍有部分群众存在侥幸心理，认为自己不会受骗，经常因贪图小便宜而吃大亏。由此也反映出宣传教育内容还不够深刻、针对性不强、覆盖面不广等问题。

2. 手法更新快

早期的电信网络诈骗手段较为固定、单一，主要通过拨打电话、发送短信等形式进行诈骗，如今的网络诈骗形式多样，更新迭代快，犯罪分子伪装于社会热点之下，充分利用大数据作为诈骗工具，获取受害人的年龄层次、职业、消费记录、亲属关系等信息，"分类施策""精准诈骗"。这种诈骗手段基于大数据之上，根据受害人独有的特点进行"量身定制"，迷惑性强，使群众真假难辨、防不胜防。尽管公安机关积极应对，采取了多种防控举措，但电信网络诈骗手段变化快，而打击整治总是在案发后总结经验，始终处于被动局面。

3. 办案成本高

电信网络诈骗犯罪与其他传统犯罪相比最大的特点就是远程无接触，受害人在当地，犯罪分子却远在千里甚至万里之外，通过利用互联网工具，不分时间、地点实施诈骗行为。同时，电信网络诈骗已呈现"集团化"趋势，其内部分工明确、流水作业，从"技术保障"到拨打电话或发送信息实施诈骗、资金流转、提取赃款等环节，都相对独立并由专人负责，各环节之间联系也多为线上，隐蔽性强、地域跨度大，造成办案成本极高。

4. 协作不密切

根据电信网络诈骗犯罪的特点，需要银行、电信、互联网企业、宣传等多领域合作，才能保障打击工作高效、有序开展。近年来，在防范打击电信网络诈骗犯罪联席会议制度的推动下，社会各领域、各行、各业之间的联系密切程度有所提升，但仍存在合作深度不够、协同性不强、配合不及时等问题。在配合公安机关侦查电信网络诈骗案件时仍存在"侦办案件是公安机关一家之事"的偏差思想，导致公安民警在侦查办案过程中调取数据时经常出现不顺畅的情况，导致获取数据不及时、不充分，不能满足侦查打击电信网络诈骗犯罪工作的现实需求。

三、电信网络诈骗识别公式

如何识别并防范电信网络诈骗？虽然诈骗分子的手段层出不穷且更迭迅速，但电信网络诈骗有一个共同规律，说到底就是要你银行卡上的那串数字，所有的诈骗只有一个终极目标——"钱"。只要牢牢地抓住"钱"这个核心要点，就能妥善应对大部分的电信网络诈骗套路，辨别诈骗的十个公式如表11-3所示，图11-5为辨别诈骗的万能公式。

11-10 图片 常见诈骗手段

表11-3 辨别电信网络诈骗的十个公式

序号	表达式	情景描述
公式一	你涉嫌违法+安全账户=诈骗	当你突然接到自称公检法等机构来电说你涉嫌违法，并要求你将资金转入安全账户时，肯定是诈骗
公式二	网恋交友+介绍投资=诈骗	"杀猪盘"诈骗分子会利用网络交友，以情感为诱饵慢慢取得受害人的信任，诱导受害人投资赌博，导致资金一去不复返
公式三	刷单+小额返利+加大投入=诈骗	做第一单任务时诈骗分子会小额返利，然后诱导受害人加大本金刷单，多次刷单后诈骗分子就会以各种理由拒绝返还本金。网络刷单是非法行为，不要有"天上掉馅饼"的心理
公式四	冒充领导或熟人+着急借钱=诈骗	通过电话、短信、社交软件等形式，声称是熟人或老板，并要求转账汇款的，一定要进行当面核实，不要轻易转账
公式五	快递丢失赔偿+索要验证码=诈骗	检查一下自己的快递信息并向快递公司致电核实，切勿随意透露验证码等信息
公式六	赠送游戏装备+扫码领取=诈骗	以赠送游戏中的豪华装备为由，要求扫码填写账号和密码等行为一定不要轻信
公式七	发购物广告+转账付款=诈骗	要警惕陌生人的商品广告信息，尽量在正规平台购物，以防遭遇诈骗

续表

序号	表达式	情景描述
公式八	航班取消＋提供退、改签＋转账付款＝诈骗	收到退、改签消息，应第一时间通过航空公司官方电话或进入购票网站进行确认。非旅客原因造成的航班取消可免费办理退、改签，无需缴纳费用
公式九	招聘广告＋面试录取＋保证金/培训费/手续费＝诈骗	找工作要到正规渠道投放简历，发现被骗一定要及时报警
公式十	节日红包＋填写个人信息＝诈骗	一般的电子红包点击就能领取，不需要填写个人信息。索要个人信息的红包不要抢

图 11-5 辨别诈骗的万能公式

第四节 电信网络诈骗的干预与防范

一、电信网络诈骗的干预

从司法实务中来看，电信网络诈骗犯罪立案数高居不下，侦破率却处于低迷的状态，部分案件即使得以侦破，但犯罪分子早已将涉案赃款转移、消费，被害人的财产损失无法弥补，阻碍了被侵犯法益的修复。因此，将工作重点置于对电信网络诈骗的干预，从加大电信网络诈骗犯罪的打击力度，提升网络社会道德素养，加强技术监测预警与完善网络技术，加强反诈宣传、熔铸全民反诈风气四个方面着手，多管齐下、多路并进，提升社会整体反诈防诈能力，防范电信网络诈骗犯罪的发生，切实保护人民群众的财产安全[11]。

（一）加大电信网络诈骗犯罪的打击力度

1. 整合优化联动机制，切实提升打击能力

首先，公安机关应完善自身信息化建设，提升电子数据取证能力与水平，必要时寻求社会上专业技术公司及专家的协助，为破获电信网络诈骗案件夯实基础。其次，公安机关应优化同打击电信网络诈骗犯罪关联的外部有关部门（如检察机关、银行等）的联动机制，确保畅通的信息资源沟通共享渠道，整合零散的侦查信息资源，优势互补。最后，公安机关应优化完善内部各部门、各警种之间的联动协作，层层落实各部门的责任，认真履职，发挥各

部门的优势，保持对电信网络诈骗犯罪的高压状态。

2. 提升电信网络诈骗犯罪量刑

对电信网络诈骗犯罪始终保持高压严打态势，坚持"从快从重"惩处原则，依据危害结果，在法定刑幅度内从重量刑。例如，受害人因电信网络诈骗而发生身体、精神上的创伤的应作为被告人加重量刑情节；受害人因此死亡的，应令被告人承担故意或过失致人死亡的刑责，贯彻刑法上罪责刑相适应的原则。此外，应当将犯罪手段和犯罪方法作为入罪标准提上议程，补足电子数据取证上的不足，以实现刑法上的特殊预防。

（二）提升网络社会道德素养

1. 构建网络社会道德规范

道德可以对人的行为起到一定的约束作用，是社会调控和约束的重要形式。在新媒体环境下人的交互发生在虚拟空间中，人的道德感可能会急剧下降。因此，在现代科技创造的相对虚拟的空间中，是需要基本道德规范和伦理的，这些基本的道德规范和伦理也是每个人应当遵循的。因此，必须强化新媒体环境下的道德宣传与教育，例如，通过讲述电信网络诈骗给被害人带来的严重后果，以唤起人们的道德感及良知，从而使人们自觉地将个人行为置于道德的约束之下，选择合乎道德的行为，从根源上遏制电信网络诈骗犯罪行为的发生。

2. 加强网络行业道德自律

构建新媒体行业的诚信体系，提升新媒体从业人员的媒体素养，同时加强信息发布的审核及核查工作，实行信息发布审查责任制，规避有害信息进入大众视野进而最大限度地保证信息的真实性与安全性。此外，新媒体行业应对其所掌握的用户信息的安全负责，对于因处置不善而导致用户信息泄露致使危害后果发生的，应令其承担连带责任。

（三）加强技术检测预警与完善网络技术

1. 完善电信网络诈骗预警机制

互联网环境下电信网络诈骗手段更迭速度快，因此电信部门及网络平台的预警防范机制应因势而变、不断完善。对于电信部门而言，应及时对信息技术进行迭代升级，增强对利用电信技术实施诈骗的监测、预警以及封控的能力；对于网络平台而言，应及时修复技术上的漏洞，在保障用户信息安全的同时增强对虚假涉诈信息的监测处置能力，压缩虚假涉诈信息的生存空间。此外，对于银行以及第三方支付平台而言，应加强对储户账户的风险管理和风险支付监测，对风险支付多次提醒和多重验证，优化涉案资金返还机制，尤其是第三方支付平台的涉案资金返还机制，尽可能减少群众所受的损失。

2. 完善网络用户实名制

我国对电话卡、银行卡的实名登记已趋于完善，对于隐蔽性极强的网络媒体而言也应完善实名制登记。目前各大网络媒体平台虽已开始推进，但仍有部分账号游离于平台监管之外。将实名制登记作为平台使用的准入规则，不仅可以更好地管控用户行为，也能在很大程度上消除犯罪分子借助网络媒体平台的隐蔽性实施诈骗犯罪以期逃避刑责的侥幸心理。

(四) 加强反诈宣传，熔铸全民反诈风气

1. 科学布置议程，增强反诈宣传效果

新媒体有强大的传播效果，政法机关应借助新媒体这一特性充分发挥宣传的引导作用，协同政府、宣传等有关部门借助新媒体平台，如微信、微博、短视频平台等科学布置议程，教育人民群众运用法律武器同电信网络诈骗犯罪作斗争，提高其自身的电信网络诈骗识别与防范能力[12]。相较于简单的反诈宣传，通过合理的议程设置更能影响人民群众的思维与行为，使群众对新媒体所安排的信息事项产生重要性前后顺序不同的判断，使人民群众更加容易接收反诈信息。

2. 协同多方力量强化反诈宣传

首先，反诈宣传应将多种流媒体形式融合以增强反诈宣传内容的生动趣味性与警示性，从而确保反诈宣传较高的触达率；同时，公安机关应通过情报研判分析犯罪分子的作案规律，及时发布犯罪预警。将诈骗分子最新作案手法借助新媒体加以揭露进而提升群众的甄别能力。其次，协同多方力量，如学校、企业、社区街道等，加强对学生、工人、老人等易受骗人群的反诈宣教，增强其识别与防范能力，切实维护弱势群体的利益。最后，通过招募反诈卫士志愿者开展志愿活动，助推国家反诈 App 的下载，熔铸全民反诈的社会风气，共筑反诈防线。

二、电信网络诈骗的防范

诈骗犯罪分子都是利用受害人趋利避害和轻信麻痹的心理，诱使受害人上当而实施诈骗犯罪活动。为此，广大人民群众在日常生活和工作中，应从以下四个方面提高警惕，加强防范意识，以免上当受骗。各类电信网络诈骗防范提示如表 11-4 所示。

11-11 视频 电信网络诈骗防范

(1) 克服"贪利"思想，不要轻信麻痹，谨防上当。"世上没有免费的午餐""天上不会掉馅饼"，对犯罪分子实施的中奖诈骗、虚假办理高息贷款或信用卡套现诈骗及虚假致富信息转让诈骗，不要轻信，一定多了解和分析识别真伪，以免上当受骗。

(2) 不要轻易将自己或家人的身份、通信信息等家庭、个人资料泄露给他人。对家人意外受伤需抢救治疗费用、朋友急事求助类的诈骗短信、电话，要仔细核对，不要着急恐慌、轻信上当，更不要将"急用款"汇入犯罪分子指定的银行账户。

(3) 多作调查印证，对接到培训通知、冒充银行、公检法机构等声称银行卡升级和虚假招工、婚介类的诈骗，要及时向本地的相关单位和行业核实或亲临其办公地点进行咨询、核对，不要轻信陌生电话和信息，培训类费用一般都是现金交纳或者对公转账，不应汇入个人账户，不要轻信上当。对于来电声称是公安、检察院、法院、银行等的，应对其来电电话号码进行多方印证，尝试回拨核实，以防犯罪分子利用改号软件等手法冒充电话号码。

(4) 日常应多提示家中老人、未成年人注意防范电信网络诈骗，提高老人、未成年人的安全防范意识。犯罪分子通常喜欢选择老年人、未成年人作为诈骗目标，作为子女或者父

母，除了自己注意防范电信网络诈骗外，还应积极主动向家中老人、未成年人传递防诈骗的知识，为我们敬爱的长辈和需要呵护的下一代筑起防诈骗的知识围墙。

表 11-4 电信网络诈骗防范提示

电信诈骗类型	常用诈骗手法	防范小贴士
冒充公检法诈骗	诈骗分子来电话时，自称公安机关，能准确报出您的个人信息，以您涉嫌犯罪为借口让您联系办案警察，然后假的办案民警会以电话笔录、电子通缉令等各种手段增加可信度。最终会以各种借口让您转账到所谓的"安全账户"，完成诈骗	1. 公安机关不会用电话办案； 2. 公安机关不存在安全账户； 3. 接到这种电话直接挂断
网购退款诈骗	诈骗分子来电话时，自称某购物平台卖家，以货物有问题为名给您退款，并准确说出您在某购物平台购买货物的信息，增加可信度。随后，诈骗分子会通过聊天软件或短信发来退款链接，但里面的链接其实是虚假退款网站，诱使您输入银行账号和密码，最后套取您的验证码，完成诈骗	1. 网购一定要挑选大平台； 2. 退款要通过官方平台操作； 3. 不要点击外部链接，不输入任何信息； 4. 最重要的一点，谁要验证码都不能给
钓鱼网站诈骗	诈骗分子发来短信的号码类似官方号码，内容看似正规，但里面网址是钓鱼网站，如果您进入钓鱼网站后会被诱导输入账号、密码等信息。诈骗分子利用您的信息，盗取账户资金，完成诈骗	1. 短信号码可以通过软件修改，不轻信短信内容； 2. 不明链接不要点，不要输入敏感信息
冒充亲友诈骗	诈骗分子通过盗号或伪装亲人头像昵称等手段，骗取您的信任后，以"患重病"为由骗取钱财	凡是涉及钱，应电话或当面确认后再转

第五节 典型案例分析

一、案例一

（一）案例简介

2022年11月，在"双11""买买买"之后，朱女士接到自称是"某宝"客服的电话，对方询问朱女士是否在"某宝"上买过一个香皂，订单号为11×××××。朱女士经核对后确认无误，便对该"客服"的身份再无质疑。"客服"称香皂有害成分超标，要给朱女士进行300元理赔。按照"客服"的指示，朱女士在"某付宝"里领取了500元备用金。"客服"称该备用金就是理赔款，但因操作失误多退了200元，让朱女士转回。后其又称朱女士的账号有风险，要清空账户资金。朱女士便按照"客服"所说，将自己银行卡中的所有钱转到指定账户。事后，"客服"又以操作超时为由让她转账。这时，朱女士才幡然醒悟，这一切都是骗局，朱女士共计受骗35 729.9元。

（二）案例梳理

通过朱女士的叙述，梳理出"客服"的诈骗分为以下四个步骤。

第一步，诈骗分子假冒电商平台客服，通过报出精准的购物单号及物品信息，取得受害人的信任。

第二步，诈骗分子以要向受害人进行理赔为由进一步取得受害人信任，并让受害人放松警惕。

第三步，诈骗分子借用知名金融平台，诱骗受害人向金融平台借款，让受害人误以为收到电商平台的理赔款。

第四步，诈骗分子以账号有风险等各种理由，引诱受害人不断向诈骗分子账户转账。

（三）经验与启示

这种新型网络购物骗局，是利用非法获得的用户信息来行骗。诈骗分子在准确报出受害人的私人信息之后，受害人对其的信任程度会增加，之后，诈骗分子再利用受害人的疏忽和好心来骗取钱财。对此，《中国质量万里行》提醒消费者在网购后应注意以下五点。

（1）任何情况下都不要把自己的验证码发给其他人。

（2）接到自称是"网购平台客服"的电话，不要轻信，要亲自到平台上联系客服核实情况。

（3）正规网购退款款项会由支付渠道原路退回，不需要买家再进行任何操作，更不需要开通其他金融产品来进行所谓的"退款验证"，不要转账汇款给任何陌生人。

（4）如接到自称"店铺客服""卖家"等的电话，请提高警惕，不要轻易透露验证码或银行卡密码等信息，不要点开对方发来的"退款链接"，凡是退款要验证码的都是诈骗。

（5）网购时要慎重，尽量到大型、可靠的平台购买，谨防信息泄露。

二、案例二

（一）案例简介

袁某某，女，2021级高职一年级学生。2021年10月上旬，袁某某的微信收到一条陌生人请求添加好友的信息，此条信息注明了"是否想参加大学生兼职？赚钱方式简单，足不出户，刷刷卡，日入斗金，不是梦！一单一结算"。袁某某被此信息吸引，抱着侥幸和好奇的心理添加对方好友，并主动联系了对方，询问兼职工作方式和收益等相关问题。对方为袁某某详细解答，称用其提供的二维码为商品付款成功后，就会收到退还的本金和佣金，每刷一单给予其付款金额的40%作为佣金。袁某某抱着试试看的想法先刷单100元，获得收益后又刷单200元,两笔订单的本金和佣金先后一起返还给袁某某。袁某某觉得刷单兼职可行,想通过这个"兼职"赚取更多生活费,减轻生活负担,然后按照对方的要求继续刷单,刷单500元后,对方称系统出现错误,需要完成刷单1 988元和8 988元其中的一单才能返回现金和报酬。袁某某向其他同学借钱完成了1 988元刷单后等待对方答复,第二日与对方联系时发现已被对方拉入黑名单。

(二) 案例分析

根据对袁某某日常表现、谈心谈话记录等全方位了解,其遭遇网络诈骗不能归结于网络环境单方面因素上,应根据袁某某所受家庭教育、自身思想、心理成熟度、法律意识等多重因素对其遭遇网络诈骗的归因进行梳理与探究。

(1) 网络环境复杂,网络安全教育收效甚微。新型诈骗花样繁多,大学生仍是网络安全事故高发的主要群体,防范效果低于预期值。袁某某在面对网络舆情时明显表现出辨别力不足,应对问题的方法不恰当,缺乏攻克陷阱的技巧。

(2) 父母角色效应弱化,家庭教育缺失成硬伤。本案例中袁某某自幼成长于单亲家庭,父亲常年在外打工与其沟通甚少。一方面,父亲文化水平较低,没有教育的精力,对袁某某的安全教育完全依赖学校;另一方面,袁某某父亲常年在外不能及时履行监护孩子的责任,在袁某某的成长过程中给予其的关注、关心甚少。由此,在袁某某成长的全部过程中,家庭教育主体、观念、任务的缺失弱化了孩子辨别是非的能力,减弱了她的道德评判标准。

(3) 社会经验不足,贪欲作祟。袁某某同学被诈骗分子开出的"好处""利益"所吸引,主动靠近诈骗分子,对诈骗分子的所作所为不作深入分析,自认为是用最小的代价获取最大的利益,防范能力差,结果上当受骗后方知后悔莫及。

(三) 经验与启示

近年来,电信网络诈骗日益猖獗,诈骗手段层出不穷,有的人因为不知道、不了解、不重视对防诈骗的案例和知识的学习,结果深陷骗局,损失惨重。防范电信网络诈骗应该做到"四不原则"。

(1) 不汇款。所有的诈骗,最终目的就是受害人的财产。不法分子通过电信网络形式的诈骗通常是以电话、微信、短信、邮件等非面对面联系方式诱导受害人上当,最后以汇款的方式骗取受害人的财产。所以,在没有完全确认对方身份时,坚持"不汇款"原则。

(2) 不轻信。不法分子通常冒充公权机构人员身份,或是冒充受害人熟人的身份,通过通信工具与受害人联系,然后上演一个又一个的套路。其目的就是要受害人相信他的身份,以便骗取受害人的财物。所以,在无法核实对方联系人的身份时,坚持"不轻信"原则。

(3) 不泄露。不法分子为提高作案成功率,要在了解受害人的个人信息后,再实施精准诈骗。因此,个人信息泄露越少,成为诈骗对象的概率就越低。打击电信网络新型违法犯罪,就从保护自身个人信息开始,请坚持个人信息"不泄露"原则。

(4) 不链接。不法分子获取个人信息最方便、最隐蔽,获取信息最多的方法就是通过网络,以钓鱼Wi-Fi、钓鱼链接等办法,让受害人加入免费Wi-Fi或点击网络链接。因此,请勿加入陌生Wi-Fi,勿点击陌生链接,坚持"不链接"原则。

参考文献

[1] 白忠锋. 网络电信诈骗案件的侦查困境及破解路径分析 [J]. 法制博览, 2023 (29): 88-90.

[2] 裴炳森, 李欣, 吴越. 基于 ChatGPT 的电信诈骗案件类型影响力评估 [J]. 计算机科学与探索, 2023, 17 (10): 2413-2425.

[3] 王芳凯. 电信网络诈骗中人头账户提供者的刑事责任认定路径 [J]. 中国应用法学, 2023 (5): 190-198.

[4] 于敏, 黄松涛, 章展云. 个人账户如何防范电信网络诈骗 [J]. 中国金融, 2023 (16): 63-64.

[5] 王玲玲, 郑振宇. 电信网络诈骗治理的疏与堵 [J]. 中国金融, 2023 (5): 103.

[6] 赵雷, 陈红敏. 电信诈骗中青年受骗的影响因素和形成机制研究 [J]. 中国青年社会科学, 2022, 41 (3): 102-112.

[7] 叶宁, 赵云. "冒充公检法"诈骗中犯罪嫌疑人的身份建构: 社会符号学视角 [J]. 浙江工商大学学报, 2022 (2): 17-27.

[8] 孙建光. 浅谈当前形势下电信网络诈骗犯罪治理 [J]. 信息网络安全, 2021 (S1): 30-33.

[9] 罗文华, 张耀文. 基于贝叶斯网络的电信网络诈骗受害人特征分析 [J]. 信息网络安全, 2021, 21 (12): 25-30.

[10] 向静, 刘亚岚. "杀猪盘"电信诈骗犯罪的心理控制机制剖析 [J]. 中国人民公安大学学报 (社会科学版), 2021, 37 (4): 1-10.

[11] 《稀有金属与硬质合金》编辑部践行社会责任, 全民防范电信诈骗: 电信诈骗的类型 [J]. 稀有金属与硬质合金, 2021, 49 (2): 90.

[12] 孙少石. 电信网络诈骗协同治理的制度逻辑 [J]. 治理研究, 2020, 36 (1): 100-113.

延展阅读

中华人民共和国反电信网络诈骗法

(2022年9月2日十三届全国人大常委会第三十六次会议通过)

第一章 总 则

第一条 为了预防、遏制和惩治电信网络诈骗活动,加强反电信网络诈骗工作,保护公民和组织的合法权益,维护社会稳定和国家安全,根据宪法,制定本法。

第二条 本法所称电信网络诈骗,是指以非法占有为目的,利用电信网

11-12 文章
法律法规

络技术手段,通过远程、非接触等方式,诈骗公私财物的行为。

第三条 打击治理在中华人民共和国境内实施的电信网络诈骗活动或者中华人民共和国公民在境外实施的电信网络诈骗活动,适用本法。

境外的组织、个人针对中华人民共和国境内实施电信网络诈骗活动的,或者为他人针对境内实施电信网络诈骗活动提供产品、服务等帮助的,依照本法有关规定处理和追究责任。

第四条 反电信网络诈骗工作坚持以人民为中心,统筹发展和安全;坚持系统观念、法治思维,注重源头治理、综合治理;坚持齐抓共管、群防群治,全面落实打防管控各项措施,加强社会宣传教育防范;坚持精准防治,保障正常生产经营活动和群众生活便利。

第五条 反电信网络诈骗工作应当依法进行,维护公民和组织的合法权益。

有关部门和单位、个人应当对在反电信网络诈骗工作过程中知悉的国家秘密、商业秘密和个人隐私、个人信息予以保密。

第六条 国务院建立反电信网络诈骗工作机制,统筹协调打击治理工作。

地方各级人民政府组织领导本行政区域内反电信网络诈骗工作,确定反电信网络诈骗目标任务和工作机制,开展综合治理。

公安机关牵头负责反电信网络诈骗工作,金融、电信、网信、市场监管等有关部门依照职责履行监管主体责任,负责本行业领域反电信网络诈骗工作。

人民法院、人民检察院发挥审判、检察职能作用,依法防范、惩治电信网络诈骗活动。

电信业务经营者、银行业金融机构、非银行支付机构、互联网服务提供者承担风险防控责任,建立反电信网络诈骗内部控制机制和安全责任制度,加强新业务涉诈风险安全评估。

第七条 有关部门、单位在反电信网络诈骗工作中应当密切协作,实现跨行业、跨地域协同配合、快速联动,加强专业队伍建设,有效打击治理电信网络诈骗活动。

第八条 各级人民政府和有关部门应当加强反电信网络诈骗宣传,普及相关法律和知识,提高公众对各类电信网络诈骗方式的防骗意识和识骗能力。

教育行政、市场监管、民政等有关部门和村民委员会、居民委员会,应当结合电信网络诈骗受害群体的分布等特征,加强对老年人、青少年等群体的宣传教育,增强反电信网络诈骗宣传教育的针对性、精准性,开展反电信网络诈骗宣传教育进学校、进企业、进社区、进农村、进家庭等活动。

各单位应当加强内部防范电信网络诈骗工作,对工作人员开展防范电信网络诈骗教育;个人应当加强电信网络诈骗防范意识。单位、个人应当协助、配合有关部门依照本法规定开展反电信网络诈骗工作。

第二章 电信治理

第九条 电信业务经营者应当依法全面落实电话用户真实身份信息登记制度。

基础电信企业和移动通信转售企业应当承担对代理商落实电话用户实名制管理责任,在协议中明确代理商实名制登记的责任和有关违约处置措施。

第十条 办理电话卡不得超出国家有关规定限制的数量。

对经识别存在异常办卡情形的，电信业务经营者有权加强核查或者拒绝办卡。具体识别办法由国务院电信主管部门制定。

国务院电信主管部门组织建立电话用户开卡数量核验机制和风险信息共享机制，并为用户查询名下电话卡信息提供便捷渠道。

第十一条　电信业务经营者对监测识别的涉诈异常电话卡用户应当重新进行实名核验，根据风险等级采取有区别的、相应的核验措施。对未按规定核验或者核验未通过的，电信业务经营者可以限制、暂停有关电话卡功能。

第十二条　电信业务经营者建立物联网卡用户风险评估制度，评估未通过的，不得向其销售物联网卡；严格登记物联网卡用户身份信息；采取有效技术措施限定物联网卡开通功能、使用场景和适用设备。

单位用户从电信业务经营者购买物联网卡再将载有物联网卡的设备销售给其他用户的，应当核验和登记用户身份信息，并将销量、存量及用户实名信息传送给号码归属的电信业务经营者。

电信业务经营者对物联网卡的使用建立监测预警机制。对存在异常使用情形的，应当采取暂停服务、重新核验身份和使用场景或者其他合同约定的处置措施。

第十三条　电信业务经营者应当规范真实主叫号码传送和电信线路出租，对改号电话进行封堵拦截和溯源核查。

电信业务经营者应当严格规范国际通信业务出入口局主叫号码传送，真实、准确向用户提示来电号码所属国家或者地区，对网内和网间虚假主叫、不规范主叫进行识别、拦截。

第十四条　任何单位和个人不得非法制造、买卖、提供或者使用下列设备、软件：

（一）电话卡批量插入设备；

（二）具有改变主叫号码、虚拟拨号、互联网电话违规接入公用电信网络等功能的设备、软件；

（三）批量账号、网络地址自动切换系统，批量接收提供短信验证、语音验证的平台；

（四）其他用于实施电信网络诈骗等违法犯罪的设备、软件。

电信业务经营者、互联网服务提供者应当采取技术措施，及时识别、阻断前款规定的非法设备、软件接入网络，并向公安机关和相关行业主管部门报告。

第三章　金融治理

第十五条　银行业金融机构、非银行支付机构为客户开立银行账户、支付账户及提供支付结算服务，和与客户业务关系存续期间，应当建立客户尽职调查制度，依法识别受益所有人，采取相应风险管理措施，防范银行账户、支付账户等被用于电信网络诈骗活动。

第十六条　开立银行账户、支付账户不得超出国家有关规定限制的数量。

对经识别存在异常开户情形的，银行业金融机构、非银行支付机构有权加强核查或者拒绝开户。

中国人民银行、国务院银行业监督管理机构组织有关清算机构建立跨机构开户数量核验机制和风险信息共享机制，并为客户提供查询名下银行账户、支付账户的便捷渠道。银行业金融机构、非银行支付机构应当按照国家有关规定提供开户情况和有关风险信息。相关信息不得用于反电信网络诈骗以外的其他用途。

第十七条 银行业金融机构、非银行支付机构应当建立开立企业账户异常情形的风险防控机制。金融、电信、市场监管、税务等有关部门建立开立企业账户相关信息共享查询系统，提供联网核查服务。

市场主体登记机关应当依法对企业实名登记履行身份信息核验职责；依照规定对登记事项进行监督检查，对可能存在虚假登记、涉诈异常的企业重点监督检查，依法撤销登记的，依照前款的规定及时共享信息；为银行业金融机构、非银行支付机构进行客户尽职调查和依法识别受益所有人提供便利。

第十八条 银行业金融机构、非银行支付机构应当对银行账户、支付账户及支付结算服务加强监测，建立完善符合电信网络诈骗活动特征的异常账户和可疑交易监测机制。

中国人民银行统筹建立跨银行业金融机构、非银行支付机构的反洗钱统一监测系统，会同国务院公安部门完善与电信网络诈骗犯罪资金流转特点相适应的反洗钱可疑交易报告制度。

对监测识别的异常账户和可疑交易，银行业金融机构、非银行支付机构应当根据风险情况，采取核实交易情况、重新核验身份、延迟支付结算、限制或者中止有关业务等必要的防范措施。

银行业金融机构、非银行支付机构依照第一款规定开展异常账户和可疑交易监测时，可以收集异常客户互联网协议地址、网卡地址、支付受理终端信息等必要的交易信息、设备位置信息。上述信息未经客户授权，不得用于反电信网络诈骗以外的其他用途。

第十九条 银行业金融机构、非银行支付机构应当按照国家有关规定，完整、准确传输直接提供商品或者服务的商户名称、收付款客户名称及账号等交易信息，保证交易信息的真实、完整和支付全流程中的一致性。

第二十条 国务院公安部门会同有关部门建立完善电信网络诈骗涉案资金即时查询、紧急止付、快速冻结、及时解冻和资金返还制度，明确有关条件、程序和救济措施。

公安机关依法决定采取上述措施的，银行业金融机构、非银行支付机构应当予以配合。

第四章 互联网治理

第二十一条 电信业务经营者、互联网服务提供者为用户提供下列服务，在与用户签订协议或者确认提供服务时，应当依法要求用户提供真实身份信息，用户不提供真实身份信息的，不得提供服务：

（一）提供互联网接入服务；

（二）提供网络代理等网络地址转换服务；

（三）提供互联网域名注册、服务器托管、空间租用、云服务、内容分发服务；

（四）提供信息、软件发布服务，或者提供即时通讯、网络交易、网络游戏、网络直播发布、广告推广服务。

第二十二条 互联网服务提供者对监测识别的涉诈异常账号应当重新核验，根据国家有关规定采取限制功能、暂停服务等处置措施。

互联网服务提供者应当根据公安机关、电信主管部门要求，对涉案电话卡、涉诈异常电话卡所关联注册的有关互联网账号进行核验，根据风险情况，采取限期改正、限制功能、暂停使用、关闭账号、禁止重新注册等处置措施。

第二十三条 设立移动互联网应用程序应当按照国家有关规定向电信主管部门办理许可或者备案手续。

为应用程序提供封装、分发服务的，应当登记并核验应用程序开发运营者的真实身份信息，核验应用程序的功能、用途。

公安、电信、网信等部门和电信业务经营者、互联网服务提供者应当加强对分发平台以外途径下载传播的涉诈应用程序重点监测、及时处置。

第二十四条 提供域名解析、域名跳转、网址链接转换服务的，应当按照国家有关规定，核验域名注册、解析信息和互联网协议地址的真实性、准确性，规范域名跳转，记录并留存所提供相应服务的日志信息，支持实现对解析、跳转、转换记录的溯源。

第二十五条 任何单位和个人不得为他人实施电信网络诈骗活动提供下列支持或者帮助：

（一）出售、提供个人信息；

（二）帮助他人通过虚拟货币交易等方式洗钱；

（三）其他为电信网络诈骗活动提供支持或者帮助的行为。

电信业务经营者、互联网服务提供者应当依照国家有关规定，履行合理注意义务，对利用下列业务从事涉诈支持、帮助活动进行监测识别和处置：

（一）提供互联网接入、服务器托管、网络存储、通信传输、线路出租、域名解析等网络资源服务；

（二）提供信息发布或者搜索、广告推广、引流推广等网络推广服务；

（三）提供应用程序、网站等网络技术、产品的制作、维护服务；

（四）提供支付结算服务。

第二十六条 公安机关办理电信网络诈骗案件依法调取证据的，互联网服务提供者应当及时提供技术支持和协助。

互联网服务提供者依照本法规定对有关涉诈信息、活动进行监测时，发现涉诈违法犯罪线索、风险信息的，应当依照国家有关规定，根据涉诈风险类型、程度情况移送公安、金融、电信、网信等部门。有关部门应当建立完善反馈机制，将相关情况及时告知移送单位。

第五章 综合措施

第二十七条 公安机关应当建立完善打击治理电信网络诈骗工作机制，加强专门队伍和专业技术建设，各警种、各地公安机关应当密切配合，依法有效惩处电信网络诈骗活动。

公安机关接到电信网络诈骗活动的报案或者发现电信网络诈骗活动，应当依照《中华人民共和国刑事诉讼法》的规定立案侦查。

第二十八条 金融、电信、网信部门依照职责对银行业金融机构、非银行支付机构、电信业务经营者、互联网服务提供者落实本法规定情况进行监督检查。有关监督检查活动应当依法规范开展。

第二十九条 个人信息处理者应当依照《中华人民共和国个人信息保护法》等法律规定，规范个人信息处理，加强个人信息保护，建立个人信息被用于电信网络诈骗的防范机制。

履行个人信息保护职责的部门、单位对可能被电信网络诈骗利用的物流信息、交易信息、贷款信息、医疗信息、婚介信息等实施重点保护。公安机关办理电信网络诈骗案件，应当同时查证犯罪所利用的个人信息来源，依法追究相关人员和单位责任。

第三十条 电信业务经营者、银行业金融机构、非银行支付机构、互联网服务提供者应当对从业人员和用户开展反电信网络诈骗宣传，在有关业务活动中对防范电信网络诈骗作出提示，对本领域新出现的电信网络诈骗手段及时向用户作出提醒，对非法买卖、出租、出借本人有关卡、账户、账号等被用于电信网络诈骗的法律责任作出警示。

新闻、广播、电视、文化、互联网信息服务等单位，应当面向社会有针对性地开展反电信网络诈骗宣传教育。

任何单位和个人有权举报电信网络诈骗活动，有关部门应当依法及时处理，对提供有效信息的举报人依照规定给予奖励和保护。

第三十一条 任何单位和个人不得非法买卖、出租、出借电话卡、物联网卡、电信线路、短信端口、银行账户、支付账户、互联网账号等，不得提供实名核验帮助；不得假冒他人身份或者虚构代理关系开立上述卡、账户、账号等。

对经设区的市级以上公安机关认定的实施前款行为的单位、个人和相关组织者，以及因从事电信网络诈骗活动或者关联犯罪受过刑事处罚的人员，可以按照国家有关规定记入信用记录，采取限制其有关卡、账户、账号等功能和停止非柜面业务、暂停新业务、限制入网等措施。对上述认定和措施有异议的，可以提出申诉，有关部门应当建立健全申诉渠道、信用修复和救济制度。具体办法由国务院公安部门会同有关主管部门规定。

第三十二条 国家支持电信业务经营者、银行业金融机构、非银行支付机构、互联网服务提供者研究开发有关电信网络诈骗反制技术，用于监测识别、动态封堵和处置涉诈异常信息、活动。

国务院公安部门、金融管理部门、电信主管部门和国家网信部门等应当统筹负责本行业领域反制技术措施建设，推进涉电信网络诈骗样本信息数据共享，加强涉诈用户信息交叉核验，建立有关涉诈异常信息、活动的监测识别、动态封堵和处置机制。

依据本法第十一条、第十二条、第十八条、第二十二条和前款规定，对涉诈异常情形采取限制、暂停服务等处置措施的，应当告知处置原因、救济渠道及需要提交的资料等事项，被处置对象可以向作出决定或者采取措施的部门、单位提出申诉。作出决定的部门、单位应当建立完善申诉渠道，及时受理申诉并核查，核查通过的，应当即时解除有关措施。

第三十三条 国家推进网络身份认证公共服务建设，支持个人、企业自愿使用，电信业务经营者、银行业金融机构、非银行支付机构、互联网服务提供者对存在涉诈异常的电话卡、银行账户、支付账户、互联网账号，可以通过国家网络身份认证公共服务对用户身份重新进行核验。

第三十四条 公安机关应当会同金融、电信、网信部门组织银行业金融机构、非银行支付机构、电信业务经营者、互联网服务提供者等建立预警劝阻系统，对预警发现的潜在被害人，根据情况及时采取相应劝阻措施。对电信网络诈骗案件应当加强追赃挽损，完善涉案资金处置制度，及时返还被害人的合法财产。对遭受重大生活困难的被害人，符合国家有关救助条件的，有关方面依照规定给予救助。

第三十五条 经国务院反电信网络诈骗工作机制决定或者批准，公安、金融、电信等部门对电信网络诈骗活动严重的特定地区，可以依照国家有关规定采取必要的临时风险防范措施。

第三十六条 对前往电信网络诈骗活动严重地区的人员，出境活动存在重大涉电信网络诈骗活动嫌疑的，移民管理机构可以决定不准其出境。

因从事电信网络诈骗活动受过刑事处罚的人员，设区的市级以上公安机关可以根据犯罪情况和预防再犯罪的需要，决定自处罚完毕之日起六个月至三年以内不准其出境，并通知移民管理机构执行。

第三十七条 国务院公安部门等会同外交部门加强国际执法司法合作，与有关国家、地区、国际组织建立有效合作机制，通过开展国际警务合作等方式，提升在信息交流、调查取证、侦查抓捕、追赃挽损等方面的合作水平，有效打击遏制跨境电信网络诈骗活动。

第六章 法律责任

第三十八条 组织、策划、实施、参与电信网络诈骗活动或者为电信网络诈骗活动提供帮助，构成犯罪的，依法追究刑事责任。

前款行为尚不构成犯罪的，由公安机关处十日以上十五日以下拘留；没收违法所得，处违法所得一倍以上十倍以下罚款，没有违法所得或者违法所得不足一万元的，处十万元以下罚款。

第三十九条 电信业务经营者违反本法规定，有下列情形之一的，由有关主管部门责令改正，情节较轻的，给予警告、通报批评，或者处五万元以上五十万元以下罚款；情节严重的，处五十万元以上五百万元以下罚款，并可以由有关主管部门责令暂停相关业务、停业整顿、吊销相关业务许可证或者吊销营业执照，对其直接负责的主管人员和其他直接责任人员，处一万元以上二十万元以下罚款：

（一）未落实国家有关规定确定的反电信网络诈骗内部控制机制的；

（二）未履行电话卡、物联网卡实名制登记职责的；

（三）未履行对电话卡、物联网卡的监测识别、监测预警和相关处置职责的；

（四）未对物联网卡用户进行风险评估，或者未限定物联网卡的开通功能、使用场景和适用设备的；

（五）未采取措施对改号电话、虚假主叫或者具有相应功能的非法设备进行监测处置的。

第四十条 银行业金融机构、非银行支付机构违反本法规定，有下列情形之一的，由有关主管部门责令改正，情节较轻的，给予警告、通报批评，或者处五万元以上五十万元以下罚款；情节严重的，处五十万元以上五百万元以下罚款，并可以由有关主管部门责令停止新增业务、缩减业务类型或者业务范围、暂停相关业务、停业整顿、吊销相关业务许可证或者吊销营业执照，对其直接负责的主管人员和其他直接责任人员，处一万元以上二十万元以下罚款：

（一）未落实国家有关规定确定的反电信网络诈骗内部控制机制的；

（二）未履行尽职调查义务和有关风险管理措施的；

（三）未履行对异常账户、可疑交易的风险监测和相关处置义务的；

（四）未按照规定完整、准确传输有关交易信息的。

第四十一条 电信业务经营者、互联网服务提供者违反本法规定，有下列情形之一的，由有关主管部门责令改正，情节较轻的，给予警告、通报批评，或者处五万元以上五十万元以下罚款；情节严重的，处五十万元以上五百万元以下罚款，并可以由有关主管部门责令暂停相关业务、停业整顿、关闭网站或者应用程序、吊销相关业务许可证或者吊销营业执照，对其直接负责的主管人员和其他直接责任人员，处一万元以上二十万元以下罚款：

（一）未落实国家有关规定确定的反电信网络诈骗内部控制机制的；

（二）未履行网络服务实名制职责，或者未对涉案、涉诈电话卡关联注册互联网账号进行核验的；

（三）未按照国家有关规定，核验域名注册、解析信息和互联网协议地址的真实性、准确性，规范域名跳转，或者记录并留存所提供相应服务的日志信息的；

（四）未登记核验移动互联网应用程序开发运营者的真实身份信息或者未核验应用程序的功能、用途，为其提供应用程序封装、分发服务的；

（五）未履行对涉诈互联网账号和应用程序，以及其他电信网络诈骗信息、活动的监测识别和处置义务的；

（六）拒不依法为查处电信网络诈骗犯罪提供技术支持和协助，或者未按规定移送有关违法犯罪线索、风险信息的。

第四十二条 违反本法第十四条、第二十五条第一款规定的，没收违法所得，由公安机关或者有关主管部门处违法所得一倍以上十倍以下罚款，没有违法所得或者违法所得不足五万元的，处五十万元以下罚款；情节严重的，由公安机关并处十五日以下拘留。

第四十三条 违反本法第二十五条第二款规定，由有关主管部门责令改正，情节较轻的，给予警告、通报批评，或者处五万元以上五十万元以下罚款；情节严重的，处五十万元以上五百万元以下罚款，并可以由有关主管部门责令暂停相关业务、停业整顿、关闭网站或者应用程序，对其直接负责的主管人员和其他直接责任人员，处一万元以上二十万元以下罚款。

第四十四条 违反本法第三十一条第一款规定的，没收违法所得，由公安机关处违法所得一倍以上十倍以下罚款，没有违法所得或者违法所得不足二万元的，处二十万元以下罚款；情节严重的，并处十五日以下拘留。

第四十五条 反电信网络诈骗工作有关部门、单位的工作人员滥用职权、玩忽职守、徇私舞弊，或者有其他违反本法规定行为，构成犯罪的，依法追究刑事责任。

第四十六条 组织、策划、实施、参与电信网络诈骗活动或者为电信网络诈骗活动提供相关帮助的违法犯罪人员，除依法承担刑事责任、行政责任以外，造成他人损害的，依照《中华人民共和国民法典》等法律的规定承担民事责任。

电信业务经营者、银行业金融机构、非银行支付机构、互联网服务提供者等违反本法规定，造成他人损害的，依照《中华人民共和国民法典》等法律的规定承担民事责任。

第四十七条 人民检察院在履行反电信网络诈骗职责中，对于侵害国家利益和社会公共利益的行为，可以依法向人民法院提起公益诉讼。

第四十八条 有关单位和个人对依照本法作出的行政处罚和行政强制措施决定不服的，可以依法申请行政复议或者提起行政诉讼。

第七章 附 则

第四十九条 反电信网络诈骗工作涉及的有关管理和责任制度，本法没有规定的，适用《中华人民共和国网络安全法》《中华人民共和国个人信息保护法》《中华人民共和国反洗钱法》等相关法律规定。

第五十条 本法自2022年12月1日起施行。

第十二章

网络舆情危机的演化与应对

党的二十大报告提出:"健全网络综合治理体系,推动形成良好网络生态。"这是党牢牢掌握意识形态工作领导权,巩固壮大奋进新时代主流思想舆情的重要内容。网络舆情是互联网时代发展的重要产物,是反映社会大情绪的显示器,也是社情民意的直接表达。网络舆情具有"双刃剑"效应,既能成为社会正能量的传话筒,也极易成为负面舆论的集散地。目前,互联网推动媒体生态格局发生剧烈变化,自媒体成为重大舆论的发酵源头,网络社会治理成为国家治理能力和治理水平现代化建议的重要方面。本章结合网络舆情发展形态分析以及网络舆情的现状与特征,阐述网络舆情事件的演化,并介绍网络舆情危机事件的干预与应对。

12-1 文章"舆情应对"的12大问题+10大建议

第一节 网络舆情发展形态分析

一、网络建设状况和网民感知情况

当前,我国数字基础设施规模能级大幅提升,已实现"市市通千兆、县县通5G、村村通宽带"。国家互联网信息办公室发布的《数字中国发展报告(2022年)》显示,截至2022年年底,累计建成开通5G基站231.2万个,5G用户达5.61亿户,全球占比均超过60%。全国110个城市达到千兆城市建设标准,千兆光网具备覆盖超过5亿户家庭的能力。移动物联网终端用户数达到18.45亿户,成为全球主要经济体中首个实现"物超人"的国家。IPv6(互联网协议第六版,Internet Protocol Version 6)规模部署应用深入推进,活跃用户数超7亿,移动网络IPv6流量占比近50%。我国物联网用户情况以及通信基站和5G用户规模情况如图12-1、图12-2所示。

国家网信办《2022年数字中国发展网民感知情况分析报告》显示,在参与调查的18万份18~70岁网民样本中,受访者普遍认为,2022年我国数字化发展成效在多个领域得到充分体现,群众的工作生活更加便捷,政府的服务治理效能进一步提升。60%以上的受访者对各个领域数字化发展得到提升的评价表示非常或比较同意。其中,超75%的受访者对"日常生活中使用网络的场景更多了"表示非常或比较同意,70%左右的受访者对"数字化相关的各类宣传更多了"和"能够在网上办理的事项（政府相关）更多且更加便捷了"表示非常或比较同意，60%以上的受访者对"网速更快了，信号更强了""本地举办的数字领域论坛会议、讲座培训等活动更多了"表示非常或比较同意。网民总体评价情况如图12-3所示。

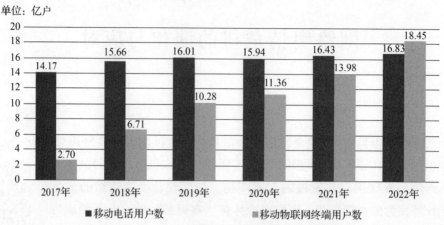

图 12-1　2017—2022 年我国物联网用户情况

（图源：《数字中国发展报告（2022 年）》）

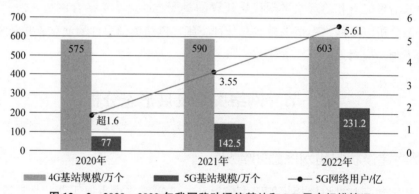

图 12-2　2020—2022 年我国移动通信基站和 5G 用户规模情况

（图源：《数字中国发展报告（2022 年）》）

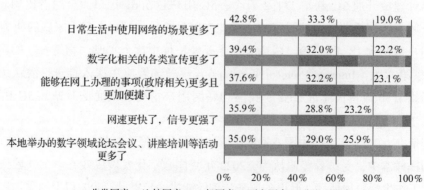

图 12-3　数字中国发展网民总体评价

（图源：《2022 年数字中国发展网民感知情况分析报告》）

二、网络舆情类型

1. 教育舆情

教育生态的地域性特征、区域发展理念的价值联动、意识形态的多维繁杂等使得教育舆情治理呈现治理理念陈旧、治理重点迷失、治理途径单一、治理实效缺乏科学评测等问题。随着互联网的兴起,以非理性传播蹭"热点"(物理学上指温度高于周围环境的局部区域,比喻在一定时期内引起人们广泛关注或议论的事件或问题),偏向性解读教育现象,扭曲乃至丑化教师形象的事件时有发生,教育形象呈现出被污名化的趋势。学前教育、减负、校园安全、青少年健康、教师队伍建设、乡村教育等都是人们持续热议的主题。教育舆情的治理不仅应深入对舆情治理的主体与目标等方面进行探讨,还要结合社会情境与制度框架,在舆情治理主体间的互动模式中总结出现实治理路径,以优化教育舆情治理生态。

2. 网络涉警舆情

贯彻总体国家安全观,就是要推进国家安全体系和能力现代化,维护国家安全和社会稳定。公安机关是维护国家安全和社会稳定的重要力量,涉警舆情的应对与处理也是推进国家安全体系和能力现代化的重要体现。在新媒体环境下,涉警舆情有了新的变化,主要表现为涉警舆情呈现向移动端转移的趋势,"三微一端"等新兴媒体成为涉警舆情舆论的主力军。如中国互联网络信息中心(CNNIC)发布的第50次《中国互联网络发展状况统计报告》显示,截至2022年6月,我国网民规模为10.51亿,互联网普及率达74.4%。各种新兴媒体的兴起使得舆论生态、媒体格局、传播方式发生深刻变化,舆论工作面临新的挑战。而且新媒体信息具有信息含量大、传播范围广和开放性及交互性等特点,使得各种声音极容易被扩散和传播。从以前的有图有真相,到今天微视频的流行,人们越来越依赖新媒体质疑政府权力的行使和公安部门的执法行为,网络涉警舆情同样也呈现出向影像化与多样化发展的趋势。

3. 基层治理舆情

我国社会的很多矛盾往往发生在社会基层,因为基层群众人多力量大,他们的负面情绪更容易引起人们的认同感和共鸣。若是无法妥善处理社会基层矛盾,损害到基层群众利益,那么他们的负面情绪经过发酵酝酿,会快速形成舆论讨伐,引发舆情危机。基层乡镇是我国社会的基本单元,是社会治理的前线,也是信息传播、舆情形成和舆论引导的最前沿。若基层舆情治理不当,将会对公众的感官产生直接冲击,从而大大削弱政府的权威性和公信力。

4. 公共卫生舆情

公共卫生网络舆情往往贯穿事件全过程。事件本身的衍生性、多样性特点与网络空间匿名性、泛在性特征叠加,极易引发网络舆情危机。公共卫生事件网络舆情危机具有广泛的社会危害,会导致民众恐慌、引发次生舆论灾害,还可能诱发群体性事件。公共卫生事件网络舆情同时具有正负效应,一方面能疏解民意、强化政社沟通和科学决策,另一方面可能在网络中放大负面影响而形成"蝴蝶效应",引发极端情绪和谣言,危害人民身心健康和社会安定团结。随着现代化进程加快，各种不确定性、不可预见性风险不断出现，社会转型与现代性本身带来"双重风险社会"的挑战。诸如2015年中东呼吸综合征、2017年H7N9禽流感、2018年长春疫苗事件、新冠疫情之类的突发公共卫生事件越来越频繁地进入公众视野。在网络空间匿名性、泛在性、跨时空性的特性影响下，事件经由庞大的网民群体助推，极易引发负面网络舆情的扩散效应，还可能会进一步造成群体恐慌，并且激化社会矛盾，干扰政策实施，影响政府公信力和社会稳定。

5. 吏治反腐舆情

吏治反腐舆情是指由于部分党员干部存在作风、贪污腐败、以权谋私等问题，公安、检察和纪检等相关部门依法处置，在网络上宣传、曝光、处理而引起的舆情效应。党的十八大报告指出"要坚定不移反对腐败，永葆共产党人清正廉洁的政治本色"。习近平总书记在第十八届中央纪律检查委员会第二次全体会议上提出要认真学习贯彻十八大精神，全面推进依法治国战略，全面加强反腐倡廉建设。同时，网络舆情环境的复杂化也使得涉腐网络舆情治理面临重大挑战，网络反腐舆情愈加复杂，若处理不当不仅会影响党和政府的形象，还会损害政府公信力。

网络舆情的典型案例见表12-1。

表12-1 网络舆情的典型案例

网络舆情类型	特征	典型案例
教育舆情	1. 关注度高； 2. 敏感性强； 3. 影响面广； 4. 传播速度快； 5. 多样性； 6. 复杂性； 7. 互动性	1. "凳子门"事件：在家长会上，一位女家长因不满班主任没有回复其信息而情绪激动，并与一位男家长发生争吵，甚至拿起凳子欲砸向男家长。这一事件在网络上引起轩然大波，众多网友纷纷表达了自己的观点和感受； 2. 班主任辱骂学生事件：一名学生在排队打饭时因疏忽将饭菜洒出，遭到了班主任老师的辱骂和打击。这一事件引起了社会的广泛关注，人们纷纷对校园欺凌现象表示了强烈的谴责
网络涉警舆情	1. 突发性； 2. 敏感性； 3. 多样性； 4. 影响面广	1. 辅警推人事件：2023年6月15日上午，株洲某支队一名辅警在执勤中，对一名涉嫌逃逸的驾驶员进行推搡，导致其跌入路坎下。为此，辅警被辞退，副中队长被免职，副大队长被警告处分，大队长被诫勉谈话； 2. 警车撞车事故：在四川江油，一辆警务用车连续撞上一辆出租车和路边的路虎、比亚迪。网友对此议论纷纷，猜测事故原因，并发表了一些不当言论

续表

网络舆情类型	特征	典型案例
基层治理舆情	1. 涉及面广； 2. 突发性强； 3. 互动性强； 4. 复杂性高； 5. 影响深远； 6. 信息传播快	河南鹤壁"农民西瓜被偷倒赔偷瓜者300元"的事件，在经过西瓜被偷、瓜农赔偿、偷瓜者被拘留、责任警察被停职等一系列波折后，当地警方加强了对特定地块和路段的巡逻执法。虽然这种做法在情理之中，但从警力配备和工作量负载的角度来考虑，"一天巡逻七八趟"的状态不太可能长期坚持，也难以扩展到辖区内的其他区域
公共卫生舆情	1. 紧迫性； 2. 广泛性； 3. 敏感性； 4. 多样性； 5. 长期性	1. 武汉地铁"小便门"事件：2023年7月4日，武汉地铁上一男子抱着小孩在车厢内小便的视频在网上疯传，引发了网友们的强烈反感和谴责。武汉市公共交通管理局的相关负责人表示已经联系了地铁运营方进行调查和处理，并会对违规者进行处罚； 2. 校园食堂出现老鼠事件：2023年12月1日，江海职业技术学院一名学生在食堂就餐时，发现麻酱盆中有一只老鼠。该学生随即将此事上传至社交媒体，引起网友热议。12月4日，江海职业技术学院发布通报称，该事件属实。学校已责令涉事餐厅暂停营业，封存原材料和餐具，进行全面排查，并对餐厅进行"除四害"处理
吏治反腐舆情	1. 敏感性； 2. 广泛性； 3. 多样性； 4. 复杂性； 5. 互动性	1. 渔洋镇新南村党支部书记、村委会主任张某某，市玉兴蔬菜种植专业合作社法人熊某某2人违规套取水稻保险的问题； 2. 熊口镇新沟村党支部书记、村委会主任黄某某，一组组长程某某等2人违规建设、出售公墓的问题； 3. 张金镇魏桥村原党支部书记林某某、原村委会副主任林某某等2人对集体资源管理不善的问题； 4. 园林五小教师许某某、胡某某2人推荐教辅材料收受回扣的问题

三、网络舆情典型事件

1. 星巴克驱警事件

2022年2月13日，有网友爆料称，星巴克重庆磁器口后街店员工因执勤民警在门口吃饭，以"影响品牌形象"为由对执勤民警进行了驱赶并投诉当事执勤民警，该爆料因牵扯到人民警察而备受关注。在群情激愤的民意助推下,"星巴克驱赶门口吃盒饭民警"第二天便冲上热搜。

官方回应:

2022年2月14日下午,星巴克中国官微做出回应,称"门店安排民警在户外客区就餐,后因有其他顾客希望在此就餐,而与民警在协调座位时言语不妥引发沟通误会",对此致以歉意,但事件过程不存在网传的"驱赶民警"及"投诉民警"的情况。

2. 拼多多6万人在线"砍一刀"

2022年3月17日,一位名叫"超级小桀"的斗鱼主播直播参与拼多多的砍价免费领手机活动,根据社交媒体说法,有6万人参与砍价,经过2小时砍价,该主播仍未砍价成功获得该手机,该话题随后登上微博热搜,该主播则在停止砍价近2小时后收到一张优惠券提示砍价成功。

官方回应:

(1)"未砍成功"不实。活动信息显示,该博主3月17日12点52分开团砍价一款价值2 099元的vivo手机,3月17日16点40分已砍价成功,平台已根据活动规则,向其账号发送了特别优惠券用以领取该款商品,博主于当晚23点34分领取,砍价所获商品已于3月18日9点27分发货,19日8点31分已送达博主所在的长沙市雨花区某代收点。

(2)"几万人参与砍价"不实。博主直播期间已公开说明,自己是向其QQ群友发出帮砍邀请,并非几万名观众实际参与了砍价。事实上,关于砍价人数,传言经历了多重演变,从"上千"逐步演变为"几万""6万""7万"。

(3)一单砍价成功的案例,却在某种蓄意推动下,成为与事实完全相反的热搜、热议话题,进而混淆舆论视听。公司法务部门已完成相关证据保全。

(4)感谢社会各界对拼多多相关活动的关注和支持,未来平台将进一步完善活动流程和规则,优化活动指引,提升活动体验。

3. "土坑酸菜"事件

2022年"3·15"晚会曝光了没有任何食品安全保障的"土坑酸菜":被工人用脚踩来踩去,混入烟头,甚至是防腐剂等添加剂超标2~10倍……一时间舆论哗然。事件直指湖南插旗菜业、锦瑞食品有限公司等,这些公司是康师傅和统一两大方便面巨头的供应商。

官方回应:

统一企业表示:"湖南锦瑞公司的相关行为已经严重违反了我司对于供应商的规范要求和经营准则,我司已立即停止了湖南锦瑞公司的供应商资质,并对其中可能存在的管理问题进行调查,将采取严厉的整改措施,并督促其公开处理结果。此次事件是我司管理的失误,辜负了广大消费者的信任,对此我们表示深深的歉意!我们将全力配合政府管理部门的调查和处理,深刻反省,引以为戒,加强管理,诚恳接受媒体和社会各界的监督。"统一企业表示,会在市场监管局的监督下依照要求执行必要的整改措施,肩负应有的社会责任。

康师傅发布声明表示,湖南插旗菜业有限公司是该公司酸菜供应商之一,康师傅已立即中止其供应商资格,取消一切合作,封存其酸菜包产品,积极配合监管部门调查与检测。

第二节 网络舆情的现状与特征

一、网络舆情现状

1. 网络诉求多元复杂

社交媒体传播环境下,网络舆论的形成更多依赖于各个社交节点,公众针对公共事务和社会现象发表意见,相互之间进行引用、转发与驳斥。个体发表的碎片化的、往往不加证实的意见使得舆论本身也呈现出复杂多变的特点,不同立场的交锋使舆论格局高频率变化,呈现出极大的复杂性。网络舆情作用关系如图12-4所示。

12-2 科普 自媒体时代网络舆情论现状

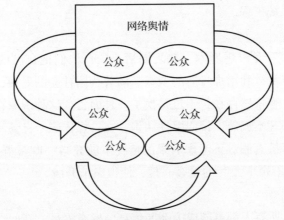

图12-4 网络舆情作用关系

当前,我国城市化建设和改革步伐加快,产业结构优化升级,各方都在充分利用互联网表达思想和利益诉求。一些意见领袖的言论由于能充分满足网民的情感需求,因而更快地促成了网络舆情的形成,其影响力也不断扩大。网民对矛盾本身的争论和对意见领袖观点的认同也进一步推动了网络舆情新生态的形成。有效协调各主体利益,营造适合各方发展需求的新信息环境,是维护网络信息环境和舆论良性发展的不二之选。

2. 网络舆论呈现情绪化倾向

互联网的开放环境和匿名特性一定程度上给予公众勇敢表达自己真实诉求的机会,其核心诉求较之以往更有可能被深度表达及被看见。但众说纷纭的同时,也使得某些网民的意见表达偏向情绪化、非理性,带动舆论向难以控制的方向发酵。情绪型舆论体现了公众的群体心理。网络中的乌合之众无意识特征明显,容易受到暗示,极具情绪化。年轻群体作为网民中的大多数,其思想诉求强烈,但是由于缺少经历和经验,容易受负面、非理性的言论和舆论影响,他们发表的一些情绪化特征过强的观点和意见很多时候与实际情况并不一致。当前,互联网空间的舆论场是思想舆论的主战场,对于网络中模糊的认识、暧昧的态度、摇摆的观念,媒体应及时积极地进行正确的舆论引导。由于网络信息发布的自由性和网络信息传播的迅速性,网民的思想意识难免会受到影响，各部门需要创造更有利的条件来维护良好的意识形态。

3. 网络舆情管理复杂

多元的主体生产舆情、以舆情为载体的事件复杂易变、舆情爆发的突发性与随机性等要素使得舆情管理成为一个极为复杂的工作。从网络舆情的主体来看，网络中的广泛用户成为新媒体环境下主体泛化的表现，网民言论的多样性和易变性加大了舆情治理的难度。舆情承载着网络用户的情绪和态度，网络舆情本身也随着网络用户主体的泛化而更加隐蔽和随机。在信息洪流中，网络用户极易在信息不对称的情况下被各种各样的言论牵着鼻子走，传媒环境及情绪无时无刻不影响着网络用户。从治理网络舆情的角度来看，无论是事前的预测监控，还是事中对事项信息的公开、对网民情绪的引导疏解，还是事后对舆情影响的分析、监控、研判、预警、应对、处置、评估、反馈等多个环节，都显现出舆论治理的复杂性。新媒体环境下，需要将各种技术手段应用于舆论治理的过程，网络舆情管理已成为一项综合性很强、复杂程度很高的系统工程。

4. 看客心理严重

鲁迅笔下的"看客"是思想麻木、缺乏同情心的，他们把自己的快乐建立在别人的痛苦之上，只为了满足观赏欲和增加日后的谈资。随着我国社会的发展，人们的精神文明素质有了极大的提高，但看客依然存在，不过是换了一种面目，这种现象在网络上尤为突出。一些人社会阅历较少、心理不成熟、偏向感性认识，在自媒体账号良莠不齐、信息内容泥沙俱下的时代，经常在不辨析真假、不考虑后果的情况下就充当"吃瓜群众""动动手指转发、评论"，这种"看热闹不嫌事大"的看客心理，使得舆情升级。

5. 新闻传播门槛过低

在自媒体时代下，所有人都可能成为新闻信息的发布人员。新闻信息传播门槛过低，使得某些个人或平台为了获得更多阅读量和关注度，对社会上的负面新闻事件进行大肆报道和渲染，对网络舆情的发展趋势进行错误的引导。

二、网络舆情的特征

网络舆情是民众意愿及其持有态度等各方面的综合在网络上进行传播。网络舆情借助网络来进行传播，具备网络所具有的部分特征，在其传播过程中与网络息息相关，由于网络的普及也会对社会造成越来越大的影响。网络舆情具有以下特点。

1. 网络舆情具有引导性

引导人的失控将直接引发网络舆情危机。引导人又称"意见领袖"，是指在某方面有着领导作用或能给他人指明方向的人，在一定程度上可以影响他人对事物的看法，这一概念经常出现在传播学领域中。引导人大多都在某一或某些方面有着自己独到的看法，并且其看法会得到很多人的认同，当部分网民公众就其所发表的言论形成共识时，就可以通过自身的言论及对事物的看法来影响或者引导其他人。作为引导人，其与被引导者之间存在着二级传播：引导人就某个事件发表自身的看法和言论并引来其他人的关注，从而造成网络舆论的形成。他们就某些事物的看法得到了部分民众的认可，或其本身有一定的名望，都会直接或间接地引发网络舆情危机。

2. 网络舆情具有自由开放性

过分的自由开放也将引发网络舆情危机。网络的特点导致所有公众都可以在网络上自由发表言论，这些言论良莠不齐，也因为网络所具有的隐匿性，相关部门并不能对发表不良言论者进行制裁。因此，尽管在一定程度上因网络的隐匿性公众可以吐露心声，但同时这也使部分不法分子得以通过网络宣扬传播负能量，通过网络进行犯罪的现象也时有发生。

3. 网络舆情具有内容多元化

网络所提供的一个大环境使网民可以随意谈论自己所关注的内容，各行各业的网民所谈论产生的网络舆情也因此覆盖各个方面。网民分布在社会的各个阶层，他们可以是白领、工人、农民、学生，也可以是从事其他职业的任何人。由于所在行业不同，他们所谈论的话题也将涵盖各个阶层、各个方面。网络媒介所具有的超强信息存储能力，无疑为信息的丰富性提供了基础，使得所有网民都可以在网上随意地发表自己的见解、言论。而缺乏监管、过度开放自由的言论也容易引发网络舆情危机。

4. 网络舆情具有突发时效性

在传统的媒介方式中，往往一个事件发生很久之后公众才能了解到。网络之所以能取代传统媒介成为新的媒介载体就在于其具有很高的时效性，而网络舆情在各地的同步也突破了地域的限制，只要事件发生并引起大众的关注就会很快地形成网络舆论从而引发更广泛的舆论热潮。通过网络的传播，人们可以实时地了解事件的进展，网络舆论也在此基础上得到快速传播。

5. 网络舆情具有意愿偏差性

网络舆情的形成在于反映公民的意愿，但是由于大众媒体或其他因素的影响，网络舆情并不能完全代表公民的态度和意愿。由于网络的迅速发展，网民也越来越多，很多网民都会在网络载体上发表自己的意见和看法，网络似乎赋予了每一个人空前的话语权。然而网络的使用并没有受到法律和道德的约束，一旦网民缺乏自律发表某些不当言论就会危害他人，且网络舆论中盲从现象严重，不少网民容易受到不法分子的蛊惑从而造成较为恶劣的影响。

网络舆情危机不仅具有网络舆情的特点，还具有危机的特点。网络舆情危机在不同的领域有着其独特的含义。网络舆情危机具有以下四个特点。

1. 意外性

细节决定成败。通常情况下由内部原因所引发的危机在其爆发之前都会有一些征兆出现，如果相关部门在征兆出现的同时就采取行动进行补救，那么通常能将危机扼杀在摇篮状态。之所以危机的爆发会让人猝不及防，是因为在危机出现征兆时我们并没有对此投入过多的关注，而当征兆演变为危机再去处理已为时晚矣。

2. 聚焦性

随着网络时代的到来，以网络作为媒介进行传播的危机传播速度也随着网络传播速度的加快而不断变快。网络快速的传播对于危机来说无疑是火上浇油，助长了危机的传播。由于网络的传播速度越来越迅速，使得公众能在危机出现的瞬间通过媒体了解到相关情况，相对于危机本身，作为利益相关者的民众更为关心危机的处理方式，而媒体则更多致力于扩大影响力，造成轰动。媒体对于危机的报道将对公众的态度产生巨大的影响，一旦媒体对危机持负面态度，就会使民众丧失信心，进一步导致危机的爆发与升级。

3. 破坏性

危机萌发时本身所具有的破坏性并不强，这就使得在其显现出征兆时，若相关部门没能及时采取相应措施，则危机的到来就会悄无声息。在完全没有防备的情况下，危机的到来无疑会造成公众的恐慌，当公众出现混乱时，相关部门就会陷入被动。而此时一旦相关部门出现了决策性失误，就会进一步加剧民众的不安心理，在这种心理的影响下危机就会如同滚雪球一般越来越严重，直至严重到影响了相关部门的正常运转，使相关部门也随之陷入混乱。

4. 紧迫性

一般来说，危机从爆发到传播并对社会造成影响，其所需时间十分短暂。也就是说，危机一旦生成就会迅速对社会造成危害，此时相关部门能否及时做出反应至关重要。由于危机传播迅速，以及危机所带来的一系列连锁反应会对公众造成或多或少的影响，如果相关部门不能及时地进行处理，就会给公众留下不作为的印象，这不仅会丧失民心，还会进一步导致公众的不满。面对危机，相关部门只有沉着冷静地进行应对，才能将危机扼杀在萌芽状态。

第三节　网络舆情危机事件的演化

一、网络舆情危机事件的演化过程

1. 萌发期：敏感事件属性复杂

网络舆情危机可分为自然灾害类、政治事件类、公共卫生类、管理类及行为心理类等，但突发舆情事件往往成分较为复杂，可能具有多重属性。网络舆情危机处于萌发阶段时，往往伴随着诸多隐患，如事件内容敏感、信息来源隐蔽等，这使部分舆情事件具备了快速传播、引爆舆论的条件。与此同时，新媒体时代下，传统社交媒体的社交属性和信息传递功能减弱，微信、QQ等强关系社群和微博、小红书、抖音等流媒体成为主流的信息传播平台。2023年我国主流信息传播平台使用情况如图12-5所示。

12-3　视频 网络舆情中的非正常因素

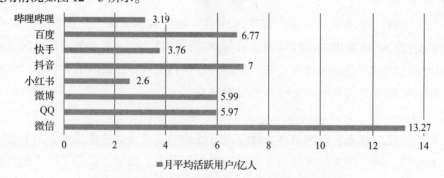

图12-5　2023年我国主流信息传播平台使用情况

（数据来源：清华大学新闻与传播学院新媒体研究中心）

平台的算法和推荐机制更倾向于依据受众喜好和事件相关度投放内容。而这类设计机制使得国家对于相关内容的舆情监控与议程设置效果不如以往并出现一系列变化，这些变化呈现出议程设置者的多元化、传播时效的及时性、议题数量的成倍增长、受众主动性增强等特点。事件的最初传播者往往通过匿名的方式对事件进行揭发和曝光，使事件在朋友圈、微信群等强关系社群中传播，具备转向大众传播的趋势。这种去中心化程度高的传播渠道使得广播、报纸、电视等传统意义上对媒介资源具有强大控制力的渠道话语权下降，事件内容的真实性难以把控，这就不利于网络平台的生态环境朝着更绿色干净、积极向上的方向发展。

2. 爆发期：媒介信息良莠不齐

目前，发达的社交媒体与关系社群创造了多种多样的信息流通渠道（媒介信息传播主要特征见图12-6），当网络舆情进入爆发期时，往往会使萌发于小型关系圈层的事件被扩散至多个平台与多个圈层，通过大量曝光、讨论、转发而造成舆论的爆发式增长。信息需求的多样化在一定程度上驱动着网民对于舆情传播分众化、差异化的需求。新媒体语境下，受众出现偏好负面新闻的特点，这种偏好的产生受到阶级、职业、民族等多层次因素的影响。从时间和空间维度看，负面新闻相较于其他类型新闻具有讨论时间跨度长、舆论发酵速度快、受众参与程度广等特点。当突发的舆情事件进入大众的视线后，事件本身会向受众感兴趣的方向裂变，网民通过自主讨论、分享等形式为舆情事件增添更多细节，使事件被歪曲、夸大，加剧公众的愤怒与恐慌情绪，使舆情的爆发式增长愈演愈烈。

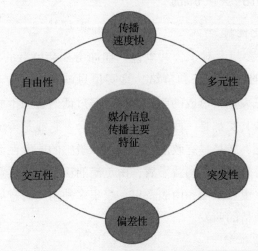

图12-6　媒介信息传播主要特征

3. 扩散期：舆情应对暗含风险

网络舆情经历爆发期后，会进入大规模扩散期，此时，涉事方开始进行官方舆情回应与处理。在此阶段，涉事方、网络意见领袖与普通网民之间的话语博弈及互动影响着舆情处置的结果。官方舆情的发布在受到多方面因素影响的情况下可能会引发进一步的舆情风险。涉事方一般会通过通报、新闻发布会等方式，借助传统媒体、新媒体渠道进行舆情回应，这个回应是否回答了舆情中问题的核心，是否详细地说明了事件的前因后果，是否回应了问题引起的一系列社会反响，问题是否得到了妥善的解决，这些层面都是影响网络舆情扩散程度、能否消除其带来的负面影响的重要因素,考验着涉事方的公关能力和突发事件处理能力。一旦出现关于危机事件的回应不够详细、真诚的现象,网络上就会掀起新一波的舆论质疑,加剧舆情的传播和扩散,造成更严重的后果。比如,部分涉事方由于缺乏舆情敏感度,会对于舆情的爆发进行冷处理,延迟回应或拒绝表态,导致舆情的进一步激化。也有部分涉事方无法把握正确的舆情回应节点,回应过快,可能导致缺乏调查,细节不足;回应过慢,则失去了掌控舆情走向的先机,无法对舆情危机进行正确地引导与处理。另外,部分涉事方可能采取避重就轻、遮掩回避的回应态度,反而会自损公信力,加剧负面效应。

4. 衰退期:公众热情逐渐消退

经过情绪的剧烈波动和一定时间的神经紧绷后,舆论往往表现出对话题不同程度的疲劳,公众不再有兴趣关注或对某个事件发表意见。随着网络舆情危机的不断化解,事态基本定性,不良信息扩散收紧,公众对某个事件的意见最终趋于一致,不同的意见很少或没有,或是公众舆论中的情绪性、激烈性、冲突性表达都在降低。这一阶段,媒体也将根据网民的兴趣变化来调整报道的重点,主动引导舆论,对前期热点的报道减少或不再报道,并开始策划新的议题转移公众注意,舆情风险也日益衰减。总体而言,在舆论渠道畅通、舆论压力得以充分释放,且又没有新要素注入的情况下,舆情危机也随之进入衰退期,舆论场域逐渐回归理性。

二、网络舆情危机的演化机制

1. "蝴蝶效应"演化机制

"蝴蝶效应"是网络参与者对于公共事件,如冲击社会已有的价值体系和底线、触动积淀已久的社会心态和情绪、真实信息缺失、内含功能诉求等,引发关注并进行意见表达所形成的舆论表征,通过话语叠加生成话语风暴来强化舆论能量的一种现象。网络舆情其实都是一些微小事件的集合,它或是传统媒体报道后经过网络聚焦后成为网民关注的话题,或是具有政治色彩或意识敏感的原发性话题,再或许是单纯暗合了某些网络群体的某种心理需求或利益矛盾,由点滴的认知或情感宣泄积累,逐步带动更加广泛的关注面与话题群,由点及面、由表及里,聚集多种角度的意见争论、思想阐述、声音倾诉,最终促使了网络舆情的萌发。

12-4 视频 什么是蝴蝶效应

2. "刻板印象"演化机制

"刻板印象"是人们对某个社会现象形成的固有的、不易改变的观点和态度。网络热点事件萌发,社会刻板印象效应将其放大,使得网络舆情进一步放大、裂变和扩散,引起更广泛群体的关注与讨论。与网络群体利益密切相关的事件,通过新媒体平台的快速传播与大数据技术的深度挖掘而不断发酵、升温,固有的刻板印象在网上网下的传播链条中继续扩展延伸,多种多样的观点裂变、碰撞、啸聚、融合,网络舆情逐渐整合形成舆论场,浮现在公众视野,放大网络舆情裂变期的影响,滋生矛盾危机的演变。

3. "意见领袖"演化机制

"意见领袖"是指在网络舆情事件中提供意见导向,并影响其他成员价值判断的活跃分子,他们具有鲜明的个性观点、深入的媒介接触、独特的人格魅力、强烈的引导效力与尖锐的话语力量,对网络舆论产生了不可想象的吸引力、感召力和影响力。当网络舆情热点事件裂变、网络舆情热点汇聚、多元观点相互碰撞,意见领袖的主观引领建议便潜移默化地影响着网络群体的价值判断与话语指向,在从众心理与马太效应的作用下,话语力量被不断强化,舆情讨论升温至高潮。

4. "沉默的螺旋"演化机制

"沉默的螺旋"是当网络主体认为自身处于孤立状态时,为避免趋向少数或劣势群体,往往屈于环境现状的压力而禁锢声音甚至是假意附和的现象。网络舆情在高潮期后,网上网下多方消解舆情事件的后期效力,逐步释放舆论压力与争论硝烟,但是,"沉默的螺旋"机制使得网络群体因为担心个体意见被孤立而保持沉默的话语权,理性的声音被弱化,加剧了网络舆情在衰退期的映射效果。此时应该及时总结,制定危机干预机制,以应对"沉默的螺旋"带来的网络舆情在衰退期出现的不良映射。

网络舆情危机的演化机制与其特点见表12-2。

表12-2 网络舆情危机的演化机制与其特点

网络舆情危机的演化机制	主要特点
蝴蝶效应	1. 对初始条件具有依赖性; 2. 产生效应具有自相似性; 3. 发生过程具有混沌性; 4. 影响力具有几何倍增性
刻板印象	1. 主观臆断性; 2. 难以改变性
意见领袖	1. 个性化特征明显; 2. 思维局限性; 3. 影响范围大; 4. 意见领袖说服力强
沉默的螺旋	1. 从众心理; 2. 舆论易一边倒; 3. 陷入"意见环境"

第四节 网络舆情危机事件的干预与应对

人们在面对网络信息时,习惯性地相信片面性的事实或拒绝相信真相。由此,"后真相"现象与网络舆情乱象两者在网络舆论空间中得以联结、共生。其本质是人们对社会核心价值与社会秩序缺乏基本共识,从而导致网络舆情事件频繁发生。网络空间成为一些网民宣泄负面情绪的舆论场，极端化、非理性的话语生态场，并干预网络舆情的价值方向，致使一些人不愿意辨别、思考事实真相，情绪共鸣的需求远大于对事件本身真实性的探究。为此，必须改善网络舆论生态环境，并在合理范围内有效疏导民众非理性情绪、提升人们的网络道德修养，以及对社会舆情事件真实性的判断力。只有这样，才能促进网络舆情空间的良性发展，进而不断提升国家的网络舆情治理能力。

12-5 文章 网络舆情和突发事件的应急处理预案

一、网络舆情危机干预的意义

1. 帮助网民特别是广大青少年树立正确的价值观

从中国互联网络信息中心统计的数据（见图12-7）来看，截至2020年，我国未成年人互联网普及率为94.9%，超过1/3的小学生在学龄前就开始使用互联网。青少年是网络用户的主要组成部分，同时，青少年的世界观、价值观还处于未定型阶段，对错误价值观的辨别能力和抵抗能力比较差，很容易被诱导。况且，现在有不少年轻人很容易被网络舆情事件的表象所蒙蔽，更容易被极端的思维影响。网民群体的年轻化特征决定了网络舆情危机干预的任务更加艰巨。因此，须正确干预网络舆情，以帮助网民特别是青少年树立正确价值观。当前，各地中小学纷纷响应国家的号召，引导青少年正确使用网络，合理安排上网时间，使青少年能在网络上真正学到有用的东西，树立正确的价值观。

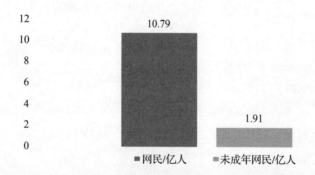

图12-7 2023年我国网民规模

2. 确保国家意识形态安全

近年来，世界各国的政治舆情斗争从未间断，而且愈演愈烈。在网络中，信息传播的快速性、无障碍化使得国际政治舆论对抗变得更为激烈。一些西方国家利用其在信息技术方面的绝对优势，将其世界观、价值观、道德观念等进行广泛宣传和推广。在这种信息的潜移默化作用下，网民逐渐被这些观点所影响，这导致一个国家和民族失去原有的思想和伦理系统，破坏了一个国家和民族的团结，并最终动摇一个国家和民族的生存根基。2020年，席卷全世界的新冠疫情牵动着每个人的心。在这种情况下，主流媒体的报道就显得尤为重要。主流媒体能够及时、准确地发布新闻资讯，及时传递疫情重要地区最真实的信息，让民众对各种措施有清晰的了解。所以，主流媒体在面对重大突发事件的时候，既要保持对热点、社会矛盾的关注，又要不断地对事件进行跟踪，了解实际情况后报道出真相，构建主流媒体的权威和可信度。

3. 提高社会治理效能

互联网以开放性、虚拟性等特点使广大网民会少有顾虑地将自己的意见和情绪表达在网络上。一方面，互联网已成为人们表达意见的平台，是一种有益于国家治理的资源。另一方面，如果有关部门不能迅速地给网民回应、同网民进行有效的交流，就会对社会的稳定和国家发展造成威胁。可以说，互联网的发展使我国的社会治理方式由单一的管理方式向双向的互动方式转变，由线下办公转向线下与线上的融合。实践表明，运用网络进行社会治理是解决社会矛盾、构建和谐社会的重要手段。目前，各地的街道社区、公安机关积极利用微博、微信公众号等自媒体平台进行社会舆情引导宣传，并设立各种交流平台。例如，我们可以在"学习强国"App中了解国家大事，国家提出的政策方针、世界各国发生的时政新闻在App中均可以清晰地看到。同时，政府官方媒体在互联网平台上对新闻热点或日常活动进行报道，这可以促进网民讨论，并由此听取网民对社会事件的意见和看法，这已经成为新媒体时代政府和社会大众交流的重要手段。

二、网络舆情关键信息的挖掘与分析

新媒体背景下，网络舆情信息数量庞大且来源复杂。习近平总书记多次强调要加强舆情应对工作。网络舆情信息挖掘技术主要是指从海量的网络媒体信息中提取出有效且关键性的数据，并将数据通过一系列算法建立相互联系的、可视化、可检索的数据库技术。近年来，国内许多学者都对网络舆情信息挖掘技术进行了深入研究。网络舆情信息挖掘技术方法与其特点如表12-3所示。

表12-3 网络舆情信息挖掘方法与其特点

网络舆情信息挖掘技术方法	检索目标内容	特点
权重计算法	字词在网络文章中的权重	最常用、计算简单、准确性一般
文本聚类法	同类文本数据及不同类文本数据	灵活性、机动性、自动化等，具有较高准确性
情感倾向性分析方法	网络信息数据中大量标记情感词	能够判断舆情信息的正负面
关键词匹配法	关键词	快速性，能满足网络舆情数据挖掘分析对实时性的需求

1. 权重计算法

权重计算法是目前舆情信息挖掘最常用的方法，它根据字词在网络文章中的权重来评估其在该篇文章中的重要性。如果某些字词在一些文章的权重占比较高，在另一些文章的权重占比较低，可以用该字词来分类文章的情感倾向，从而达到网络舆情信息挖掘的目的。权重计算法的优势在于计算简单。在实际应用中，有些字词虽然频率很高，但对分类的贡献很小。

2. 文本聚类法

在网络舆情信息挖掘中，文本聚类法是信息挖掘的一项关键技术。文本聚类是一种无监督的机器学习方法，采用去除停用词、词频分析等方法，构建出所收集文档的文本信息标记，对文本数据进行聚类，将杂乱的文本数据划分成若干类。同类文本相似度大，而不同类文本相似度低，在舆情信息挖掘方面，具有灵活性、机动性和自动化等优势，可以在一定程度上提升舆情信息挖掘速度，与权重计算法相比具有更高的准确性。

3. 情感倾向性分析方法

主观性的舆情文本中蕴含着情感色彩，其中的情感倾向性和主观性能够很好地表达用户对于事件所持态度，根据用户情绪和态度能够判定舆情信息的正负面。这种方法通过对网络信息数据中的大量标记情感词进行统计分析，挖掘文本信息中的情感词分布特点，剔除网络舆情信息文本的干扰句和客观句，对带有情感色彩的主观性文本的情感倾向进行分析，计算文本整体的情感倾向值，得出网络舆情信息的情感倾向，快速了解网络舆情信息状态，从而完成信息挖掘。

4. 关键词匹配法

舆情热点事件发生后，做好舆情热点分析工作最为关键。一般来说，比较常见的舆情分析方式就是对舆情热点关键词进行提取，通过关键词来搜集精准有效的数据信息进行分析。它利用正则表达式对网络舆情信息文本内容进行匹配，快速从海量的文本中检索出关键词，适应网络舆情演变速度极快的特点，满足网络舆情数据的挖掘分析对实时性的需求。

三、网络舆情危机应对的主要举措

在互联网高度发达、信息获取多元便捷、传播手段日新月异的网络环境中，构建舆论引导治理新格局，巩固、壮大主流思想舆论尤为迫切和必要。虽然目前网络舆论场出现了民众非理性化、内容碎片化、舆论极端化的隐忧，但在顶层设计的加强和网络空间治理工作的不断推进下，社会主义核心价值观会牢牢占据传播制高点，使主流舆论实现网上网下共振，这不仅是对国内舆论环境建设的持续发力，也是增强国际舆论引导能力的必然举措。

1. 强化网络舆情监督和整治力度

强化网络舆情监督和整治力度有利于从宏观上掌控网络舆情的发展方向，维护社会秩序的稳定，提高治国理政的水平。相关部门应根据实际情况制定科学、合理、有效的策略，构筑全方位的国家网络空间治理体系。应对新媒体趋向仍须以法治思维为基础，依法规范、有序开展网络舆论引导与治理工作，提升网络治理水平，维护网络安全。

各级职能部门根据互联网舆情的发展新趋势，明确各部门的权限和职责，增强部门之间的统筹协调，使舆情管理工作有序协调、高效运转。同时，通过技术预测、监测舆情变化，在事前采取有效措施预测舆情发展趋势，加强对舆情风险的防范；在出现舆情危机后根据追责和保障制度指导各项工作，有针对性地采取措施，减少网络舆情应对工作的随意性和盲目性。

网信部门应完善举报机制，长期严打网络违法行为，加大执法力度，发现一起打击一起，促进网络舆论环境和谐有序。在专业人才的培养与引进方面，应注重专业技术人员的培养,通过意见领袖的培养与人民群众紧紧联系在一起,通过常态化的思想宣传和引导来优化舆情环境,强化舆情监督。依规处置、追究网络舆情事件中违反相关规定人员。

2. 放大主流声音,践行群众路线

当前网络舆情的定位和监测必须与网络的新形势、新趋势相适应,必须与马克思主义新闻观牢牢地结合在一起,必须牢牢把握正确的政治思想,树立鲜明的政治意识,唱响时代主旋律,提高网络舆论导向的实践性和实效性。把握好主流媒体"影响力"优势,掌握舆论引导主导权,坚持团结稳定,推进媒体融合,积极传递正能量。

各级主流媒体要放大主流舆论和正面宣传,把握时效度,利用官方发布、权威网站,根据用户的真实需求掌握舆论话语高地。充分利用新兴媒体平台抢占互联网产业制高点,积极引导网络用户正确认识舆情环境,避免用户被负面舆论牵着鼻子走。新时代,"以人为本"的观念更加尊重人民群众的主体地位,这一观念也带来了新闻事业观念的变革和进步。

主流媒体应主动走下庙堂,以江湖语态贴近公众生活,关注民生百态。尤其是主流媒体在新媒介平台的传播,要更加注重表达方式的生动活泼、表达语态的通俗易懂,与公众形成正向积极的互动传播模式,将"以人民为中心"的舆论工作导向切实贯穿到主流舆论格局建构过程中。例如,中央广播电视总台推出《主播说联播》短视频栏目,主持人用通俗的语言传递主流的信息,网络语言的运用呈现出主流舆论引导话语体系年轻化的态势。

随着传播技术的迅速发展,以互联网为代表的新兴媒体在新闻传播领域内异军突起,网络、手机媒体造成的舆论影响越来越大,微博、短视频软件等也推动着主流舆论传播机制的变革。主流媒体应利用新媒体技术,拓宽传播渠道,从而形成全媒体传播体系,以应对舆论传播格局多层次的复杂样态。

随着县级融媒体中心的建成,四级媒体实现协同,构筑中央媒体、省级媒体、市级媒体和县级融媒体中心主流舆论新格局。主流媒体应充分利用好舆论引导的"最后一公里",打通信息传播"神经末梢"。

相关部门要充分利用网络互动性强、反馈迅速的优势,积极在互联网上倾听社情民意,把互联网作为了解民情、倾听诉求、为百姓排忧解难的新渠道。面对数量日益增长的群体性上访事件,应积极探索创新电话短信信访、"两微一端"(微博、微信及新闻客户端)接访、视频信访等途径,打造信访管理的新平台,拓宽信访新渠道,这有利于相关部门及时对信访群众给予回应,解决群众困扰。

在信息公开程度较高的新媒体环境下,不能靠"封""删"来堵住网民的表达。现代社会需要适应信息公开的大环境,坚持信息透明化,帮助网民及时准确了解事件发展情况,真正地让谣言止于公开。在处理网络舆情时,要坚持权威发布,及时主动正面公布事情真相及处置进展情况,以真诚的态度赢得人们的信任。及时回应合理诉求,积极协调相关部门处理;倾听不合理诉求,以有效的实际行动帮人民排忧解难。

3. 加强舆情预警,提升应对能力

网络舆情预警是对网络舆情产生、发展和消亡的重要因素进行动态监测和分析,并基于这些重要因素分析和预测网络舆情的状态和发展趋势。随着大数据时代的到来,实时动态监控已经具备成熟的技术和条件。对于重点舆情事件、重要时间节点,要实时观测网络舆情的进展动向和趋势,并创建畅通的诉求回应渠道,便于掌控舆情发展趋势。要运用技术创新舆情监测技术手段,拓宽监管渠道,提升监管能力。通过舆情监测机构的专业化应对措施,更全面、更精准地监测舆情动向。在网络舆情研判方面,网络舆情综合管理部门应及时进行分门别类的整理。

面对信息呈井喷式增长的环境,媒体从业人员要积极学习,认清网络舆情现状,明辨信息,尽最大可能压缩负面信息,提出可行性和实操性强的解决方案,引导网络舆论正向发展。各类网络媒体要具备责任意识,聚焦国家高度关注的重点和焦点,充分了解人民关切,切实发挥舆论力量,使网络舆论监督科学、准确。引导媒体从业人员遵守职业道德规范,防止出现造谣、有偿新闻等现象。

网络舆情引导需要在社会主义核心价值观的引领下,将依法治国、以德治国融入网络宣传教育,引导网民对负面虚假信息形成强大的抵抗力,拒绝网络暴力,文明上网,提升对不良负面信息的辨别力,监督网络失范现象,积极参与到维护和谐有序的网络环境中。互联网协会应明确各主体责任,监督其履行好义务。互联网企业也应主动接受人民和各界审查监督。通过多主体努力,让网络正能量始终占据主旋律地位,肃清网络不正之风,打造清朗的网络空间。

四、面对网络舆情个人应对措施

当面对网络舆情时,个人可以采取以下七个应对步骤。
(1) 保持冷静:不要被情绪所左右,要保持冷静和理性的思考。
(2) 了解事实:尽可能多地了解有关事件的信息,包括来源、证据和各方观点。
(3) 独立思考:不要盲目跟从他人的意见,要独立思考并形成自己的看法。
(4) 尊重他人:在网络上尊重他人的观点和感受,避免恶意攻击和诽谤。
(5) 参与建设性对话:积极参与建设性的对话,促进问题的解决。
(6) 不信谣不传谣:不传播没有证实的谣言和虚假信息。
(7) 寻求帮助:如果感到困惑或受到伤害,可以寻求专业帮助或支持。

总的来说,个人在面对网络舆情时应该保持理性、客观和负责任的态度,为建设和谐、健康的网络环境做出贡献。

第五节 典型案例分析

一、案例一

(一) 事件概述

2023年8月9日,"湘雅三医院9名医务人员联名举报科主任"霸屏各大热搜榜,当日舆论场声量达到峰值9.9万篇(条)。位于湖南长沙的中南大学湘雅三医院,由此卷入舆情风波。8月8日，标题为《关于呼吸科孟婕若干问题的反映》的举报信出现在网上，并很快被一些自媒体转发。该举报信一共5页，落款处没有时间，署名为"所有关心呼吸科发展的医务工作人员"，后面有9人签名。8月10日，针对9名医务人员联名举报科主任一事，院方做出回应，中南大学湘雅三医院院长江泓表示已有初步的调查结果，经上级部门核查后，将向社会详细公布调查情况，对"孟婕事件"做出初步回应。8月10日，湘雅三院挂号系统孟婕预约诊号的日期已经无法显示，8月21日的诊号则未放号，处于舆论热点中心的当事人孟婕已经停诊。在网友此前发布的相关页面截图中，9日下午，还能够挂上孟婕8月14日和8月15日的诊号。8月10日下午，官方做出明确的回应，针对网上传播的中南大学湘雅三医院呼吸与危重症医学科部分医务人员举报科主任的相关材料，湖南省卫生健康委与中南大学已成立联合调查组，正在对相关情况逐一进行核实。

（二）舆情传播情况

截至8月11日12时，有关"湘雅三医院9名医务人员联名举报科主任"的信息数量为22 953条，客户端有大量自媒体与网民讨论此次事件，信息数量为8 886条；同时，还有大量网民在微博上讨论此次事件，该话题多次登上微博热搜，信息数量为7 884条，热搜榜最高时排名第一位，阅读量高达6.9亿次；视频网站相关信息数量为4 717条；微信相关信息数量为1 232条；论坛相关信息数量为217条；数字报相关信息数量为17条。舆情来源分布如图12-8所示。

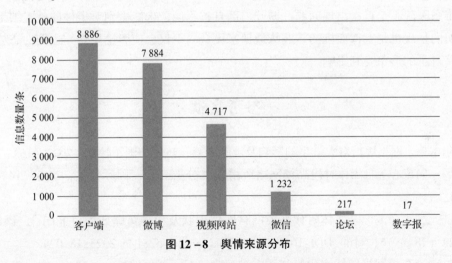

图12-8　舆情来源分布

与此同时，近期对开展医疗行业从严整顿的话题也是舆论关注的焦点，随着"医疗反腐"地深入进行，必将挖出更多的腐败事件。值得关注的是，湘雅系医院并不是第一次发生此类事件，已经连续三年陷入舆论风波。2022年8月初，湘雅二医院一名副主任医师刘翔峰被人举报，在该举报信流出后，网上涌现出多篇针对刘翔峰的举报帖。2021年7月，网曝湘雅医院原副院长龚志成疑似接受业务往来单位请托期间，致陪侍女子心脏骤停。2023年8月，"孟婕事件"曝出，再次把湘雅系医院推向舆论的风口浪尖。

（三）舆情分析

回顾此次舆情，其对于民众的触及点颇深，由此导致网络上对于医疗领域改革的呼声也越来越高。湘雅三医院作为此次事件的核心，应该第一时间作出回应。虽然院方在 10 号当天表示事件已有初步调查结果，但也只是简单回应，并没有给民众做出一个合理的解释，这不免让民众怀疑这只是院方在搪塞公众，必将引发民众的不满，使得事件在网络上持续发酵。

此外，湘雅系医院不是第一次出现此类问题，已经连续三年陷入舆论旋涡。院方对于此次事件的态度也是有待商榷的。虽然院方在事件发生初始就发布了公告，对于事件有了初步的调查结果，对于相关责任人也做出了停诊的决定，可是对于事件的调查过程却只字未提，这不禁让民众想起了之前的丑闻。此前的"刘翔峰事件"也是在之后不了了之，并没有给民众一个合理的公告，也没有具体的处置结果通报。院方的做法饱受诟病，湘雅系医院的声誉也是一落千丈，而此次事件的发生，更是加剧了湘雅三医院名声的腐坏，难免被网友吐槽。此次事件若是不能得到妥善处置，必将引起舆论持续发酵。

（四）经验与启示

1. 回应社会关切不够具体

院方的回应仅仅停留在一个简单的声明，并未给出一个具体的处置方案。实践出真知，湘雅三医院不应仅停留在话语权的表达上。在事件爆发后，院方并未检讨出自身的问题，没有进行内部的深刻反省，也没有给大众一个合理的解释，网民对此不买账，故使得舆论未能平息。

2. 突发事件处置方式不当

湘雅系医院不是首次出现问题，抛开内部自省不谈，未能做到对事件的处置结果及时予以公开透明的呈现也是有待商榷的。一味地搪塞民众，不仅会使舆论呈现一边倒的态势，而且会使医院自身的形象受到影响。

参考文献

[1] 其乐木格. 网络舆情对大学生的影响及规制之策［J］. 中国军转民，2023（16）：53 - 54.

[2] 缪炀，向苡心. 自媒体时代高校网络舆情现状分析［J］. 国际公关，2023（14）：152 - 154.

[3] 张继元，李泽鸿. 全媒体时代高校网络舆情现状及引导策略研究［J/OL］. 国际公关，2023（18）：161 - 163. DOI:10. 16645/j. cnki. cn11 - 5281/c. 2023. 18. 024.

[4] 郝悦冰. 高校网络舆情演化机制及应对策略［J］. 新闻前哨，2023（12）：69 - 70.

[5] 乔奕宁. 网络舆情演化情势及治理路径研究［J］. 西部广播电视，2023，44（11）：23 - 25.

[6] 林娟. 自媒体时代我国网络舆情风险研究［D/OL］. 南京：南京师范大学，2022. DOI：10. 27245/d. cnki. gnjsu. 2021. 002009.

[7] 刘鹏飞. 2022 年中国互联网舆论场发展研究报告［R/OL］. 胡正荣，黄楚新，严三九. 新媒体蓝皮书：中国新媒体发展报告 No. 14（2023）. 北京：社会科学文献出版社，2023：81 - 99. https://elib. cqlib. cn:8081/interlibSSO/goto/33/ + +9ohrgt9bnl9bm/skwx_ps/initDatabaseDetail? siteId = 14&contentId = 14593673&contentType = literature.

第十三章
社会环境危机的成因与应对

党的十八大以来,面对波谲云诡的国际形势、复杂敏感的周边环境、艰巨繁重的改革发展稳定任务,以习近平同志为核心的党中央坚持底线思维,增强忧患意识,提高防控能力,着力防范化解重大风险,保持了经济持续健康发展和社会大局稳定。社会稳定是推进改革发展的重要前提,国家安全是安邦定国的重要基石。我们党始终高度重视正确处理改革发展稳定关系,始终把维护国家安全和社会安定作为党和国家的一项基础性工作。"天下顺治在民富,天下和静在民乐。"2019年1月21日,习近平总书记在省部级主要领导干部坚持底线思维着力防范化解重大风险专题研讨班开班式上指出,"维护社会大局稳定,要切实落实保安全、护稳定各项措施,下大气力解决好人民群众切身利益问题,全面做好就业、教育、社会保障、医药卫生、食品安全、安全生产、社会治安、住房市场调控等各方面工作,不断增加人民群众获得感、幸福感、安全感"。目前我国正处于现代化建设的关键时期,随着经济的快速发展,各种体制性和结构性矛盾也日益突出,加之各种自然灾害和人为事故频频发生,不可避免地会引发一些突发性社会环境危机事件。突发性社会环境危机事件已经开始出现新的特点和规律,随着现代化进程的迅速推进,以及社会经济结构已经发生的深刻变化,中国社会当中各种各样的、大量的风险必然会集中出现,在某个时期甚至会以一种比较激烈的、爆发性的形式表现出来。社会的高风险必然会引发社会环境危机。所以如何有效地应对这些危机事件,对政府部门来说是一个急迫的现实问题。如何更好地应对危机,最大限度减少危机发生对社会产生的损失和影响,建立健全政府主导的、高效的危机治理机制十分重要。在日益强调公众在社会环境危机治理中作用的背景下,通过健全法制、利益导向、角色定位等机制加强公众在社会环境危机治理中的主动参与作用。

第一节 社会环境危机的类型

社会环境危机的类型属于社会环境危机的分类概念。对社会环境危机类型进行划分,最重要的是选定划分标准。以唯物史观为指导,着眼于社会的整体视域,依据"病灶",划分为经济"病灶"型社会环境危机、政治"病灶"型社会环境危机、文化"病灶"型社会环境危机;依据范围,划分为区域社会环境危机、国内社会环境危机、国际社会环境危机;依据程度,划分为一般性社会环境危机、严重性社会环境危机、颠覆性社会环境危机。

一、依据"病灶"划分的社会环境危机类型

病灶原本是一个医学概念,是指机体发生病变的部分。一个局限的、具有病原微生物的病变组织就称为病灶。病灶可以是静止的,也可以是活动的感染"基地",它除了给机体造成损害之外,还经常引发远隔器官的病变。唯物史观认为,人类社会是由包括经济、政治、文化等基本要素在内多种要素构成的有机整体。社会结构体系中的经济、政治、文化三个子系统之间既相互联系、相互制约,又具有相对的独立性。这种相对独立性表现在三个子系统在社会结构体系中的地位不同,以及对其他要素与社会整体的作用和影响不同。

13-1 视频
中国环境危机

1. 经济"病灶"型社会环境危机

经济"病灶"型社会环境危机指的是经济领域发生的生产关系不适应生产力的发展要求并最终成为生产力发展的桎梏,在生产力的作用下,二者之间矛盾激化,生产关系发生部分质变,直至被新的生产关系取代。然后,这种经济领域中生产力与生产关系矛盾不断激化而形成的危机反映到政治领域和文化领域,最终危机整体化后形成社会环境危机[2]。

13-2 视频
什么是经济危机

2. 政治"病灶"型社会环境危机

政治上层建筑是指人类社会的政治领域,包括政治机构、政治组织,以及政治、法律制度等,国家政权是其核心内容。经济基础决定政治上层建筑的产生、性质及其发展变化,政治上层建筑本身具有相对独立性和历史继承性。政治上层建筑要适合经济基础状况的规律是客观的,不以任何人的意志为转移,因而必须遵守,不能违背。

3. 文化"病灶"型社会环境危机

从狭义上讲,文化包括政治法律思想、文学、艺术、哲学、宗教等,其中意识形态是核心内容。文化本身具有相对独立性和历史继承性。和政治结构的强制性与暴力性特点相比,文化具有非强制性和非暴力性的特点,其对经济、政治反作用的方式犹如"随风潜入夜,润物细无声"。冯友兰先生认为:"中国人的民族意识更多来自文化,而不是来自政治。中国的地理位置远离其他重要国家,又拥有古老的文明,在这种地理、文化环境里,中国人很难设想,居然还有其他民族,也拥有发达的文明,而在生活方式上却与中国人全然不同。"

二、依据范围划分的社会环境危机类型

区域社会环境危机、国内社会环境危机和国际社会环境危机是从社会环境危机发生和影响的空间范围来划分的。这种划分方法是以不同主权国家的存在为前提的。自从民族国家形成以来,一个个独立的国家就成为国内外各项事务的基本参与主体,也成为人们观察和研究问题的基本对象,依据范围划分的社会环境危机及案例见表13-1。

表 13-1　依据范围划分的社会环境危机类型及案例

社会环境危机类型	典型案例
区域社会环境危机	2023年9月7日，山西临汾曲沃县吕先生家喜宴，宴请了400多位亲友去酒店用餐，中午饭后，陆续开始有人发烧、拉肚子、呕吐，最后近百位亲友不同程度食物中毒，年龄最小的4岁，最大的七八十岁，有的住院治疗，症状轻的便拿些药自服。吕先生愧疚地捂脸痛哭，称现在压力很大，事发当天已经报警
国内社会环境危机	2021年7月，河南省郑州市遭遇罕见暴雨，引发严重洪涝灾害，造成大量人员伤亡和财产损失
国际社会环境危机	2020年，全球暴发了新冠疫情。新冠疫情对公共卫生和全球经济提出了严重挑战，在一些国家造成严重破坏，引发广泛动荡，并对国际危机管理体系构成严峻考验

1. 区域社会环境危机

区域社会环境危机是指在一个主权国家范围内的某一地区发生的，且影响范围主要局限于该地区的社会环境危机。和发生区域社会环境危机的地区相比，没有发生危机的地区可以保持正常的社会运行状态和秩序。区域性社会环境危机的发生原因在于该地区社会结构中的经济、政治、文化三个子系统发生变异导致彼此耦合关系的丧失。

2. 国内社会环境危机

这里所说的国内社会环境危机是指一个主权国家发生的、全国范围的社会环境危机。除"全国范围"这一空间性特点之外，和区域社会环境危机相比，国内社会环境危机具有明显的政治色彩，通常伴随着对国家政权的威胁和执政者合法性的挑战。国内社会环境危机往往受到国际社会的高度"关注"。国外势力的干涉，会影响甚至在某种意义上决定着一国国内社会环境危机的状况和发展方向。

3. 国际社会环境危机

从社会结构三个子系统及其耦合关系角度来看，国际社会环境危机，实际上相当于是区域社会环境危机、国内社会环境危机的放大。这种意义上的国际社会环境危机的首要前提，就是在国际范围内、在不同国家之间形成一种共同的、彼此连接的社会结构模式。近代以来，资本主义在西方主要国家的建立及扩张就满足了这样一个前提。

三、依据程度划分的社会环境危机类型

不同程度的社会环境危机，是对社会结构失衡及其后果严重性的层次划分。按照辩证唯物主义的理解，质变是事物的一种特殊变化过程。事物的质是多层次的，质变也是多层次的。保持事物自身存在前提下的局部质变，即事物某些特性的改变，如资本主义由自由竞争资本主义发展为垄断资本主义；事物根本性质的变化，如资本主义转化为社会主义。在这种根本性质的变化中，作为具有多方面质的有机统一的事物消失了，被别的事物代替了。根

据社会有机体中经济、政治、文化三个子系统之间耦合关系的破坏程度，即社会结构的失衡程度不同，可以划分为一般性社会环境危机、严重性社会环境危机和颠覆性社会环境危机。

1. 一般性社会环境危机

一般性社会环境危机是指社会有机体的经济、政治、文化三个子系统正常的耦合关系遭到严重破坏，社会结构严重失衡，却依然维持了自身的存在，并没有造成社会结构的解体，社会有机体依然凭借原有的社会结构"病态"运行。这是因为社会有机体作为一个复杂的系统，具有类似于生物体的"免疫"力，进而形成强大的自我保护功能，确保社会有机体在发生严重"病变"的情况下还能维持自身的存在。在古代封建王朝的末期，往往会发生一般性社会环境危机。资本主义国家由于周期性经济危机引发的全面社会环境危机多数也属于一般性社会环境危机。

2. 严重性社会环境危机

一般性社会环境危机不会一直持续下去，随着社会环境危机程度的不断深化，彻底失衡的社会结构必然解体，这时就会出现严重性社会环境危机。严重性社会环境危机指的是社会结构因为彻底失衡而解体，以破坏的方式（通常是暴力方式）清除原有社会结构中的"毒素"（变异因素）并建立一个和旧社会结构性质上完全相同的新社会结构，表现为旧社会结构的"死而复生"。社会结构的这种通过严重社会环境危机实现周期性循环的机制，在中国长达2 000多年的封建社会发展进程中表现得尤为突出。这也是社会结构自我修复的一种方式，显示出社会结构强大的惰性[4]。

3. 颠覆性社会环境危机

颠覆性社会环境危机是指在旧社会结构的母体中孕育出新的、更高级的社会要素，特别是社会经济结构中出现的新生产方式。这些新要素逐步发展壮大，占据主导地位，并最终摧毁旧社会结构的过程。颠覆性社会环境危机和严重性社会环境危机的相同之处是二者都造成旧社会结构的解体，不同点在于社会结构的解体是否是由于新的、更高级的社会要素作用的结果。

第二节 社会环境危机的成因分析

社会环境危机是一个复杂的问题，其成因涉及政治、经济、文化、历史等多个方面。图13-1是社会环境危机的成因分析。

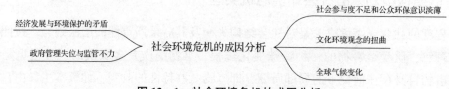

图13-1 社会环境危机的成因分析

一、经济发展与环境保护的矛盾

经济发展是人类社会进步的必要条件,但过度追求经济发展往往会导致对自然环境的破坏。在发展中国家的快速城市化进程中,城市扩张和工业发展往往以牺牲自然环境为代价。同时,由于环保技术和治理水平的限制,许多高污染、高能耗的企业在生产过程中对环境造成了严重破坏。这种经济发展方式加剧了环境恶化,使社会环境危机变得更加严重[7]。

13-3 视频
社会环境危机
成因分析

二、政府管理失位和监管不力

政府在社会环境危机中扮演着重要角色。一些地方政府为了追求经济增长速度,往往忽视了环境保护的重要性。一些地方政府对企业污染行为监管不力,甚至纵容一些高污染企业的生产和扩张,这导致环境污染问题日益严重。同时,在城市规划中缺乏长远眼光,过度追求短期利益,导致城市环境恶化。政府管理失位和监管不力是造成社会环境危机的重要因素之一。

三、社会参与度不足和公众环保意识淡薄

社会参与度不足和公众环保意识淡薄也是社会环境危机的重要原因之一。由于缺乏环保教育和宣传,许多公众对环境保护的重要性认识不足。他们往往只关注自身利益,而忽视了环境破坏对社会和后代造成的负面影响。同时,一些企业和个人为了追求经济利益,不惜破坏环境,这种行为也加剧了环境恶化。因此,提高公众环保意识和加强公众环保教育是解决社会环境危机的关键要素之一。

四、文化价值观念的扭曲

文化价值观念的扭曲也是社会环境危机形成的原因之一。在一些国家和地区,过度消费和浪费被视为一种社会地位和财富的象征。这种价值观念导致了大量自然资源的消耗和浪费,进一步加剧了资源枯竭危机。同时,一些人对环境保护缺乏责任感和紧迫感,对环境问题视而不见,这种消极态度也加剧了社会环境危机。因此,建立可持续发展的文化价值观念也是解决社会环境危机的关键要素之一[3]。

五、全球气候变化

气候变化导致极端天气事件频繁发生,从而给人类社会和经济造成了严重影响。气候变化主要是由于人类活动导致大量温室气体排放所引起。各国在应对气候变化方面存在行动不力的问题,导致温室气体排放量持续增加,进一步加剧了气候变化危机。全球气候变化的影响已经成为当前世界各国面临的共同挑战之一。

综上所述,社会环境危机的成因是多方面的,既包括经济发展与环境保护的矛盾、政府管理失位和监管不力、社会参与度不足和公众环保意识淡薄、文化价值观念的扭曲等因素,

也受到全球气候变化的影响。解决社会环境危机需要从多个方面入手，包括转变经济发展方式、加强政府监管、提高公众环保意识、建立可持续发展的文化价值观念，以及积极应对气候变化等。只有通过全社会的共同努力，才能实现人与自然的和谐共生，避免社会环境危机的进一步加剧。

第三节 社会环境危机的影响

一、社会风险的特征

1. 复杂性

中国社会正处在重要的转型时期，中国日益紧密地与全球经济社会发展联系在一起，中国的发展与世界的发展相互影响。技术进步的影响日益深入到社会生活的方方面面，尤其是互联网的发展使中国社会进入互联网时代，网络虚拟社会与现实社会日益重合。过去讲互联网社会时，人们总是认为网络社会是个虚拟社会，跟现实社会有一个线上线下的区隔。确实，线上线下是有区隔的，但是从现在的情况来看，这个区隔已经消融。尤其是在中国的特殊制度之下，每一个人在线上都是实名化的，每一个人的身份不再具有隐匿性，这都是和过去不一样的地方。在这个意义上，网上就是现实，线上就是线下。这样高度的融合，使得社会的互联网特征、特性表现得特别突出和明显。这样一系列的变化对我国社会风险的影响是极为深刻的。在线上线下高度融合的互联网时代，去观察、理解、研究社会风险，必然会发现社会风险是极其复杂的。

2. 混合性

现阶段中国的社会风险是各种传统风险与现代风险叠加的混合性风险。除了社会的传统风险，如自然灾害、传染病等依然对人们的生产、生活和社会安全构成威胁，现代化进程中不断涌现和加剧的失业问题、个人欲望与社会机会不平衡问题、诚信问题、生产安全事故、食品药品安全问题、环境问题、公共卫生危机等现代风险也处于高发态势。德国社会学家乌尔里希·贝克提出风险社会理论，他所讲的现代社会风险，主要是指在现代社会发展过程中出现的各种问题带来的风险，此外，还有公共卫生危机等问题也会带来风险，比如，2020年全球暴发的新冠疫情，就是引发大范围社会性风险的公共卫生危机。这一系列的风险都具有现代性。就中国来讲，目前传统风险，如自然灾害、传染病等依然对人们的生活、生产和安全构成威胁。而且，由于进入了互联网时代，传统的、自然的风险，往往也会演变为或者衍生出具有现代性的社会风险。例如，一次单纯的自然灾害，由于在灾害的处置、救灾和安置过程中出现了一些问题，而被互联网演变为现代社会风险，对社会制度、秩序都造成冲击。无论是2008年的汶川地震，还是2020年的新冠疫情，都可以从中看到这样一种状况。这就是典型的传统风险与现代风险叠加的表现，两者相互影响[5]。

3. 内部风险与外部风险相互交织

这是与全球化进程不断深化紧密联系在一起的，也与真正的互联网时代紧密相关。外来观念、生活方式对本土观念和生活方式的冲击,通过全球互联网变得即时化、直接化和广泛化,风险源头也因此变得多样化和不确定化,极大地增加了风险管理难度,内外风险交织。

4. 日益增强的风险主观性

在快速的社会变迁中,社会心态也不断变化,使得社会矛盾的主观认知与客观状况之间的偏差扩大,这就意味着社会风险的主观性增强。这种主观性一方面会放大社会矛盾、冲突,另一方面也容易传播并影响他人,而且一旦发生社会冲突,还可能使参与者的行为不同程度地失去理智的控制。比如,在2020年新冠疫情防控过程中,很多问题其实并没有那么严重,但是经过互联网的复杂传播之后,各种猜测、各种疑虑纷至沓来,还混杂着一些目的不明的谣言,使得人们对一些问题、状况的认知偏离事情的客观实际,这就是风险的主观性表现。

5. 风险的相互转化性

当前,中国在社会的其他领域,包括政治、意识形态、经济、金融、科技、外部环境、党的建设等,都存在重大风险。这些风险以信息社会、网络社会为媒介,往往相互交融、相互转化[8]。

除上述特征外,随着互联网影响的日益深入,社会风险还具有触点多、燃点低、扩散易、处理难的特点。其网络传播几乎畅通无阻,稍有不慎,小问题就可能引发大事端,使社会风险演变为社会环境危机。

二、社会环境危机的影响

社会环境危机极易催生社会负面情绪。在社会环境危机的冲击下,公众很容易产生恐慌、焦虑等负面社会情绪。

三、经济危机的影响

13-4 视频
经济危机的影响

股市和房地产市场的下跌会直接影响到个人投资组合的价值,可能导致投资者亏损甚至破产。像在1929年的股市崩盘中,许多投资者的股票大幅贬值,导致严重的财富缩水。此外,金融危机还会对贷款和信用产生影响。银行可能会收紧贷款标准,使得个人获得贷款变得更加困难。在2008年的次贷危机中,许多家庭因为无法偿还房贷而失去了房产,甚至有些人陷入了负债的困境。金融危机也对个人的心理健康产生重大影响。失业、财务压力和未来的不确定性可能会导致焦虑和抑郁等心理健康问题。例如,在大萧条时期,许多人因为经济困境而陷入绝望,甚至出现了自杀潮。

四、生态危机的影响

自然因素对生态环境的破坏,会给人类生命财产会带来巨大损害,甚至暴发流行疾病。但自然因素对生态环境的破坏,常具有明显的地域性,发生频率相对较低。而人为因素(如环境污染)对人类生态系统的破坏则更为严

13-5 视频
社会环境危机的影响

重。它能造成各种规模的急、慢性毒害事件,增加人群癌症发生率,甚至对人类子孙后代的发育与健康造成危害。

五、文化危机的影响

随着全球化的不断深入,越来越多的国外文化开始进入中国,我国传统文化也面临着巨大的危机。据网上一项调查,超过半数的大学生对京剧或其他各种地方剧种"不感兴趣",仅有25%的小学生知道"文房四宝"是什么[6]。另外,网上一份关于传统文化的抽样调查发现:大学生中,传统文化观念淡薄;小学生中,文化品位比较西洋化。在关于节日的抽样调查中,除了儿童节,孩子们最喜欢过的是圣诞节,只有33%的孩子喜欢过春节,14%的孩子喜欢过中秋,12%的孩子喜欢过国庆节。上述一系列调查,使我们看到传承了五千年的中国传统文化的脆弱性及其面临的重重危机。这是很危险的,如果一个国家从文化和价值观上被解除了武装,价值真空和价值迷惘会导致国家崩溃,精英文化的缺失和扭曲会使社会失去维系的纽带,带来社会的分裂和动荡,并导致大规模的犯罪和正常生活的解体,最终酿成民族灾难。这是我们必须警惕和预防的。

文化危机的影响会导致泛人格化的趋势,导致人格模式的转变。中国传统文化历来推崇的是泛道德化人格模式,随着近代政治体制的沿革,泛政治化人格取代了泛道德化人格而成为社会精神文化的主体。自改革开放以来,中国人开始告别泛政治化时代,进入以经济建设为中心的时期,泛经济化人格逐渐走向前台,传统的理想、道德和价值观在一部分人群中被抛弃,这是目前出现的文化振荡、冲突和失落最根本的文化精神原因。

第四节 社会环境危机的预警与处置措施

近年来,我国群体性事件、恐怖袭击、自然灾害、社会治安等问题时有发生,给社会稳定带来了威胁。在转型时期的中国,利益格局的合并与重组、社会结构的不断变化、人口流动的加剧、传统文化的缺失等,使得社会环境比以前更加复杂。在当前复杂的社会环境中,危机的产生不可避免。危机是不利于社会稳定的不确定因素,当前中国的社会环境危机集中反映在中国快速发展过程中诱发的资源紧张、分配不公、环境破坏等方面。在不能牺牲发展的前提下,化解和防范这些危机需要提升政府的管理能力。各级政府担负着保一方平安、促一方繁荣的重任,必须有忧患意识,在本地区排查可能存在的社会环境危机隐患,适时建立预警机制,当危机出现时,迅速进入预定程序,有条不紊地化解危机。客观地分析社会环境危机产生的社会因素,未雨绸缪,有针对性地建立社会矛盾化解机制、社会风险预警和防范机制,是提高政府执政能力、构建和谐社会的有效途径。

一、构建社会环境危机预警系统

1. 社会环境危机预警的内涵与可行性

预警就是在危机爆发之前对危机所显示的迹象进行监测、预测和警报,并采取事先拟定好的解决措施，使危机被消灭于萌芽状态，或最大程度地减轻、降低其带来的危害，以维护社会稳定，促进社会发展。社会环境危机预警即对我国社会环境危机等不稳定因素进行预警。我国社会环境危机预警系统的构建是具有可行性的。首先，危机的产生、爆发具有一定的规律，是可以通过调查研究加以分析的。其次，社会环境危机从产生、发展到爆发是有过程的，存在一个时间段，因此，只要注意把握好时间，就能够在危机爆发之前采取各种手段对危机进行转移、消弭。再次，危机在爆发前是有预兆的、有迹象的，只要能够准确地侦查到这些相关迹象，并对其进行整理分析，就能够监测到危机萌芽，从而防患于未然。另外，由于科学技术的发展，现代社会是信息化的社会，信息的传播十分便利。党和政府能够迅速地把握社会动态，快速了解各类危机，对危机的反应十分迅速。此外，我国经过几十年的发展，社会环境危机预警的理论发展、部门建设、法治建设、人才培养，以及经济发展所提供的巨大物质支持，都为构建社会环境危机预警系统创造了条件。从社会环境危机多发的实际社会情况到众多条件的成熟，构建社会环境危机预警系统以实现对社会环境危机的预警不仅是必要的，也是可行的。高效的社会环境危机预警系统对于预见、监测，以及防范、化解风险具有重要意义[9]。

13-6 视频
社会公共危机管理

2. 建立科学社会环境危机预警机制的措施

社会环境危机是客观存在的，构建社会主义和谐社会并不是粉饰太平，对危机视而不见。相反，要有一整套对社会环境危机的调查、分析机制并制订出解决方案，使矛盾在萌芽状态时就被纳入解决的轨道。危机预警机制处理流程如图13-2所示。构建社会环境危机预警机制应着重注意以下三个方面。

第一，制订具有可操作性的预备防范和解决社会环境危机的方案。长期以来，我国社会是在政府主导下推动社会各项事业发展的一种单一化的社会，社会环境危机的产生和解决都是政府主导的活动过程。"文化大革命"就是很典型的例子。只要政策能及时、主动地调整，社会环境危机就可以缓解。不过，在当前的中国式现代化建设中，社会结构、社会组织发生了很大变化，解决社会环境危机却无疑仍是政府的主要责任之一。具有可操作性的危机预防方案，必须做到以下四点。

（1）具有短时间内的社会动员能力，包括非政府控制的、地方性的资源能及时加以利用。

（2）更多地利用社会软力量，尽量避免使用硬力量（如警力），充分利用好社会舆论工具，引导媒体的主流方向。

（3）政府要学会平等地和社会其他群体进行沟通、协商，通过相互协商寻找解决问题方案。

（4）根据不同类型的社会环境危机制订不同的预警方案，有的放矢，做到多套备用方案并举。

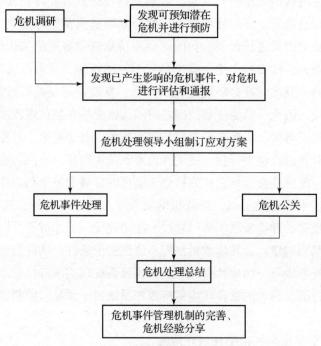

图 13-2 危机预警机制处理流程图

第二，对重点行业、重点领域，特别是一些高风险行业，政府要帮助和敦促建立起详细的预警方案，做到有备无患。例如，许多工业园区、开发区、加工区在建设过程中必须建立起符合国际标准体系要求的安全生产风险管理机制，针对社会影响力比较大和人流密集的交通、环保、建筑、商贸等行业，政府有关部门要经常检查其安全生产流程和防范措施。如果发生重大安全生产事故，政府要迅速导入补救措施方案、救助方案，使之运行程序化、规范化。

第三，各地级市应建立完备的指挥中心、信息处理系统，保证社会环境危机因素能有效纳入领导视野，使信息的采集、加工整理、事件评估等能做到经常化、程序化。危机发生以后，保证指挥系统通畅，补救、救助措施能有条不紊地跟进到位。事实证明，一个强有力的指挥系统，对危机处理是十分必要的，政府首脑如果不能通过指挥系统进行及时、果断地决策指挥，后果往往不堪设想，会给社会和个人带来无法弥补的损失。

二、社会环境危机指标选择的原则

社会环境危机的形成与发生一般可通过若干变量特征表现出来，当把这些变量定为统计指标时，这些统计指标就成为测定社会环境危机的指示器[1]。选择这些统计指标时应该遵循如下原则。

1. 可行性

社会环境危机，是一种不确定因素，但它又是可以测定的。社会环境危机指标应是在实际操作中容易实行量化处理的指标，而不应选择抽象程度过高或过广的因素。

2. 可靠性

社会环境危机应在进程中及时发现并加以防范,因此实施机构和管理机构必须能够及时识别面临的风险。在危机即将或刚发生时,能表明这种变动的征兆和特征指标,就是具备可靠性与灵敏性的指标。

3. 完备性

社会环境危机是一种充实现象,即时时处处存在,随时随地可能发生,存在于整个危机进程中,同时具有复杂的结构。因此,反映这一复杂系统的指标必须完备。

4. 最小性

社会环境危机具有多种多样的形成因素与表现方式,反映社会环境危机的指标也是多种多样的。要选择那些在显示社会环境危机方面具有较强的代表性或难以替代的指标,从而构建出一个能够满足社会环境危机监测与预警需要的最小完备指标集。

三、社会环境危机预警系统的构成

一个完整的社会环境危机预警系统主要由以下四个部门构成。

1. 预警监测部门

预警监测部门是负责危机监测、危机预警、危机评估、危机预见等与危机有关的身处危机预警第一线的部门,是其他部门开展工作的基础。预警监测部门能够为危机预警提供最新鲜、第一手的社会环境危机实际情况,是社会环境危机预警的重要一环。危机预警监测部门的职责应该包括以下三个方面。

(1) 分析各种社会不稳定因素,为危机预警指标体系的构建提供数据。

(2) 与社会组织和民众进行沟通接洽,通过社会和民众了解相关风险,以及发布相关风险。

(3) 对监测到的危机按照社会环境危机预警指标体系的权重进行精度的划分,一旦达到危险阈值则立即向上反映[10]。

2. 危机预警人力与信息部门

危机预警人力与信息部门在预警监测部门对危机监测的基础上对所收集到的危机信息加以整合,适时向社会发布,推进危机预警信息公开,便于政府各部门和社会了解最新社会环境危机信息,做到未雨绸缪或有针对性地采取对策。此外,危机预警人力与信息部门还专门负责危机预警人才的吸收、管理、培训、培养等工作,与高校开展合作,利用高校的专家资源为危机预警理论、危机预警机制的丰富与完善、危机预警系统运行的优化提供帮助。

3. 危机预警联络部门

危机预警联络部门是为了改变我国现有预警工作各自为政的实际状况,促进社会与政府、政府内部各部门、不同地区政府之间的联系而设立的专门预警联络部门,从而实现互通有无、经验分享。危机爆发后能够以联络部门为纽带,统筹协调,最大程度地发挥各部门在化解危机中的作用。我国的社会环境危机预警联络部门主要职责分为对内职责和对外职责,对内负责政府各部门、不同地区政府之间的预警联系，使政府内部能够同心协力应对危机。对外负责与企业、非营利组织、专家、公众等社会主体联系，增强交流，统筹协调，集各方之力化解危机。

4. 危机控制与决策部门

危机控制与决策部门是危机预警的核心部门，作用重大。一般来说，危机控制与决策部门应由一级政府首长直接领导，这样可使危机爆发后能够得到直接解决，从而节省危机治理的时间。社会环境危机预警系统中的其他部门主要为该部门工作提供各方面条件。危机控制与决策部门在其他部门工作的基础上，对各种危机制定有针对性的对策，预防并化解危机，避免和降低危机造成的损失。强有力的危机控制和决策部门对于危机的预防和化解有着重要意义。在危机爆发后，危机控制与决策部门的作用会更显重大。

四、社会环境危机预警系统的运行

1. 建立完善的社会环境危机预警指标体系

社会环境危机预警系统在运行过程中，需要预警指标体系对社会环境危机源加以量化，以区分危机源的危害等级，从而采取针对性的措施。社会环境危机的形成与发生一般通过若干变量特征表现出来，这些变量即统计指标。这些统计指标是测定社会环境危机的指示器。通过对社会上可能存在的危机进行指标划分能方便地实现对危机的监测，在危机发生以后能够参照指标体系采取针对性措施。完善的危机指标体系，便于针对不同危机制定不同对策。健全的社会预警指标体系是对社会稳定状况进行实时监控的重要工具和手段。

构建社会环境危机预警系统离不开完善的社会环境危机预警指标体系，依据目前我国的社会状况，可以将预警指标分为政治、经济、社会、文化、自然灾害等五个主要方面。政治方面分为腐败、官员渎职、政府侵权等；经济方面可以分为收入差距过大、通货膨胀、失业等；社会方面包括社会治安、社会保障等；自然灾害可以细化为洪灾、旱灾、雪灾等。要对每个方面的各种相关社会问题进行细化，赋予一定的权重。对不同的权重相加后的总权重赋予一级到五级的不同警度，警度越高，表明社会问题越严重，危机爆发的可能性越大，就越需要引起政府部门重视。可见，完善社会环境危机预警指标体系有利于危机的监测，构建完善的社会环境危机预警指标体系也是社会环境危机预警系统的一项重要工作，需要各部门通力合作，构建完善的、高效的社会环境危机预警指标体系。

2. 社会环境危机预警系统的实际运行

社会环境危机预警系统的运行过程主要是社会环境危机预警系统的监测部门对社会环境危机的生成与演化规律进行分析，针对社会上出现的问题、状况和不正常的社会现象，展开监测，依据危机预警指标体系确定警度。一旦出现异常，立即与其他部门取得联系，并向预警控制与决策系统部门反映。这时，危机预警人力与信息部门需要对监测部门所反映的危机加以分析，为控制决策部门的危机解决提供参考信息，并向社会公布所监测到的危机情况，以便政府、社会组织采取有针对性的措施。危机预警联络部门根据需要对化解危机所涉及的政府各部门、社会组织，以及个人加以联络，使各部门团结在危机控制与决策部门下，为危机风险的最终解决发挥作用。而危机风险控制与决策部门则根据各部门所提供的条件采取措施，通过对政府各部门、社会各组织的指挥化解风险、控制危机，最大程度减少危机带来的损失。社会环境危机预警系统在运行中需要各部门分工协作，共同发挥作用，解决危机问题、消除危机危害，实现社会的长治久安。此外，由于各地实际情况的不同，危机预警系统的部门设置应根据各地实际情况或添或减，不能生搬硬套。

我国在全面建成小康社会的历史进程中需要一个稳定的国内环境。只有社会稳定了，才能一心一意搞建设，一心一意谋发展。社会稳定事关中国发展和民族复兴的大局。构建社会环境危机预警系统对化解危机、维护社会稳定作用显著，一个完善的社会环境危机预警系统的构建必将促进社会政治稳定发展，推进和谐社会的建设。

五、社会环境危机处置措施

13-7 文章 社会环境危机应对案例

可以说，中国社会已经成为一个在内涵和外延上比贝克在20世纪80年代阐释的更丰富、更复杂的社会。化解我国社会环境危机，是一个巨大的系统工程。初步思考，可以从以下七个方面入手。

一是进一步加强党的领导，坚持以人民为中心的发展理念，构建共建、共享的新发展模式，实现共同富裕的第二个百年奋斗目标。

二是不断深化经济领域的供给侧结构性改革，更好地满足人民对美好生活的需要。在推进技术进步和产业转型升级，以及经济高质量发展的过程中，努力协调经济发展与社会发展，把社会发展的需要有机统一到经济发展的战略部署之中，不断提高经济发展服务于人的发展、社会发展的能力和水平。

三是进一步完善我国社会机会分配机制，促进机会分配的公平正义；进一步扩大社会流动空间，畅通社会流动渠道和机制，解决好可能出现的社会阶层固化问题。加快新型城镇化和城乡一体化进程，解决好城乡之间、区域之间发展不平衡问题。保持社会活力，消除社会惰性。

四是进一步创新和完善社会治理体系，加快构建共建、共治、共享的社会治理共同体，提升社会治理能力和水平，不断推进社会治理体系和能力的现代化建设。

五是建设合理有效的社会安全稳定风险和公共危机应急管理体制机制，以及现代化的社会心理服务体系和社会心理疏导机制，降低社会风险的主观性认知、非理性反应、民粹主义和反智主义。

六是加强社会主义主流价值观的建设，增强社会主义主流价值观的社会整合功能，化解全球化和网络社会引发的多元价值观冲突，为青少年人格和心智的健康发育创造有利的社会环境。

七是不断完善网络社会治理，形成健康向上、风清气正的网络舆情和价值传导机制，解决好网络传播的大范围、即时性、弥散性可能造成的风险问题。

社会环境危机处理流程如图13-3所示。

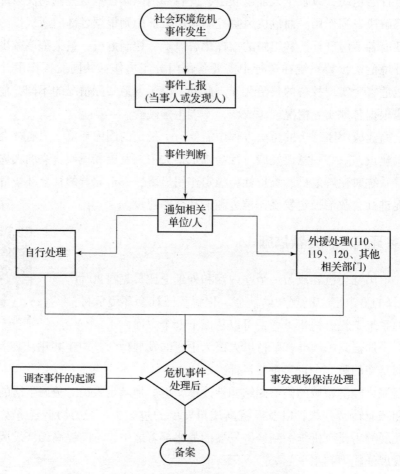

图 13-3 社会环境危机处理流程图

第五节 典型案例分析

一、案例背景介绍

随着我国城镇化进程的加速和国民生活水平的提高,"垃圾围城"的困境已成为各级政府部门必须直面的严峻考验。湿垃圾是居民日常生活及食品加工、饮食服务、单位供餐等活动中产生的垃圾,上海市 A 区湿垃圾资源化利用项目处理规模为 530 吨/天,其中餐饮垃圾 300 吨/天,厨余垃圾 200 吨/天,地沟油 30 吨/天,湿垃圾厌氧发酵产生的沼气可用于供热发电。项目总用地面积 62.95 亩①,总建筑面积 20 352 平方米。项目东侧为规划建设的建筑垃圾资源化利用项目,南侧 500 米处为已建成的生活垃圾焚烧厂,西侧、北侧为农田。湿垃圾资源化利用项目是广为公众所知的"邻避设施",A 区湿垃圾资源化利用项目厂区周边分

---

① 此单位非法定计量单位,1 亩 = 666.666 67 平方米。

布有较多的民宅，区域历史矛盾较为突出，利益相关者众多，社会环境复杂。

二、社会环境危机分析

垃圾处理设施虽然对环境治理和生态改善起到重要的作用，但也存在环境污染、安全风险、污名化等负外部性特性，易使周边居民对这类项目产生焦虑和抗拒情绪，从而影响社会稳定。垃圾资源化利用项目实施过程中主要存在以下社会环境危机。

1. 区域历史遗留问题引发的风险

为充分发挥垃圾处置设施的协同处置效应，各地鼓励统筹规划固体废物综合处置基地，探索建设集生活垃圾、建筑垃圾、医疗废物、危险废物等各类固体废弃物于一体的综合处置基地。由于垃圾处理设施的集中建设在一定程度上会破坏社区环境，加速社区凋敝，因而垃圾处置基地周边区域往往社会矛盾较为突出。A区湿垃圾资源化利用项目南侧约500米为已建的生活垃圾焚烧厂，东侧为规划建设的建筑垃圾资源化利用项目。生活垃圾焚烧厂建设过程中，便遭到周边村居民的强烈抗议和抵制，他们纷纷在论坛、信访平台提出反对意见，主要担心二噁英污染、环境质量下降等问题。生活垃圾焚烧厂在运营期间，周边村民多次向镇政府、村委反映焚烧厂排放带灰色的废气和不明絮状物，心理抵触情绪较大。村民认为垃圾焚烧的排放物对人体有较大危害，所以强烈要求对厂区实施搬迁。由于已建设运营的生活垃圾焚烧厂存在环境方面的历史社会矛盾，此次A区拟在垃圾焚烧厂北侧规划建设湿垃圾资源化利用项目、建筑垃圾资源化利用项目，可能再次引发当地居民对环境质量恶化的担忧。

2. 土地房屋征收存在的风险

近年来，全国各地因征地拆迁问题而发生的集体上访、群体纠纷等层出不穷。垃圾处理设施建设将征收大量的土地房屋，土地房屋征收补偿、落实就业及社会保障人数低于村民预期，征收范围外村民要求带征等问题均可能引发社会矛盾。A区湿垃圾资源化利用项目涉及土地征收面积约62.95亩，征收范围较大。据调研反馈，被征地村庄为保留村，未来征地机会较少，被征地村民普遍希望能通过征地落实就业和社会保障。由于落实就业和社会保障名额有限，在村民诉求得不到满足的情况下，很可能引发社会矛盾。房屋征收方面，根据《关于进一步加强生物质发电项目环境影响评价管理工作的通知》的规定，"新改扩建项目环境防护距离不得小于300米"。A区湿垃圾资源化利用项目计划对300米范围内村民实施动迁，但距离厂界1千米范围内还有少量民居分布，村民受访时表示希望实施带征。此外，动迁安置标准与村民预期差距较大、安置房源位置过偏、安置房不能及时交付等问题均可能引发村民的不满，产生一定的社会矛盾。

3. 运营期对周边环境的影响

垃圾资源化利用项目为典型的"邻避"设施，社会关注度高，项目周边居民对环境的敏感程度较高。湿垃圾资源化利用项目运营期间对周边环境可能产生的影响包括臭气、渗沥液及生产废水等污染。A区湿垃圾资源化利用项目处理的餐厨垃圾成分较为复杂，有机物成分高，在好氧、厌氧细菌的作用下发酵、腐烂、分解的过程中会产生多种恶臭气体污染物。项目所在地区为亚热带季风气候，常见风向主要为夏季东南季风、冬季西北季风，项目四周易受到气味扩散的影响。在调研过程中,周边村居民普遍担心项目运行过程中会散发臭气,影响生活环境。此外,本项目垃圾处理产生的渗沥液、污水、废水也可能对河道、地下水、土壤环境造成一定影响。项目场址南侧有河流,流经区域主要为农田及村庄,为灌溉用水的主要来源。在项目运营期间,若水污染防治措施制定、落实不到位,导致有害废水流入河道,将会威胁周边种植、养殖安全。

4. 项目建设对当地经济及社会环境的影响

垃圾资源化利用项目相关舆情存在污染环境、非法排放、超标排污等高频负面词汇,其负外部性的特性,也致使项目所在区域遭受形象受损、房产贬值和农副产品"污名化"等负面影响。A区湿垃圾资源化利用项目地四周为大规模农业用地,周边分布着大量的高标准农田、水产养殖及蔬果种植园。由于垃圾处理设施集中建设,群众出于环境安全考虑,往往会选择性地拒绝垃圾处理设施周边生产的农副产品,同时也将在一定程度上降低乡村旅游的吸引力,影响第三产业的发展。此外,垃圾处理设施的建设还可能对当地的土地房屋商业价值产生影响。在A区湿垃圾资源化利用项目3千米范围内,散布着大量的民居,项目东侧、西侧分布有多处大型居住社区,调研过程中居民普遍担心项目的建设会影响房价,进一步加剧房屋的贬值。

三、防范化解措施

垃圾资源化利用项目兼具"邻避"设施和公益项目的双重属性,为尽量避免工程建设及运营产生社会环境危机,各级政府及建设单位应多策并举,减少和消除社会环境危机。

1. 科学选址,积极开展正面宣传

(1) 垃圾处理设施选址应当符合国土空间规划、环境卫生专项规划及垃圾处理设施建设标准等要求。项目建设应充分保障前期各项手续和公众参与等程序的及时、全面、合法合规。

(2) 通过村委会宣传栏、宣传册、宣传展板、环境讲座等形式加大对项目的正面宣传力度,既要借政府和第三方权威文件资料让公众体会并理解项目建设运行方有将项目负面影响降低到最小的诚心、决心和信心,也要加强对补偿政策和措施的宣讲,明确"邻避"项目设施建成后必须执行的安全保障、环保标准和违规处罚等规定。

(3) 充分发挥"区域联动"的作用,实现治理的多元互动。加强项目周边的村居与项目单位党支部结对共建,定期开展联组学习、实地参观、结对帮扶等活动,进一步消除村民顾虑。

2. 全面梳理历史遗留问题并妥善解决

(1) 针对村民提及的垃圾焚烧厂废气排放等问题,应强化专项治理,以问题为导向,梳理近几年村民反映的环境问题,对垃圾焚烧厂进行全面排查,对存在的问题进行彻底的整改,同时强化环境问题快速反应机制,须第一时间查明污染源头,并快速阻断污染,最大程度减少项目对村民的影响。

(2) 加大当地环保监管力度,深化与当地居民的环境共治。建议当地生态环境部门加强对垃圾焚烧厂污染的全方位监管，包括空气质量、地下水、土壤各个方面，并及时向社会公布监测数据，遇到环境问题应及时责令整改。同时联合当地企业、居民，引入环保联合监督机制，将社会监督纳入厂区全方位的管理中。

3. 对周边村民进行必要补偿，持续推进乡村振兴建设

（1）提供菜单化、可选择的复合型补偿方案。复合型补偿可分为金钱补偿和非金钱补偿，其中金钱补偿可设计立体多元的补偿体系，如直接金钱补偿、税费减免、健康保险等多种方式组合运用。非直接金钱补偿包括提供就业机会、公共环境改善、定期体检、免费医疗保健服务，加强社区敬老院、育儿所等公益设施建设，为"邻避"项目设施建成后能正常可持续运行创造条件。

（2）推进乡村振兴建设，优化改善区域环境。锚固生态空间，加大项目周边环保绿化投入，推进生态廊道项目建设，形成良好的生态屏障。整合农业资源，促进规模化经营，严把农产品质量关，提高市场可信度和知名度。

长期以来，垃圾资源化利用项目由于其"负外部性"特性，造成"人人喊打"的局面，项目的建设及运营往往遭遇较大的阻力，各级政府及建设单位应采取全方位的措施进行防范和化解。"邻避"设施项目的破解之道在于打出一套"科学选址、畅通沟通渠道、高标准建设管理、合理补偿、积极宣传"的"组合拳"，同时各级政府应建立起风险的防范和化解联动机制，分级负责、互相配合，预防为主、督察督办，共同防范和化解项目的社会稳定风险，将"邻避"设施转化为"利邻"设施。

参考文献

[1] 高礼杰. "正义两原则"的增长预设及其在社会环境危机状态中的局限［J/OL］. 中国矿业大学学报（社会科学版），2023，25（5）：1-14. http://kns.cnki.net/kcms/detail/32.1593.C.20230913.2025.002.html.

[2] 武靖国. 风险社会与财政危机：财政赤字长期化的社会学阐释［J/OL］. 南方经济，2023（5）：17-29. DOI:10.19592/j.cnki.scje.400891.

[3] 武艺. 风险社会视域下网络舆情危机的应对［J/OL］. 中国报业，2023（10）：228-229. DOI:10.13854/j.cnki.cni.2023.10.023.

[4] 张潆嘉. 自然、社会、精神的危机：《地下世界》的生态学马克思主义研究［D/OL］. 哈尔滨：哈尔滨师范大学，2023. DOI:10.27064/d.cnki.ghasu.2023.000157.

[5] 陈敏，陈丹. 社会环境危机事件催生下社会工作专业化"内源型"突破：基于贵州省W社区抗击新冠肺炎疫情的研究［C/OL］. 人文与科技（第九辑），2023：13-24. DOI:10.26914/c.cnkihy.2023.022073.

[6] 弗兰克·班道，赵晓慧. 社会民主主义危机：研究范式与未来前景［J/OL］. 当代世界与社会主义，2023（2）：170-176. DOI:10.16502/j.cnki.11-3404/d.2023.02.018.

[7] 张强. 经济社会构建全面整合的公共危机管理模式［J/OL］. 中国储运，2022（1）：

130-131. DOI:10.16301/j.cnki.cn12-1204/f.2022.01.067.

[8] 孙哲,李宝怀. 风险社会视阈下的公共危机协同治理:关键要素及实现路径[J]. 内蒙古电大学刊,2021(4):3-7. DOI:10.16162/j.issn.1672-3473.2021.04.001.

[9] 陈志华. 中国社会组织参与公共危机管理困境和对策分析[D/OL]. 天津:天津财经大学,2021. DOI:10.27354/d.cnki.gtcjy.2021.000865.

[10] 倪娟,张雅慧,张楚然. 风险社会中教育治理能力的困境与突破[J/OL]. 江苏高教,2020(11):18-25. DOI:10.13236/j.cnki.jshe.2020.11.003.

第十四章
生态危机事件的成因与应对

自党的十八大以来,以习近平同志为核心的党中央把生态文明建设摆在全局工作的突出位置,全面加强生态文明建设,一体治理山水林田湖草沙,开展了一系列根本性、开创性、长远性工作,决心之大、力度之大、成效之大前所未有,生态文明建设从认识到实践都发生了历史性、转折性、全局性的变化。生态环境问题归根结底是发展方式和生活方式问题。要从根本上解决生态环境问题,必须贯彻绿色发展理念,坚决摒弃损害甚至破坏生态环境的增长模式,加快形成节约资源和保护环境的空间格局、产业结构、生产方式、生活方式,把经济活动、人的行为限制在自然资源和生态环境能够承受的限度内,给自然生态留下休养生息的时间和空间。我们每个人和自然生态环境都是命运共同体,必须尊重自然、顺应自然、保护自然。人与自然共生共存,伤害自然最终将伤及人类。空气、水、土壤、蓝天等自然资源用之不觉、失之难续。"天不言而四时行,地不语而百物生。"生物多样性关系人类福祉,是人类赖以生存和发展的重要基础。地球是我们的共同家园,我们要同心协力,抓紧行动,在发展中保护,在保护中发展,共建万物和谐的美丽家园。本章首先介绍了生态危机的相关类型,并对其特征和成因进行分析,然后提出通过减少生态问题预防生态危机,最后针对全球生态危机,指出个人应如何进行干预。

14-1 文章 习近平总书记关于生态的讲话

第一节 生态危机的类型

对自然资源的过度开发和浪费,不可避免地给人们带来了生态环境严重损害和恶化等一系列的问题,对人类赖以生存的生态平衡的破坏程度也超过了以往所有历史时期的总和。其中,包括环境污染、资源和能源短缺、全球性气候变暖、水土流失、陆地面积沙漠化不断扩大、水旱灾频繁、生物多样性锐减等导致的人与自然之间关系的失衡。发生在西方一些资本主义发达国家的"八大公害"和"六大污染"震惊世界,不仅对居民的正常生活和生态环境造成了不良影响,而且引起了世界各国民众的恐慌。各国对生态环境问题都给予了高度重视与广泛关注。

毫无疑问,威胁到人类生存的生态环境危机最直接的表现是人与自然关系之间的问题。人与其所生存的自然环境共同构成了地球这一生态系统,自现代工业文明以来,人与自然之间的关系发生了颠覆性的改变：人类一直采取高消耗、高投入、高污染的线性、粗放式的发展模式，使得原本山清水秀、鸟语花香的自然生态环境变得满目疮痍、千疮百孔，从而产生了日益严峻的生态危机，其主要有以下四个表现形式。

一、环境问题

环境问题可分为原生环境问题、次生环境问题两类，环境问题分类如表14-1所示。原生环境问题是指自然环境中，由于其内生运动演化机制的作用，而非人类实践活动影响给自然生态造成的环境问题。例如，2.5亿年前，地球上发生有史以来最大规模的火山爆发，这场火山喷发引发了一系列自然生态系统的变化，直接导致地球上95%的海洋生物和70%的陆生生物惨遭灭绝的厄运。科学家们根据所处的地质年代将这次火山喷发导致地球上大规模物种灭绝的事件称为"二叠纪灭绝"。火山喷发只不过是地球生态系统内生性运动所导致的自然现象而已，尽管它使得整个地球的生态系统发生巨大变化，给地球上许多生物带来了毁灭性的灾难，但这场生态灾难发生在人类诞生以前。火山喷发打破了原有的自然生态平衡，对其他物种的进化、新物种的诞生乃至人类的诞生提供了有利条件。火山喷发是自然生态系统内产生的自然现象，虽然原有的生态平衡状态被打破，但自然生态系统会通过内生性运动进行修复，并能自发地建立起新的有序平衡。原生环境问题也会对人类生存构成巨大威胁，譬如，2008年发生在中国四川的"5·12"汶川地震，这也是自然界系统内生性运动形成的自然现象，而非人类实践活动造成的后果，给所在区域居民的人身财产安全带来了严重的灾难。

次生环境问题，是指人类的生产、生活等经济社会活动使得周遭的原生自然环境在物理、化学、生物学等方面发生结构、功能上的改变，这种改变又会反过来对人类的生产和生活造成负面影响。例如，随着当代工业生产的迅速发展和不断进步，化工产业、金属冶炼业的发展，人们大量燃烧化石燃料，向大气中排放大量二氧化硫、烟尘等有害物质，造成酸雨的形成和大气污染。尽管如汶川地震这种原生环境问题也会给人类的生命财产安全造成巨大威胁，但这是由自然系统内的演化机制所造成的，自然生态系统会自发进行调节和修复，并逐渐消解这些意外灾害造成的负面影响，逐渐恢复和建立新的有序平衡态。而由人类实践活动所造成的次生环境问题，超出了自然环境系统本身承受的范围，并且剥脱了自然环境进行自我调节、自我修复的时间和空间，导致自然环境问题无法通过自身运动机制得以解决。

表14-1 环境问题的分类

类型	原生环境问题	次生环境问题
含义	由自然界本身引起的，没有或很少有人为因素参与的环境问题	由人类不适当的生产和消费活动引起的环境问题，是狭义的环境问题

续表

类型	原生环境问题	次生环境问题	
表现	自然灾害	生态破坏	环境污染
举例	地震、海啸、泥石流、台风、火山爆发、旱涝灾害等	森林破坏、水土流失、土地荒漠化、物种灭绝等	大气、水、固体废弃物、噪声污染等
相互联系	两者很难截然分开。它们之间相互影响、相互作用，彼此叠加，形成"复合效应"，进而使环境问题变得更加复杂		

二、生态失衡与退化问题

14-2 文章 推动生态建设

生态失衡与退化问题，主要是指人类各种不合理的社会生产活动，造成自然生态系统的失衡和退化，以及生态系统服务功能的弱化。第一，土地荒漠化。《联合国防治荒漠化公约》认为，人类不当的社会实践活动是导致土地荒漠化的主要因素，如图14-1所示。例如，为了获得更多的耕地及不合理的大规模兴建土木，人类乱砍滥伐，大规模毁坏森林，过度开垦土地导致水土流失、土地肥力不断下降乃至土地沙漠化；过度放牧使得地表覆盖的植被被破坏，土壤大面积裸露，导致草场退化、土壤不断贫瘠化、干旱化和盐碱化。荒漠化被称为地球的"癌症"，埋葬了曾经盛极一时、繁荣璀璨的历史文明，严重威胁着人类的健康与生存。第二，草场退化。土地沙漠化速度加快，水土严重流失，水生态资源不断恶化。与此同时，热带雨林大面积锐减，照此速度发展，至2030年热带雨林将在地球上消失。第三，生物多样性锐减。人类乱砍、滥伐、滥采以及其他行为活动（如单一种植经济作物等）导致全球气候改变，使得地球上的森林资源大面积减少，大量生物失去了栖息地而无法继续生存，生物资源由此遭到严重破坏[1]。

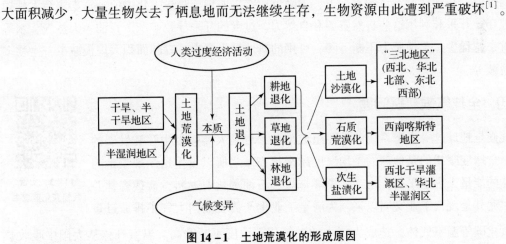

图14-1 土地荒漠化的形成原因

新鲜清洁的空气、清澈干净的流水、温暖明媚的阳光、舒适宜人的气候等作为自然生态环境的载体，是地球上包括人类的所有生命体赖以生存的自然物质基础，对生命的延续至关重要，其具有公共性、非竞争性和非排他性，是不可分割的公共财产，人类对这种公共财产往往用之不觉。人类在生产过程中，在经济理性的支配下，为降低成本，片面地追求经济利益，不顾自然环境的容纳、承受及降解的能力范围，肆意持续向自然环境超标排放有毒有害的排泄物。有些排泄物在原生自然环境中是没有的，而是人工合成物，甚至无法参与自然生态系统的循环，难以被分解，这无疑使得自然原有的生态系统平衡被打破，并进而剥夺自然生态系统的自我调节和自我修复的时间与空间。若持续向自然生态系统强加排泄物，使自然生态环境由于自身的调节和修复能力难以与人的社会活动相适应，而无法建立新的有序平衡系统，生态系统的原有服务功能将不断丧失。

三、资源问题

首先，资源问题表现在地球资源的有限性。一方面，地球生态系统中蕴含着丰富的土地、矿产、海洋、森林、生物和气候等自然资源，然而，这些丰富多样的资源并非是无限的。随着科学技术的进步与发展，人类可以发现新的资源，开发出更多、更好的资源。然而，自现代工业文明以来，在资本逻辑的支配下，为尽快实现价值增值，人类以科学技术为工具对自然资源进行掠夺式开发，有限的自然资源无法满足人类价值增值的欲望。另一方面，在地球这一巨大生态系统中，所有的资源，不管是有生命的还是无生命的，都参与"巨系统"的生命活动。既然是有生命的，就有生命活动周期，当资源被消耗后，生态系统自发地进行自我调节、自我修复，但自我调节和自我修复必须以一定的时间和空间为前提，从而使资源能保持原有的总量，以继续为人类和其他生命体生命活动和生产活动的展开提供必要的基础条件，而在资本逻辑和市场体系支配下，地球资源（尤其是非可再生资源）的再生能力远远赶不上为实现产品价值增值的运转周期。

其次，地球生态中多种丰富的自然资源，是全人类的"公共产品"，这些丰富资源是免费的，其中所蕴含的自然力也是免费的，尚未被纳入工业文明体系，难以在市场中计算出其应有的价值。在现代资本逻辑支配下，为降低成本以实现产品最大化增值，资本家会大规模乃至掠夺式开采和利用这些自然资源和自然力。过度的开采导致矿产、石油、天然气、水等资源越来越稀少，土地肥力不断下降，可用的耕地越来越少，森林面积大规模减少，生物多样性锐减等。

四、全球气候变暖问题

气候是地球这一生态系统的重要组成部分，也是人类赖以生存和发展的基础。全球变暖指的是地球的平均温度越来越高。之所以发生这一现象是因为地球的能量失去了平衡。由于人类燃烧煤、石油等化石燃料，砍伐森林并焚烧，尤其是现代工业文明以来，为满足工业生产需要而向大气中排放过量的二氧化碳等温室气体，造成大气中的二氧化碳浓度不断升高。温室气体从太阳中吸收热量，却又阻止这些热量返回空间，人类活动是对气候系统造成影响、使气候变化的元凶[2]。

14-3 文章 气候变化蓝皮书

全球气候变暖已成为重要的生态安全问题，涉及政治、经济、军事、环境等方面，必须对此引起足够的重视。全球气候变暖会给人类带来诸多负面的影响，主要有以下四个方面。

第一，由于全球气候变暖，部分地区极端天气和极端气候事件频繁发生，并且这种趋势表现得越来越明显。自20世纪50年代以来，世界很多地区的热浪发生更频繁、持续时间更长、影响范围更广。第二，全球气候变暖对水资源造成影响。气候变暖改变了一部分地区干旱的持续时间和多条河流洪水的发生频率，冰河面积正在缩小，高纬度和高山地区的永久冻土发生了大幅度的变化和退化。南北极出现了大面积的臭氧空洞。第三，全球变暖给陆地生态系统带来影响。由于气候变暖，陆生植物和动物物种的分布范围、季节行动会发生改变。森林、草地、湿地、沙漠等主要陆地生态系统也正经历着大规模的变化。第四，全球气候变暖给人类健康带来影响。人类健康对天气规律的变化和其他方面的气候变化是十分敏感的。强烈的紫外线辐射，会损害人和动物的免疫系统，引发皮肤癌和白内障，严重危害身体健康。第五，气候变暖带来农业资源、生产力和作物栽培制度的变化。气温、降水、海平面的变化使得一些疾病媒介的分布发生了变化，增加了因热浪导致的死伤人数，减少了脆弱群体的粮食产量，增加了粮食生产的不稳定性。南北极出现了大面积的臭氧空洞。

表14-2列出了不同生态危机类型的案例分析。

表14-2 不同生态危机类型的案例分析

生态危机类型	典型案例分析
环境污染问题	1. 四川省广安市公安机关组织侦破某养殖专业合作社养猪场污染环境案。2022年3月期间，邻水县一养猪场将应急池内的猪粪水直接抽取倾倒至山林中，导致粪水渗入地下，造成水体严重污染，直接影响到周边村镇生产生活用水安全。目前，已抓获犯罪嫌疑人3人； 2. 吉林省延边自治州公安机关组织侦破阳某等人污染环境案。2022年3—6月，犯罪嫌疑人阳某等人在承包汪清县某水库清淤筛沙项目期间，非法使用汞提炼黄金，并将含汞废水直接排放到外环境，造成土壤和地下水严重污染。目前，已抓获犯罪嫌疑人11人
生态失衡与退化	1. 外来物种入侵。20世纪80年代，为了扩大鱼市场，政府从国外引进了麦瑞加拉鲮和罗非鱼，但它们在野外大量繁殖，导致广东珠江三角洲地区的淡水鱼数量锐减，打破了原有水域生态系统的和谐； 2. 水葫芦、巴西龟等外来物种在中国水域大量繁殖，占用了土著生物的生存空间，搅乱了生态平衡
资源问题	1. 违法占用林地案。2020年，全国森林督查发现，重庆市荣昌区奥通公路工程有限公司荣昌区昌州街道杜家坝社区房地产开发项目，非法占用林地26.18公顷； 2. 矿产资源领域腐败问题。辽宁省朝阳市纪检监察部门通报了5起矿产资源领域腐败问题典型案例。建平县自然资源局原局长牟立杰、建平县自然资源事务服务中心主任刘晓文、建平县自然资源局城区分局副局长李柏民、建平县自然资源局青峰山自然资源所所长张连民、建平县自然资源局城区分局办事员于晓光5人，涉嫌严重违纪违法，正在接受纪律审查和监察调查

续表

生态危机类型	典型案例分析
全球气候变暖问题	1. 冰川消融。由于全球气候变暖，美国华盛顿州的一座名为"欣曼"的冰川已经彻底消亡了。联合国秘书长古特雷斯表示，由于气候变暖，过去30多年间尼泊尔雪山已经失去了近1/3的冰层； 2. 两栖动物生存危机。研究人员发现因全球气候变暖，叫声很大的科奎蛙近年来叫声异常增高。如果气温持续上升，科奎蛙栖身的生态系统可能会崩溃，这将给波多黎各带来灾难性的影响； 3. 海平面上升。冰川消融和海水热膨胀会导致海平面上升，这将威胁到沿海地区的生态系统和人类活动

第二节　生态危机的基本特征及成因分析

工业文明极大推进了人类历史向前迈进的步伐，给人类社会创造了多领域的巨大财富，与此同时，工业文明的负面效应也日渐显露。目前，人类对大自然的强大干预超过自然界的自我调节、自我修复的能力，生态平衡被破坏，自然界已经不堪忍受人类的蹂躏。人类面临着生态危机，生态危机具有人为性、潜伏性、全球性等主要特征。生态危机的特征和成因如表14-3所示。

表14-3　生态危机的特征及成因

	特征	成因
生态危机	人为性	片面追求工业化
	潜伏性	政府的缺位和越位
	全球性	人们消费方式的不合理转变

一、当代生态危机的基本特征

1. 生态危机具有人为性

工业文明以野蛮掠夺的手段肆意践踏了原本美丽的自然环境，严重破坏了地球原有的生态平衡[3]。人类为了满足自身的物欲，肆无忌惮地开发、掠夺，疯狂、不计后果地浪费自然资源与能源，最终必将犹如回旋镖效应一般反噬自身。从联合国政府间气候变化专门委员会（Intergovernmental Panel On Climate Change，IPCC，以下简称气专委）六次评估报告的结论可以看出，人类活动与全球变暖和生态危机密切相关。气专委1990年的第一份评估报告指出，人类活动造成的温室气体排放量大大增加了大气中温室气体的浓度，这促进了1992年《联合国气候变化框架公约》（以下简称《公约》）的签署和1994年《公约》的生效。

1995 年的第二次评估报告认为，气候变化是可以确定的，这为系统阐述《公约》的最终目标提供了坚实的基础，并促进了 1997 年《京都议定书》的通过。气专委在 2001 年的第三次评估报告中指出，过去 50 年，超过 66% 的大气变暖现象可能主要由人类活动引起。2007 年的第四次评估报告指出，过去 50 年的气候变化很可能是由人类活动造成的（概率超过 90%），这推动了"巴厘路线图"的诞生。2014 年，气专委第五次评估报告指出，过去 50 年中 95% 以上的气候变化归因于人类活动。2023 年，气专委在第六次评估报告中明确了工业化以来人类活动对全球气候的影响，第一工作组决策者总结的第一句话便是："人类的影响已经使大气、海洋和陆地变暖，这一点是毋庸置疑的。"

2. 生态危机具有潜伏性

14-4 视频
《寂静的春天》
解读

卡逊在《寂静的春天》一书中着重强调了生态危机的潜伏性：在向农田、森林、菜地里喷洒过化学药品后，化学药品会随降水和飘尘降落到地面上，并且会长期滞留于土壤中，甚至还会随地下水缓慢迁移他处，当重见天日之时，会在空气和阳光的相互作用下合成新的物质形式，这些新物质形式能杀死动植物，能进入谷物、小麦、草类之中，进入人的机体组织器官里引发一系列有害的连锁反应，并随之不断传播蔓延且难以逆转[4]。在短时间内，环境的变化十分微小，人们对此不易察觉。人们对生态危机的认知较低，会认为通常的污染行为并不会带来任何不良影响。然而，当这些小的生态问题积累到一定程度，就会爆发规模巨大的生态环境危机。有些有害物质对当事人没造成任何影响，但其下一代可能因此遭殃，例如，孕妇接触到某些含重金属的化妆品，自己本身并无不良反应，然而腹中胎儿可能因此天生畸形，或者出现其他生长过程中的疾病问题。最终，人们对诸如此类的问题措手不及，慌忙应对，只得自食恶果。通过几代人努力建成的物质文明成果，在自然环境的恶化和衰败面前，显得微不足道。

3. 生态危机具有全球性

生态危机不是某一时间段内、某一局部地区爆发的事，而是全球人类所共同面对的困境。首先，全球气候变暖、极端天气和极端气候的频繁发生、资源和能源紧缺、生物多样性锐减、臭氧层空洞不断扩大、海平面逐年上升、酸雨等诸多生态恶化现象，对全球人类的生存和发展构成了严重威胁。其次，西方发达资本主义国家凭借国际贸易向其他国家和地区转移生态危机，进一步造成生态危机在全球范围内的传播扩散。"西方资本主义工业大国采取'生态殖民主义''生态帝国主义'的环境策略，转移国内生态危机，通过资本全球化进行资源掠夺和环境剥削。资本主义国家坚持过度消费、提前消费，很容易引起资源的过度消耗和超出自然的承载能力。"再次，尽管西方资本主义发达国家为保护本国的生态环境而向发展中国家转移高耗能、高污染的产业，即将生态风险转移给发展中国家，但发展中国家所生产的产品及向环境排放的"三废"（废水、废气、废物），会通过国际贸易、世界市场，以及洋流、气流等自然因素，最终又返回到了发达国家。在《全球问题与中国》一书中，尹希成等指出："以往的生态危机是局部的，我们的祖先可以用迁移的办法摆脱；现代生态危机是全球性的，我们已无处可逃。"这说明，在经济一体化、交流信息化、交往普遍化背景下，某一地区发生的危机，会如"蝴蝶效应"般扩散蔓延至其他地方，如 2020 年年初新冠病毒引发席卷全球的疫情。随着人类对生态危机认识的不断深入，各国政府和民间组织必须通过协同合作，采取积极有效的措施以应对全球性的生态环境难题。

二、生态危机的成因分析

1. 片面追求工业化是生态危机形成的直接原因

有人说："工业社会的发展史，就是一部血淋淋的污染史。"生态环境问题并非中国现代化的特例，西方国家特别是一些发达的资本主义国家，它们在走工业化道路的时候，同样也面临过很多影响人们生活的生态问题。1943—1952 年，美国洛杉矶因工业废气、汽车尾气严重污染；英国首都伦敦发生光化学烟雾事故，导致其在两次工业革命中成为著名的"雾都"。但是，西方国家在第三次工业革命之后，通过产业结构调整或产业转移等手段已经逐步摆脱了这个现象。我国由于缺乏技术和科技投入，使得我们现今绝大多数工业发展仍然是依照着以前西方旧的发展模式，很多情况下片面追求数量，盲目崇拜 GDP 的增长，使得我国的工业化发展和生态治理相脱节[5]。以镇江为例，依傍长江、京杭大运河的十字交汇点，水路、公路、铁路交错形成立体交通网络，镇江四通八达的地理环境成为化工企业绝佳的投资地。化学工业是镇江市的支柱产业之一，镇江化工企业主要布局在镇江新区国际化学工业园、丹徒开发区化工集中区和索普化工产业基地，俗称"两园一基地"。但镇江市的化工产业存在着规模偏小、链条偏短、产品结构和企业集中度偏低的问题。调查发现，长期以来，镇江多家化工企业在布局上相对混乱，与居民区相距甚近，且化工污染问题长期未得到解决，周边居民深受其害，经常可以闻到化工厂飘出刺鼻的化学气味，其工业化发展已经对生态环境造成了很大的破坏，而且也严重影响到了人们的生活。

2. 政府的缺位和越位是生态危机形成的体制原因

党的十八届三中全会在全面深化改革的部署上，突破性地提出"要使市场在资源配置中起决定性作用"，可见市场在社会主义市场经济中占据了越来越重要的地位。但与此同时，在进一步强调"市场"这只"看不见的手"的同时，更不能忽视"政府宏观经济调控或管理"这只有形之手。在社会主义市场经济快速发展的今天，针对治理生态环境问题，政府发生过一些在政府其职能和定位上出现偏离的状况，这也是生态危机形成的体制方面的原因。关于政府职能上的缺位，简单地来讲就是没有做好为人民服务的本职工作，该管的没有去管。以 2013 年江苏启东事件为例，该群体事件的发生在很大程度上是由政府对日本王子制纸排海工程项目的错误批准造成的，这也集中反映了地方政府在追求 GDP 政绩的同时，缺少了对众多企业关于生态问题的监管。与政府职能的缺位相似，职能越位也是生态危机形成的体制原因。政府职能越位通俗地来讲也就是政府去管了那些不该管也管不好的事情。国务院发展研究中心资深研究员吴敬琏也称："政府对微观经济活动的干预仍然过多，妨碍了市场的有效运转。"比如，现在很多地方政府热衷于对一些企业搞一些"拉郎配"，指挥企业的兼并、生产等，这在很大程度上限制了企业在市场经营中的自主权，在这种干预下，企业很难做到对自身生产的全面发展，往往会为了一些数字、指标而忽视了对环境的保护。

3. 人们消费方式的不合理转变是生态危机形成的重要原因

自改革开放以来，人们的消费观念和消费结构发生了翻天覆地的变化，从单纯的生活资料消费到现在丰富的享受资料消费，人们的消费能力也得到了很大的提高，但与此同时，过度消费、大量的不必要的物质消费、不合理消费现象的出现进一步加快了人们为生态危机买单的节奏。也许人们只是为了显示大方而在宴席的餐桌上点上满满一桌吃不完的菜，又或者只是为了贪图方便而把私家车变成随时随地的代步工具，还可能只是为了一瞬间的欢愉而在新年之际爆竹不断。生态危机的形成其实在很大程度上是人为造成的，人们在处理人与自然的关系时候总是居高临下，以人为中心[6]，按马克思的观点，人与自然的关系是矛盾的、是不和谐的。在从传统的只要"有衣穿，有饭食"消费方式转变的过程当中，人们似乎渐渐忘却了一个量入为出的合理尺度，无尽地享乐、纵欲，使人们的消费方式向一个不合理的方向发展，在这个过程中，无疑对资源造成了极大的浪费，对生态造成了极大的破坏。

第三节 生态危机的预防

现代的人们习惯于网购，但网购消耗太多的包装箱、塑料袋及胶带等，产生了太多的包装垃圾。"过度包装"已达到人神共愤的地步。更糟糕的是，绝大多数垃圾无法有效地进行回收。在这个时代，日渐严重的"垃圾灾难"引发了一系列生态问题，生态问题恶化让人们的危机感越来越强烈。那么生态危机是否可以避免？生态问题就是生态危机吗？如何避免生态问题呢？

一、生态危机的可避免性

1. 从理论上分析生态危机的可避免性

从世界各国的经济发展与环境质量的相互关系来看，环境质量与人均收入之间，存在库兹涅茨曲线关系，如图14-2所示。当人均收入从较低水平向较高水平增加时，污染指数必然随之增加；当人均收入继续增加到一定水平后，污染指数随人均收入增加而下降。发生这种转折的拐点大致在8 000～10 000美元的水平（1985年美元汇率）。这一统计规律的出现，是因为实现工业化就意味着要最大限度地动员一切资源，加大自然资源开发的深度，扩大自然资源利用的广度，以满足人民不断增长的需求和不断提高的消费水平。因此我们说，工业化的发展不可避免地会加大环境污染的压力，增大自然资源的消耗程度，从而产生环境与生态问题。

但是，当经济高度发展、人均收入达到一定的水平，如10 000美元以上的时候，也就是说进入到"后工业化社会"以后，随着资源利用水平的提高和综合经济实力的增强，以及经济结构和需求结构的变化，人们将更加在意生活质量，这时才会有可能降低对经济增长的需要，相对地减轻对资源和环境的压力，转而追求经济社会协调而全面的发展。

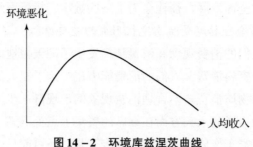

图 14-2 环境库兹涅茨曲线

近年来，由于环境保护和可持续发展的思想深入人心，不少国家和地区的污染指数拐点开始提早出现，污染指数也开始大幅下降，为各国解决生态问题、避免生态危机提供了前所未有的巨大机遇。

2. 从现实上分析生态危机的可避免性

我国苏南地区的无锡市，在 2007 年 5 月爆发了严重的饮用水危机。从根本上看，"太湖蓝藻事件"是太湖水污染问题长期积聚而导致的一场爆发性的生态危机。受全球气候变暖的影响，自 2007 年入夏以来，无锡的气温居高不下，这是蓝藻大面积生长的自然条件。同时，环太湖地区企业长期以来大量排放工业污水、生活污水，造成湖体中氮、磷浓度超标，这是造成蓝藻蔓延的人为因素。特别是随着工业化进程的发展，人类社会向大气中排放的二氧化碳、二氧化硫等温室气体增多，导致了全球性的气候变暖，因此人类活动是全球气候变暖的关键性因素，也是蓝藻事件爆发的决定性因素。蓝藻事件是由人类不合理的活动造成的生态问题，国内湖泊和环境专家在事件发生后指出，自 2005 年以后，太湖夏季就曾出现过蓝藻水华面积的大幅南扩和东扩这一生态问题，但一直没有得到相关部门的重视与解决，因此这一生态问题越来越严重，越来越极端化，最终导致了大规模生态危机的爆发。

自太湖饮用水危机之后，江苏省特别是苏南地区的各级政府认识到环境保护的重要性。若再不重视治理生态环境问题，蓝藻危机还会再次爆发，而且再次爆发的时候，可能会更加严重，不仅会在无锡地区，有可能扩展到整个太湖地区。明确了这一点，无锡市政府确立了环境支持的发展理念，将"环境支持"这一理念体现在环境管理当中，将环境保护放到了落实科学发展观、率先实现现代化的战略大局上来考虑。在具体工作中以发展循环经济和生态建设为抓手，从源头上控制污染的产生，在决策时优先考虑环境影响，通过这些举措的实施，无锡的生态环境保护取得了可喜的成绩。自 2007 年 5 月爆发严重的饮用水危机以来，无锡市政府对水的环境整治取得明显成效，虽然水质情况仍然未达到国家"十一五"考核要求，但是藻类得到了较好的控制，居民生活起居用水得到了很好的保证。

无锡市政府坚定生态危机是完全可以避免的信念。他们采取各种措施，如政府加大对整治环境问题的投入，有效地控制了生态问题的无限蔓延，取得了可喜的成绩。自 2007 年以来，太湖地区的蓝藻危机未再爆发，生态环境问题整治取得了重要的阶段性成果。

二、生态问题与生态危机的联系与区别

在现代经济条件下，经济要发展，生态问题难以避免，经济增长越快，生态负荷超载越

重，当经济发展和资源、环境的承载能力不相协调的时候，生态问题发生的频率超出了资源存量和环境状况的基准线与警戒线之外，这个时候就会导致生态危机的产生。

生态危机是由生态问题演变而来的，生态危机是生态问题极端化的结果。在国家的发展进程中，生态问题难以避免，但是并不是所有的生态问题都必然会演变为生态危机。我们当前要做的工作就是努力减少生态问题的出现，尽量避免生态问题的恶化，力求防止生态危机的爆发。

三、生态问题的避免方法

1. 减少不必要浪费

如今，各个行业的浪费太多，人们要意识到减少不必要浪费的重要性。为了避免资源浪费，可以在喝水、喝饮料、喝汤的时候，直接饮用，而不必用塑料吸管；给顾客端咖啡奶茶，没必要另加一层防烫的纸；吃外卖时如果仅靠一双筷子就能解决，则没必要再给顾客送刀叉、勺和餐巾纸。

2. 回收型生活方式

在家中，对那些不再喜欢的、不想要的东西，可以拿到二手市场上卖掉换钱。如旧衣服、旧被子、旧箱子等，扔掉浪费可惜，如果有困难的地方需要，还可以物尽其用。

3. 低碳环保生活

如今，低碳环保的生活方式悄悄兴起，很多人在想办法循环利用资源。比如，买卖旧货、低价淘宝。经常去旧货店选购那些物美价廉且需要用到的东西。自己不用的东西，可以捐助出去，送给有需要的人。

4. 以"零垃圾"为目标

在生活中，人们要注意自己的行为，始终以"零垃圾"为目标行动。为减少垃圾，平时出门可以自带一个布袋子，用来装垃圾。用餐的时候，可以带个人专用的不锈钢吸管、水杯、手帕等，减少对一次性物品的使用。

5. 增强环保意识

在现代社会，具有环保意识应该是我们每一个人的精神道德追求。比如，使用绿色天然产品、产品无包装、尽量利用剩菜剩饭、节假日自制礼物等。这并不是穷酸，并不会丢脸。如果精神富足，我们何必太过在乎穿的衣服新旧、是不是够漂亮？

综上所述，按照科学发展观的要求，立足中国实际，加强生态文明建设，走出一条符合中国国情的生态文明建设的新路子，不仅可以推动我国现代化发展，而且是对世界做出的重大贡献。当前要做的工作就是努力减少生态问题的出现，尽量避免生态问题的恶化，这样才可以防止生态危机的爆发。

第四节 生态危机的干预措施

生态危机是当前全球面临的严重问题之一，它给人类的生存和发展带来了巨大的威胁。从个人角度出发，可以采取以下措施来缓解生态危机（见表14-4）。

表14-4 生态危机干预措施

干预措施	具体做法
减少能源消耗	合理利用电力
	减少使用机动车
	节约用水
改变消费观念	购买环保产品
	减少购买一次性产品
	注重产品质量和可持续性
改变生活方式	注重健康生活方式
	积极参与社区环保活动
	推广环保文化
增强生态环境保护思想和行动自觉	增强环境保护意识
	主动宣传环境保护意识

一、减少能源消耗

能源消耗是导致生态危机的重要原因之一，因此应该尽可能地减少能源的消耗。具体来说，可以采取以下三种措施。

14-5 视频 保护生态环境，我们能做什么？

1. 合理利用电力

在家庭、办公场地等场所，可以根据需要开启电器设备，减少电力浪费。例如，可以关闭不需要使用的电器设备，或者选择使用节能型电器设备。此外，在购买电器设备时，也应该关注其能效标准，选择更加节能的产品。

2. 减少使用机动车

机动车是能源消耗的主要源头之一，因此应该尽可能地减少使用机动车。例如，可以通过选择步行、骑自行车或者使用公共交通工具来代替开私家车。此外，在购买车辆时，也应该选择更加环保、节能的产品。

3. 节约用水

水资源是有限的，因此应该尽可能地节约用水。例如，可以通过选择使用节水型卫浴设备、合理安排洗涤时间等措施来减少用水量。此外，在日常生活中，也应该注重水的再利用，例如，将洗菜的水用于浇花等。

二、改变消费观念

消费观念是影响生态危机的另一个重要因素。我们应该转变消费观念，树立绿色消费意识，以减少对环境的破坏和污染。具体来说，可以采取以下三种措施。

1. 购买环保产品

在购买日常用品时，应该选择环保型的产品。例如，可以选择购买无毒无害的清洁产品、可循环使用的购物袋等。这些产品的生产过程更加环保，可以减少对环境的污染。

2. 减少购买一次性产品

一次性产品是导致环境污染的重要原因之一，因此应该尽可能地减少购买一次性产品。例如，可以选择购买可重复使用的餐具、水杯等。这些产品不仅有利于环境保护，还可以帮助减少资源浪费和环境污染。

3. 注重产品质量和可持续性

在购买产品时，也应该关注其质量和可持续性。例如，可以选择购买质量更好、更耐用的产品，以延长其使用寿命和减少废弃物的产生。此外，也应该关注产品的来源和生产方式，选择来自可持续生产方式的产品。

三、改变生活方式

生活方式是导致生态危机的重要原因之一，因此应该尽可能地改变生活方式，以缓解生态危机。具体来说，可以采取以下三种措施。

1. 注重健康生活方式

健康的生活方式可以减少对环境的破坏和污染。例如，可以选择健康饮食、适量运动等生活方式来减少对环境的负面影响[7]。此外，也可以减少使用化学制品、药品等物品来保护环境和身体健康。

2. 积极参与社区环保活动

参与社区环保活动可以让我们更加了解环保知识、更加积极地参与环保行动。例如，可以参加社区的植树造林活动、垃圾分类活动等。这些活动不仅可以让我们为环保事业做出贡献，还可以促进社区的凝聚力和发展。

3. 推广环保文化

环保文化是缓解生态危机的重要因素之一。我们应该推广环保文化，让更多的人了解环保知识、树立环保意识。例如，可以参加环保讲座、观看环保影片等文化活动来提高环保意识。此外，我们也可以通过自己的言行举止来影响身边的人，例如，用不随地乱扔垃圾、不随意破坏生态环境等行为来促进环保文化的推广和普及。

四、增强生态环境保护思想和行动自觉

增强生态环境保护意识和宣传生态环境保护意识是缓解生态危机的重要保障。我们应该加强环境保护意识的宣传工作，以促进环境保护事业的可持续发展。具体来说，可以采取以下两种措施。

1. 增强生态环境保护意识

在日常工作和生活中，我们每个人都应该主动增强危机意识、节约意识与环保意识，从多方面努力学习，加强对环境保护及能源节约方面知识的学习，充分认识到我国资源短缺危

机，了解节能环保对国家及个人的真正意义，树立起节能环保的意识。

2. 主动宣传生态环境保护意识

做到主动宣传与加强节能环保意识，积极加强对自己和他人的监督，努力在日常实践中为周围的人们树立起节能环保的好榜样。美丽的地球、安宁的生活、洁净的环境，不仅是我们建设文明小康社会的必要条件，也是我们创造美好生活的有力保障，保护环境，人人有责。

第五节　典型案例分析

一、案例一

（一）计划详情

受 2011 年发生的大地震及海啸影响，福岛第一核电站 1~3 号机组堆芯熔毁。事故发生后，东京电力公司持续向 1~3 号机组安全壳内注水以冷却堆芯并回收核污水，截至 2021 年 3 月，已储存了 125 万吨核污水，且每天新增 140 吨。

2021 年 4 月 9 日，日本政府决定将福岛第一核电站核污水排入大海。4 月 13 日，日本政府召开有关内阁会议，正式决定：将福岛第一核电站上百万吨核污水经过滤并稀释后排入大海，排放在 2023 年后开始。

2023 年 7 月 4 日，国际原子能机构在官网发布消息，该机构认为日本核污染水排海计划符合国际安全标准。7 月 7 日，日本原子能规制委员会向东京电力公司发放福岛第一核电站核污染水排海设施"验收合格证"。8 月 9 日，中国常驻维也纳、联合国和其他国际组织代表团网站发布《关于日本福岛第一核电站事故核污染水处置问题的工作文件》（向《不扩散核武器条约》第十一次审议大会第一次筹备会提交）。

当地时间 2023 年 8 月 24 日 13 时，日本福岛第一核电站启动核污染水排海。8 月 26 日，日本东电承认，超六成储存核污水的放射物超标。当地时间 2023 年 10 月 5 日上午 10 时 30 （北京时间 9 时 30 分），日本福岛第一核电站将开始第二轮核污染水排放。

（二）存在危害

福岛第一核电站的核污水含有多种放射性物质。其中，锶-90 可导致骨组织肉瘤、引发白血病；铯-137 会引起软组织肿瘤与癌症；碘-129 容易导致甲状腺癌；碳-14 可能会损害人类 DNA。

2011 年福岛地震，当时有大约 520 吨的高放射性核污染水流入海洋，直到 2019 年，有国际组织对日本福岛核电站附近海域进行检测，结果显示，核电站周边水域中的放射性物质明显要高于其他海域。这只是一次核辐射水意外入海的影响，而日本主动排放核辐射水将持续 30 年，其后果和影响由此可知。2020 年 6 月，福岛第一核电站核污水中氚的总活度约 860 万亿贝克勒尔，平均每升水约 73 万贝克勒尔。

2021 年 4 月 14 日，德国海洋科学研究机构指出，福岛沿岸拥有世界上最强的洋流，从排放之日起 57 天内，放射性物质扩散至太平洋大半区域，10 年后蔓延全球海域。绿色和平组织核专家指出，日核污水所含碳-14 在数千年内都存在危险，并可能造成基因损害。

2023 年 5 月，在日本福岛附近海域捕获的石斑鱼、黑鲉等先后被检测出辐射水平超标，有些海鱼体内被检测出放射性元素超标 180 倍。如果长期且大量食用放射性污染海产品，对于孕妇，可致胎儿畸形；对于发育阶段的儿童和青少年，可导致发育畸形；对于成人，可引起造血系统、内分泌系统、神经系统等损伤。

有日本学者指出，福岛周边的海洋不仅是当地渔民赖以生存的渔场，也是太平洋乃至全球海洋的一部分，核污水排入海洋会影响到全球鱼类迁徙、远洋渔业、人类健康、生态安全等方方面面，因此这一问题绝不仅仅是日本国内的问题，而是涉及全球海洋生态和环境安全的国际问题。放射性物质 57 天就将扩散至太平洋大半区域，3 年后美国和加拿大就将受影响，用不了几年将会波及全球。

（三）个人防护指南

（1）了解核污水排放情况。首先，我们需要充分了解关于核污水排放的背景、科学依据，以及相关的环境和安全考虑。通过获取权威信息，更好地了解问题的复杂性，并根据事实采取相应的个人防护措施。

（2）注意食品安全。比如，注意食物的来源，选择来源可靠的食物，尤其是海鲜。购买有相关食品检测认证的产品，或者选择知名品牌和供应商的产品；选择多样化饮食，有助于降低个人暴露于核污染的风险。适当增加蔬菜、水果和谷物的摄入，平衡膳食结构，减少对海鲜的过度依赖。

（3）做好个人防护措施，减少与受影响区域的接触。尽量避免长时间在疫区游泳、潜水或钓鱼。如果一定要在这些区域活动，要尽量缩短接触时间，减少潜水深度。根据环保部门的建议，穿戴适当的防护设备，如手套、鞋套和防护服。这些措施可以降低皮肤和呼吸道接触潜在污染物的风险。保持良好的个人卫生习惯，勤洗手、勤洗澡，尤其是接触可能被污染的环境后。避免将污染物带入家中，保持居住环境清洁。

二、案例二

1. 哈尔滨：6 条黑臭水体治理后返黑返臭，中心城区污水直排松花江

2021 年 12 月上旬，督察组在哈尔滨松浦支渠看到，大量生活污水经松浦排涝桥下雨水口喷涌而出，水流所到之处泛起大量白沫，气味刺鼻。现场取样监测结果显示，化学需氧量、氨氮浓度分别达 374 毫克/升、34 毫克/升，分别超地表水Ⅲ类标准 18 倍、33 倍。

"污水排入松花江，一到夏天，附近江面看起来就像是一条黑带。"沿线居住群众对此反映强烈。

哈尔滨何家沟下游段设有 3 个用于防洪排涝的雨水泵站，也均有大量生活污水汇入。经监测，河松泵站污水化学需氧量、氨氮、总磷浓度分别达 219 毫克/升、44.3 毫克/升、5.1 毫克/升，分别超地表水Ⅲ类标准 10 倍、43 倍、25 倍。"康安泵站每天向何家沟排水 3 万余吨。"督察组监测结果显示，氨氮浓度最高达 13.5 毫克/升，超地表水Ⅲ类标准近 13 倍。

何家沟、松浦支渠是哈尔滨市中心城区的沟渠。全长32千米的何家沟，自南向北在道里区群力新区汇入松花江；位于松北区的松浦支渠全长6.8千米，经排灌站连通松花江。

据悉，2018年，何家沟、松浦支渠入江段被认定为黑臭水体，地方经治理于2020年年底上报实现销号。此次督察发现，哈尔滨水体治理出现反弹，有些水体不到半年即返黑返臭。其中，何家沟入江段为轻度黑臭，松浦支渠入江段为重度黑臭。"当地做了一些工作，但是没做到根子上，存在工作不实、措施不力。"督察组认为。

据了解，何家沟、松浦支渠整治方案中均明确要求，严控污水直排。但督察发现，两条黑臭水体控源截污严重不到位。何家沟沿线截污干管收水区域内没有实现雨污分流，截污干管31个溢流口存在不同程度溢流。一到下雨天，污水混着雨水一起排入江中。"其中，安阳电动闸溢流口的问题最为突出，2021年七、八月间连续开闸放水55天。"督察组工作人员说。

2. 相关处理设施建设严重滞后，有的获批10年未建成

2019年哈尔滨市提出建设群力西污水处理厂，但截至此次督察进驻时尚未开工，建设进度严重滞后。根据《黑龙江省城镇污水处理设施建设"十三五"规划》，何家沟上游的平房污水处理厂应于2020年年底达到一级A排放标准，但至今尚处于调试状态，仍在执行一级B排放标准。

位于何家沟上游的磨盘山净水厂是哈尔滨市主要供水单位，2006年投运以来脱泥处理设施长期闲置，含泥废水处理厂获批10年也始终未建成，致使每天产生的约2万吨含泥废水未经任何处理直排何家沟。督察组现场看到，土黄色的含泥废水中，漂浮着大量絮状污泥，浑浊不堪。

2021年10月底，磨盘山净水厂紧急实施含泥废水处理，但由于自身不具备脱泥能力，将大量极高浓度泥浆经市政管网排入平房污水处理厂，有关部门对此默许放任。

督察进驻期间，平房污水处理厂进水悬浮物浓度瞬时峰值达6 000毫克/升以上，超过设计处理能力23倍，导致污泥生化系统濒临瘫痪，不得不投加超大剂量药剂，治理效果难以保证。

3. 8条黑臭水体治理后6条反弹，整改不能满足于"修修补补"

按照国家《水污染防治行动计划》相关要求，直辖市、省会城市、计划单列市建成区要于2017年年底前基本消除黑臭水体。但据督察组介绍，哈尔滨8条黑臭水体治理后，2021年有6条出现反弹。

"上面督一督，下面动一动。"督察组认为，哈尔滨市和道里区、松北区对松花江流域水环境保护的重要性认识不足，推进城区黑臭水体治理担当作为不够。有关部门履职不到位，主动作为不够，习惯于修修补补，控源截污、清淤疏浚等黑臭水体治理根本性措施长期不落实，离治理目标还有很大差距。

"河道清淤敷衍应对。"督察组工作人员举例说，哈尔滨市2018年制定《何家沟黑臭水体整治工作方案》，明确要求开展河道底泥清淤，但有关区县长期不落实，直到2021年5月黑龙江省级有关部门督办后，才对入江口1.3千米河道实施应急清淤。

但这对于全长 32 千米的何家沟来讲无济于事。督察发现,上游 30 余千米河道沉积大量底泥,最大深度达 2.49 米。

2021 年 11 月下旬,哈尔滨在督察组进驻前,紧急在何家沟上游设置临时围堰,试图减少上游河道底泥对下游水质的影响。但围堰设置后,反而导致上游河道内污泥大量淤积,水质急剧恶化。督察组现场采的水样如黑墨色一般,结果显示水体氨氮浓度高达 48 毫克/升,属于重度黑臭。

"本为治理黑臭水体,却又形成新的黑臭水体。"有关人士认为,当地明知症结所在,但始终不触及根本性问题。

专家认为,要加快环境基础设施的建设,积极规划有效治理。同时,对治理前、治理中、治理后等各阶段,要建立起全过程、动真格监管机制,进行 24 小时水质监测,有异常接诉即办,提升处理时效,保证治理成效。

参考文献

[1] 李秀华. 生态环境危机与强化森林环境使命问题 [J]. 现代农业研究,2020,26 (11):105-106.

[2] 张文富,李月玲. 探讨全球生态危机问题的四个视角及其辨析 [J]. 新时代马克思主义论丛,2023 (1):273-293.

[3] 张丽. 国外学者关于生态危机根源及其消解途径的研究述评 [J]. 世界社会主义研究,2021,6 (1):92-101+104.

[4] 鞠瑞亭. 生物入侵:人类社会新面临的生态环境危机 [J]. 科技视界,2022,12 (19):1-3.

[5] 李晓洁. 马克思主义视野下的生态危机根源问题及其回应:基于整体论的思维方式 [J]. 马克思主义哲学研究,2022 (2):305-313.

[6] 张冠楠. 生态危机的"原罪"与"救赎"探寻:基于福斯特生态学马克思主义思想的分析 [J]. 哈尔滨学院学报,2018,39 (9):14-17.

[7] 陈斌,庄清蓉. 在环保教育中提升初中生的生态思维:"环境危机与生态失衡"教学及点评 [J]. 福建教育,2023 (21):26-29.

第十五章
突发自然灾害的干预与应对

习近平总书记在中央财经委员会第三次会议上指出:"加强自然灾害防治关系国计民生,要建立高效科学的自然灾害防治体系,提高全社会自然灾害防治能力,为保护人民群众生命财产安全和国家安全提供有力保障。"自然灾害一直威胁着人类的安全与生存,它们可以将一座城镇夷为平地,令一个国家瞬间瘫痪,让人类社会翻天覆地。本章阐述了自然灾害的类型与特征,重点分析自然灾害的诱发因素与预防,并介绍自然灾害的干预与处置。

第一节 自然灾害的类型及特征

自然灾害是影响人类可持续发展的主要因素之一。中国位于大陆与海洋的结合部,东濒世界最大的海洋太平洋,西靠全球最高的高原青藏高原,南处于世界最强大的环太平洋构造带与特提斯构造带交汇处,构造复杂,地球生态环境多变。中国又是人口众多的农业大国,经济比较落后,承灾能力低,所有这些叠加在一起,形成灾害类型多、频度高、强度大、影响面宽、损失严重的局面,中国成为世界上自然灾害最严重的国家之一。自然灾害分类是十分复杂的问题,因此分类的方法也有所不同。根据自然灾害的特点、减灾系统和灾害管理的不同,自然灾害分为气象灾害、海洋灾害、地质灾害、生物灾害等。

15-1 文章 2022年全国自然灾害基本情况

一、气象灾害

气象灾害是指大气运动和演变对人类生命财产、国民经济及国防建设等造成的直接或间接损害。气象灾害主要有暴雨洪涝、干旱、台风、风雹、浓雾、沙尘暴等。我国是世界上受气象灾害影响最严重的国家之一,独特的地理位置致使我国气象灾害的种类较多、发生频次高、分布地域广、持续时间长。暴雨洪涝、台风、干旱、寒潮等主要气象灾害的分布地区及形成原因,如表15-1所示。

表 15-1 气象灾害的分布地区及形成原因

自然灾害		分布地区	形成原因
气象灾害	暴雨洪涝	主要分布在我国南方地区	雨季长，降水过多，夏季多暴雨，地势低平，河湖众多
	台风	主要分布在东南沿海地区	台风从低纬度海洋入侵，在东南沿海地区登陆后逐渐减弱甚至消失
	干旱	主要分布在华北地区	降水少，尤其是春季降水少，工农业发展需水量大
	寒潮	主要影响我国的西北、华北、南方地区	分东、中、西路，寒潮一般多发生在秋末、冬季及初春时节。强冷空气使气温24小时内下降8℃以上，且最低气温下降到4℃以下

1. 暴雨洪涝灾害

暴雨洪涝灾害是我国出现频率最高、影响范围和造成损失最大的自然灾害，随着社会经济发展，洪涝灾害影响范围和经济损失均呈现出上升态势。我国的洪涝灾害十分频繁，平均不到两年就发生一次较大的洪涝灾害，每年都会因洪涝灾害造成大规模的损失。暴雨洪涝灾害主要发生在长江中下游及华南、华中、华北、东北等地区，以七大江河中下游的河南、安徽、江苏、湖北、湖南、吉林、黑龙江、四川最为严重。

据历史资料记载，从西汉到清末（即公元前206年至1911年）的2 117年间，中国发生较大洪涝灾害1 011次，平均两年一次。历史上危害严重的黄河，"三年两决口、百年一改道"，泛滥范围北到天津，南至淮河流域，总计25万平方千米。1933年黄河大水，南北两岸大堤决口50余处，死亡1.8万人。长江自汉代开始就有水灾记载，1931年长江、淮河洪水，共导致约40万人丧生。自20世纪90年代以来，暴雨洪涝造成的受灾程度远高于常年平均水平，长江和淮河流域洪涝灾害频数明显增加。

根据我国自然受灾人口分布情况而言，2021年造成影响最严重的是洪涝灾害。2021年下半年开始，7月份出现4次特强降雨过程，其中河南省遭遇历史罕见特大暴雨，引发特大暴雨洪涝灾害，受灾范围广、人员伤亡多、灾害损失重。7月中下旬至8月，山西晋城、湖北随县、陕西蓝田等地出现极端强降雨，引发严重城市内涝、山洪和地质灾害。9—10月，长江上游和汉江、黄河中下游、海河南系等流域相继发生罕见秋汛，山西、陕西、河南等地受灾区域与主汛期洪涝灾区重叠，加重了灾害影响，全年暴雨洪涝灾害共造成5 901万人次受灾，占总受灾人口的55.1%。当年，干旱灾害、台风灾害、低温雪灾和地震灾害分别造成2 068.9万人次、482万人次、327.4万人次和58.5万人次受灾，具体情况如图15-1所示。

根据死亡失踪情况而言，2023年我国各种自然灾害共造成9 544.4万人次不同程度受灾，因灾死亡失踪691人；2022年因灾死亡失踪554人；2021年因整体洪涝灾害较大影响，死亡失踪人数较多，达867人，相较2020年增加276人。其中暴雨洪涝灾害死亡失踪人口达590人、地震死亡失踪人口达9人。2016—2023年中国自然灾害死亡失踪人中及增长率如图15-2所示。

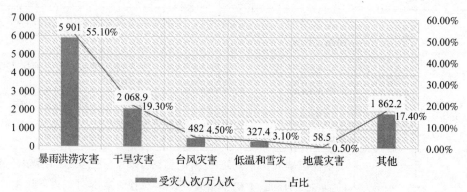

图15-1 2021年中国自然灾害受灾人口分类占比情况

（数据来源：应急管理部，华经产业研究院）

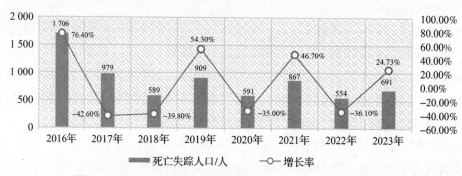

图15-2 2016—2023年中国自然灾害死亡失踪人口及增长率

（数据来源：国家统计局，应急管理部，华经产业研究院）

2. 台风灾害

台风是地球上破坏力最强的天气现象。世界上位于太平洋西岸的国家和地区，几乎都会受到台风的影响。我国是世界上少数几个受台风影响严重的国家之一，台风也是影响我国的主要灾害性天气现象之一。

我国平均每年有7个台风登陆，最多的年份达12个。台风登陆时间主要集中在每年7—9月，这三个月登陆的台风个数约占全年登陆总数的3/4。台风初次登陆我国的时间平均在每年6月下旬，末次登陆时间平均在每年10月上旬。台风登陆的地区几乎遍及我国沿海地区，其中，登陆广东、福建和台湾地区三省的次数为最多。沿海各省从海南、广西、广东、福建一直到辽宁等12省（自治区、直辖市），以及中部地区的湖南、湖北、江西等省份，均可受到台风活动的影响。

台风具有巨大的能量，常伴随着狂风、暴雨、巨浪和风暴潮等，往往会造成群众生命和财产的巨大损失。台风所导致的灾害有两个明显的特征：一是损失规模庞大；二是随着经济发展水平提高，损失呈现增长趋势。我国每年因台风及次生灾害造成的人员死亡平均为486人，占气象灾害死亡人数的16.2%，直接经济损失为274.4亿元，占气象灾害经济损失的

21.4%。1990年以来,台风给我国造成的年直接经济损失呈明显上升趋势。

3. 干旱灾害

干旱是指因某一时段降水量显著偏少而发生的灾害。干旱是我国最常见、对农业生产影响最大的自然灾害,具有发生频率高、持续时间长、波及范围广的特点。干旱灾害在全国各地都有发生,但分布不均,北方以春旱为主,长江流域、江南和江淮之间伏旱较频繁。我国平均每年干旱灾害受灾面积达2 180万公顷。干旱受灾面积占农作物总受灾面积的50%以上,严重干旱年份比例高达75%。干旱带来的损失占气象灾害造成损失的50%以上。

最近100多年来,我国相继出现了1900年、1928—1929年、1934年、1959—1961年、1972、1978年和1999—2001年等大旱年,其中1959—1961年的3年连旱,影响10多个省(自治区、直辖市),平均受旱面积达到3 659万公顷,粮食减产611.5亿千克。

4. 低温冻害和雪灾

低温冻害是指因冷空气异常活动造成剧烈降温及雨雪和霜冻所造成的灾害事件。雪灾又称白灾,是指因大量降雪造成大范围积雪成灾的现象。

低温冷冻灾害就季节而言,春季低温主要危害江南及华南地区;夏季低温主要发生在东北;秋季低温主要危害我国南方地区;冬季冻害主要影响我国南方。雪灾在我国东北地区及新疆、内蒙古、甘肃、青海、云南等省(自治区)都有发生。我国雪灾的多发区域有内蒙古高原牧区即大兴安岭以西、阴山山脉以北的草原牧区,青藏高原牧区细分为青南、藏北、藏南3个牧区,新疆北部山区和祁连山牧区。其中,青藏高原东部雪灾发生频率最高。2007年3月2—5日,辽宁、吉林、黑龙江、山东等地出现1951年有气象记录以来历史同期最强的暴风雪(雨)天气,北方8省(自治区、直辖市)直接经济损失约141.3亿元。

5. 沙尘暴

沙尘暴是干旱地区特有的一种气象灾害,通常发生在我国北方地区,尤其是西北地区。我国沙尘暴主要发生在春季,塔里木盆地周围、河西走廊—陕北一线、内蒙古阿拉善高原、河套平原和鄂尔多斯高原是沙尘暴的多发区。

强的沙尘暴风力可达12级以上,沙尘暴产生的强风能摧毁建筑物、树木等,造成人员伤亡,刮走农田表层沃土,通常以风沙流的形式淹没农田、房屋、道路等,恶劣的能见度可造成机场关闭,引发各种交通事故。1993年5月5日,发生在甘肃武威地区的特强沙尘暴,致使87人死亡、31人失踪,直接经济损失约6亿元。从沙尘暴发生的范围变化来看,近半个多世纪以来,我国沙尘暴影响范围呈减少趋势。20世纪50年代后期和70年代沙尘暴出现较多,20世纪80年代以来逐渐减少。

6. 其他气象灾害

我国其他常见的气象灾害还有高温、风雹、大雾等。

高温灾害主要表现为气温太高而引起人员、动植物不能适应的现象。通常认为日最高气温达到或超过35 ℃以上时称为高温,达到或超过37 ℃以上时称酷暑。夏季日最高气温在35 ℃以上的高温在我国普遍存在,华南、华东、华中、华北地区出现频率较高,尤其长江中游、下游地区出现频率更高。2003年夏季,我国江南和华南大部分地区出现了持续的高温天气，历时 40 多天，其持续时间之长、范围之广非常罕见。一些地方甚至打破了近 50 年乃至 100 年来的历史记录。

风雹灾害是指冰雹、大风和龙卷风等强对流性天气造成的灾害，通常发生在春季和夏季。大风是指风力达到 8 级及以上的风。由于冰雹常常伴随着大风、雷雨出现，因此在很多情况下很难将其与风灾完全区别开来。冰雹灾害在我国的分布比较广泛，全国各地均有发生，但以东部地区为主。总体上华北地区发生频次最多，主要发生于 5—9 月；东北和西南地区次之，主要发生在 3—5 月；长江中下游地区则在 3—4 月最易发生风雹灾害。年均冰雹灾害受灾面积达 173 万公顷，重灾年达 400 万公顷，经济损失约为 10 亿元。龙卷风平均每年 100 个左右。

大雾灾害在我国四川盆地、长江和淮河流域、华南、华北及东北等地均有发生，尤其以四川盆地和长江流域浓雾天气较多。大雾天由于能见度差，对交通影响较大。浓雾时空气湿度大，且含有较多污染物质，容易覆盖在输电设备表层影响设备绝缘能力，从而发生停电、断电故障，影响工农业生产及人们生活用电。

表 15-2 是气象灾害类型与典型案例。

表 15-2 气象灾害类型与典型案例

气象灾害类型	典型案例
暴雨洪涝灾害	2021 年 7 月 17—23 日，河南省遭遇历史罕见特大暴雨，发生严重洪涝灾害，特别是 7 月 20 日郑州市遭受重大人员伤亡和财产损失。灾害共造成河南省 150 个县（市、区）1 478.6 万人受灾，因灾死亡失踪 398 人，其中郑州市 380 人、占全省 95.5%；直接经济损失 1 200.6 亿元，其中郑州市 409 亿元，占全省 34.1%
台风灾害	2023 年 9 月 01 日 14 时 00 分，深圳市气象台将全市台风橙色预警信号升级为红色。"苏拉"成为深圳历史上第 4 个带着"红色预警"登陆的超强台风
干旱灾害	2013 年，贵州出现全省性大面积旱情，共有 57 个地区出现旱灾。根据数据显示，在 7 月 31 日就有 181.6 万人出现饮水困难的情况，60 多万公顷的农作物受到影响，其中 7.85 万公顷的农作物出现绝收的情况
低温冻害	2022 年 2 月 18 日至 21 日，广西部分地区出现低温冷冻极端天气，造成广西受灾人口达 29 994 人，农作物受灾面积 196.48 公顷，直接经济损失 2 583.91 万元
沙尘暴	2021 年 3 月 14 日，北方多地都遭遇了 10 年以来最强沙尘天气。受冷空气影响，新疆、甘肃、内蒙古、北京等 12 省市出现明显的沙尘天气，部分地区出现沙尘暴。这是近 10 年来我国遭遇强度最强的一次沙尘天气过程，沙尘暴范围也是近 10 年最广的一次

续表

气象灾害类型	典型案例
其他气象灾害 （高温、风雹、大雾）	2023年夏季，全国平均高温日数为1961年以来历史同期第二多，仅少于2022年同期。2023年，我国共发生13次高温过程，其中6月29日—7月2日、7月5—16日为全国型高温过程

2022年，中国因各类自然灾害造成的受灾人口中，干旱灾害占比最高（46.6%），其后依次为洪涝灾害（30.0%）、低温冷冻和雪灾（10.0%）、风雹灾害（8.3%）、台风灾害（4.2%），地震灾害、地质灾害、沙尘暴灾害等其他灾害占比均相对较低，如图15-3所示。

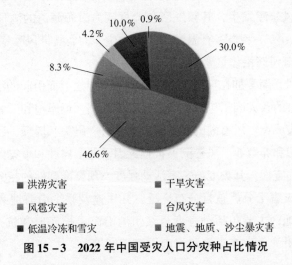

图15-3 2022年中国受灾人口分灾种占比情况

2022年，中国因各类自然灾害造成的死亡失踪人口中，洪涝灾害占比最高（30.9%），其后依次为地质灾害（24.5%）、地震灾害（22.0%）和风雹灾害（15.9%），森林草原火灾、低温冷冻和雪灾及台风等其他灾害占比均相对较低，如图15-4所示。

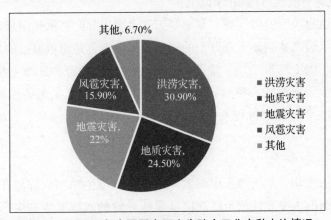

图15-4 2022年中国因灾死亡失踪人口分灾种占比情况

二、海洋灾害

海洋灾害种类多样，大致可分为突发性海洋灾害和缓发性海洋灾害，前者包括风暴潮、灾害性海浪、赤潮、海冰、海啸、海雾六种海洋灾害，下面以风暴潮、灾害性海浪、赤潮和海冰四种海洋灾害为例进行说明。

1. 风暴潮

风暴潮是一种灾害性的自然现象，由于剧烈的大气扰动，如台风和温带气旋等灾害性天气系统，导致海水出现异常升降。风暴潮的空间高度达到几十千米甚至上千千米，时间长度为数小时到数天。按照诱发风暴潮的大气扰动特征分类，风暴潮可分为台风风暴潮和温带风暴潮两大类。中国大陆沿海夏、秋季节多有台风风暴潮发生，其频发区和严重区为沿海海湾的湾顶及河口三角洲区。中国黄海、渤海沿岸春、秋、冬季多有温带风暴潮发生，3个温带风暴潮频发区和严重区依次为莱州湾、渤海湾和海州湾沿岸区。

15-2 视频
风暴潮的形成

风暴潮灾害是指风暴潮叠加在正常潮位、风浪和涌浪之上而引起的沿岸海水暴涨所酿成的巨大灾害。风暴潮灾害的致灾因子包括风暴潮、天文大潮、近岸浪和三者间的耦合作用，偶尔也会因与上游洪水碰头成灾。风暴潮的承灾体包括港口、码头、堤坝，以及海水漫堤后可能被淹没的沿岸房屋、农田和养殖业。风暴潮灾害致灾因子的多样性和承灾体的特殊性使风暴潮灾害风险具有极大的不确定性，其灾度与灾害活动强度、预警准确性的相关性也更加复杂。

中国近海风暴潮灾害十分严重且分布广泛，几乎遍及整个沿海地区，并且一年四季都有发生，灾害较严重的地区主要包括渤海湾至莱州湾沿海、长江口和杭州湾、浙江中部沿海、福建北部沿海、广西沿海、广东沿海和海南沿海地区等。

2. 灾害性海浪

风浪、涌浪和近岸浪三种海上波浪统称海浪，本节讨论的海浪主要是风浪，其周期为0.5~25秒，波长为几十厘米到几百米，一般波高为几厘米到20米，在罕见的情况下波高可达30米以上。

15-3 视频
海浪的形成原因

灾害性海浪是由台风、温带气旋、寒潮等天气系统引起的强风作用形成的。中国近海灾害性海浪通常指海上波高达到4米及以上的海浪，海浪灾害是海难事故的最主要原因，它会给航海、海上施工、海上军事活动、渔业捕捞等带来极大危害，是海上经济开发的最大障碍。我国海域辽阔，渤海海峡、黄海、台湾海峡和南海都易发生灾害性海浪过程，总体来看，占我国56%的灾害性海浪过程发生在东海区域（包括台湾海峡、台湾省以东洋面和巴士海峡）。

3. 赤潮

赤潮又称藻华或水华，是指海水中某些浮游植物、原生动物或细菌在一定的环境条件下短时间内突发性增殖或高度聚集所导致的水体变色的生态异常现象。赤潮并不一定都是红色也不一定都有害，它仅仅是各种颜色的生物突发性增殖现象的统称。因赤潮生物种类和数量的不同，水体呈现不同的颜

15-4 视频
赤潮的形成原因

色。赤潮主要发生在水温适宜、阳光充足的春季，随着季节的变换，无害的赤潮现象会很快消失，并不会给环境带来影响。

赤潮包括有毒赤潮和有害赤潮。按照目前国际赤潮研究界的定义，有毒赤潮和有害赤潮统称为有害藻华。有毒赤潮是指赤潮生物体内含有某种毒素或能分泌出毒素，并且赤潮毒素达到或超过一定的浓度标准。有害赤潮是指赤潮过程引起海洋生态系统异常变化，破坏了海洋生态系统的食物链，对海洋生物的生存造成威胁。

赤潮灾害对养殖业和渔业造成损失，也会对海洋生物的生存环境造成破坏，以及对海洋生物和人类的生命安全造成危害。近年来，赤潮灾害频繁发生。根据《中国海洋灾害公报》统计，1989年至今我国因赤潮灾害造成直接经济损失高达56.88亿元，赤潮灾害已得到社会广泛关注。

4. 海冰

海冰是指直接由海水冻结而成的咸水冰，亦包括进入海洋中的大陆冰川（冰山和冰岛、河冰及湖冰）。海冰灾害是极地和高纬度海域所特有的海洋灾害，是指由海冰引起的影响到人类在海岸和海上活动实施和设施安全运行的灾害，特别是造成生命和资源财产损失的事件，如航道阻塞、船只及海洋设施和海岸工程损坏、港口码头封冻、水产养殖受损等。

15-5 视频
海冰的形成原因

中国沿海发生海冰灾害的海域包括渤海以及北黄海，大致划分为辽东湾、渤海湾、莱州湾和黄海北部四个小区。虽然1969年至今渤海及黄海北部冰情总体上呈缓解的趋势，但冰情严重或较重的年份仍时有发生，随着海上经济活动的增加，冬季海冰的危害和威胁仍然不能忽视。根据资料统计，严重或比较严重的海冰灾害发生频率约为五年一次，而局部海区出现海冰灾害的频率就要高得多，几乎年年都有发生。

海洋灾害类型与典型案例如表15-3所示。

表15-3 海洋灾害类型与典型案例

海洋灾害类型	典型案例
风暴潮	2023年11月2日，风暴"夏兰"袭击欧洲多地，风速一度超过每小时200千米，引发洪水，导致停电，严重影响交通，学校停课。这场风暴已造成意大利、法国、比利时、德国、西班牙、荷兰等国至少10人死亡，多人受伤
灾害性海浪	2023年2月21日，在广东珠海担杆岛附近海域，一艘名为"粤阳东渔11122"的渔船因遭遇海浪，导致渔船缆绳断裂，3名渔民作业时受伤，其中1人伤情严重
赤潮	2023年7月31日至8月10日期间，日本橘湾海域发生赤潮，大量有害浮游生物滋生，造成大批鱼类死亡，损失极大
海冰	2009—2010年，渤黄海遭遇30年同期最严重冰情，海冰灾害对沿海地区社会、经济产生严重影响，造成巨大损失。辽宁、河北、天津、山东等沿海三省一市受灾人口6.1万人，船只损毁7 157艘，港口及码头封冻296个，水产养殖受损面积20.787万公顷，因灾直接经济损失63.18亿元

三、地质灾害

地质灾害通常是指由于地质作用引起的人民生命财产损失的灾害。由降雨、洪水、地震等因素诱发的称为自然地质灾害；由工程开挖、堆载、爆破、弃土等人类工程引发的称为人为地质灾害。根据2004年国务院颁发的《地质灾害防治条例》规定，常见的地质灾害主要是指危害人民生命财产安全的崩塌、滑坡、泥石流、地面沉降和地面塌陷等与地质作用有关的灾害。

15-6 视频
如何应对地质灾害

1. 滑坡

滑坡是指斜坡上的部分土体在人为和自然因素的影响下，在重力的作用下沿着某一界面向下运动的一种现象。滑坡的形成主要是因为斜坡土体和岩体的岩性较弱，在水或者其他外力的作用下，使该斜面上岩土体的平衡受到破坏，进而发生滑坡的现象。滑坡体通常都有一个联通的滑动面和临空面，再加上斜体总下滑力大于总抗滑力，导致了滑坡的形成。滑坡多发生在山地、丘陵和河谷单独的地貌内。滑坡的发生不仅受到斜体底层岩性和地形地貌的影响，也受到水文地质条件、地质构造及人为因素等影响，其中水的作用和地壳内部运动是诱发滑坡发生的重要因素。有研究表明，滑坡中有90%以上与水的作用相关，且随着水进入斜体岩体或土体后，不仅增加了岩土的重量，也对岩体和土体进行了软化，同时对覆盖岩体也产生了一定的润滑作用，进而导致滑坡的发生。因此，高强度或长时间降雨常诱发滑坡，火山喷发、地震等，地壳震动也会诱发滑坡。

2. 崩塌

崩塌是指陆地上的岩体或者土体在重力或其他外力的作用下，发生向下崩落的地质现象，根据崩塌地质的组成分为岩崩和土崩。崩塌的发生受地形地貌条件、岩性条件及地质构造等条件的影响，多发生在坡度大于50°的斜坡或者悬崖上，且坡度越大越容易发生崩塌。此外，崩塌的发生也受到其他因素的影响，如冬季与夏季、白天与黑夜之间的温度差导致岩石发生风化。地表水对岩体或者土体不断地冲刷、溶解等导致岩体或者土体的质地变得松软，或者水分浸入到山体内部，增大了山体内部水的压力，进而形成崩塌。人类不正当的工程建设和强烈的地震也会破坏山体的平衡导致崩塌的发生。根据崩塌落体的体积可以分为特大崩塌、大型崩塌、中型崩塌及小型崩塌四类。安徽省皖南山区在梅雨季节由于降雨量大、地貌高差大、构造运动频繁等特点，是崩塌高发地带。

3. 泥石流

泥石流是山区特有的一种地质灾害，它是指由于强降水或者其他原因导致在地形险峻的山区或沟壑内发生携有泥沙、水以及石块的一种山体滑坡。泥石流具有时间短、破坏力强等特点，对人们的财产危害较大。根据泥石流中固体的含量将其分为稀性泥石流（含有10%~40%的固体物质）和黏性泥石流（含有40%~60%的固体物质）。泥石流的发生具有一定的特殊性，其发生需要同时满足以下三个条件：一是地形地貌条件，泥石流一般发生在丛林密布、地形陡峭、地质复杂、沟纵坡相对高程大，以及山谷等容易发生泥沙和水流汇集的地貌中，泥石流的发生一般分为形成区、流通区及沉积区；二是发生区要有充足的松散物来源，如滑坡、崩塌等不良地质的发育，以及人类不合理的工程活动等；三是泥石流的发生需要大量的水分，所以泥石流多发生在强降雨、暴雨、洪水，以及冰雪融水等情况下。

4. 地面沉降和地面塌陷

地面沉降是指在各种因素的作用下，地层发生变形，导致地表水平面标高降低的现象，地面塌陷多表现为松散土层中发生的突发性断裂陷落。

地面塌陷的发生多是受到人为因素和自然因素的影响，主要表现为表岩体或者土体向地面下方塌陷，形成塌陷坑的一种现象，其中，城市附近地下水的过度开采是造成地面沉降和地面塌陷的主要原因。如果在一个区域过度抽取地下水，在取水点周边一定范围内会形成沉降漏斗现象，随后出现压密现象，继而导致地面沉降或地面塌陷。

地质灾害类型与典型案例如表15-4所示。

表15-4 地质灾害类型与典型案例

地质灾害类型	典型案例
滑坡	2023年7月8日16时许，湖北五峰县长乐坪镇月山村突发一处山顶山体滑坡，该滑坡体滑向宜（都）来（凤）高速一标段二工区工地，造成14人被困
崩塌	2023年1月1日18时，陕西省紫阳县高滩镇关庙村麻叶湾高绕公路边坡出现崩塌，造成坡体下方2户14间房屋受损、道路中断。由于人员撤离及时，避免了2户10人的伤亡
泥石流	2022年6月22日，广西龙胜各族自治区龙胜镇玉龙巷发生泥石流，仅仅三分钟，房屋就被泥石流完全推倒
地面塌陷	2019年，乐山发生地面塌陷事件，地陷口大小约为1 300平方米，深度达到40多米。事件造成12人失踪，直接经济损失逾2亿元
地裂缝和地面沉降	2023年5月31日，津南区八里台镇八里台东路部分路面隆起开裂，碧桂园凤锦庭院局部草坪路面开裂、部分地下停车场出现墙体裂痕、渗水，小区内外出现多处沉降与裂缝

四、生物灾害

1. 虫害

常见的农作物害虫有蝗虫、水稻螟虫、黏虫、棉铃虫等。据世界粮农组织统计，受虫害影响，世界谷物产量每年损失约14%，棉花产量损失约16%。常见的森林害虫有松材线虫、松毛虫、天牛等，对森林的危害巨大。

蝗灾是危害最严重的爆发性生物灾害。我国已知蝗虫有800多种，对农业可造成危害的约有60余种。其中危害最严重、成灾率最高的是飞蝗，又称"蚂蚱"。东亚飞蝗主要分布在华北和华东沿海各省，对我国危害最大。蝗灾的爆发与旱涝有密切的关系。蝗虫产卵需要土壤含水量较低，且植被覆盖率较低，干旱少雨的年份，河湖水位降低，退水区域特别适合蝗虫产卵。若后期多雨又有利于蝗虫幼虫成长，蝗灾就会爆发。因此蝗灾往往和旱灾接连发生，又称"旱蝗"。

2. 鼠害

鼠类可分为野栖鼠和家栖鼠。根据野栖鼠的主要栖息地，可以划分为田鼠、草原鼠和林鼠等类型。自20世纪70年代以来，我国农牧区鼠害十分严重，每年鼠害发生面积超过2 000万公顷，损失粮食达150亿千克。鼠害通过鼠类啃食植物，在地下打洞等活动危害植物的根系，造成农作物减产、森林和草场的破坏，危及水库和防洪大堤的安全。鼠类还会传播疾病，危害人体健康。

3. 外来物种的引进、生物入侵

任何生物物种，总是先形成于某一特定地点，随后通过迁移或引入，逐渐适应迁移地或引入地的自然环境并逐渐扩大其生存范围，这一过程即被称为外来物种的引进。合理的引进外来物种是有益的。外来种对新进入的环境的生物多样性、农林牧渔业以及人类健康造成经济损失或生态灾难的过程，就称为生物入侵。

近年来，生物入侵给我国生物多样性和生态环境带来严重危害，同时造成巨大的经济损失。在国际自然保护联盟公布的全球100种最具威胁的外来物种中，我国已有50余种，成为遭受生物入侵危害最严重的国家之一。

生物灾害类型与典型案例如表15-5所示。

表15-5 生物灾害类型与典型案例

生物灾害类型	典型案例
虫害	2023年7月14日，湖南桃江发生蝗灾，大量蝗虫肆虐，蔓延周围各乡镇，给当地农作物和生态环境造成了巨大的威胁
鼠害	2022年2月初，湖南一村庄遭受上万只老鼠疯狂攻击，千亩良田毁于一旦
生物入侵	福寿螺。一只福寿螺体内有多达6 000多条寄生虫，对人体危害非常严重，福寿螺的繁殖速度惊人，一年能产下上万颗卵，食量还特别大，它对农作物的破坏也是相当大的，堪称"水稻杀手"

第二节 自然灾害的诱发因素分析

一、滑坡地质灾害的诱发因素

滑坡作为当前比较严重的一种地质灾害，其产生与所在地区的地质因素有着非常密切的关系。首先，因为滑坡在实际发生过程中的典型表现是岩土体出现一定程度的滑移。从理论上来分析，在任何一些斜坡上面的岩土体都有发展成为滑坡体的可能性。再结合滑坡地质灾害的实际作用机理，以及目前我国已经发生过的、比较严重的滑坡地质灾害具体案例来看，具有的结构强度相对来说比较低，以及剪切抗性比较差的岩土类型发生滑坡地质灾害的可能性会更强，比如，在山坡上面存在的一些碎屑岩、页岩以及风化岩等。其次，滑坡地质灾害产生的一个非常重要也是必要的条件就是山体或者是岩体的斜坡。在一般情况下，当斜坡的实际坡度在 10°~45°之间，滑坡地质灾害是最容易形成的，在此基础上，如果斜坡的上下两端相对来说陡峭程度比较大，而斜坡的中部区域相对来说平缓，这还会在很大程度上提高滑坡地质灾害的实际形成概率。最后，即使在斜坡上面拥有一定数量的岩土体，但是如果该斜坡所在的区域的地质条件相对来说比较稳定，并不会产生较为严重的地质运动，那么岩土体也很难受到来自外界的滑移作用力，也就很难产生滑坡地质灾害。也正是因为如此，在一些滑坡地质灾害比较高发或者是容易发生的区域内部，往往都存在严重的地质构造不够稳定的问题，比如，一些比较常见的断层、裂隙、风化严重，以及斜坡表面的土质出现了一定程度的疏松或者是软化的情况。

15-7 视频
地质灾害防治
科普知识-滑坡

除地质条件本身可能带来的影响外，外部环境扰动也是直接导致滑坡地质灾害发生的比较重要的影响因素。从外部环境的角度来展开对于滑坡地质灾害诱发因素的研究，外部环境实际可能产生的扰动因素还可以分成自然扰动和人为扰动这两种类型。其中，自然方面的扰动因素主要包括有降雨、降雪、地震、海啸、河流冲刷，以及地下水的运动等因素。比如，在自然环境当中实际产生的地表径流及冰雪融水所实际带来的渗透侵袭的作用下，岩土体很容易就会发生相应的软化，进而会在很大程度上直接导致岩土体自身的结构强度出现非常严重的降低。与此同时，因为岩土体自身还会受到来自地球重力的作用，雨水和融雪水都会沿着斜坡自上而下地进行持续性地流动，这样一来就会对于斜坡表面的岩土体产生一些更加强烈的带动影响，进而导致滑坡地质灾害的发生。

而目前人为扰动因素主要包括所有可能对于岩土体的稳定结构，以及当地的地质稳定性产生不同程度破坏的行为，比如，爆破施工、建筑施工、采煤挖矿、边坡堆载和水库泄水等。其中，非常值得有关部门投入较多关注的是，自然环境当中存在有比较多的外部扰动因素的时候，滑坡地质灾害与一些外部的扰动行为其实并不是同时发生的，这两者往往会存在有一个比较大的时间差，也就是说人为的扰动因素对于滑坡地质灾害实际产生的影响具有比较强的滞后性。而在自然扰动因素方面，自然环境中的降雨量、积雪的实际覆盖厚度越大，河流及地表的径流实际能够受到的冲刷作用往往来说就会更加地明显，这样滑坡地质灾害实际发生的滞后周期就会被缩短。但是在一些人为扰动因素的现实影响下，人为活动的频率越大，对于岩土体自身稳定结构的破坏程度就会越强，导致滑坡地质灾害发生的滞后期就被缩短。

二、林业病虫害诱发因素

1. 气候因素

随着经济快速向前发展，环境问题如温室效应越来越严重，许多地区的气候一直处于不稳定的状态。我国的林木种类繁多，如果林木在成长的过程中存在病虫害，又没有得到及时地防治，再加上气候的变化，这些病虫害就会获取最佳的生活环境，给林木的绿色持续发展带来严重的影响。温室效应会增加地方的降水量，冬季的气温也会有所回升，导致一些本无法越冬的害虫，在经历严寒的冬天之后仍然可以存活。林业病虫害的种类及数量越来越多，林业受灾的面积逐渐扩大，这些影响了林业的稳定可持续发展。

2. 林区管理

林业地区的工作人员，在管理的过程中，由于受到传统工作管理理念的影响，忽视了林业的社会效益和环境效益，经常会出现乱砍滥伐树木的现象。随着国家越来越重视环境工作，乱砍滥伐的现象得到了有效的制止，但是已经被破坏的生态环境，在短时间内无法得到快速的恢复。

3. 病虫害防治体系不完善

林业具有一定的特殊性，大多数树木所种植的地区都比较偏远，负责管理的人员并不具备较高水平的管理知识。地方过于偏远，福利待遇得不到提高，也使得林业管理工作无法吸引更多、更优秀的专业人员。而林业地区一直没有对管理技术和管理体系进行升级和优化，使得现阶段所应用的病虫害防治体系不健全，也不科学。由于缺乏健全的病虫害防治体系，树木在种植的过程中经常会遭受病虫害的侵扰，有些病虫害在萌芽时期如果被扼杀，那么造成的影响就不会很严重。随着人工林的种植面积逐渐扩大，人工种植的树种过于单一，使得个别地区的生物多样性受到了影响，这也给病虫害带来了最佳的生长环境。人工种植树种的单一性，会降低生态环境抵御病虫害的能力。

4. 过度使用化学农药

林业在进行管理的过程中，基本应用的都是传统防治方式，这些方法大多数都是依赖于化学农药。在使用化学农药进行病虫害防治工作的过程中，虽然在初期会取得比较明显的效果，但是站在长远的角度来分析，化学农药虽然消灭了许多病虫害，但是也伤害了许多有益的生物。长时间使用农药，会使病虫害在长年的生长过程中产生抗药性，随着害虫的繁殖速度会越来越快，单一化的农药已经不能取得较好的防治效果，这无疑会增加化学药物防治病虫害的成本，而且也会加重对周围生态环境的影响。

5. 病虫害预警工作不到位

林业病虫害预警机制不够完善，在对病虫害防治工作的过程中处于被动的状态，使得整体的防治效果不理想。病虫害防治工作的资金不充足，所设置的定点检疫站过少，一些检疫站工作不能全面开展，在推广新技术和新理念时存在比较大的难度。病虫害监测预警团队不稳定，缺乏专业的技术管理人员，一些突发的事件不能得到有效的处理。由于缺乏资金，团队中的检测设备大多数都比较陈旧，没有得到及时的更新，因而针对工作的检测结果也会不准确。

三、诱发森林火灾的因素

1. 自然因素

引起火灾的自然火源多为雷击火，雷击是诱发森林火灾的因素之一。当空中带电的云块进入林区上空后，如果发生雷暴或落雷现象，就会把林区的树木和杂草点燃引起火灾。干旱季节，地面的腐殖质经阳光强烈照射会出现高热，发生自燃，引起森林火灾。山上自然滚落的岩石产生撞击引起火花也有可能诱发森林火灾。

2. 人为因素

（1）生产性用火。人们在林区从事农牧生产、林副业、工矿交通运输业等生产性活动过程中有时要用到火，如果用后没有及时灭火或者灭火不彻底引起复燃，可能会导致森林火灾。

（2）非生产性用火。人们在生活和其他非生产中也会用火，虽然这类的火源少，但也非常普遍，要引起重视。据统计，全国已查明火因的森林火灾中，99.4%是由人为火源引起的，其中，31.6%的火灾是由生产性用火引起的，烧垦、烧荒引起的森林火灾次数较多，其余为非生产性用火引起，野外吸烟、烧火做饭、上坟烧纸是最常见3种火源。

（3）故意纵火。故意纵火的行为非常少见，但也要重视，故意纵火的原因有很多，例如，由于林木、林地影响了自身利益而放火或者因某种目的纵火，这些行为非常恶劣，要坚决杜绝。如果抓到实施行为人，要根据情节的严重性给予惩处，构成刑事犯罪的要追究刑事责任。

（4）防控不力引起火灾。森林火灾的预防和控制是一项系统的工程，防火宣传力度不够，尤其是领导不重视，没有严格控制火源，用火制度不严格；防火投入资金不足，防火基础设施不健全等都会导致森林火灾的蔓延。2004年，发生于大兴安岭北部原始林区的"6·22"重大森林火灾，就是对夏季雷击火灾不够重视，以及防火基础设施建设相对滞后引起的。

第三节　自然灾害的预防

一、地质灾害综合预防

1. 加强监测预防机制

当前，地质灾害预防监测机制主要指采用较为先进的预防报警设备，对高危险性地区的地质灾害进行检查，做到提前预警。为了充分发挥检测设备的作用，需要确保各个环节的监测预警设备与机制能够发挥作用。在早期，自然灾害尚未发生时，工作人员需要利用监测设备对所监测领域进行检查，消除潜在隐患，并针对可能出现的灾害，寻找解决办法。

首先，做好自然灾害监测预警机制的基础工作，例如，监测系统需要工作人员将各地的气象监测系统与地质情况进行结合，针对各地的实际情况，开展有效的预防措施。尤其需要考虑一种灾害发生后是否会产生连带效应，例如，如不能快速控制滑坡会导致泥石流。如果灾害发生在人员较为密集的场所，可能会造成严重的经济损失与人员伤害。因此，工作人员监测的重点在于是否可能会发生连带效应，并及时进行预防干预。

其次，在监测与预警过程中，需要采用监测手段与现代化监测设备相结合的方式，提升地质灾害监测的效率。同时，工作人员需要利用计算机网络与无线信号及时传输地质灾害信息，将预警信息快速传递给当地居民，尽量降低自然灾害所带来的损失。

最后，当地政府部门与居民需要做好联动工作。当自然灾害发生时，工作人员的主要任务是向当地居民示警、传递预警信息，而当地居民则需要及时依据所传递的信息做好灾害预防工作。为此，一方面需要确保信息能够及时快速地传递，另一方面，当地政府需要定期对居民进行专业化培训，提升居民的安全意识。

2. 采取综合防治措施

我国国土辽阔，地形较为复杂，在开展地质灾害防治措施时，需要因地制宜，根据不同地区的实际情况采取不同的措施。由于地质灾害所造成的危害不同，工作人员需要不断更新防治方案，以应对新出现的灾害。在地质灾害频发的地区，需要设置专门的监测部门进行日常监测，并提前做好应急预案。此外，地质灾害工作人员需要采取一些预防方法提升地质环境，如河流在短时间大暴雨的情况下会出现水量剧增，为此在雨季来临之前，工作人员需要对河流进行提前治理，加固水库，避免出现溃坝等情况。同时，需要强化生态建设，加强地质灾害的治理，如当前诸多城市出现的地面沉降问题，是由于地质松动导致地表出现空洞，进而导致沉降。这需要当地政府控制好经济发展与保护环境之间的关系，结合当地情况设计综合防治措施。

3. 强化紧急救援工作

无论前期预警工作准备多么周全，地质灾害的发生仍具有不可控性，从而出现不可控危害。为此，工作人员需要提前做好灾害救援准备工作，在人员密度较高的地区设置专业性救援人员，提高救援效率。同时，在灾害频发的地区，将救援工作纳入日常准备工作中。灾难救援还需要当地居民进行配合，因此需要提高当地居民的安全意识与应急水平，从而积极配合救援工作的开展。

二、海洋灾害的预防

1. 响应机制建设

海洋灾害事件响应机制是从灾害发生后响应到灾害影响消退、应急结束的整个过程中应急救援活动的协调机制，其主要职能是信息的收集与发布，协调各有关部门的活动。所以，响应机制建设重点在于信息获取、辨识能力的建设。

风暴潮、海啸等灾害的发生可能会使一些传统的信息收集方式失效，为了在灾害发生后及时获取灾害的有关信息应建设先进的"3S"信息获取系统（遥感系统、地理信息系统、全球定位系统）。遥感系统（Remote Sensing，RS）可以快速地传导、接受、处理和提取大量与海洋灾害有关的信息，可以从空中大面积地对灾害进行直观的监测研究；地理信息系统（Geographic Information System，GIS）可以在计算机软硬件的支持下，对空间数据进行采集、存储、管理、运算、分析、显示和描述；全球定位系统（Global Positioning System，GPS）能够快速、高效、准确地提供点、线、面要素的三维坐标及其他相关信息。"3S"信息获取系统将三个系统中不同类型的信息整合起来，形成海洋灾害三维可视化信息，使灾害信息更加直观。这些信息形成后可以借用灾害预警信息系统传输到专家系统，进行灾害辨识，确定响应级别，然后启动海洋灾害响应，各部门各就各位、各司其职，进行海洋灾害的抢险救灾。

在海洋灾害处置过程中，一方面要通过"3S"信息获取系统实时传输信息，另一方面要及时收集实地监测的信息，通过对这些信息的分析为灾害救援提供决策支持，当灾害影响消退时及时发布信息、及时结束应急响应。灾害结束后要根据所有的信息对本次灾害的总体状况进行评估，将评估结果公开发布，并将本次灾害信息输入到灾害历史数据库中，为下次灾害预警与处置提供借鉴经验。

2. 避难迁安能力建设

风暴潮、海啸等海洋灾害对建筑物的破坏是巨大的，当重大风暴潮、海啸等灾害来临时，为了保护沿海居民生命安全，应该引导他们到安全地点避难。要合理建设避难场所，沿海地区在城市规划中应该选择地势较高、地质结构较稳固的地方建设重大灾害避难工程，可以建成公园，平时供休闲娱乐，灾时作为避难所。另外，一些广场、体育馆等也可以作为避难场所。要合理布局这些避难场所，保证所有受影响居民都能及时找到避难所，平时要加强宣传，使居民清楚避难所的位置及逃生路线，灾害发生后城市相关部门、居委会要积极引导居民避难，合理疏散人流，避免拥堵，减少伤亡。

3. 抢险救灾与保障能力建设

不同的海洋灾害事件涉及不同的部门，下面就针对不同的灾害来论述抢险救灾与保障能力建设。

赤潮、绿潮等海洋生态灾害其影响范围主要集中于海上，可能的危害是造成海水养殖减产。在赤潮、绿潮形成后，受影响的渔民应积极开展自救，在赤潮和绿潮造成严重损失之前，抢收已经具有经济价值的水产品、幼苗等，在可接受的成本范围内进行转移。由于赤潮、绿潮主要是通过减少海水含氧量使水生动物窒息死亡，所以渔民也可以向海水中充氧，增加海水含氧量，减少损失。渔民自救只是救援的一部分，政府救援才是核心。赤潮、绿潮发生后政府相关部门应积极采取措施减弱灾害影响，海洋与渔业局、国家海洋局、环保部门等部门应及时在海上设置围栏等限制或减缓赤潮、绿潮向海岸的行进速度，并且投入人力、物力及时清理赤潮、绿潮以降低其密度。

对于溢油海洋污染灾害，其处置程序与赤潮、绿潮处置相似，但是溢油对海洋生态的影响十分深远，其危害会持续几年甚至几十年，所以溢油的处置能力要求更高，不仅要组织力量对原油进行清理，还要持续对受污染海域进行监测，对可能出现的生态灾害进行监控治理。

对于风暴潮、海啸等灾害，其影响范围不仅局限于海上，还会对陆上的建筑物、居民造成危害，所以其处置涉及更多的部门。灾害发生后，民政部门要及时运送储备物资到灾区，这就涉及物资储备和配送能力建设，沿海地区救灾物资储备库要选择地势较高的地方，防止被风暴潮和海啸引起的洪水淹没；民政部门还要管理好社会各界爱心人士的捐助，保证捐助物资能及时运到灾区。为了保证物资运送道路通畅，交通运输部门要组织力量及时抢通道路，并且要在灾区修建临时停机坪，供直升机起落，提高物资运输的效率。卫生防疫部门要及时派出医疗救援组赶赴现场对受伤群众进行救治，并且派出专业疾病防疫队伍深入灾区，开展防疫工作，防止传染病的出现和蔓延。港口航道部门要及时组织力量对港口进行维护，保证船舶能够正常停靠，并且及时修复受损的海岸防潮堤，防止海水倒灌。海警部队要加强海上巡逻，一方面搜救海上遇难的人员，另一方面要维护海上治安，防止不法分子趁乱实施走私和偷渡等不法行为。另外，在必要时请求部队支援抢险救灾。此外，要成立纪律监察部门，对于灾害救援过程中的好人好事要进行宣传、奖励，对于违法乱纪的人员要进行严厉惩处，保证抢险救灾依法有序进行。

4. 应急救援日常管理能力建设

应急救援活动都是突发性活动，应急救援效果受日常管理的影响巨大，应急救援日常管理主要有防灾减灾工程建设、应急救援知识宣传教育、应急救援队伍建设与培训等。

防灾减灾工程主要有港口工程、海岸防潮工程、人防工程等，建设这些工程要高标准严要求，定时检查，防患于未然。国家海洋局、海洋与渔业局要联合新闻宣传部门定期举办相关活动，加强灾害自救知识宣传，提高群众的灾害意识。另外，国家海洋局、消防等部门要定期面向公众开展救援、逃生技能培训，增强居民的自救能力。另外，环保部门要加强海洋环境监测，减少海洋污染物的排放，加强海岸生态工程建设，减弱海洋灾害对陆地的影响。

为了加强海上救援的专业性，沿海地区应该成立一支专业海上救援队伍，海上救援队职能包括赤潮、绿潮及溢油的清理，风暴潮、海啸及海上事故造成的伤亡、失踪人员的搜救工作。这支救援队应该掌握所有海洋灾害的特点及救援所需技能，平时要加强培训和训练，熟练掌握所需要的技能。

第四节　自然灾害的干预与处置

一、洪水

第一步：受到洪水威胁，如果时间充裕，应按照预定路线，有组织地向山坡、高地等处转移；在已经受到洪水包围的情况下，要尽可能利用船只、木排、门板、木床等，做水上转移。

第二步：如果洪水来得太快，已经来不及转移时，要立即爬上屋顶、楼房高屋、大树、高墙，做暂时避险，等待援救，不要单身游水转移。

15-8　视频
常见自然灾害
应对措施

第三步：在山区，如果连降大雨，容易暴发山洪。遇到这种情况，应该注意避免渡河，防止被山洪冲走，还要注意防止山体滑坡、滚石、泥石流的伤害。

第四步：发现高压线铁塔倾倒、电线低垂或断折，要远离避险，不可触摸或接近，防止触电。

第五步：洪水过后，要服用预防流行病的药物，做好卫生防疫工作，避免发生传染病。

二、地震

第一步：专家普遍认为，地震时就近躲避，地震后迅速撤离到安全的地方，是目前应急避震较好的办法。这是因为，地震时预警时间很短，人们又往往无法自主行动，再加上门窗变形等，从室内跑出十分困难；如果是在楼房里（1层除外），跑出来基本不可能。但如果是在平房里，发现预警现象早，室外比较空旷，则可以力争跑出避震。

第二步：不同场景下，避震方法各异。如果是在电影院、体育馆等处遇到地震，特别是断电时，应就地蹲下或躲在排椅下，注意避开吊灯、电扇等悬挂物，用书包等保护头部。地震时，如果是在商场、书店、展览馆等处，应选择结实的柜台、商品或柱子旁边，以及内墙角处就地蹲下，用手或其他东西护住头部，避开玻璃门窗和玻璃橱窗。正在上课的学生，要在老师的指挥下按照平时演练的预案，快速撤离或者就地避险。就地避险的前提是实在来不及跑出楼房，或者确定楼房不会倒塌。

第三步：撤离时注意以下几点：不要急于拿取物品，只要带上手机、应急包等必需品即可。不要乘坐电梯，要尽可能从安全通道撤离。要保证有序撤离，不要拥挤，防止跌倒。如果有人跌倒要尽快扶起，同时招呼没有撤离的人尽快撤离。注意观察撤离道路是否平坦、安全，防止跌倒摔伤。要注意观察道路周围环境，是否有可能掉落的重物或者倒塌的墙壁等，防止受伤。如果疏散道路受阻，应重新选择。如果确实没有可以撤离的道路，要尽快寻找安全地区，等待救援。

第四步：撤离到室外后，要远离高大建筑或危险物，尽量待在应急避难场所或宽敞的地方，确保安全。不要站在道路中央，以保证应急救援车辆行驶畅通，同时也避免自身被车辆撞伤。不要靠近围墙，也不要站在堤坝边或躲到枯树下，因为有可能因围墙倒塌、堤坝塌方、枯枝掉落而受伤。震动结束或间隙时，不要急于返回室内拿东西，房屋可能因地震受损而垮塌，同时也要注意强余震造成的伤害。

第五步：被埋压时，要坚定生存的信念，地震对人身的伤害大部分是倒塌的房屋所造成的。如果没来得及撤离，被埋压在废墟内，一定不能在精神上崩溃，要有勇气和毅力，坚定生存下去的信念，相信自己一定能够脱险，即使一时不能脱险，应当安慰自己，耐心等待救援，切不可悲观绝望。要保存体力，耐心等待，千万不可盲目地高声呼叫或大声哭泣，尽量减少体力消耗，控制住自己的情绪，等待救援。

第六步：保证呼吸、节省体力等待救援。被埋压后，要尽快清除口中的尘土，保证呼吸通畅。注意用湿毛巾（手绢）、衣服等捂住口鼻和头部，避免灰尘呛闷，发生窒息。如果受伤，要用衣服、毛巾捂着伤口，避免失血过多。尽量清除压在身上的各种物体，用周围可搬动的物品支撑起上面的重物，扩大活动空间，保障有足够的空气，同时防止坍塌。要寻找身边能够食用或饮用的东西，并节约食用或饮用，以备长时间待援。在干渴的情况下，可以饮用自己的尿液来缓解。被埋压后，要注意观察周围环境，寻找安全通道，设法爬出废墟。无法爬出时，不要大声呼喊，尽量减少体力消耗。当听到外边有人再呼叫，或用石块敲击水管等向外界传递求救信息，引起救援人员注意。在被救援时不要慌张，要认真听从救援人员安排，争取尽快被救出。

第七步：身体条件允许时可参与互救，如果在地震发生时能够第一时间顺利撤离，而且身体状况和精力都允许，那么鼓励参与到配合救援的工作中。以往的地震灾害事件表明，随着时间的推移，被困人员的存活率会迅速下降。所以，要迅速把自己知晓的人员埋压情况告诉身边人或救援人员。可采取喊话、敲击等方法，观察废墟中是否有等待救援的人。发现被埋压人员时，如果难以救出，可帮助其清除口鼻内的尘土，保证其呼吸通畅，并做好标记，等待专业救援人员前来。

如何在第一时间科学避震的相关内容如图15-5所示。

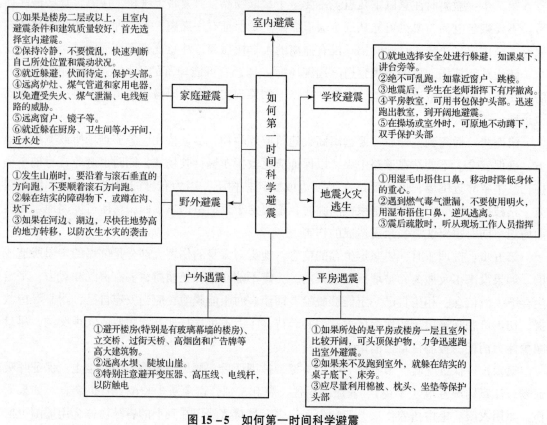

图15-5 如何第一时间科学避震

三、雷电

第一步：伤者就地平卧，松解衣扣、腰带等。

第二步：立即口对口呼吸和胸外心脏按压，坚持到病人苏醒为止。

第三步：手导引或针刺人中、十宣、涌泉、命门等穴。

第四步：送医院急救。

第五节　典型案例分析

一、事件回顾

上游山洪来了

你可能还在下游拍照……

十多名游客紧贴着峭壁，用手抓着岩石才得以幸存。2019年8月4日18时许，湖北省恩施州躲避峡谷底突发山洪，13人遇难，61人被救。死者均为自驾游者，未在有关部门登记。据一名被救者称，现场至少一半的人没穿救生衣。一位当地的资深"驴友"称，2019年6月，他看到一段在躲避峡拍摄的视频，谷底的水因为下雨，一部分已经变得浑浊不堪，但还有很多游客在清水处拍照："水浑了说明不断有雨水进入，在狭窄的河道里很容易遇险，但是视频中好像无人意识到。"在所有洪涝灾害中，山洪发生最为突然，破坏力最大。山区气候多变，经常发生局部大暴雨，有时候，游客在下游感受不到，人在溪流中，不知上游山洪已经形成，危险正在悄然逼近。

二、事件启示

（1）那些从山洪中死里逃生的人，得益于什么？

据国家职业资格户外教师李伟回忆，2003年，他带队在广东惠州银瓶嘴峡谷溯溪时遭遇山洪，"直到水流越来越浑浊，而且流下的树枝越来越大，浑浊的水也越来越多，他们才意识到可能会有山洪！警觉中抬头观看，听到上游山谷里传来火车的轰鸣声，我赶快发出呼喊：'山洪来啦，快往山谷两边山上跑！'同行的队员连放置在水潭边上的背包等装备都没有来得及收起，不分男女穿着泳衣就赶紧往山谷两岸山坡跑去。"李伟描述道。李伟在事故后总结："能死里逃生得益于我们的警觉和在溪谷里休息亲水前，已经有意识计划好万一山洪来临的紧急撤退路线，万幸躲过了一劫。"无论是提前察觉到了山洪来临的讯息，迅速撤离，还是山洪突然而至，急着逃命，都要记住：尊重自然客观规律，别和山洪赛跑，而是向两侧高地跑！

（2）如何判断是否有山洪灾害发生？

一看：溪流水位急速上升，可能由于上游大量降水引发山洪；溪流水位骤降，可能是上游暴雨致山体崩塌阻塞河道，导致断流；原本清澈的溪流突然变浑浊，可能是上游暴雨将泥沙、石块带入水中，形成山洪泥石流；注意观察是否有井水浑浊、地面突然冒浑水的现象；是否有动植物出现异常反应等。

二听：出现异常的山鸣声，类似火车轰隆隆的声音或闷雷声，预兆可能发生山洪泥石流。

（3）山洪灾害来临，如何避险？

①接到预警或者遇到山洪时，立即按照预警信息提示或向沟道两边高坡上跑。

②如果已被洪水包围，要设法尽快与消防、公安等救援部门取得联系，报告自己的方位和险情。

③如果洪水继续上涨，暂避的地方难以自保，要充分利用现有的器材或门板、木床、大块泡沫等能漂浮的材料逃生。

④如果已被卷入洪水中，一定要尽可能抓住固定的或能漂浮的东西，寻求机会逃生。发现高压线铁塔倾斜或者电线杆断头垂下时，一定要迅速远避，防止触电。

（4）遇到山洪，与小伙伴如何正确互救？

①排成一列纵队。女士站在前面，男士站最后面。后方人员扶着前面人员的腰部，重心向前。此时纵队面积越小，受到洪水的阻力也越小。

②排列成 V 形或人字形。第一个人站在前方，后面的人站在第一个人斜后方 30°的位置，后方人员扶着前面人员的腰部，重心向前，稳固在水中，等待救援。

参考文献

[1] 陈瑾. 我国的主要气象灾害及特征［J］. 中国减灾，2023（4）：42－45.

[2] 李涛，宗振涛，吴静. 探究气象灾害风险因素分析与风险评估思路［J］. 科技资讯，2015，13（34）：126－128.

[3] 任姝彤. 中国近海突发性海洋灾害的特征分析与评分［D］. 青岛：中国海洋大学，2015.

[4] 刘也. 中国东南沿海海啸危险性区域特征分析［D］. 哈尔滨：中国地震局工程力学研究所，2018.

[5] 宋国梁. 地质灾害的特征及防治方法研究［J］. 世界有色金属，2021（2）：213－214.

[6] 刘长江. 滑坡地质灾害的诱发因素及防治措施分析［J］. 工程建设与设计，2023（1）：34－36.

[7] 白雪峰. 林业病虫害的诱发因素与防控措施探讨［J］. 农村科学实验，2021（13）：94－95.

[8] 芦亚娟. 森林火灾诱发因素及防控措施［J］. 现代农村科技，2021（7）：106.

[9] 王德兴，柳建仪. 值得重视的生物灾害研究［J］. 陕西师范大学继续教育学报，2002（3）：117－120.

第十六章
突发重大危险源事故的预防与处置

人民至上、生命至上,人民群众生命安全和身体健康,始终是习近平总书记最为牵挂的头等大事。党的二十大报告中习近平总书记强调"坚持安全第一、预防为主,建立大安全大应急框架,完善公共安全体系,推动公共安全体系,推动公共安全治理模式向事前预防转型,推进安全生产风险专项整治,加强重点行业、重点领域安全监管",提高防灾减灾救灾和急难险重突发公共事件处置保障能力,加强国家区域应急力量建设。强化食品药品安全监管,健全生物安全监管预警防控体系。由于生活和工作中存在着诸多的危险因素,并且可能会引发重大的安全事故,危及人民的生命,我们面临着诸多重大安全风险挑战。正是这些造成安全事故的重大危险源使我们的安全受到了巨大的威胁。作为人民群众,要从自身出发,了解如何从根源上预防这些重大危险源发生安全事故,掌握在面临诸多安全事故时应怎样去干预和应对,减少事故中的损失,挽救自己甚至他人的生命。本章主要讲述个人在重大危险源中会面临哪些事故,首先把重大危险源从造成事故规模和人员伤亡数量角度进行了分级,并对其造成的事故类型进行了分类,分析了各类型事故的原因与特征;其次将诱发因素分为了四个方面,并提出了预防事故发生的原则和措施;最后就事故类型的干预与处置方法进行了讨论。

16-1 科普
政策文件

第一节 重大危险源的类型等级及事故类型原因与特征

关于重大危险源这一概念,《危险化学品重大危险源辨识》(GB 18218—2018)中定义为:长期地或临时地生产、储存、使用和经营危险化学品,且危险化学品的数量等于或超过临界量的单元。《安全生产法》中定义为:长期地或者临时地生产、搬运、使用或者储存危险物品,且危险物品的数量等于或者超过临界量的单元(包括场所和设施)。所以,可以将重大危险源(major hazards)理解为超过一定量的危险源。

16-2 科普
危险源辨识

另外,从重大危险源另一英文定义"major hazard installations"来看,还直接引用了国外"重大危险设施"的概念。确定重大危险源的核心因素是危险物品的数量是否等于或者超过临界量。临界量,是指对某种或某类危险物品规定的数量,若单元中的危险物品数量等于或者超过该数量,则该单元应定为重大危险源。具体危险物质的临界量,是由危险物品的性质决定。重大危险源是涉及易燃、易爆、有毒的危害物质,并且在一定范围内使用、生产、加工、储存超过了临界数量。

一、重大危险源的类型与等级

根据危险源的性质、场所、设备、设施等的不同,重大危险源可分为以下七类。

（1）易燃、易爆、有毒物质的贮罐区。

（2）易燃、易爆、有毒物质的库区,如火药、弹药库,毒性物质库,易燃、易爆物品库。

（3）具有火灾、爆炸、中毒危险的生产场所。

（4）企业危险建（构）筑物。

（5）压力管道,包括工业管道、公用管道、长输管道。

（6）锅炉,包括蒸汽锅炉和热水锅炉。

（7）压力容器。

根据《危险化学品重大危险源监督管理暂行规定》第八条的规定,重大危险源根据其危险程度,分为一级、二级、三级和四级,一级为最高级别,如表16-1所示。

表16-1 重大危险源四级划分

等级	事故规模	伤亡数量	举例
一级	可能导致大规模重大事故的危险源	可能造成死亡30人（含30人）以上的重大危险源	核反应堆、大型化工厂
二级	可能导致较大规模重大事故的危险源	可能造成死亡10~29人的重大危险源	石油化工、危险化学品生产
三级	可能导致一定规模的重大事故的危险源	可能造成死亡3~9人的重大危险源	氯气制造、危险品储运
四级	可能导致较小规模的重大事故的危险源	可能造成死亡1~2人的重大危险源	烟花爆竹、油站

二、重大危险源事故类型原因与特征

从引发安全事故的角度分析,可以把重大危险源引发的安全事故概括为以下八大类:火灾事故、爆炸事故、中毒事故、环境污染事故、机械伤害事故、生物安全事故、触电事故和设备相关事故,其引发的各类事故案例如表16-2所示。

表 16-2 重大危险源引发各类事故的案例

事故类型	案例
火灾事故	2023年4月17日14时1分许，浙江伟嘉利工贸有限公司发生重大火灾，导致11人死亡，过火面积约9 000平方米，直接经济损失2 806.5万元；北京丰台长峰医院"4·18"重大火灾事故造成29人死亡、42人受伤，直接经济损失3 831.82万元
爆炸事故	辽宁盘锦浩业化工有限公司"1·15"重大爆炸，造成13人死亡、35人受伤，直接经济损失约8 799万元；宁夏银川富洋烧烤店"6·21"特别重大燃气爆炸，造成31人死亡、7人受伤（见第五节案例一）
中毒事故	湛江麻章晨鸣浆纸有限公司"5·18"较大中毒和窒息事故，造成4人死亡，直接经济损失750万元；四川省宜宾市长宁县双河镇福荣笋类食品厂废水处理间在检维修作业时发生一起中毒窒息事故，造成7人死亡、1人受伤
环境污染事故	日本核污水排放
机械伤害事故	上海华伟汽车部件股份有限公司"3·18"机械伤害，造成1名工人死亡；重庆铜梁西南水泥有限公司"6·27"较大机械伤害，造成3人死亡，直接经济损失404.5万元
生物安全事故	黑龙江省某大学30名学生在动物医学学院实验室进行"羊活体解剖学实验"时，27名学生和1名老师被感染布鲁氏菌
触电事故	辽宁省阜新市细河区的威尼斯花园居民小区地下停车场发生漏电事故现场造成4人死亡
设备相关事故	深圳欢乐谷过山车发生碰撞事故，造成4人颅脑损伤、骨盆骨折，13人软组织挫伤、轻微骨折等伤情

（一）火灾事故

1. 直接原因

火灾事故是重大危险源事故中发生频率最高的安全事故，引发的原因也会因火源不同，以及人员和气候变化而有所差异，常见的重大危险源事故原因可以概括为以下三点。

（1）易燃易爆危险品使用不规范和存储不当。某些特定场所中各式各样的易燃、易爆炸危险品使用极为普遍，这些物品性质活泼，稳定性差，存在易燃、易爆、自燃或者相互反应的特点，在储存和使用过程中，稍有不慎就有可能酿成火灾事故。

（2）明火加热设备操作过程监管不当。在使用煤气、酒精灯、电烘箱和电烙铁等加热设备和器具的过程中，极易引发火灾事故。例如，在使用煤气加热过程中，若煤气泄漏，易与空气形成爆炸性混合物，从而发生危险；使用电烘箱时，若擅自脱岗，导致烘箱长时间运行，易出现控制系统故障，发热量增多、温度升高，最终造成火灾。

（3）电气设备与供电线路维护不当。电气设备是引发火灾事故的主要因素之一，在使用过程中容易出现火花、电弧和高温，尤其是电气设备发生短路现象或者电气线路接头因氧化腐蚀时，极易产生高温和电弧而引起火灾。另外，供电线路老化，超负荷状态运行时也会引发火灾[1]。

2. 主要特征

重大危险源引发火灾事故的特征主要体现在以下几个方面。

（1）火灾的诱发因素多样。引起火灾发生的原因有很多，主要包括人的不安全因素、物的不安全状况、自然灾害、管理上的缺陷等。根据火灾数据分析，绝大多数的火灾都是吸烟、用火用电不慎、违反安全规定操作等人为因素引发的。

（2）燃烧猛烈且火势蔓延快。一般有一个特定的地方存放易燃易爆物品，该地方存放物品数量多、种类复杂，一旦被引燃，火势发生速度快，短时间内就可以形成大面积火灾[2]。

（3）易造成伤亡。某些场所人员数量较多并且组织结构复杂，发生火灾时会产生大量高温或有毒的烟气，一旦被吸入极易造成中毒或窒息，丧失逃生能力。如果人们对疏散通道不够熟悉，加之发生事故后心理恐慌，很容易造成人员伤亡。

（4）经济损失大。如实验室等场所会存放有大量精密仪器和设备，如果发生火灾将会直接破坏实验室存放的仪器和设备，造成巨大的经济损失。

（二）爆炸事故

1. 直接原因

爆炸指物质瞬间发生物理和化学变化时释放出大量气体和能量并伴有巨大声响的现象。爆炸事故多发生在具有易燃、易爆炸物品和压力容器的地方[3]，例如，化工企业、加油加气站、燃气储备站、实验研究室、烟花爆竹仓库及常年零售点等。其主要原因有以下四个方面。

（1）化学药品违规混合，部分氧化剂与还原剂的混合物在发生受热、摩擦或撞击时存在爆炸风险。

（2）在密闭体系中进行蒸馏、回流等加热操作，使得密闭体系中气体压力超过负荷而导致爆炸。

（3）易燃、易爆气体大量逸出进入环境，如氢气、乙炔等，接触明火后引起爆燃。

（4）在运输钢瓶过程中随意滚动气体钢瓶，导致钢瓶减压阀失灵，同时钢瓶碰撞过程增加瓶内物质的不稳定性，在一定程度上增加了爆炸的概率。

2. 主要特征

重大危险源发生爆炸事故的特征主要体现在以下三个方面。

（1）爆炸事故发生速度快。

（2）破坏性强，影响范围大。

（3）通常伴有一定程度的温度升高。

根据爆炸过程不同，也可将重大危险源爆炸事故分为物理爆炸和化学爆炸。

物理爆炸是纯物理过程,如温度、压力和体积等导致的,通常只发生物态变化而不发生化学反应。例如,实验室发生物理爆炸是容器的气体压力升高超过容器所能承受的最大压力,造成容器破裂所致,如蒸汽锅炉、高压气瓶爆炸等。化学爆炸是物质发生高速放热化学反应,产生大量的气体并急剧膨胀而形成的爆炸现象,例如,可燃气、可燃粉尘与空气形成爆炸性混合物的爆炸,乙炔、氯化氮由于震动而引起的爆炸等。化学爆炸也是危险源爆炸中最常见的爆炸事故类型。

(三) 中毒事故

中毒是指外界的化学物质进入人体后,与人体组织发生反应,引起人体发生暂时或持久性损害的过程。中毒事故一般可分为两类:慢性中毒和急性中毒。

1. 直接原因

中毒事故一般多发生在存放使用化学药品和剧毒物质的地方,或有毒气排放的地方。其直接原因可以概括为以下三点。

(1) 违反操作规程,将食物带进有毒物品的实验室,造成误食中毒。

16-3 文章 重大危险源 如何管理

(2) 相关设备和设施老化,存在故障或缺陷,导致有毒物质泄漏或有毒气体排放不当,造成中毒。

(3) 管理过程中对于有毒物质的使用与存储存在漏洞,导致有毒物质散落流失,引起环境污染与人员中毒。

2. 主要特征

重大危险源造成中毒事故的特征主要体现在以下两个方面。

(1) 慢性中毒早期一般难以被察觉,通常在中毒积累到一定程度之后才出现明显的症状,周期一般为几天或者几个月,有的甚至若干年。

(2) 急性中毒事故具有突发性强和扩散迅速等特点,其潜伏期极短,通常身体会快速出现明显的症状,如咽喉灼痛、嘴唇脱色、胃部痉挛和心悸头晕等。

(四) 环境污染事故

化工企业、实验室等需要用到化学物品多的地方,污染源种类复杂、品种多、毒害大,若处理不当,极易对污染环境中相关人员的健康产生影响。根据污染物状态可以将环境污染分为三类。

(1) 废液导致的环境污染事故。化学用品产生的废液成分复杂,最常见的包括有机物、重金属离子、微生物、药物残留和细菌毒素等。如果不经过妥善处理直接进行排放,容易通过下水道与生活排水形成交叉污染。当重金属离子进入水源与土壤后,可通过多种途径进入人类食物链,导致人体产生一系列的健康问题[4]。此外,如果化学物品产生的废液长期积累,不仅会对化学物品的实验产生一定的干扰,也会对在该环境中长期工作的实验人员的身体健康产生影响。

(2) 废气导致的环境污染事故。化学物品产生的废气包括试剂样品的挥发物、分析过程中间产物、泄漏和排空的标准气体等。上述废气不仅会影响相关实验研究的准确性,同时也会对实验人员造成严重的健康威胁。

（3）固体废物导致的环境污染事故。化学物品产生的固体废物包括残留样品、分析产物、废旧化学试剂、含化学沾染物的手套、口罩以及消耗或破损的用品等。固体废物成分复杂，涵盖各类化学和生物污染物，若随意进行排放，将会直接危害人们的健康，污染环境。

除上述"三废"导致的环境污染事故以外，由于违规使用放射性物质导致辐射污染也是一种严重的环境污染事故。在相关实验环境中，如果存在放射性物质与带有放射性物质的设备违规操作的情况，极易导致辐射事故的发生。辐射事故在短时间内存在隐藏性，但其危害的持续时间较长，如果人体在短时间内接受大剂量辐射物照射，机体会发生病变，甚至会引起基因层面的突变。如果吸入大量放射性物质，人体内脏很可能发生病变，严重危害生命安全。

（五）机械伤害事故

机械伤害通常指机械设备与工具引起的绞、碾、碰、割等伤害，是机械设备操作过程中常见的事故之一。机械设备是提高工作人员日常生产的重要载体，机械设备种类繁多，零部件类型复杂。根据机械运动类型可将其分为旋转运动机械和直线运动机械。旋转运动机械包括齿轮、皮带轮、卡盘等，其造成的事故类型主要形式为卷带、绞碾和挤压等。直线运动机械包括冲床、剪板机等，造成的事故类型形式为撞击和刺割等。造成上述事故的原因包括以下三点。

（1）设备故障。主要为设备设计不当导致机械不符合安全要求，使用过程中出现机械故障、安全防护装置失灵，导致事故发生。

（2）人员操作不当。主要表现为操作者不依照规定的操作流程使用机械，或者操作过程中缺乏安全意识进行违章操作，从而造成事故。

（3）操作环境不适。主要指设备存放位置由于噪声干扰、照明光线不良、无通风、场地狭窄、安全防护措施未及时布置等客观因素，导致操作者在使用设备过程中无法及时规避意外情况的发生，进而造成事故。

（六）生物安全事故

生物安全一般指现代生物技术开发和应用过程中对生态环境和人体健康造成的潜在威胁。重大危险源生物安全则重点关注危险生物因子造成相关人员暴露，同时向外界扩散并导致危害的现象。生物安全事故发生在各级生物实验室，根据生物危害的严重性可将生物安全事故分为四类。

第一类，指能够引起人类或者动物非常严重疾病的微生物，以及我国尚未发现或者已经宣布消灭的微生物扩散而导致的生物安全事故。

第二类，指能够引起人类或者动物严重疾病，比较容易直接或者间接在人与人、动物与人、动物与动物间传播的微生物扩散而导致的生物安全事故。

第三类，指能够引起人类或者动物疾病，但在一般情况下对人、动物或者环境不构成严重危害，传播风险有限，实验室感染后很少引起严重疾病，并且具备有效治疗和预防措施的微生物扩散而导致的生物安全事故。

第四类，指在通常情况下不会引起人类或者动物疾病的微生物扩散而导致的生物安全事故。

造成重大危险源生物安全事故的原因包括使用未检验检疫的生物因子、实验失误，以及错误处理生物废弃物等。

(七) 触电事故

触电是电击伤的俗称，通常是指人体直接触及电源或高压电经过空气或其他导电介质传递电流通过人体时引起的组织损伤和功能障碍。在日常用电过程中，由于错误使用插销与接线板，导致其出现严重超负荷或短路现象，进而产生电火花发生事故。其次，由于操作机械设备时违反操作规程或因设备设施老化而存在故障和缺陷，同样会容易造成漏电触电和电弧火花伤人的事故。

(八) 设备相关事故

仪器设备作为相关作业的重要工具，在提供支撑的同时也给工作人员及工作环境带来一定的安全风险。设备相关事故分为设备损坏事故和设备伤人事故。设备损坏事故多发生在用电加热的地方，其主要原因是线路故障或雷击造成突然停电，致使被加热的介质不能按要求恢复原来的状态而造成设备损坏或伤人。设备伤人事故多半是由于设备使用者操作不当、未采取防护措施或缺乏保护装置所致。

第二节 重大危险源事故的诱发因素分析

重大危险源事故的发生通常由多种因素造成，根据相关研究分析，可将事故发生的诱发因素归纳为四个方面，即人的不安全状态、物的不安全状态、环境的不安全条件，以及管理不当，同一事故中可能同时存在单个或多个因素，如表16-3所示。

表16-3 重大危险源事故诱发因素分析

因素类型	具体分析
人的不安全状态	麻痹侥幸心理，工作蛮干，在"不可能意识"的行为中，发生了安全事故，不正确佩戴或使用安全防护用品等原因
物的不安全状态	机械、电气设备带"病"作业。机械、电气等设备在设计上不科学，存在安全隐患。防护、保险、警示等装置缺乏或有缺陷等
环境的不安全条件	照明不足，通风不足，温度、湿度不良，过度噪声等因素
管理不当	有些管理者在思想上对安全工作的重要性认识不足，将其视为可有可无，日常以麻木的心态和消极的行为对待安全工作，安全法律责任意识极为淡薄等

一、人的不安全状态诱发事故分析

人（操作员工、管理人员、其他有关人员）的不安全状态是事故的重要致因。主要包括以下八点。

（1）未经许可进行操作，忽视安全，忽视警告。
（2）冒险作业或高速操作。
（3）人为地使安全装置失效。
（4）使用不安全设备，用手代替工具进行操作或违章作业。
（5）不安全地装载、堆放、组合物体。
（6）采取不安全的作业姿势或方位。
（7）在有危险的运转设备装置上或在移动的设备上进行工作；不停机，边工作、边检修。
（8）注意力分散，嬉闹、恐吓等。

二、物的不安全状态诱发事故分析

物包括原料、燃料、动力、设备、工具、成品、半成品等。物的不安全状态有以下七种。

（1）设备和装置的结构不良，材料强度不够，零部件磨损和老化。
（2）存在危险物和有害物。
（3）工作场所的面积狭小或有其他缺陷。
（4）安全防护装置失灵。
（5）缺乏防护用具和服装或防护用具存在缺陷。
（6）物质的堆放、整理有缺陷。
（7）工艺过程不合理，作业方法不安全。

物的不安全状态是构成事故的物质基础。没有物的不安全状态，就不可能发生事故。物的不安全状态构成生产中的隐患和危险源，当它满足一定条件时，就会转化为事故。

三、环境的不安全条件诱发事故分析

不安全的环境是引起事故的物质基础。它是事故的直接原因，通常指的是以下两点。

（1）自然环境的异常，即岩石、地质、水文、气象等的恶劣变异。
（2）生产环境不良，即照明、温度、湿度、通风、采光、噪声、振动、空气质量、颜色等方面存在缺陷。

以上人的不安全行为、物的不安全状态以及环境的恶劣状态都是导致事故发生的直接原因。

四、管理不当诱发事故分析

管理不当主要有以下六点。

（1）技术缺陷。指工业建、构筑物及机械设备、仪器仪表等的设计、选材、安装、布置、维护维修有缺陷，或工艺流程、操作方法方面存在问题。

（2）劳动组织不合理。

（3）对现场工作缺乏检查指导，或检查指导失误。

（4）没有安全操作规程或规程不健全，挪用安全措施费用，不认真实施事故防范措施，对安全隐患整改不力。

（5）教育培训不够，工作人员未掌握操作技术知识或经验不足、缺乏安全知识。

（6）人员选择和使用不当，生理或身体有缺陷，如有疾病，听力、视力不良等。

管理上的不当是事故的间接原因，是事故的直接原因得以存在的条件。

第三节　重大危险源事故预防的原则与措施

一、预防危机事故的原则

1．"不伤害自己"原则

以不伤害自己为原则，提高自我保护意识，不能由于疏忽、失误而受到伤害。它取决于自己的安全意识、安全知识、对工作的熟悉程度、岗位技能、工作态度、工作方法、精神状态、作业行为等多方面因素。

要做到不伤害自己，应做到以下六个方面。

（1）保持正常的工作态度及良好的身体心理状态，保护自己的责任主要靠自己。

（2）掌握所操作设备的危险因素及控制方法，遵守安全规则，使用必要的防护用品，不违章作业。

（3）任何活动或设备都可能存在危险性，应确认无伤害威胁后再实施，三思而后行。

（4）杜绝侥幸、自大、逞能、想当然心理，莫以患小而为之。

（5）积极参加安全教育训练，提高识别和处理风险的能力。

（6）虚心接受他人对自己不安全行为的纠正。

2．"不伤害他人"原则

在多人作业时，由于自己不遵守操作规程、对作业现场周围观察不够，以及自己操作失误等原因，自己的行为可能对现场周围的人员造成伤害。不伤害他人，就是个人行为或后果不能给他人造成伤害。他人生命与你的一样宝贵，不应该被忽视，保护同事是应尽的义务。

要做到不伤害他人，应做到以下六个方面。

（1）个人的活动随时会影响他人安全，尊重他人生命，不制造安全隐患。

（2）对不熟悉的活动、设备、环境多听、多看、多问，必要时沟通协商后再做。

（3）操作设备尤其是启动、维修、清洁、保养时，要确保他人在免受影响的区域。

（4）将个人所知的危险及时告知受影响人员，及时加以消除或予以标识。

（5）对所接受的安全规定、标识、指令，认真理解后执行。

（6）管理者对危害行为的默许纵容是对他人最严重的威胁，安全表率是其职责。

3. "不被他人伤害"原则

人的生命是脆弱的，变化的环境蕴含多种可能失控的风险，个人的生命安全不应该由他人来随意伤害。不被他人伤害，即每个人都要加强自我防范意识，工作中要避免他人的错误操作或其他隐患对自己造成伤害。

要做到不被他人伤害，应做到以下六个方面。

（1）提高自我防护意识，保持警惕，及时发现并报告危险。

（2）将个人的安全知识及经验与同事共享，帮助他人提高事故预防技能。

（3）不忽视已标识的或潜在危险并远离之，除非得到充足防护及安全许可。

（4）纠正他人可能危害自己的不安全行为，不伤害生命比不伤害情面更重要。

（5）冷静处理所遭遇的突发事件，正确应用所学安全技能。

（6）拒绝他人的违章指挥，即使是主管所发出的，不被伤害是个人的权利。

4. "保护他人不受伤害"原则

任何组织中的每个成员都是团队中的一分子，要担负起关心爱护他人的责任和义务，不仅自己要注意安全，也要保护团队的其他人员不受伤害，这是每个成员对集体中其他成员的承诺。

要做到保护他人不受伤害，应做到以下六个方面。

（1）任何人在任何地方发现任何事故隐患都要主动告知或提示他人。

（2）提示他人遵守各项规章制度和安全操作规范。

（3）提出安全建议，互相交流，向他人传递有用的信息。

（4）视安全为集体的荣誉，为团队贡献安全知识，与他人分享经验。

（5）关注他人身体、精神状况等异常变化。

（6）一旦发生事故，在保护自己的同时，要主动帮助身边的人摆脱困境。

"四不伤害"原则如图16-1所示。

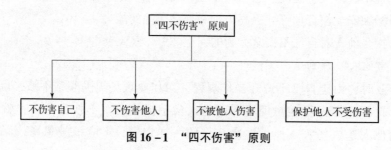

图16-1 "四不伤害"原则

二、预防事故的措施

造成人的不安全行为和物的不安全状态的主要原因可归纳为技术原因、教育原因、身体和态度的原因、管理的原因等四个方面。针对这四个方面的原因，可以采取三种预防对策，分别是技术（engineering）对策、教育（education）对策和组织管理（enforcement，含法制）对策，即3E原则，如图16-2所示。

（一）技术对策

技术对策是保证安全的重要对策，它以设备等的本质安全化为目标，通过应用新的技术工艺和设备，推行先进的安全设施和装置，强化安全检验、检测、警报、监控、应急救援系统等工程技术手段，来提高系统的安全可靠性。从个人出发，要做的是如何避免和减少事故损失。

只要有危险的存在，就存在导致事故的可能性，而且没有任何办法精确地确定事故发生的时间。另外，事故发生后如果没有相应的措施迅速控制局面，则事故的规模和损失可能会进一步扩大，甚至引起二次事故，造成更大、更严重的后果。

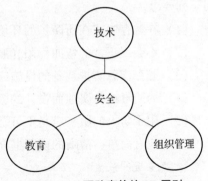

图 16-2　预防事故的 3E 原则

因此，我们必须采取相应的应急措施，避免或减少事故损失，至少能保证或挽救人的生命。这类措施在技术上包括隔离、个体防护、逃逸、救生和营救措施等。

1. 隔离

隔离除作为一种广泛应用的事故预防的方法之外，还经常用于减少因事故中能量剧烈释放而造成的损失。隔离技术在避免或减少事故损失方面的应用有距离隔离、偏向装置、封闭等。

2. 个体防护

在对所发生的事故没有较好的技术控制措施或采用的措施仍不能完全保证人的生命安全的情况下，个体防护不失为一种好的解决方案。

个体防护装备范围很广，包括从简单的防噪声耳塞到带有生命保障设备的宇航服，其应用方式主要有以下三种情况。

（1）必须进行的危险性作业。

由于危险因素不能根除，又必须进行相关作业，采用个体防护的方法可以起到防止特定的危险对人员伤害的作用。如焊接作业时戴的护目墨镜，在存在有毒有害气体的环境中工作时戴的防毒面具等。

（2）进入危险区域。

为调查研究或因其他原因进入极有可能存在危险的区域或环境时，也应佩戴相应的个体防护装备。如在火灾后进入现场调查或搜寻，应佩戴防毒装置等。

（3）紧急状态下。

对紧急状态使用的个体防护装备，因为事故或事件发生非常突然，开始的几分钟就需要控制危险避免造成灾难，个人防护装备是保证安全避免受到伤害的关键。一般来说，对紧急状态下使用的个体防护装备，在设计、使用功能等方面都有严格的要求。主要有如下四点。

①使用简便，穿戴容易，能够迅速为人所用。

②可靠性高且适用范围广，可有效地应对多种危险。

③不降低使用者的灵活性，可视性。

④装备本身对人无伤害。

此外，防护装备，特别是紧急状态下的防护设备，其设计和试验都应确保最大限度地满足下列要求。

（1）在贮存中或在所防护的环境中不会迅速退化。

（2）不会因正常的弯曲、阳光照射、极限温度等环境影响而损坏。易于清洗和净化。

（3）贮存应急防护装备的设施应尽可能靠近所用装备的区域。

（4）为防毒或防腐蚀而设计的服装应是密封的。

（5）用于防火的服装应是不可燃或可自动灭火的。

（6）应有简单、清晰的说明书介绍防护装备的装配、测试和维修的正确方法。

3. 能量缓冲装置

通过能量缓冲装置在事故发生后吸收部分能量，也可以保护有关人员和设备的安全。例如，工人戴的安全帽、汽车中的安全带，都可以吸收冲击能量，防止或减轻伤害。

4. 薄弱环节

薄弱环节指的是系统中人为设置的容易出现故障的部分。其作用是使系统中积蓄的能量通过薄弱环节得到部分释放，以小的代价避免严重事故的发生，达到保护人和设备的目的。常用的薄弱环节有电薄弱环节、热薄弱环节、机械薄弱环节、结构薄弱环节。

5. 逃逸、避难与营救

当事故发展到不可控制的程度时，则应采取措施逃离事故影响区域，采取避难等自我保护措施，为救援创造一个可行的条件。这时，人们往往要依赖于逃逸、避难或营救措施以获得继续生存的条件。这里逃逸和避难是指人们使用自身携带的资源自我救护。营救是指其他人员救护在紧急情况下有危险的人员。逃逸设备用于使有关人员逃离危险区，如大型公共设施中的各类安全疏散设施，飞机驾驶员的弹射座椅等。避难设施则是通过隔离等手段保证有关人员在危险区域的安全，如矿井中的避难硐室等。

选取减少事故损失安全技术的优先次序为如下。

（1）隔离和屏蔽。

（2）接受小的损失。

（3）个体防护。

（4）避难和救生设备。

（5）营救。

（二）教育对策

1. 安全教育的意义

安全教育是事故预防的重要手段之一。一方面，开展安全教育既是安全管理的需要，也是法律法规的要求。另一方面，开展安全教育，是发展经济的需要，是适应人员结构变化的需要，是发展、弘扬安全文化的需要。

安全教育，包括安全教育和安全培训两大部分。安全教育主要是一种意识的培养，是长时期的，并在人的所有行为中体现出来，而与其所从事的职业并无直接关系。安全培训虽然也包含有关教育的内容，但其内容相对于安全教育要具体得多，范围要小得多，主要是一种技能的培训。而我们要做的就是了解安全知识、掌握安全技能、接受安全教育等。

2. 安全知识的内容

安全知识包括安全管理知识和安全技术知识。对于带有潜藏的、只凭人的感觉不能直接感知其危险性的危险因素的操作，安全知识尤其重要。安全管理知识包括安全管理组织结构、管理体制、基本安全管理方法及安全心理学、安全人机工程学、系统安全工程等方面的知识。安全技术知识教育的内容主要包括一般生产技术知识、一般安全技术知识和专业安全技术知识教育。

3. 安全技能培训

技能是人为了完成具有一定意义的任务，经过训练而获得的完善化、自动化的行为方式。安全技能培训包括正常作业的安全技能培训和异常情况的处理技能培训。安全技能培训应按照标准化作业要求来进行。因此，进行安全技能培训应预先制定作业标准或异常情况时的处理标准，有计划、有步骤地进行培训。

在安全技能培训制订训练计划时，一般要考虑以下四个方面的问题。

（1）要循序渐进。

（2）正确掌握对练习的速度和质量的要求。

（3）正确安排练习时间。

（4）练习方式要多样化。

4. 安全思想意识

在安全思想意识中，第一阶段应该有安全知识，了解生产操作过程中潜在的危险因素及防范措施等，即解决"知"的问题。第二阶段为安全技能训练，掌握和提高熟练程度，即解决"会"的问题。第三阶段为安全思想，尽可能地实行安全技能。

（三）组织管理对策

"3E"对策中组织管理对策的英文单词"enforcement"的原意是"严厉、强制、执行"的意思，在这里将其广义地翻译为"管理"。实际上，它还应包含"法制"的含义，即利用法律法规、标准条例等约束人的行为，指导企业安全管理工作。

安全法制措施就是利用法律的强制性，通过建立、健全劳动安全健康法律、法规，约束人们的行为，通过劳动安全卫生监督、监察，保证法律、法规的有效实施，从而达到预防事故发生的目的。

安全法制措施主要通过以下两个方面实现。

（1）建立健全劳动安全健康法律法规。国家要以"安全第一、预防为主、综合治理"的方针为指导，建立起完善的劳动安全健康法律体系、技术标准。企业要建立起完善的劳动安全健康规章制度、安全操作规程、安全生产责任制，这是预防事故的保证。

（2）实行安全生产监察和监督。劳动安全卫生行政部门以国家的名义，运用国家的权利，以法律法规为依据对企事业单位实施劳动安全健康监察，以保证法律实施的有效性。工会代表职工的利益监督企事业对国家劳动安全健康法律法规的实施情况，并参与劳动安全卫生法律法规的制定。

第四节 重大危险源事故的干预与处置

一、火灾事故的干预与处置

发生火灾时，首先应当对火情进行判断。如果火势较小，应尽可能快速扑灭，同时应该搬离着火点附近的易燃易爆品，阻止火势的蔓延。

若火势较大，短时间内难以控制，应及时拨打消防救火电话并通知该区域的相关工作人员，详细描述火灾发生的地点、着火楼层、着火物、着火范围、联系电话等，帮助消防人员与工作人员及时掌握火情。同时应迅速组织现场人员撤离火灾现场，各方位的疏散引导人员应及时进入现场组织，引导人们从安全出口通道、消防通道疏散到安全地点，并及时报告现场情况，确保人员不滞留火灾现场。

16-4 文章 火灾案例

在进入事故现场进行搜救时，救援人员应按照事故的严重情况进行个人防护，同时应携带简易呼吸保护器具，以备被救人员使用。另外，应该对公众及媒体进行舆论引导，由权威部门负责人适时进行信息发布，确保舆论导向的正确性。若出现人员因火灾导致烧伤情况时，立即用大量冷水冲洗烧、烫伤部位或将烧、烫伤部位浸入水中充分浸泡，防止烧、烫伤部位的创伤面积扩大，随后等待医护人员的进一步治疗。火灾事故相关处置流程如图 16-3 所示，图 16-4 为灭火器使用方法。

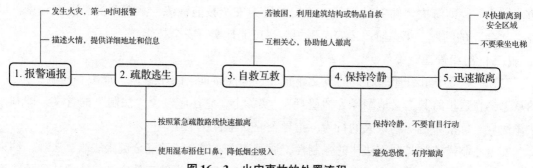

图 16-3 火灾事故的处置流程

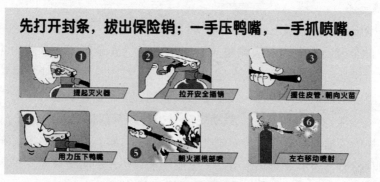

图 16-4 常用灭火器使用方法

二、爆炸事故的干预与处置

爆炸事故的原因包括违规混合的化学药品受热、被摩擦或撞击，密闭体系中气体压力超过容器负荷，易燃易爆气体进入环境接触明火，压力钢瓶泄漏等[5]。若发生爆炸事故，要按照"先救人、后救物""先救治、后处理""先制止、后教育"的顺序和原则，组织相关人员迅速从爆炸环境中撤离，有关领导和负责人要立即赶到现场，配合安全部门判明突发事件的性质，果断采取有效措施，消除继发性危险。如发现有人员受伤，应立即求助医疗单位救助伤员，同时向该地区领导和负责人汇报事件情况，根据需要向市公安、消防、安全生产监督管理部门报告。

三、中毒事故的干预与处置

中毒事故的主要形式有食入毒物、呼吸道吸入毒气、皮肤接触有毒物质。因此，在事故现场，无论是受到伤害人员还是救援人员等，均需适当做好个人防护。如果室内发生化学气体中毒，应立刻开门、开窗通风透气，并迅速有序疏散到空旷安全的地方[6]。同时应将中毒者迅速转移至空气新鲜的通风处，保持其呼吸道畅通，如遇心搏骤停，应进行人工心肺复苏术，直至医护人员到达。此外，应尽快查清致毒物质，尽可能控制泄漏源，防止发生次生灾害，以协助医生在第一时间排除中毒者体内的毒物。图16-5为药物中毒事故的处置流程。

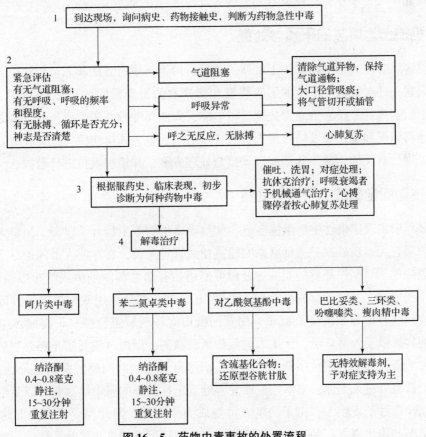

图16-5 药物中毒事故的处置流程

如果中毒事故是因剧毒化学品所致，应结合中毒情况进行如下紧急处理。

（1）皮肤接触。应立即脱去污染的衣物，用流动清水或特定的解毒（中和）溶液彻底冲洗至少20分钟，同时尽快就医。

（2）眼睛接触。应立即提起眼睑，用洗眼器、大量流动清水或生理盐水彻底冲洗至少15分钟，并尽快就医。

（3）吸入毒气。应迅速脱离现场至空气新鲜通风处，保持呼吸畅通。如有呼吸困难状况，应尽快吸氧、就医；如遇心搏骤停，应立即进行人工心肺复苏术，并尽快就医。

（4）食入毒物。根据剧毒化学品的特性，通过服用足量温水或其他饮品等方式进行稀释、催吐（禁止催吐情况除外），并尽快就医。

四、环境污染事故的干预与处置

实验室等地方环境的污染源种类复杂、品种多、毒害大，若处理不当，极易对污染环境中相关实验人员的健康产生影响。当危险化学品泄漏与违反有关规定排放污染物造成环境污染事故时，当事人应该立即联系上一级管理人员告知事故发生地点、事故类型和现场情况，并由上级管理人员进行逐级汇报。相关管理人员赶往现场后，首先应该及时组织现场所有人员迅速有序地撤离，设置警示戒备区，对泄漏区域进行封锁，控制危险化学品泄漏的进一步扩散，等待安保人员和相关专业技术人员进入现场进行处理。

五、机械伤害事故的干预与处置

机械危害风险的大小不仅取决于机器的类型、用途、使用方法和人员的知识、技能、工作态度等因素，还与人们对危险的了解程度和所采取的避免危险的措施有关[7]。当机械伤害事故发生后，现场人员应该立即关掉机械电源，向四周呼救并采取应急处置措施，利用通信设备迅速将情况和危害程度向管理人员报备。若出现重大人员伤害，应优先通知医护人员进行紧急处理，有关部门需要立即制订救援与处理方案，并组织人员进行救援。

六、生物安全事故的干预与处置

实验过程中出现感染性物质泄漏事故，如病原微生物等生物分子泄漏，当事人首先应检查自身保护服有无出现破损，主动联系实验室相关管理人员，在专业人员的指导下进行感染物质的紧急处理。对操作环境的泄漏物处理可使用沾有消毒剂的纸巾或纱布覆盖污染区域，然后往纸巾或纱巾上倾倒适量的消毒剂，处理30分钟。然后，用镊子等将各种碎片、纸巾或纱巾清理到盛有消毒剂的废液缸里，用新的纸巾对该区域进行擦拭，完成污染区域的处理。当泄漏物扩散至外部环境，无关人员需要紧急撤离，撤离过程要防止感染物质的产生和扩散，清除泄漏物前要封锁被污染的实验室，用尽可能短的时间将泄漏的感染性物质清除。若感染性物质意外进入人体，当事人应该妥善处置正在操作的感染性材料，以免造成进一步的外溢等二次事故的发生[8]，由于当事人可能成为传染源，因此需要对其及时进行医学观察和采取必要的隔离措施，并针对污染源可能产生的后果进行事故风险评估。

七、触电事故的干预与处置

触电事故的发生具有伤害大、危险性高的特点。当触电伤害事故发生后,现场人员首先应该帮助当事人脱离电源,包括但不限于切断电源、用绝缘的尖锐物品切断电源线、利用绝缘物包裹触电者以隔断电流等。脱离电源后,现场人员要根据触电者的受伤情况进行相应处理,若伤势不重,应让触电者安静休息,严密观察并交由医护人员处理。若触电者伤势过重,出现呼吸困难、失去知觉等情况时,应在第一时间联系医护人员,按照医护人员指导进行紧急处理,等待医护人员做进一步治疗。图16-6为触电事故的处置流程。

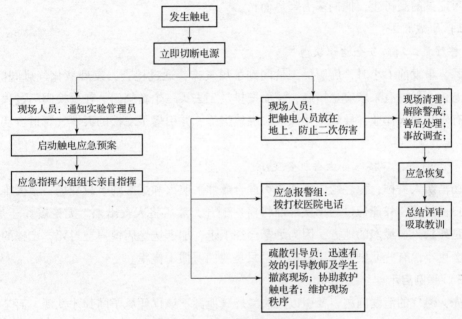

图 16-6　触电事故的处置流程

八、设备相关事故的干预与处置

当出现设备相关重大安全事故时,首先应当判断事故发生原因,在做好保护措施的情况下及时关闭设备电源或切断供电电源。当出现人员伤亡情况时,及时联系有关部门及医护人员,在掌握伤员伤情的前提下可对伤员进行适当的救助。有关单位负责人要迅速到达事故现场,组织指挥救助工作,技术安全部门、保卫部门等要及时查明原因,并上报市安全生产监督管理部门,协助市有关部门处理事故和责任认定工作。

第五节　典型案例分析

一、案例一　银川"6·21"烧烤店爆炸事故

(一)案例简介

2023年6月21日20时40分许,宁夏回族自治区银川市兴庆区一烧烤店操作间液化石

油气（液化气罐）泄漏引发爆炸，事故造成 38 人伤亡（31 人抢救无效死亡、7 人受伤）。

经查，烧烤店总店长海某（已死亡）、工作人员李某翔（已死亡）违反有关安全管理规定，擅自更换与液化气罐相连接的减压阀，导致液化气罐中液化气快速泄漏，引发爆炸，造成 31 人死亡、7 人受伤的严重后果。此烧烤店从一楼通往二楼只有一个楼梯，并排走大概能过两人。这种设计在当地烧烤店很常见，大概从 10 年前开始，当地烧烤店的运作模式就与 KTV 绑定，包厢既可以吃烧烤，又可以唱歌。为防止扰民，墙壁都贴了隔音膜且封窗。爆炸发生后，楼梯被炸断，堵上了出口。楼层不高，如果能从窗户里跳出来，也有生存机会，但窗户全被封死了。从报道来看，现场非常惨烈，由于店铺靠近学校，所以伤亡人群中不乏刚考完试的高考生，他们多为窒息而亡。

（二）事故原因

1. 餐厅员工消防安全意识淡薄

据悉，事发前 1 小时，后厨员工就闻到了煤气味，通过检查，发现液化气罐阀门泄漏。这时候老板不仅没有采取应急措施，反而安排员工去买一个新阀门。在更换阀门过程中，后厨并没有停止明火作业，导致一楼煤气罐突然爆炸，并引爆了二楼的天然气管道，从而引发悲剧。

2. 餐厅封窗，二楼人员生存机会变小

现场消防人员称，像烧烤店爆炸这类混合爆炸、明火和烟雾的事故现场，救援难度非常大，窗户被封堵，只能通过云梯从外面将窗户砸开，然后将人救出来。无论爆炸还是火灾，二楼都是死亡人员最多的地方，因为烟雾会往上走，加上烧烤店窗户被封死，二楼的人员生存机会会更小。有些悲剧完全可以避免，只是我们习惯了侥幸。

（三）案例启示

首先，燃气的泄漏问题，要引以为戒，燃气泄漏不该仅凭鼻子闻到才发现，而是要在使用燃气的范围内安装燃气泄漏报警器。而且，一旦发生泄漏报警，绝不是自行维修，而是应该远离泄漏区域后，拨打当地的燃气急修电话。这个电话是 24 小时服务热线，只是目前没有做到全国统一，比如，北京市为 96777，上海、成都都是 962777，重庆是 966777，天津为 96777。如果一时不清楚当地燃气急修电话，也可以拨打 119 和 12345 获得帮助。此外，在专业维修人员没有到达之前，应该立即关闭燃气总阀，打开窗户和门通风，尽量减少燃气泄漏后的聚集。其次，一旦因燃气泄漏发生了气罐喷火、或者管道阀门喷火，应该毫不犹豫地关阀灭火！如果在爆炸现场附近，千万不要因为好奇而围观事故现场。因为太多的例子表明爆炸现场可能发生二次爆炸，甚至三次爆炸事故。

二、案例二　黑龙江凯伦达科技有限公司"4·21"中毒事故

（一）案例简介

2021 年 4 月 21 日 13 时 43 分，绥化安达市黑龙江凯伦达科技有限公司发生一起中毒窒息事故，造成 4 人死亡、9 人中毒受伤，直接经济损失约 873 万元。事故发生在三车间制气工段制气釜停工检修过程中。初步分析事故的主要原因是，在 4 个月的停产期间，制气釜内

气态物料未进行退料、隔离和置换，釜底部聚集了高浓度的氧硫化碳与硫化氢混合气体，维修作业人员在没有采取任何防护措施的情况下，进入制气釜底部作业，吸入有毒气体造成中毒窒息。在抢救过程中救援人员在没有防护措施的情况下多次向釜内探身、呼喊、拖拽施救，致使救援现场9人不同程度中毒受伤。

（二）事故原因

凯伦达科技有限公司法律意识缺失、安全意识淡薄，未落实安全生产主体责任，违规组织受限空间作业。风险辨识和隐患排查治理不到位，未辨识出制气釜检修存在中毒窒息风险。安全管理制度不完善，缺少停车作业内容，对釜内物料退料、置换的操作规定不明确。作业人员岗位培训不到位，未开展特殊作业安全培训。应急处置能力不足，未配备足够应急救援物资和个人防护用品。此外，未依法取得建设项目施工许可证，擅自开工建设，未批先建问题突出。

参考文献

[1] 宋婷. 化工安全生产事故原因及预防探讨 [J]. 当代化工研究, 2023 (20)：194 - 196.

[2] 赵淑枫. 危险化学品火灾爆炸事故调查分析与安全监管 [J]. 化工管理, 2023 (30)：99 - 102.

[3] 田吉祥. 化工企业火灾爆炸致灾因素及安全防控措施 [J]. 化工管理, 2023 (29)：125 - 127.

[4] 倪守强, 聂曦, 孙军军. 环境保护领域生产安全事故的预防对策探讨 [J]. 工业安全与环保, 2023, 49 (S1)：13 - 16 + 33.

[5] 樊磊. 城镇燃气安全隐患及防范措施 [J]. 防灾博览, 2022 (6)：26 - 29.

[6] 肖栋梁. 化学有害因素氨中毒的分析和控制措施 [J]. 化工安全与环境, 2022, 35 (45)：17 - 21 + 24.

[7] 高庆顺. 油田井下作业生产安全管理与事故预防 [J]. 化学工程与装备, 2022 (10)：122 - 123.

[8] 姜伟丽, 周广林. 高校化工实验室安全隐患分析及安全管理建议 [J]. 天津化工, 2021, 35 (6)：154 - 156.